国家社科基金一般项目"农村人居环境与居民健康协同治
（项目编号：20BKS009）

地方公共治理

INTRODUCTION TO
LOCAL PUBLIC GOVERNANCE

概论

卢智增◎编著

经济管理出版社

ECONOMY & MANAGEMENT PUBLISHING HOUSE

图书在版编目（CIP）数据

地方公共治理概论/卢智增编著 . —北京：经济管理出版社，2022.6
ISBN 978-7-5096-8547-1

Ⅰ.①地…　Ⅱ.①卢…　Ⅲ.①地方政府—公共管理—概论—中国　Ⅳ.①D625

中国版本图书馆 CIP 数据核字（2022）第 110834 号

组稿编辑：曹　靖
责任编辑：任爱清
责任印制：黄章平
责任校对：蔡晓臻

出版发行：经济管理出版社
　　　　　（北京市海淀区北蜂窝 8 号中雅大厦 A 座 11 层　100038）
网　　　址：www. E-mp. com. cn
电　　　话：（010）51915602
印　　　刷：唐山玺诚印务有限公司
经　　　销：新华书店
开　　　本：720mm×1000mm/16
印　　　张：21. 25
字　　　数：404 千字
版　　　次：2022 年 8 月第 1 版　　2022 年 8 月第 1 次印刷
书　　　号：ISBN 978-7-5096-8547-1
定　　　价：78. 00 元

前　言

　　历史地看，地方治理改革一直在丰富着国家治理的经验，也会"自下而上"地推动国家层面的制度变革。地方治理是国家治理的前提和基础，是国家与社会发生直接互动的主要界面，是维系人民美好生活和社会长治久安的关键。但地方治理面临着与国家治理不尽相同的环境、问题、压力和挑战。如何看待地方治理转型中所出现的问题，进而加快地方治理的现代化转型，成为当下国家治理研究的关键命题。

　　本书作为公共管理学科教材，通过借鉴国内外已有成果，集中关注当代中国地方公共治理的理论研究与实践探索，从政治学、公共管理学、法学、社会学、经济学等多学科视角，就当代中国地方公共治理的重大问题进行深入研讨，积极推进中国地方公共治理体系和治理能力现代化。本书共分为十二章，分别是导论、地方生态治理、地方市场治理、基层社会治理、地方公共文化治理、地方公共健康治理、城市公共治理、乡村公共治理、城乡社区治理、乡村振兴战略、地方公共治理的中外比较、地方公共治理创新。本书结合案例分析对地方公共治理问题进行了有益的探讨，适合本科生、研究生以及地方公共治理研究者学习和阅读使用。

　　本书注重突出四个方面的特色：一是坚持马克思主义指导，教材充分体现马克思主义中国化的最新理论成果，强调以习近平新时代中国特色社会主义思想为指导，将习近平新时代中国特色社会主义思想体现在整个教材之中；二是坚持中国主体，教材主要以中国的地方公共治理为主，国外相关内容只是作比较，并在比较中展现中国地方公共治理的特色；三是坚持法律依据，教材以中国为主体，教材内容和表述严格遵循中国的宪法和相关法律；四是坚持案例教学，教材穿插典型案例资料，以帮助读者更好地了解知识点。

目　录

第一章　导论

《中共中央关于坚持和完善中国特色社会主义制度 推进国家治理体系和治理能力现代化若干重大问题的决定》中指出，"我国国家制度和国家治理体系具有多方面的显著优势……这些显著优势，是我们坚定中国特色社会主义道路自信、理论自信、制度自信、文化自信的基本依据"。其中，最为重要的优势就是，我们党从不满足于国家治理的某种既定状态，而是谋求改革，不断地推进国家治理体系的优化和治理能力的提升。地方公共治理作为国家治理的组成部分，是最为重要的方面。2021 年 4 月印发的《中共中央 国务院关于加强基层治理体系和治理能力现代化建设的意见》中明确指出："建立起党组织统一领导、政府依法履责、各类组织积极协同、群众广泛参与，自治、法治、德治相结合的基层治理体系。"[①] 可见地方公共治理的重要地位不断强化和凸显，地方公共治理必将迎来更加深刻的变革。

第一节　地方公共治理界定

一、治理

英文中比"Governance"出现更早的是"Govern"，源自法文"Governe"或意大利文"Governo"，这个词语出现在 11 世纪末，其含义是具有权威的统治。在 12 世纪晚期，"Government"出现了，它具有我们今天常用的政府含义；它最初的含义除了政府之外，还包含对国家进行管理之行为的内容。到 13 世纪晚期，出现了"Governance"，大概是从法文"Governance"引入的，其含义是管理、控

[①] 中共中央 国务院关于加强基层治理体系和治理能力现代化建设的意见［EB/OL］. （2021-07-11）http：//www. gov. cn/zhengce/2021-07/11/content_ 5624201. htm.

制、统治某个事物或某个实体（包括国家）的行为和方式。①

20世纪80年代以后，西方经济学家首先赋予治理以新的含义——经济学意义上的治理是针对现代企业制度中存在的所有权和控制权分离以后所产生的委托（代理）关系中激励不足，从而导致相关者共同参与并形成一种新的制约机制和激励机制，以促进外生的约束内化为内在的制度结构。1989年底，世界银行出版了《撒哈拉以南的非洲：从危机到增长》（以下简称《报告》），《报告》将非洲发展面临的一系列问题都归结为"治理危机"。这是"治理"一词最早出现在世界银行报告中，② 也是把"治理"从企业管理层面引入国家管理层面，此后"治理"一词超出经济学范畴，成为政治学、社会学、公共管理学广泛应用的一个基本概念和分析方法。全球治理委员会认为治理指的是机构及个人管理的汇总，该委员会于1995年对治理作出界定"治理是或公或私的个人和机构经营管理相同事务的诸多方式的总和。它是使相互冲突或不同利益得以调和并且采取联合行动的持续过程。包括有权迫使人们服从的正式机构和规章制度，以及种种非正式安排"。③ 伯耶尔（William W. Boyer，1990）在《政治学与二十一世纪：从政府到治理》一书中将治理定义为"在政府的所作所为之外，还要加上政府与非政府合作伙伴在管理国家事务过程中的互动，即它们在经济与公共政策中的层层关系"。④ 徐勇（1997）是最早研究治理的我国学者之一，他指出治理主要是统治、管理或统治方式、管理方法，即统治者或管理者通过公共权力的配置和运作，管理公共事务，以支配、影响和调控社会。⑤ 俞可平（2014）的《论国家治理现代化》一书将我国的治理研究推向高潮，他多次强调，"治理一词的基本含义是指官方的或民间的公共管理组织在一个既定的范围内运用公共权威维持秩序，满足公众的需要"，"所以，治理是一个公共管理活动和公共管理过程"，它的最终目的是要达到"善治"。⑥⑦ 王诗宗（2009）对治理理论及其在中国的适应性进行了全面的研究，他在比较分析各种治理概念的基础上，借用国外学者怀特海的一句话来定义治理，即治理是"一个由聚焦于正式政治领域和公共部门（议会、市政厅、公务员队伍）的治理结构转向不断增加私人部门和公共社会参

① 王绍光. 治理研究：正本清源 [J]. 开放时代, 2018 (2)：9+153-176.

② World Bank. Sub-Saharan Africa：From Crisis to Growth：A Long-Term Perspective Study [M]. Washington, D. C.：World Bank, 1989：Ⅻ+60.

③ Commission on Global Governance. Our Global Neighborhood [M]. New York：Oxford University Press, 1995.

④ William W. Boyer. Political Science and the 21st Century：From Government to Governance [J]. PS：Political Science & Politics, 1990, 23 (1)：50-54.

⑤ 徐勇. Governance：治理的阐释 [J]. 政治学研究, 1997 (1).

⑥ 俞可平. 论国家治理现代化 [M]. 北京：社会科学文献出版社, 2014：21.

⑦ 俞可平. 走向中国特色的治理和善治 [N]. 文汇报, 2002-08-09.

与并融入他们利益的过程"。①

综上所述，本书认为，治理是政府、社会组织或私人机构对公共权力的重新配置，通过参与竞争或合作等机制共同管理社会公共事务的理念、过程和方法。治理的一个核心特征就是政府不再是治理行为的唯一主体，而是社会要参与到治理的过程中来。

二、公共治理

"公共治理"（Public Governance）一词是我国学者引进"治理"概念过程中经常交叉使用的一个概念，但它并不等同于"治理"，公共治理是治理体系中的一部分，是公共部门对公共事务的管理过程，是治理理论丛林中关于公共行政方面的一种代表性理论。在理解公共治理的内涵之前，必须认识到公共治理和私人治理、公共治理与政府治理的差异。它们之间的共同点就是都具有"治理"的特征，它们之间的区别需要进一步探讨。

（一）公共治理与政府治理、私人治理的区别

公共治理与政府治理是一对容易混淆的概念，但两者是不同的。公共治理的主体是公共部门，除了政府之外，还有社会组织和公民，政府与非政府的公共组织同为公共治理主体，地位平等，主体多元，政府发挥"元治理"作用。政府治理，主要是因为在现代社会中，公共治理所涉及的范围已远不是传统的政府事务领域了，更多需要各社会主体共同的参与，但突出政府的主导性作用，它沿袭了新公共管理相关理念，政府掌舵，政府与非政府公共组织的关系是委托与代理关系。而且，相比于"政府治理"过分突出政府的角色，"公共治理"更加凸显非政府组织的地位，② 这是两者最大的区别。公共治理、政府治理同属公（公共事务）领域，而私人治理属于私领域，是指企业间为了达到共同目的、资源依赖下的合作③，是不同领域中的治理形态的体现。公共治理与政府治理、私人治理是不同的（见表1-1），在国家治理体系中公共治理涉及政府与地方公共治理、私人治理涉及市场治理。④

---

① 王诗宗. 治理理论及其中国适用性［M］. 杭州：浙江大学出版社，2009：41.

② 曾正滋. 公共行政中的治理——公共治理的概念厘析［J］. 重庆社会科学，2006（8）：81-86.

③ 余军华，袁文艺. 公共治理：概念与内涵［J］. 中国行政管理，2013（12）：52-55+115.

④ 韩兆柱，翟文康. 西方公共治理前沿理论述评［J］. 甘肃行政学院学报，2016（4）：23-39+126-127.

表1-1　公共治理、政府治理和私人治理对比

	公共治理	政府治理	私人治理
研究途径	公共行政	新公共管理	市场治理
治理形态	政府与非政府公共组织、公民平等参与治理	政府主导下的与非政府组织、公民的契约治理	公司治理
主体地位	多元平等	斜向多元	单一
政府角色	元治理	掌舵	服务
关系基础	资源交换	雇佣关系	利益
依赖程度	相互依赖	单向依赖	独立
治理媒介	信任	权威	价格或供求
治理方式	协商对话	契约合同	市场机制
治理文化	共赢互惠	分权	竞争

（二）公共治理的特征

目前绝大多数学者所研究的治理是公共治理，它包含着大量特征："'公共治理'并不是一个跑龙套的角色，或者是公共管理其他方法的代名词，它还有更多的含义。"[1] 具体来说体现在协商式的管理过程，多元主义的合法性保障，制度保障治理的秩序，网络增强适应性和弹性，打破二元划分、以善治为结果五个方面。[2] 曾正滋（2006）通过分析政府与非政府组织之间的合作互动，认为公共治理的特征可以归纳为如下六个：一是公共治理以非政府组织网络治理为基础，只要是社会通过公民的自主自治能够实现的，政府都不应该插手；二是公共治理也会失灵，需要政府以元治理的角色出现，以处理非政府组织网络中出现的"仲裁者缺位"现象；三是公共治理强调政府与非政府组织网络的互动，这种互动不再是上令下行的控制形态，而是平等的上下互动；四是公共治理的权力呈网络化分布，权力多中心化，政府不再是唯一的权力中心；五是公共治理的主体实现了多元化，政府只是一个主体，公民社会组织、私人部门、国际组织乃至公民个人都可以成为公共治理的主体；六是参与合作是公共治理的灵魂，它十分注重在公共事务的治理过程中吸纳治理的利益相关人、专家学者以及关心公共事务的组织和个人的参与。[3]

"公共治理是复杂网络的管理，政府已经无法成为唯一的统治者，它必须与民众和私人部门共同治理（Cogovernance）、共同管理（Comanagement）、共同生

① Osborne S. P. The New Public Governance［J］. Public Management Review，2006（8）：377-388.

② 余军华，袁文艺. 公共治理：概念与内涵［J］. 中国行政管理，2013（12）：52-55+115.

③ 曾正滋. 公共行政中的治理——公共治理的概念厘析［J］. 重庆社会科学，2006（8）：81-86.

产（Coproduction）和共同配置（Coallocation）"①。因此，本书认为公共治理是指为了达到集体的秩序和共同目标，公共、私人部门和非营利组织共同参与其中，相互之间形成伙伴关系，通过谈判、协商和讨价还价等政策手段来供给公共产品与服务、管理公共资源的过程。

三、地方公共治理

20 世纪 70 年代的"新公共管理"运动引发了政府再造。丹哈特夫妇提出："新公共服务的标准模式的九大特征为：①服务而非掌舵；②公共利益是目标而非副产品；③战略地思考；④民主地行动；⑤服务于公民而非顾客；⑥责任单一性；⑦重视人而不只是效率；⑧超越企业家身份；⑨重视公民权和公共服务。"新公共服务运动的出现不仅为地方治理奠定了理论基础，也引起了欧美学者的研究兴趣。

Bovaird 和 Loffler 分析了西方国家推行治理的经验，对地方治理给出了下列定义：地方治理是一套正式与非正式的规则、结构以及过程，它决定了个人与组织行使权力的方式，这一方式除了超越一般利害关系人所做出决策的力量之外，还会影响个人或组织在地方层次的福利。他们认为基于以上定义，地方治理可以进一步导出下列四项含义：一是多元治理，地方复杂公共问题无法由地方政府单独解决，而要依赖同其他组织或人员的合作；二是包括正式与非正式的规则，在利害关系人互动中，两者均可能会受到重视，彼此间会产生优先顺序；三是除了新公共管理所强调的市场机制外，也重视政府固有的核心权威以及协调合作的网络关系；四是基于政治运作传统，考虑各利害关系人之间权力互动以及促进自身利益的情境，不能交由管理者或精英来掌控治理。从以上分析我们可以发现，地方治理的概念重新界定了地方政府与社会的关系，也就是地方政府将不再是地方事务的唯一主导者，更多地要考虑多元利害关系人。联合国开发计划署（UNDP）将"地方治理"界定为："由制度、机制和过程所组成，通过这些，地方上的公民及其群体能够明确地监督自己的利益和需求，协调其差别，享有权利和承担义务。它需要地方政府、公民社会的组织和私人领域在参与、透明度与责任、平等地提供服务以及地方发展诸方面的合作关系。它须授权给地方政府，让其拥有资源以便有能力对所有公民的需求与忧虑做出反应并着手解决。与此同时，地方治理也涉及基层民主的加强，授权给公民、社区和像 CBO 和 NGO 这样的组织，让他们平等地参与地方治理与地方发展过程。"②

推进国家治理体系和治理能力现代化是党的十八届三中全会提出的全面深化

---

① Jan Kooiman. Modern Governance：New Government-Society Interactions［M］. London：Sage，1993：35-48.

② 尹冬华. 从管理到治理：中国地方治理现状［M］. 北京：中央编译出版社，2006：1-2.

改革的总目标，这是我国政府为应对社会转型对作为"舶来品"的公共治理理论的本土化应用，即当代的"中国发现"，国家治理进程为公共治理提供了理论增长空间。地方公共治理是国家治理体系和治理能力的重要组成部分。推进地方公共治理制度创新和治理能力建设，要在坚持党的集中统一领导、坚持中国特色社会主义制度的大前提下，做好地方政治稳定、经济发展、文化繁荣、生态良好、民族团结、人民幸福、社会安定的各项工作。

地方公共治理本质上是一种多元合作治理，强调治理主体和治理对象之间的"互主体性"关系，也是国家治理中政府、市场和社会三重失灵的逻辑进路。地方政府扮演着"元治理"角色，通过多元共治实现公共利益最大化。地方公共治理是相对于国家治理层面来说的，地方良好的公共治理主要表现在政府适应居民公共需求，提供良好的公共服务。地方公共治理强调的是，"以公民社会成长为依托，以充分发挥市场机制的'划桨'功能为基础，让市场、政府与公民社会三者在各自的领域内充分发挥作用"。①

党的十九大报告再次强调，"必须坚持和完善中国特色社会主义制度，不断推进国家治理体系和治理能力现代化，坚决破除一切不合时宜的思想观念和体制机制弊端"。② 地方公共治理以处理地方公共事务的有效性为根本目的，把发展民主政治的有序化作为核心价值，构造国家治理进程中现代化的地方操作终端，是新时代全面深化改革的根本要求。地方公共治理旨在探索多元主体对社会公共事务的合作共治，强调挖掘政府以外各种管理和政策工具的潜力，发挥政府、市场和社会的共同作用，是一种"治理"式的地方行政。③

第二节　地方公共治理维度

自党的十八届三中全会提出国家治理体系和治理能力现代化的改革目标以来，国家治理的相关议题得到了普遍而深入的关注与讨论。国家治理的渐次推进逐渐将地方治理尤其是基层治理中的问题凸显出来，如治理真空、选择性治理、行政吸纳治理、治理的泛政治化、治理创新不足和创新扩散效应不强等。历史地

① 黄健荣. 公共管理新论［M］. 北京：社会科学文献出版社，2005：306.
② 习近平. 决胜全面建成小康社会 夺取新时代中国特色社会主义伟大胜利——在中国共产党第十九次全国代表大会上的报告［EB/OL］.（2017-10-27）http://www.gov.cn/zhuanti/2017-10/27/content_5234876.htm.
③ 李雪松. 地方社会公共治理的互联逻辑与创新向度［J］. 广西社会科学，2018（4）：156-161.

看，地方治理改革一直在丰富着国家治理的经验，也会"自下而上"地推动国家层面的制度变革。①

一、治理空间

治理空间在本书主要指政策空间，即治理主体在治理过程中所处的政策环境和其能自由行动的政策范围。地方治理的政策空间既有其"有限明确"的一面，即应在中央授权、地方职责和法律法规范围之内，又有其"无限模糊"的一面，即必须要尽其所能、创造条件来维护社会稳定、促进经济发展、回应公众需求。因此，笼统地看，地方治理的政策空间是有弹性的。

当下地方治理的政策空间存在三个问题亟须引起重视：一是政策空间有限，地方政府治理的自由度不够，一些公共事务在中央和地方之间的分配不均衡，出现"有责无权""玻璃天花板"的情况，导致地方政府治理创新的动力不足、勇气不够，生怕碰触红线；二是政策空间不明确，缺乏明确的法律保护、制度支持和政治保护；三是政策重心不稳，地方治理的随意性较大，短期效应、政绩效应明显，运动式、应急式特征突出。

产生上述问题主要有三个方面的原因：一是中央授权不明确，在"中央集权与地方自主权"之间存在着巨大的博弈空间；二是法治化建设滞后，中央和地方的权责关系没有厘清；三是评价机制不合理，在上级评价和民众评价之间存在矛盾，在政治绩效与民意表达之间时有冲突。

二、治理资源

治理资源是指治理主体在治理过程中所能运用或调动的人、财、物和信息等资源。

治理资源不足是当下地方政府治理的问题，主要存在以下四个方面：一是事权与财权不匹配而导致的"治理责任的日益增加与治理资源有限性之间的矛盾"，它"逼迫"地方政府越来越关注预算外收入尤其是那些并不在统计范围之内的收入，这种偏好一旦形成就会产生更大的治理危机。二是政府治理的人手明显不足。越往基层，地方治理的事务越庞杂、分散，但行政人员却并未相应增加，一些公共事务的基层经办能力明显不足。三是治理的技术经验不足。有些地方政府还不能及时适应治理形势的变化，缺乏现代化的治理经验，如与市场、社会合作的经验。缺乏现代化的治理技术，如对民意的掌握、回应技术和对信息的掌控、分析技术等。四是多元治理主体的发育还不充分。当自身资源有限时，政

---

① 胡薇．理解地方治理现代化的五个维度［N］．学习时报，2018-11-30（004）．

府可以也应该借助社会资源来推动地方治理。但在有些地方，市场或社会力量的发育可能并不充分，如社会组织发育不全，有参与能力的企业不多等。

值得注意的是，不同地区之间所拥有的治理资源具有较大的差异，经济发达地区的治理资源通常好于经济欠发达地区，这种差异往往导致地方治理的不均衡，产生地区间的不平等，尤其是在公共产品的提供方面。

三、治理结构

治理结构是指以政府为中心所形成的各种不同治理主体之间的关系结构，包括上下级政府所形成的纵向结构，同级政府之间、政府与社会、市场之间所形成的横向结构。

首先，不同层级政府所面临的治理结构具有明显的差异。在纵向结构上，层级越向下，对上负责的部门就越多，表现为"上面千条线，底下一根针"，因此地方治理结构比中央层面的治理结构更复杂、更精细；在横向结构上，层级越往下，治理结构则越受到本地经济社会结构的影响，一些新兴的经济和文化精英、集团可能会对地方政府尤其是基层政府的治理行为产生直接影响。如在一些经济发达地区，社区企业甚至会取代政府，履行提供公共物品的职能。当然，那些社会结构比较单一的地区，政府主导则依然是主要的治理方式。其次，不同地域的地方治理结构也各不相同，这是由经济社会文化发展环境所决定的。一般来说，经济发展水平更高的地域，对治理的现代化要求更高，治理结构也更加多元化和现代化。

分析地方的治理行为，需要注意其治理结构的层级差异与地域差异，不能强求治理的全国同步性，也不能强求中央和地方的同步性。

四、治理理念

治理理念是指对治理现代化的理解和认识，即对治理的多元化、法治化、民主化和协商性、过程性等要素的认识。治理理念有时先于实践，有时则是对实践的总结。

中央和地方的治理理念是存在差异的，其原因首先在于对社会形势的判断具有全局与局部的差异，因此多数地方的治理理念滞后于中央，即使某些地区治理理念比较先进，也往往是对社会形势发展的一种反应。其次则是因为治理任务具有宏观与具体的差别。地方所面对的治理任务更加庞杂、具体，更直接面对多元利益主体和公众需求，矛盾触点更多、压力更大，陷于具体治理任务之中，而较少考虑宏观规划。当然，最根本的原因还在于政策空间的有限性限制了治理理念的发展。

需要指出的是，地方治理理念的现代化程度与其经济社会发展程度、行政人员素质密切相关，因此也呈现出较大的地区差异，还易受到主政人员的影响。这就需要地方政府建立治理的长效学习机制，并通过加强政府问责，建设透明政府、数据政府加以辅助，以不断更新治理理念。

五、治理成本

治理成本是指达到治理目标所需耗费的资源与所达到的效果之比。在实践中，治理成本通常被具体化为选择此种而非彼种治理方式所导致的损失或所付出的代价，治理成本高，治理行为产生的概率就小。

地方政府的治理策略与治理成本密切相关。那些资源投入大却耗时长、见效慢的治理方式往往被认为"成本较大"，而经常会让位于一些"短平快"的治理方式，因为后者更容易见到政绩。悖论的情况则是，尽管有些治理项目资源投入巨大，但却是政府中心工作或上级交办任务，即使收效甚微也可能成为治理重点；而有些并不需要较大的资源投入，因为不是首要任务的项目，则有可能被置于治理的边缘地带。而决定是否是中心工作或首要任务的，往往在于干部评价机制和政绩考核机制。此外，那些区域性或跨界的治理问题，由于无法避免"搭便车"而往往成为无主之地，如环境污染等。

地方治理的成功是国家治理转型的前提和基础，但地方治理却面临着与国家治理不尽相同的现实问题。合理理解地方治理的策略和行为，需要从不同角度入手，改善治理环境，才能有效推进地方治理的现代化。

第三节 地方公共治理的学习内容、意义与方法

一、地方公共治理的学习内容

地方治理是国家治理的重要组成部分，也是一个国家、一个民族得以繁荣昌盛的基石。党的十九届六中全会通过的《中共中央关于党的百年奋斗重大成就和历史经验的决议》中明确提出，全面深化改革总目标是完善和发展中国特色社会主义制度、推进国家治理体系和治理能力现代化。如何看待地方公共治理转型中所出现的问题，进而加快地方公共治理的现代化转型，成为当下国家治理研究的关键命题。本书以习近平新时代中国特色社会主义思想为指导，从新时代中国特色社会主义实际出发，借鉴国内外已有研究成果，对地方公共治理进行科学阐

述，以使读者了解当代中国地方公共治理的规律，掌握当代中国地方公共治理的理论和方法。

本书共分为十二章。

第一章是导论，主要探讨了地方公共治理的界定、维度，介绍了本课程的学习内容、意义和方法；第二章探讨了地方生态治理；第三章探讨了地方市场治理；第四章探讨了基层社会治理；第五、第六章分别探讨了地方公共文化治理、地方公共健康治理；第七至第九章分别探讨了城市公共治理、乡村公共治理、城乡社区治理；第十章探讨了乡村振兴战略；第十一章介绍了地方公共治理的中外比较；第十二章探讨了地方公共治理创新。在附录部分，还列出了与当前地方公共治理息息相关的《中华人民共和国乡村振兴促进法》《中共中央 国务院关于加强基层治理体系和治理能力现代化建设的意见》。

二、地方公共治理的学习意义

"郡县治，天下宁"。地方治理是国家治理体系和治理能力在地方层面的实践和体现。地方治理成功与否直接关系到中国现代化的进程。因此，学习地方公共治理具有重要意义。

（一）加强地方公共治理，有利于提升地方公共治理能力

党的十八届三中全会提出要全面推进国家治理体系和治理能力现代化，并将其作为全面深化改革的总目标。党的十八大以来，中国特色社会主义进入新时代。党面临的主要任务是，实现第一个百年奋斗目标，开启实现第二个百年奋斗目标新征程，朝着实现中华民族伟大复兴的宏伟目标继续前进。[1] 以习近平同志为主要代表的中国共产党人，坚持把马克思主义基本原理同中国具体实际相结合、同中华优秀传统文化相结合，坚持毛泽东思想、邓小平理论、"三个代表"重要思想、科学发展观，深刻总结并充分运用党成立以来的历史经验，从新的实际出发，创立了习近平新时代中国特色社会主义思想……明确全面深化改革总目标是完善和发展中国特色社会主义制度、推进国家治理体系和治理能力现代化。[2] 国家治理体系和治理能力现代化是一项系统工程，离不开整体布局，也离不开实践探索。当前我国地方公共治理能力的提升要在"五位一体"的总体框架下，对现有资源进行有机整合，积极探索地方公共治理现代化的实现路径。因此，通过学习地方公共治理这门课程，有利于创新地方公共治理方式，进一步提升和完善地方公共治理能力。

（二）加强地方公共治理，有利于发展地方公共治理理论

自党的十八届三中全会提出国家治理体系和治理能力现代化的改革目标以

---

[1][2] 《中共中央关于党的百年奋斗重大成就和历史经验的决议》。

来，国家治理的相关议题得到了普遍而深入的关注与讨论。国家治理的渐次推进逐渐将地方治理尤其是基层治理中的问题凸显出来，如治理真空、选择性治理、行政吸纳治理、治理的泛政治化、治理创新不足和创新扩散效应不强等。历史地看，地方治理改革一直在丰富着国家治理的经验，也会"自下而上"地推动国家层面的制度变革。但不可忽视的是，地方治理面临着与国家治理不尽相同的环境、问题、压力和挑战。由于区域差异性、社会变动性的持续存在以及各个层面都存在的制度不确定性和多变性，各地地方治理形态存在着巨大差异。① 综观新时代的地方改革实践，当代中国地方治理正在从政府主导、碎片化的单兵突进式改革向多元主体相互协同、依托数字技术、系统全面推进的共同治理格局转变。上述变迁，主要得益于两方面的举措：一是坚持党的集中统一领导，二是充分发挥中央和地方的两个积极性。前者保证了自上而下的原则、方针、政策可以在地方治理实践中得到有效贯彻和体现；后者则让源自地方和社会的治理智慧和治理经验在地方治理实践中得到有效运用，并且使那些行之有效且具有普遍意义的做法进而上升为更广区域内的政策文件，得到扩散和推广。② 因此，通过学习地方公共治理这门课程，可以总结一些经验教训，有利于发展中国共产党领导的地方公共治理理论。

（三）加强地方公共治理，有利于增强中国特色社会主义制度自信

改革开放以后，党领导人民坚持中国特色社会主义政治发展道路，发展社会主义民主，取得重大进展。党从国内外政治发展成败得失中深刻认识到，坚定中国特色社会主义制度自信首先要坚定对中国特色社会主义政治制度的自信，建设社会主义民主政治，发展社会主义政治文明，必须使中国特色社会主义政治制度深深扎根于中国社会土壤，照抄照搬他国政治制度行不通，甚至会把国家前途命运葬送掉。③ 党的十九届四中全会着眼于党长期执政和国家长治久安，对坚持和完善中国特色社会主义制度、推进国家治理体系和治理能力现代化作出总体擘画，重点部署坚持和完善支撑中国特色社会主义制度的根本制度、基本制度、重要制度。④ 当今世界正经历百年未有之大变局，我国正处于实现中华民族伟大复兴关键时期。顺应时代潮流，适应我国社会主要矛盾变化，统揽伟大斗争、伟大工程、伟大事业、伟大梦想，不断满足人民对美好生活新期待，战胜前进道路上的各种风险挑战，必须在坚持和完善中国特色社会主义制度、推进国家治理体系

---

① 胡薇．理解地方治理现代化的五个维度［N］．学习时报，2015-11-30（004）．
② 郁建兴．新时代我国地方治理的新进展［N］．学习时报，2019-12-23．
③④ 《中共中央关于党的百年奋斗重大成就和历史经验的决议》。

和治理能力现代化上下更大功夫。① 因此，通过学习地方公共治理这门课程，可以深刻认识中国特色社会主义制度的科学性和优越性，增强"两个确立""两个维护""四个意识""四个自信"。

三、地方公共治理的学习方法

地方公共治理是一门具有实践性、应用性的学科，需要掌握必要的学习方法。

（一）制度分析法

制度分析法是当代社会科学研究的一种新方法，学术界一般称其为制度主义，它是指通过分析制度的起源、本质、构成、变迁及其在社会经济、政治发展中的作用解释社会发展动力、功能、规律并探索社会发展道路的一种研究方法。制度分析着重理论性研究，把制度变量纳入理论框架，强调制度对个人、群体行为的影响需要进行深层次的考察，权衡具有路径依赖的众多因素，注重特定历史条件下的变化。制度分析的核心是强调制度对政治、经济发展的重要性。

一百年来，党领导人民进行伟大奋斗，创造了新民主主义革命的伟大成就、社会主义革命和建设的伟大成就、改革开放和社会主义现代化建设的伟大成就、新时代中国特色社会主义的伟大成就，积累了坚持党的领导、坚持人民至上、坚持理论创新、坚持独立自主、坚持中国道路、坚持胸怀天下、坚持开拓创新、坚持敢于斗争、坚持统一战线和坚持自我革命十个方面的宝贵历史经验。② 新中国成立 70 多年来，我们党领导人民创造了世所罕见的经济快速发展奇迹和社会长期稳定奇迹，中华民族迎来了从站起来、富起来到强起来的伟大飞跃。实践证明，中国特色社会主义制度和国家治理体系是以马克思主义为指导、植根中国大地、具有深厚中华文化根基、深得人民拥护的制度和治理体系，是具有强大生命力和巨大优越性的制度和治理体系，是能够持续推动拥有 14 亿人口大国进步和发展、确保拥有 5000 多年文明史的中华民族实现"两个一百年"奋斗目标进而实现伟大复兴的制度和治理体系。因此，只有坚持以马克思列宁主义、毛泽东思想、邓小平理论、"三个代表"重要思想、科学发展观、习近平新时代中国特色社会主义思想为指导，深化对共产党执政规律、社会主义建设规律、人类社会发展规律的认识，增强"四个意识"，坚定"四个自信"，做到"两个维护"，坚持党的领导、人民当家作主、依法治国有机统一，坚持解放思想、实事求是，坚持改革创新，坚持和完善支撑中国特色社会主义制度的根本制度、基本制度、重要

---

① 《中共中央关于坚持和完善中国特色社会主义制度 推进国家治理体系和治理能力现代化若干重大问题的决定》。

② 《中共中央关于党的百年奋斗重大成就和历史经验的决议》。

制度，推进国家治理体系和治理能力现代化，才能更好地学习地方公共治理这门课程。

（二）实证研究法

地方公共治理是一门实践性很强的学科，因此，实证研究就成为这门学科研究的一种非常重要的方法。实证研究可以分为定性研究和定量研究，两者都讲道理、摆事实、重证据。定性研究注重案例和思辨，而定量研究注重调研和众数。习惯上，人们将文献研究、历史研究、田野调查、访谈、案例研究、根基理论等归纳为定性研究；将问卷调查、数学或统计分析等归纳为定量研究。两种研究的核心点都是事实是否对、效度信度如何、问题能否被解决。实证的定性（又叫质化）研究实际上比定量（量化）研究更需要经验、思考、价值判断力等，更加难以把握。① 只有深入实践并运用实践的观点和方法，才能深刻认识中国特色社会主义地方公共治理的合理性、科学性和发展性。随着地方公共治理的能动性越来越强，它所涉及的领域越来越广泛，地方公共治理个案之间的发展趋势和自身的管理也不尽相同，因而关于地方公共治理的实证研究显得越发重要。

（三）历史分析法

历史分析法是按照历史发展的顺序来考察地方公共治理的重要方法。它通过分析地方公共治理的产生、发展和演变，总结出某种规律，基于此规律来认识地方公共治理目前所面临的问题，以及分析未来的发展趋势。历史分析法认为，地方公共治理在其发展历程中既有必然性又有偶然性，从历史中把握地方公共治理的规律，对地方公共治理的现状和未来的发展都有指导意义。② 只有充分了解中国的历史，才能深刻认识中国特色社会主义地方公共治理的合理性、科学性和发展性，才能了解中国特色社会主义制度和国家治理体系发展的历史性成就、显著优势。只有充分了解历史，才能更好地学习地方公共治理这门课程。

（四）比较分析法

比较分析法是地方公共治理研究和学习中的极为常用的方法，尤其是对我国来说，在当今建立社会主义市场经济体制的改革走向深入、加入世界贸易组织（WTO）后进一步改革开放、参与国际经济竞争的背景下，这一方法更为重要。比较分析法，通常是指把所要研究的对象与不同的或相似的事物放在一起做比较，或者将研究对象在不同阶段的情况进行比较，通过鉴别事物之间的异同及其制约因素等，加深对事物的认识，找出事物的本质或规律性的东西。比较分析法的要点是通过对不同事物或同事物在不同阶段的情况等进行比较，从中找出共同

① John W. Creswell. Research Design：Qualitative，Quantitative，and Mixed Methods Approaches ［M］. Los Angeles：Sage，2013.

② 吴爱明．地方政府学 ［M］．武汉：武汉大学出版社，2009：23.

点、本质或规律性的东西。①

比较的内容包括不同地区、不同领域、不同行业的治理模式、治理机制、职能定位和体制改革等方面。例如，运用纵向比较法，通过对中华人民共和国成立以来不同的历史时期地方公共治理模式和方法等进行比较，就能从历史演变的角度，对地方公共治理的不同变化和特点进行分析，寻找出这种变化的历史原因和实质，加深对现阶段地方公共治理的认识。又如，通过研究国外地方公共治理活动，分析对中国地方公共治理的启示和借鉴意义，通过比较研究中国不同地方公共治理方式，探究它们之间的异同，从中既找到地方公共治理的一般的或普遍的理论，又发现各国或地区在不同时期的地方公共治理特色，从而丰富地方公共治理的方法理论体系，寻求中国地方公共治理的理想模式。

复习思考题

1. 什么是地方公共治理？
2. 如何理解地方公共治理的维度？
3. 公共治理有哪些特征？
4. 如何学习地方公共治理这门课程？

案例分析

数字政府的实践与创新（2021 年）
2021-03-03

日前，中国信息通信研究院发布《数字时代治理现代化研究报告（2021年）——数字政府的实践与创新》（以下简称《报告》）。《报告》围绕数字政府的内涵意蕴、建设现状、特点趋势、问题挑战进行全面梳理，以期为数字政府建设贡献智慧，助力数字时代国家治理现代化。

《报告》指出，从理论和实践来看，我国数字政府建设呈现四大特点：

（1）以用户为中心。数字政府坚持和践行新时期服务型政府建设理念，通过政府流程再造，不断降低制度性交易成本，让数据多跑路、群众少跑路。

（2）数据驱动。数据是数字政府的基础性要素，数字政府主张"用数据对话、用数据决策、用数据服务、用数据创新"，以数据引导各项改革。

（3）整体协同。数字政府强调整体建设理念，要求通过机制设计，不断打通部门间壁垒，吸纳多主体力量，实现更高层次协同。

---

① 蔡立辉，王乐夫．公共管理学［M］．北京：中国人民大学出版社，2018：29.

（4）泛在智能。当前，以人工智能、区块链、VR/AR 技术为代表的新科技革命飞速发展，未来的数字政府建设必将极大地受到智能技术发展影响，走向泛在化、智能化。具体表现为政府将变得"无时不在、无处不在"。

在实践模式上，我国数字政府建设主要呈现自下而上、分散推进、百花齐放的特征，并相继涌现广东、浙江、贵州等成果建设经验。其中，我国数字政府建设包括三种典型模式：①广东模式。自上而下统筹建设，机构改革先行。②浙江模式。由点到面全面铺开，流程再造先行。③贵州模式。打造包容创新环境，产业发展先行。《报告》认为，全球数字政府建设总体处于起步阶段。国外数字政府更加关注新兴数字技术及数据驱动在数字政府建设中的重要作用，数字政府建设重心逐步从"信息化、线上化"向"开放型政府建设、用户驱动、业务流程再造"转变。

从全球发展来看，人类社会的数字化转型是时代潮流、大势所趋，数字化治理将成为各国治理能力竞争的核心指标。从我国发展来看，政府的数字化转型将成为整个经济社会数字化转型的关键。政府应当顺应并引领这一潮流，加快推进数字政府建设。

资料来源：中国信息通信研究院．数字政府的实践与创新（2021 年）［EB/OL］．ht-tps：//t. cj. sina. cn/articles/view/6375433705/17c0165e901900z7vh.

第二章　地方生态治理

习近平总书记强调："良好生态环境是最普惠的民生福祉""环境就是民生，青山就是美丽，蓝天也是幸福""发展经济是为了民生，保护生态环境同样也是为了民生"。习近平总书记对生态文明建设和生态环境保护提出一系列新理念、新思想、新战略，为做好新时代生态环境保护工作提供了重要指引和根本遵循。

第一节　地方生态治理的概念、要素和特征

一、地方生态治理的内涵

"生态"一词最早来自古希腊语，其本意中蕴含生物的栖息地、家并推而广之为人类所生存的环境。生态一词是指个体化的生命一旦获得生的可能，就会不断地与外界环境相适应，为活而生。生态环境问题已不是一个局部性问题和暂时性问题，而是一个整体性、全局性和长期性的问题①。生态环境又称自然环境，主要是指一个国家的地理位置、自然条件和自然资源等因素，如山川河流、地形地貌、资源分布。公共管理适应生态环境的要求，就会促进经济和社会的发展。②反之，如果做出竭泽而渔、毁草垦地的短视行为，就会遭受生态环境的惩罚。因此，党的十九大报告指出："建设生态文明是中华民族永续发展的千年大计"，并明确要求"着力解决突出环境问题""加大生态系统保护力度"。这是对今后一个时期环境治理和生态保护工作提出的新要求和新任务。

生态环境治理就是在生态环境遭到破坏的情况下，按照环境治理理论的科学指导，通过行为主体采取多种手段，合理地对生态环境进行治理和恢复、依据生

---

① 方世南. 区域生态合作治理是生态文明建设的重要途径 [J]. 学习论坛，2009（4）：40-43.
② 黄玲. 新时期生态环境治理中的政府职能探讨 [J]. 人民论坛，2012（35）：48-49.

态学原理运用科学方法进行污染治理、生态恢复以及生态平衡治理而展开的一系列活动。① 具体是指在生态文明建设过程中，以生态环境保护为目标，以政府为主导、企业为主体，社会组织和公众共同参与，以法治为保障，对生态环境进行整治、清理、修葺、美化的活动和过程。生态治理是国家治理体系和治理能力现代化的重要组成部分，包含绿色发展、污染防治和生态修复。②

生态环境治理根据生态环境的不同要素，可分为不同领域的环境治理，例如，大气污染防治、海洋环境治理、林区生态修复和湿地保护、土壤环境综合治理、荒漠化的防治、水土流失防治等；按不同的治理区域划分为国际环境治理和国内环境治理，国内环境治理又可分为城市生态环境治理、农村生态环境治理。

生态环境治理通常与生态环境的前期保护和后期修复密切相关，从而形成一整套常态化机制来改善生态环境。生态环境治理的内涵与外延往往是伴随着科学技术发展和治理水平提高而不断更新的。科学技术越发展，对生态环境在具体实践领域中的应用就越发挥作用。因此，生态环境治理在遵循天然生态环境和自然科学规律的基础上，还要依靠科技等主要因素来开展治理行为。同时，由于生态环境是一个包含多种元素在内的复杂生态系统，生态环境治理就需要多领域、多主体的合作，使治理涉及全过程并具有连续性。

二、地方生态治理的构成要素

农村环境治理涵盖了三个基本层面的内容：一是治理什么、谁治理；二是如何治理；三是目标、主体、载体和机制。③ 按照农村环境治理构成要素，对生态环境治理构成要素进行分析。

（一）治理理念

党的十八届五中全会强调，"实现"十三五"时期发展目标，破解发展难题，厚植发展优势，必须牢固树立并切实贯彻创新、协调、绿色、开放、共享的发展理念。"④ 党的十八届五中全会提出"五大发展理念"，将绿色发展理念上升为统筹谋划解决环境与发展问题、关系中国发展全局的一个基本理念。党的十八大以来，中国政府将生态文明建设融入治国理政宏伟蓝图，在"五位一体"总

① 罗卓琪. 基于生态环境治理的自然资源资产离任审计评价体系的构建及应用研究——以 Z 市为例[D]. 云南财经大学硕士学位论文，2021.

② 龚天平，刘潜. 我国生态治理中的国内环境正义问题[J]. 湖北大学学报（哲学社会科学版），2019，46（6）：14-21+172.

③ 刘旭东. 农村环境治理的中国语境与中国道路[J]. 西南民族大学学报（人文社会科学版），2020（4）：201-210.

④ 周军，刘冲. 新时代中国共产党绿色发展理念的基本逻辑及实践价值[J]. 理论探讨，2019（5）：155-159.

体布局中，生态文明建设居于重要地位，天更蓝、山更绿、水更清的美丽中国不断展现在全球各国面前。党的十九大报告提出："构建人类命运共同体，建设持久和平、普遍安全、共同繁荣、开放包容、清洁美丽的世界"，并将其作为国家治理的基本方略。

（二）治理目标

党的十九届五中全会上提出了"十四五"时期经济社会发展主要目标，其中，包括"生态文明建设实现新进步，国土空间开发保护格局得到优化，生产生活方式绿色转型成效显著，能源资源配置更加合理、利用效率大幅提高，主要污染物排放总量持续减少，生态环境持续改善，生态安全屏障更加牢固，城乡人居环境明显改善"。生态环境与经济发展相辅相成、共生共荣，生态环境治理不仅是社会发展、人与自然和谐共生的要求，更是自然资源环境保持可持续性的必然选择。

按照目标远近，可分为近期目标和远景目标。目标具有阶段性特征，短期目标的达成是长期目标的前提条件，且长期目标需要根据短期目标进行调整。因此，环境治理目标根据我国生态文明建设总体要求和实际国情分为"十四五"近期目标和2035年远景目标。在《中共中央关于制定国民经济和社会发展第十四个五年规划和二〇三五年远景目标的建议》（以下简称《建议》）中，"十四五"时期主要目标可大致归纳为六个：①国土空间开发保护格局得到优化；②生产生活方式绿色转型成效显著；③能源资源配置更加合理、利用效率大幅提高；④主要污染物排放总量持续减少；⑤生态环境持续改善；⑥生态安全屏障更加牢固；⑦城乡人居环境明显改善。《建议》明确提出2035年"美丽中国建设目标基本实现"的社会主义现代化远景目标，并展望到21世纪中叶，"把我国建成富强民主文明和谐美丽的社会主义现代化强国"。从《建议》中可以看出，2035年远景目标与"十四五"近期目标相衔接，但特别强调了绿色发展、碳排放、生态环境质量改善等，包括"广泛形成绿色生产生活方式，碳排放达峰后稳中有降，生态环境根本好转""人民生活更加美好"等内容。

按照目标领域，可分为自然目标和社会目标。因环境不仅是纯粹的自然状态，也是人化的社会空间。因此决定了环境治理包括自然目标和社会目标。全球生态环境治理自然目标是通过各种行之有效的手段使得生态环境具有"生境能力"，从而谋求可持续生存的土壤不断获得再生的基础。① 同样，有学者提出环境治理的自然目标不是强化和满足发展的欲望，而是以社会整体动员的行动努力找回"人与天调"的存在道路。即限制无序的和无限度的经济增长，中止可持

---

① 曲婧. 全球生态环境治理的目标与合作倡议［J］. 行政论坛，2019，26（1）：110-115.

续发展模式，使环境恢复环境能力本身。① 而社会目标在人类具体的生产实践中，是指重新构建一种社会存在方式和生存方式，环境治理的社会目标的根本任务就是创建低碳化的社会存在方式和生存方式，终止片面的发展观，其衡量指标是实现"人、生命、自然"和"人、社会、环境"持续稳定的共生。通过人的自觉而使人类自己的存在更适应环境，即按照自然的方式而存在于自然之中。

以农村人居环境治理为例，2018 年，中共中央办公厅、国务院办公厅印发《农村人居环境整治三年行动方案》，重点聚焦农村生活垃圾、生活污水治理和村容村貌提升。该方案的提出加快推进了农村人居环境整治，进一步提升了农村人居环境水平。2020 年 12 月，三年行动方案目标任务已基本完成，扭转了农村长期存在的脏乱差局面。其中，95%以上的村庄开展了清洁行动，村容村貌明显改善。2021 年 1 月 13 日，农业农村部提出实施农村人居环境整治提升五年行动。旨在对农村的一些薄弱环节和短板进行持续的改善和补充。有学者在城乡融合的背景下对农村人居环境治理目标进行了研究，提出以科学发展和可持续发展为最终目标、以改善环境和农民生计的可持续为共同目标、以统筹发展和融合发展为主要目标。② 因此，生态环境治理最终要实现治理成果服务人民、满足人民对美好生活的向往，从而达到改善地区生态环境状况和提高人居环境质量的目的。

（三）治理主体

长期以来，我国生态环境治理体系是由政府主导的参与治理模式。2015 年 1 月 1 日起实施的《中华人民共和国环境保护法》在原有的环境治理体系机制建设基础上有三大突破：推动建立绿色发展模式、现代环境治理体系、信息公开和公众参与机制。"公众参与"改变了以往环境保护中政府和部门为主导的治理方式，提出以多元共治、社会参与的现代治理理念，建立多元共治、社会参与的现代环境治理体系。并规定各级政府对环境质量负责，企业承担主体责任，社会组织依法参与，新闻媒体舆论监督。③ 因此，生态环境治理主体由过去单一的政府转变为政府主体、企业或社会公众组织主体以及多方协同合作主体（政府—社会组织—公众）。这种合作治理在实践中表现为政府与公众等其他治理主体在平等的基础上通过协商、谈判等过程，最终共同作出决策、共同承担责任。④

① 唐代兴.环境治理的社会目标及实施道路［J］.西南民族大学学报（人文社会科学版），2014，35（7）：65-71.

② 刘敏.城乡融合视野下农村人居环境治理的目标与措施研究［J］.农业经济，2020（3）：33-35.

③ 新华社：中华人民共和国环境保护法（主席令第九号）［EB/OL］.（2014-04-25）［2021-10-27］http：//www.gov.cn/zhengce/2014-04/25/content_ 2666434. htm.

④ 俞海山.从参与治理到合作治理：我国环境治理模式的转型［J］.江汉论坛，2017（4）：58-62.

（四）治理载体

治理载体包括治理理念、治理制度、治理资源（资金、技术等）以及公共管理。理念是治理行动的思想基础，对治理体系具有导向性作用。改革开放以来，中国环境治理理念的演进过程为：可持续发展的理念、科学发展的理念、两型社会的理念、生态文明的理念、绿色治理的理念①、"两山"理念。伴随着环境治理重心的下移，社区环境治理理念逐步兴起②。良好的制度环境和政策环境是生态环境治理的基础和前提。技术赋能环境治理，以新兴技术为载体的环境治理，通过网络平台和专门立法保障公众环境治理项目的有效实施，从而实现环境公众参与理念与技术赋能环境治理实践的协调。公共管理作为国家治理的体现和载体③，对具有公共属性的生态环境的治理而言是重要的载体。

（五）治理机制

治理机制是治理主体借助治理载体治理环境的实际运行机制，是环境治理的过程保障，而怎样把各种要素聚集起来形成治理环境的合力，即整合机制以及指向环境治理过程和效果的监督机制，直接关系到环境治理机制的运行质量。生态环境治理机制按照不同治理主体分为政府治理机制、市场治理机制、社会公众治理机制和混合治理机制。

政府治理机制包括财政政策工具（环保支出、环境税收等）、政府间协作（横向协作和纵向协作）、强制型环境治理工具（"三同时"制度、排放总量限制、限产关停等）。市场治理机制即市场型环境治理工具，包括排污权交易制度、许可证制度、生态补偿制度等。社会公众治理机制即包括建言献策、环保诉讼、环境听证会等，也包括环保组织。混合治理机制则是政府治理机制、市场治理机制和社会公众治理机制的融合治理机制。

三、地方生态治理的特征

环境与治理的结合注定了与传统治理存在区别，环境治理既具有治理的鲜明特点，如多元性、互动性、过程性等，也有其自身的独特性。环境治理与一般治理活动相比，具有公共性、外部性、系统性和复杂性的特征④。而当前全球环境

---

① 王蔚.改革开放以来中国环境治理的理念、体制和政策［J］.当代世界与社会主义，2011（4）：178-180.

② 王芳，曹方源.迈向社区环境治理体系现代化：理念、实践与转型路径［J］.学习与实践，2021（8）：106-116.

③ 索费恩·萨哈拉维.环境可持续性的全球治理：公共管理作为关键载体［J］.莫尧译.中国机构改革与管理，2018（11）：7-8.

④ 周伟.合作型环境治理：跨域生态环境治理中的地方政府合作［J］.青海社会科学，2020（2）：76-83.

治理体系呈现出超脱性、自觉性、无界性、矛盾性、多维性等特征。①

（一）地方生态治理的三维特征

环境治理应实施政府管制、市场机制与公民社会参与的三维方法。政府应该健全法律规范，制定切实可行的措施，既要适应社会主义市场经济的发展趋势，通过经济收益与成本之间的核算，用市场机制的办法完善环境保护制度，又要加强公民环境保护意识的教育，通过有效手段调动社会公民参与环境保护的积极性。②

1. 政府管制

作为制度安排者的政府，应通过健全和完善环境保护制度，对有关重大制度作出具体的安排。地方尤其是省级政府或省级人大应制定相应的环境保护制度，以规范本区域环境保护制度的具体执行与落实，提高环境保护制度的权威性、严肃性和可操作性。

2. 市场机制

结合我国实际情况，应制定四项严密的政策措施，充分发挥市场机制的作用：①针对大中型企业与小型企业的实际情况，制定相关的政策。对大中型企业，政府可采取提供低息贷款措施支持其购置防污治污设备，提高其防污治污能力。对小型企业，政府可采取区域排污、集中处理的办法，集中分摊相应成本。②提高排污收费标准。环境管制的一个重要内容就是对环境污染的控制。按照"谁污染、谁负责承担成本"的原则，污染者应该支付由它们的污染而产生的额外处理成本。对排污单位一定要在经济上采取严厉的收费政策，提高排污收费，尤其要提高超标超量排污的收费，使环境污染成本逐渐做到内部化，使排污终端制度安排有成效。③实行有偿且限额发放排污许可证。对自然环境而言，污染单位越多，破坏作用越大。政府既然在排污的终端规定了相关的收费制度，那么在排污的始端也应该作出限制进入的安排，以保护环境不受过多污染单位的侵扰。这种限制进入制度安排可以体现在水污染物排放许可证的有偿且限额发放上。政府可以通过竞拍的制度安排，使排污许可证从一开始就内含价值，获取排放许可证的排污单位应支付相应的成本代价，而且获取时也不是无限获取，应该有限发放。这方面可以参照城市出租车运营投放数量限制办法，用竞拍方式来决定其价格。④积极探索排放许可证的交易制度。既然排放许可证是一种排污权，那么，它代表一种产权，就可以按照市场法则进行转让或拍卖，政府只能在制定交易规则上加强管理，没有必要在排污权的交易价格上进行干预。排污权的成交价格必定介于高成本与低成本之间，这样的价格必定能被双方都接受，而且双方都能通

---

① 颜德如，张玉强．中国环境治理研究（1998—2020）：理论、主题与演进趋势［J］．公共管理与政策评论，2021，10（3）：144-157.

② 朱锡平．论生态环境治理的特征［J］．生态经济，2002（9）：48-50+58.

过排污权的交易而获利。所以排污权交易不必由政府从中撮合。

3. 公民社会参与

建立公民社会参与环境保护的监督制度。美国著名经济学家刘易斯认为，"如果没有一个明智的政府的积极促进，任何一个国家都不可能有经济进步。另外，也有许多政府给经济生活带来灾难的例子，以至于要写满几页警惕政府参与经济生活的话也是很容易的"。这就是说，政府在经济发展过程中的作用是有限度的，而且在一定条件下会产生副作用。实际上，政府在环境保护过程中的作用也是特定的，不是无限的。市场机制只能发挥经济本身的作用，无法实现人们观念的调整与弥补制度本身的缺陷，再加上环境资源公共物品与行为外部性两大特点，市场价格只能反映局部性私人成本，不能充分反映全部整体性成本，这样，导致经济行为失去制约，产生市场失灵。因此，需要充分发挥公民社会能动性的参与特点，加强对环境污染单位个人和群体的监督，利用公民社会的自主力量，确立起公民社会参与环境保护的监督制度，以弥补政府管制与市场机制的不足。

（二）地方生态治理的复杂性

生态环境系统是由大量要素之间丰富的、非线性的相互作用所组成的复杂系统。国外学者通过对以气候变化框架公约为中心的全球环境治理体系的反思，发现工业资本主义社会复杂的社会技术系统蕴含着巨大的环境风险，构成了严重的全球治理挑战。[①] 他们认为，按现行的制度体系已无法控制全球气候变化，并且由于该系统的自反性，反而容易滋长权力腐化和使理性错误蔓延，必须通过提升治理的"复杂性"来应对全球环境治理风险。从复杂性理论来看，生态环境系统恰恰就是一个复杂适应性系统。如农村人居环境治理具有主体缺陷性、过程艰巨性和环境复杂性等特点[②]。

治理复杂性的考量集中到治理体系中，自然关注自组织机制与自组织行为问题。自组织行为的发生机制需要系统具备一个"共生"的价值观念，而是否拥有共生的生态价值（则）取决于我们的宗教和伦理教育的培养[③]。生态环境的复杂适应系统与自组织的应用所体现出来的局部集合与互利共生，使复杂系统的异质性、非线性和流体特征充分得以展现，这一系列特征蕴含着"生态自治"的思维：在生态系统中通过强化栖息于地球上的生物的多样性与个性的自然选择就是典型的"自治过程"。这一过程是自组织发生与发展的进程，任何生态群落的

① Bruno Turnheim，Mehmet Y. Tezca. Complex Governance to Cope with Global Environmental Risk：An Assessment of the United Nations Framework Convention on Climate Change［Z］. Science and Engineering Ethics，2009（22）.

② 吕建华，林琪. 我国农村人居环境治理：构念、特征及路径［J］. 环境保护，2019（9）：42-46.

③ ［美］西蒙·A. 莱文. 脆弱的领地——复杂性与公有域［M］. 吴彤译. 上海：上海科技教育出版社，2006：1-2+7+193+229-230.

结构和动力学特性都是部分通过自然环境、部分通过历史的偶然事件决定的，并在自组织内部得到加强、固定，环境治理领域亦无例外。

（三）地方生态治理的多元性与参与性

其一，环境事务与环境责任本身具有典型的多元性。在环境责任的规范进程中，通过提高资源环境税率、降低个人所得税率，以及将"谁污染，谁治理"原则与"谁使用环境产品，谁付费"原则结合起来的政策设计，便可以达致环境责任体系的确立。① 当然，这种责任体系的确立需要社会行动者结构的丰富与发展，社会治理中的不同行动者的博弈结构决定着责任的确立，尤其是中央与地方政府的合作化困局，亟须公众的参与和社会组织的介入。② 同时，环境治理问责的实施有利于提高城市环境治理投入，改善环境治理，实现社会经济的可持续发展。③ 这一多元责任的现实转化，则必然导向具体的政府组织、社会组织以及公民个人。公民环境参与和环境非政府组织的参与机制对环境治理有着积极的促进作用，环境市民社会的完善和发展是环境善治实现的基础。④ 环境治理应当构建以政府为主导的新兴市场机制和利益平衡机制，培育环境治理的专业市场，以治理收益来补偿治理成本，实现生态效益、经济效益和社会效益的统一。⑤

其二，环境治理过程喻示着行动者的多元化、治理的民主化。多主体环境治理是政府治理与市场治理之外的一条责任路径，强调政府、企业、社会组织等各个主体之间的相互合作与相互约束，以多中心为基础，通过多中心自主治理结构实现"权力分散"和"交叉管治"。⑥ 在当前环境治理模式下，政府与企业主导着治理方向与强度。然而这一模式与日益增进、觉醒的公众环境意识以及环境公民意识不相匹配，公众对于公共事务的参与要求正在不断提高。为保证一个政府施政的有效性，就必须扩展其广获民意的渠道，并不断为其合法性与执政正当性提供支撑。在环境保护视野下，公众有效的制度参与对于环境公共利益的维护以及防止邻避运动的反复出现有着积极作用。⑦ 环境民主也将赋予社会公众更广泛

① 史耀波，任勇．收入差距、流动成本与地区环境治理 ［J］.生态经济，2007（9）：145-148+157.

② 李胜．两型社会环境治理的政策设计——基于参与人联盟与对抗的博弈分析 ［J］．财经理论与实践，2009，30（5）：92-96.

③ 洪璐，彭川宇．城市环境治理投入中地方政府与中央政府的博弈分析 ［J］．城市发展研究，2009，16（1）：70-74.

④ 杨妍．环境公民社会与环境治理体制的发展 ［J］．新视野，2009（4）：42-44.

⑤ 李雪松，高鑫．基于外部性理论的城市水环境治理机制创新研究——以武汉水专项为例 ［J］．中国软科学，2009（4）：87-91+97.

⑥ Ostrome E, Schroeder L, Wynnes S. Institutional Incentives and Sustainable Development：Infrastructure Policies in Perspective ［M］．Boulder：Westview Press, 1993：288.

⑦ 秦鹏，唐道鸿，田亦尧．环境治理公众参与的主体困境与制度回应 ［J］．重庆大学学报（社会科学版），2016，22（4）：126-132.

的环境权利，如环境知情权、环境影响评估参与权以及环境监督权等，这些权利不仅能确保社会公众对环境问题的积极反应，同时也会提升公众环境意识，从而有助于环境质量的提升。① 因此，利用公众广泛地参与来实现治理体系的多样性、多元化是治理现代化发展的必然选择。

（四）地方生态治理的去中心化与合作化

学界在推进环境合作治理的民主化与参与性上已达成基本共识。在环境治理过程中，多元价值的认同与融合、去中心化的合作逐渐成为学者推崇的路径之一。在生态复杂系统中，合作化行为可以通过缩短其反馈环来有效地解决环境问题，也就是说将环境成本与收益的"距离感"进行缩减，使人们更直观地体会到个体所享受的环境收益，从而诱发积极的环境行为。② 地方区域是合作发起的最佳区域，也是信任和合作实现最佳整合的起始点。而这起始区域如何塑造信任资源并形成合作，有赖于区域民主化的进程和社会资本的发展。

就合作化的路径来说，去中心化是其必经的过程。在环境治理中，去中心化的进程既是环境议程与公众关注反馈环不断缩短的过程，也是公共参与专业化不断提升的过程，还是环境管理领域逐渐去中心化和民主化不断发展的过程。③ 在跨行政区环境污染发生后，环境执法人员需要在本省内逐级上报，等待上级做出指示，这个上报和指示过程延误了查证污染事实和处理污染事故的时间，使污染问题的处理具有滞后性。在整个治理过程中，横向地方政府间的信息沟通网络是封闭的。决定横向地方政府间协作网络的主导力量是正式的、纵向的政府权威，甚至纵向的上级政府出面协调，问题的解决将是一个漫长的过程。④ 这一主张道出了横向合作机制建构的必要性，而地方合作中所呈现的困顿也应给予充分的关注。环境治理横向权力实际运作中存在着环境治理相关部门的职能重复和交叉及行业主管和资源开发与环保职能冲突的问题，因此应明确划分环境统管部门与环境分管部门的职责权限、设置完善的环境管理协调机制并使其有效运行、建立以区域生态环境特点为基础的跨区环境监管机构，以强化对跨省区域生态环境的统一管理。⑤

① 张继兰，虞崇胜. 环境治理：权威主义还是民主主义？[J]. 学习与实践，2015（9）：62-68.

② 赵晶. 生态文明视角下环境治理特征的研究综述 [J]. 经济研究参考，2017（16）：62-68.

③ John R. Parkins. De-centering Environmental Governance：A Short History and Analysis of Democratic Processes in the Forest Sector of Alberta, Canada [J]. Policy Sic, 2006（39）：183-203.

④ 胡佳. 区域环境治理中地方政府协作的碎片化困境与整体性策略 [J]. 广西社会科学，2015（5）：134-138.

⑤ 王树义，蔡文灿. 论我国环境治理的权力结构 [J]. 法制与社会发展，2016，22（3）：155-166.

第二节　地方生态治理模式

一、压力型治理模式

压力型体制最初被定义为"一级政治组织（县、乡）为了实现经济赶超、完成上级下达的各项指标而采取的数量化任务分解的管理方式和物质化的评价体系。① 压力型治理的相对有效性就是在压力驱动条件下，上级政府可以通过政治化机制快速实现"集中力量办大事"，减少下级政府的抵制。② 压力型体制的有效性不仅体现在经济领域，还体现在社会管理领域，特别是在环境治理方面，"压力型治理"是中国环境治理实践的重要特征。③

在环境治理中，这一模式主要依靠中央政府的强制性手段，通过自上而下的压力传导和分块包干来完成环境指标。其中，中央政府和地方政府的职责侧重点有所不同。作为压力源的中央政府，其主要任务是建立、派发环境指标并对地方政府完成情况进行监督考核，而作为承包方的地方政府则主要负责完成这些指标。因此，地方政府在落实环境指标过程中往往享有一定的自由裁量权。

现实的环境治理过程中会受到源自多方面的压力，绩效压力、财政压力、公共压力、人口增长压力等，且环境治理效率与压力大小存在不规则线性关系。例如，研究发现，地方政府环境治理中的绩效压力具有"双刃剑"效应，适度的绩效压力可以显著提升环境治理效率，但过高的绩效压力会对环境治理效率造成负面影响，绩效压力与地方政府环境治理效率间存在倒"U"形的曲线关系。④

二、社会制衡型治理模式

由于政府直控型环境治理模式必然产生较大的行政成本，包括组建机构、增加人员和购买设备等。由于各级环境保护部门的规模和经费是有限的，特别是直接从事环境管理的人员有限，面对大量违反环境保护法律规定的企业或其他对

① 荣敬本. 从压力型体制向民主合作体制的转变［M］. 北京：中央编译出版社，1998：35.

② 王勇. 从"指标下压"到"利益协调"：大气治污的公共环境管理检讨与模式转换［J］. 政治学研究，2014（2）：104-115.

③ 苑春荟，燕阳. 中央环保督察：压力型环境治理模式的自我调适——一项基于内容分析法的案例研究［J］. 治理研究，2020，36（1）：57-68.

④ 关斌. 地方政府环境治理中绩效压力是把双刃剑？——基于公共价值冲突视角的实证分析［J］. 公共管理学报，2020，17（2）：53-69+168.

象，环保部门力量薄弱，从而使环境政策法规不能得到充分落实。这种局面随着市场经济发展、各种市场主体大量增加而日益突出。

社会制衡型环境治理模式是对政府直接控制型环境治理的继承和发展，是指政府管理和公众参与相结合，当环境问题发生时，即社会发生环境权益冲突时，不再完全依赖于政府出面直接处置，而是由环境权益相关各方进行相互作用。①政府在这里的身份已由进行直接管理的"当事人"转变为间接辅助的"中间人"。一方面强调公众参与环境治理的重要性，另一方面也未否定政府的作用，反而特别强调政府在环境治理中的重要作用。

社会制衡型环境治理模式的途径有两个：一是扩展社会环境权益，二是适当简化政府管制。扩展社会环境权益，即给予公众更多的法律授权。包括知情权（开辟多种渠道，公布环境信息，使公众了解真实情况）、监督权（要通过法律规定，赋予公众对损害环境行为的监督权利）、索赔权（根据法律规定向污染者索取赔偿）、议事权（公众有权参与经济和环境决策的某些过程）。适当简化政府管制，减少政府直接操作的环境管理手段。政府在环境治理上的宏观调控（包括环境立法和经济协调）和在微观上的公正裁决，这种作用是无可替代的。适当简化管制，是为了使政府从环境政策执行的"当事人"转变为"仲裁者"，从"运动员"转变为"裁判员"，其意义是深刻的。

三、契约管理型治理模式

由于农村监管主体长期缺失、自治及管控手段有限等加剧了环境污染，导致农村环境治理表现为"无序化"，因此，契约管理模式当前以农村实践为主。农村环境契约管理模式实际上是在生态文明视野下，依法引入契约关系，在农村环境治理的各关系主体之间通过各种契约，就控制农村环境污染、保护自然资源、改善周边环境质量等事项进行规范，明确上述主体间的权利、义务和法律责任，并把农村环境相关法律、法规和政策融入具体契约中的农村环保机制。②包括农村内部自治契约、涉及公权力主体的农村环境行政契约、涉及第三方私主体的农村环境服务契约。

农村环境契约管理作为一种新型的环境治理模式，其不仅具有法治性、选择的合意性、主体的多元性和发展方式的开放性等特点，且从部分基层地区初步的环保实践成效来看，还有助于实现农村环保事业的社会协同。但我国各地区的农村经济发展状况存在较大的差异性和复杂性，实施农村环境契约管理需要建立相应的配套制度。主要采取以下五项措施：

① 夏光.论社会制衡型环境治理模式［J］.环境保护，2014，42（14）：10-12.
② 吴惟予，肖萍.契约管理：中国农村环境治理的有效模式［J］.农村经济，2015（4）：98-103.

（1）健全的组织制度。农村主体自身是环境契约义务的重要承担者，但"与高度组织化的现代社会相比，传统的乡土社会的确带有明显的松散性"，① 健全的组织体系是农村环境契约管理顺利推行的基本保障。

（2）公开、民主的程序制度。农村环境契约管理的目标、任务和重点内容等信息应及时通过村务栏、广播、组会等多种渠道公布，保证农村环境契约管理财（事）务的透明度；当地企业应当及时、明确地公开企业环境信息；涉及农民环境利益的事项、决策和村民普遍关心的农村环境问题，应征求农民针对环境保护所提出的各种意见和建议，在充分赋予其知情权和参与权的前提下，形成良好的契约管理互动氛围。因此，契约管理的程序必须体现公开、民主，实现全民协同共治。

（3）畅通纠纷解决机制与救济制度。在契约管理的实施过程中，矛盾纠纷和违约现象是不可避免的，而契约则成为双方解决矛盾纠纷的重要依据。具体而言，凡属契约所涉及的各类纠纷，如果双方均为村民，先由农村组织内部依据契约规定进行调解，对于无法调解的报请乡、镇司法调解委员会；如果是村组织与村民之间的纠纷，直接由乡镇司法调解委员会进行调解，调解不成的，根据问题的性质不同，进行分流调解、转交仲裁机构处理或引导其进入法律诉讼程序。

（4）建立完善的监督制度。一方面，设立村内监督小组，其成员必须在村内具有一定威望、资历和法律知识，同时由村民代表会议通过民主选举产生。其监督职责主要有三个：①负责监督本村环境自治契约的签订、履行，提出意见和建议。②监督本村的调解工作，督促问题及时消解。③接受村民对契约管理工作的质疑和建议。另一方面，引入第三方外部监督机制，吸纳相关专家学者参与合同的签订和实施。同时，基层政府可以制定适合本地区的农村生态环境考核指标和办法，对辖区内实行环境契约管理的村镇开展年终评估考核，并根据实际环境治理的情况，给予表彰和奖励，以贯彻落实国务院关于"以奖促治"的相关政策。

（5）引入生态交易机制和生态价值评估制度。在农村环境契约管理中引入市场交易机制以及相应的生态价值评估制度，依托省、市探索建立科学、可量化、可操作的区域水权、林权、排污权、碳汇等生态交易平台，不仅有利于提升农村生态环境的基础价值，助推生态经济可持续发展和转型，有效缓解我国基层地区财力不足、保护和治理农村环境投入乏力的现象。

四、政策协调型治理模式

马尔福德和罗杰斯（1982）将政策协调界定为一个过程，即"两个以上的

---

① 田毅鹏．"村落终结"与农民的再组织化［J］．人文杂志，2012（1）：155-160.

组织创造新规则或利用现有决策规则，共同应对相似的任务环境"。① 在新常态的背景下，继续推进和深化生态文明建设和环境保护成为中国可持续发展的机遇和挑战。适应和引领新常态，就是要创新环境管理方式，推动环境管理从过去的以行政审批为抓手，由政府主导，转向以市场和法律手段为主导，更好地发挥政府在制定规划和标准等方面的引领指导。② 在多元化的趋势下，环境政策的形成或制度的设计，必须认识到具体的社会、经济、政治、科技发展条件与发展传统，针对层出不穷的环境问题，广泛地探求理论上可能的因应方法，并针对各种环境问题的特质作出最佳的调配组合。③ 在环境政策治理技术工具和相关法律法规执行手段中，环境治理必须与法律制裁机制相互结合，以促使环境法律制度更加完善，环境执法与环境刑事司法的衔接更加紧密。

随着全球化、区域一体化、市场无界化以及社会信息化的进程，我国区域政府之间在大气污染治理政策协调方面达成共识。④ 一方面，不同区域和地方呈现出行政区之间恶性竞争的局面，不仅损害了各行政区自身的利益，而且也殃及了区域间的整体利益。为改善这一不利局面，区域内各行政区必须遵循合作治理的理念，达成一体化的治理方略。首要的是通过政策上的协调、行为上的互动来达成共识，实现共赢。另一方面，在区域内，以"外溢化"和"无界化"为特征的区域公共问题大量涌现，这种带有"区域公共物品"特质的公共问题必须依赖多个地方政府的联合行动，尤其需要具有事前预防功能的政策之间的协调。否则就会出现地方政府为"搭便车"，而采取规避的心态去对待这些公共问题的情况，最终导致区域治理的失败。

将区域政府间大气污染治理政策协调缘起的动因归结为"属地管理"困境，应采取以下三项措施：一是属地"利益博弈"与整体治理需求空间存在矛盾。即属地管理导致的局部利益最大化和资源分散化与跨域大气污染治理的协同性、整合性诉求相背离，最后的后果是大气污染治理的碎片化、孤岛化和分散化。二是压力型的政治体制和央地间财权事权的不对称对区域大气污染的影响。财政分税制改革以后，中央政府财政收入增加，而地方政府财政收入大幅下降，与所提供公共服务的事权不对等。三是属地治理模式限制了区域内政府在整体治理方面

① Mulford C. L., Rogers D. L. Definitions and Models. in Rogers D. L., Whetten, D. A. eds. Interorgani-zational Coordination：Theory，Research，and Im Ple－mentation ［M］. Lowa：Lowa State University Press，1982.

② 李庆瑞. 新常态下环境法规政策的思考与展望［J］. 环境保护，2015（3）：12-15.

③ 杨继文. 中国环境治理的两种模式：政策协调与制度优化［J］. 重庆大学学报（社会科学版），2018，24（5）：108-116.

④ 赵新峰，袁宗威. 京津冀区域政府间大气污染治理政策协调问题研究［J］. 中国行政管理，2014（11）：18-23.

的制度创新和政策工具优化。为积极回应碎片化、孤岛化、棘手化等治理难题，区域政府间需要突破行政界限束缚，通过政策协调进行相互之间的合作，最终在共同问题解决、共同利益达成方面取得突破。区域政府间大气污染治理政策协调包括科层式政策协调、市场式政策协调和网络式政策协调三种模式。①

五、制度优化型治理模式

环境治理制度优化模式以生态整体主义为价值指导原则，包括实体方面的制度和程序方面的制度。其中，实体方面的制度优化通过健全和完善相关法律法规之间的衔接机制来实现，程序方面的制度优化则分为环境司法学的基本原理和制度以及相应程序的分类保障机制。应采取以下四项措施：

（1）以生态整体主义为中心的环境治理制度理念。生态整体主义是一种现代环境治理理念，它强调人—自然—社会的良好运作与协调发展。将生态要素和内容进行整合和重构，是环境治理理性化、社会化、司法化的有益尝试，也是环境治理法律政策协调和实现的制度核心和理论基础。

（2）健全环境相关法律、法规的法际衔接机制。环境法律法规的调整和整合，是以减少环境公害的影响为目的的技术性操作、法律严格执行以及主体遵守行为。在肯定各种环境法律法规的正当适用前提下，充分重视环境法律政策的协调和原则指导意义，以环境行政法、民事法为一次适用法，只有环境违法行为超过刑事法的谦抑程度时，才动用作为"后置法"的环境刑法规范予以惩罚和制裁。

（3）重视环境司法学的基本原理和制度。从技术到制度的环境司法学，应当坚持和完善司法动力论，并体现环境伦理的指导价值。② 这充分体现了《关于加快推进生态文明建设的意见》中的"将生态文明纳入社会主义核心价值体系，加强生态文化的宣传教育，倡导勤俭节约、绿色低碳、文明健康的生活方式和消费模式，提高全社会生态文明意识"。在环境诉讼的具体制度中，由公民和非政府组织提起的公民诉讼制度，直接针对污染源，有利于促使污染企业遵守环境法律相关规定而实行合法行为。③

（4）完善环境规制以及程序分类保障机制。环境公害的治理与制裁，不仅涉及私法的救济，还涉及公法的规制问题，而且以诉讼程序为代表的公法规制是

① 赵新峰，袁宗威，马金易．京津冀大气污染治理政策协调模式绩效评析及未来图式探究［J］．中国行政管理，2019（3）：80-87.

② 杨继文．环境、伦理与诉讼——从技术到制度的环境司法学［M］．北京：中国政法大学出版社，2015：266.

③ 杨继文．基于生态整体主义的环境治理进路研究：理论化、社会化与司法化［J］．环境污染与防治，2015（8）：90-95.

重要方面。① 对环境侵权以及违法行为，应当优先适用私法的救济途径与方式。一方面，对严重违反国家刑法规范的环境犯罪行为，应当坚持刑事制裁的严厉性和诉讼程序的完整性，保障打击的方式、力度和质量，极大地抑制环境犯罪的发生和蔓延；另一方面，对于轻微的环境违法犯罪，应当保持"柔和"的态度，适当予以宽缓应对。

六、多元共治型治理模式

环境治理作为一项复杂的系统工程，具有动态性和复杂性等特点，单纯依靠政府机制、市场机制抑或是社会机制去解决环境问题难免失之偏颇，无法有效实现供需平衡。② 党的十九大报告中提出了"构建政府、企业、社会和公众共同参与的环境治理体系"的指导思想，倡导在环境保护与环境治理领域引入共建共治共享的理念，打造基于多元主体共同参与的新型环境治理模式，为解决日益复杂化和动态化的环境治理问题提供了"合作治理"新思路。

为进一步优化我国生态环境治理体系，打造基于政府、市场和社会力量共同参与、分工协作的多元共治模式，形成一个融合多元治理主体、倡导共建共治共享的新型共同体，推动这一新型共同体进行自主治理，从而能在所有人都面对"搭便车"、规避责任或其他机会主义行为诱惑的情况下，取得持续的共同收益。③ 环境治理的根本途径在于实现政府组织、政府与企业、政府与社会公众、不同企业之间的多元协同共治。④ 多元共治模式既强调以政府权威治理为中心，又追求权威治理基础上多元主体之间的合作与互动，从而塑造出一种更具开放式、包容性和适应性的新型环境治理模式。

改革开放以来，我国经济社会发展取得巨大发展，对工业和城市污染治理给予了充分的重视，相较而言，对农村生态环境治理问题的重视程度和投入整治力度都显得较为薄弱，其所衍生出来的环境问题在农村地区肆意蔓延。⑤ 2017 年 10 月 18 日，习近平在党的十九大报告中提出乡村振兴战略，对我国农村发展提出了更高要求，农村环境治理既是乡村振兴的题中之义，也是实现乡村振兴的助推

---

① 加藤一郎 . 公害法の生成と展开［M］. 岩波：岩波书店，1970：37.

② 詹国彬，陈健鹏 . 走向环境治理的多元共治模式：现实挑战与路径选择［J］. 政治学研究，2020（2）：65-75+127.

③ ［美］埃莉诺·奥斯特罗姆 . 公共事务的治理之道——集体行动制度的演进［M］. 上海：上海三联书店，1999：24.

④ 何寿奎 . 长江经济带环境治理与绿色发展协同机制及政策体系研究［J］. 当代经济管理，2019（8）：57-63.

⑤ 温暖 . 多元共治：乡村振兴背景下的农村生态环境治理［J］. 云南民族大学学报（哲学社会科学版），2021，38（3）：115-120.

器。农村环境治理不再被视为政府单一主体的责任，而是农民、政府、市场和社会合作治理的结果。但多元利益主体因其不同的利益诉求和行为导向也导致目前农村环境治理面临阻碍。

第三节　地方生态治理的进展、困境与路径

一、地方生态治理的进展

党的十九大以来，在以习近平同志为核心的党中央坚强领导下，在习近平生态文明思想指引下，我国地方生态环境治理取得显著成效，生态环境质量明显改善，美丽中国建设迈出坚实步伐。

（一）战略部署不断加强，全社会生态环境保护意识全面提升

党的十九大将"坚持人与自然和谐共生"作为新时代坚持和发展中国特色社会主义的基本方略之一，将污染防治作为全面建成小康社会必须打好的三大攻坚战之一，将建设美丽中国作为建成社会主义现代化强国的目标，并在党章中增加"增强绿水青山就是金山银山的意识"等内容。2018 年 3 月通过的宪法修正案将生态文明写入宪法，实现了党的主张、国家意志、人民意愿的高度统一。习近平生态文明思想深入人心，"绿水青山就是金山银山"的理念成为全党全社会的共识和行动。

（二）经济高质量发展稳步推进，资源能源利用效率持续提升

积极推动产业结构调整，培育壮大新兴产业、改造提升传统产业、淘汰落后产能，全面整治"散乱污"企业及集群。能源结构持续优化，清洁能源占我国能源消费的比重达 23.4%，煤炭消费占比下降至 57.7%。交通运输结构调整取得积极进展，京津冀地区煤炭运输集疏港实现"公转铁"。我国能源、水、矿产资源等利用效率全面提升。截至 2019 年底，单位 GDP 二氧化碳排放较 2005 年降低 48.1%，已提前完成 2020 年下降 40%~45% 的目标。

（三）污染治理力度不断加大，人民群众获得感明显增强

坚决打好蓝天、碧水、净土保卫战。持续开展重点区域秋冬季大气污染综合治理攻坚行动，北方地区清洁取暖试点城市实现京津冀及周边地区和汾渭平原全覆盖。累计完成 2804 个饮用水水源地 10363 个问题整改，地级及以上城市建成区黑臭水体消除比例达 86.7%。完成农用地土壤污染状况详查。坚定不移禁止洋垃圾入境，全国固体废物进口量比 2016 年减少 71%。人民群众普遍感到天更蓝、

水更清、山更绿了，对生态环境质量改善的获得感、幸福感、安全感显著增强。

（四）生态保护稳步推进，建设绿色美好家园迈出坚实步伐

初步划定生态保护红线并推动评估和勘界定标。推动构建以国家公园为主体的自然保护地体系，组织开展"绿盾"自然保护地强化监督。积极推进大规模国土绿化行动，稳步推进 25 个山水林田湖草生态保护修复试点工程建设，扎实推进生物多样性保护重大工程。先后组织命名三批共 175 个国家生态文明建设示范市县、52 个"绿水青山就是金山银山"实践创新基地。

（五）生态文明体制改革不断深化，生态环境治理能力明显增强

组建生态环境部门，统一行使生态和城乡各类污染排放监管与行政执法职责；组建自然资源部门，统一履行所有国土空间用途管制和生态保护修复职责。制修订土壤污染防治法、固体废物污染环境防治法等法律法规，构建现代环境治理体系、自然资源资产产权制度、生态环境损害赔偿制度等改革文件或方案出台实施，排污许可、河（湖）长制等改革举措加快推进。中央生态环境保护督察成为推动各地区各部门落实生态环境保护责任的硬招实招。严格环境监督执法，严肃查处生态环境违法案件，有效遏制了环境违法行为多发高发态势。[①]

二、地方生态治理的困境

（一）内卷化困境

在目前的生态治理中，一些"内卷化"的趋势值得引起注意。具体表征为以下三方面：一是生态治理的宏观制度环境和法律法规体系尚不够完善，对于具体的生态治理工作保障和支撑作用不足。例如，许多地方在探索生态产品价值实现的途径，并取得了一些进展，但在国家尺度上生态资源产权界定制度保障和金融与财税政策支持方面尚没有突破，使其停留在案例和经验累积阶段，尚难大范围复制推广。二是缺乏对自然与人类福祉关系的科学精准认知，生态系统服务的价值化范围和方法不一致，核算结果存在较大的不确定性，阻碍了其政策应用。例如，目前的生态系统服务价值核算结果多停留在账面上，很难应用到诸如生态补偿政策制定、"两山"转换和生态修复结果评估等方面。三是生态治理的市场化工具应用程度不高，过分倚重行政手段，社会力量参与度未达预期。举例来说，在生态保护与修复领域，目前大多项目承担方紧盯中央和地方财政支持的项目，没有吸引大规模社会资本参与到这一领域。

（二）责任困境

按照现代经济学关于公共产品的界定，"非竞争性"和"非排他性"是公共

---

① 生态环境部党组．以习近平生态文明思想引领美丽中国建设［N］．人民日报，2020-08-14（009）．

产品的两大核心特征，这与环境本身以及环境保护的特性是完全一致的，即从公平和人权的视角去审视，优美宜人的环境往往不能排除其他人的享用以及某个人或群体享受优美的环境也不影响其他人或群体的使用。① 与环境作为一种公共产品相对应，环境保护也应该是一种公共性的事业，所以，环境治理应该是政府、企业、公民团体和公民个体的共同责任，这也是与当今世界网络化治理、多中心治理理论的倡导趋势相一致的。然而，现实却是绝大部分人都想免费搭环境的便车，却不想承担保护环境的成本，甚至极力推卸自身的责任，避免承担环境保护所引致的成本。

近年来，越来越多的事实表明，地方政府在环境治理中的责任缺失成为环境治理难度大的重要因素，政府环境责任缺位（立法维度）、政府环境责任虚位（执法维度）和政府环境责任越位（司法维度），不仅架空了现有环境法律，也对环境法律制度的进一步完善造成了严重障碍。② 我国区域环境问题较严重，治理归责艰难。主要是由于区域环境问题涉及的政府往往互不隶属、互不制约，各地方政府都是"理性经济人"，维护区域环境生态意识弱，常使区域环境陷入"公地悲剧"。他们在面对上级部门考核时更注重本区域的 GDP 政绩、利益，对区域环境问题往往不重视、推卸责任。③

（三）地方政府协作的碎片化困境

（1）区域环境治理中地方政府价值和理念的碎片化。行政区行政模式切割了地方间的共同利益结构，呈现出独立的地方利益状况，影响地方政府对区域环境治理的认知与目标。④

（2）区域环境治理中地方协作体制的碎片化。长期以来，我国的环境保护实行以行政区域为主的管理体制，纵向环境管理机制在区域环境治理中发挥主导性作用，影响了横向地方政府的协作效率。横向地方之间均有平等而独立的立法权，不同地区之间的环境标准、执法规范并不协调，这就可能导致污染企业向环境保护要求较低的地区转移，从而引发区域之间的矛盾。

（3）区域环境治理中地方协作机制运行的碎片化。现有区域政府间在环境保护方面的合作机制很少以法律规章的形式予以确定，合作的制度化、组织性程

① 彭文斌，吴伟平，王冲. 基于公众参与的污染产业转移演化博弈分析 [J]. 湖南科技大学学报（社会科学版），2013（1）：100-104.

② 朱艳丽. 论环境治理中的政府责任 [J]. 西安交通大学学报（社会科学版），2017，37（3）：51-56.

③ 孙玉中. 论我国区域环境治理中的共同但有区别责任原则 [J]. 云南行政学院学报，2017，19（4）：103-108.

④ 胡佳. 区域环境治理中地方政府协作的碎片化困境与整体性策略 [J]. 广西社会科学，2015（5）：134-138.

度低，基本停留在会议议题层面上，这种非制度化的合作机制缺乏刚性、缺乏法律效力和违约责任的划定。

（四）公众参与困境

《环境保护公众参与办法》（以下简称《办法》）自2015年9月1日起正式实施，推动公众依法参与环境保护是党和国家的明确要求，也是加快转变经济社会发展方式和全面深化改革步伐的客观需求。环境治理公众参与的推动，对创新环境治理机制、提升环境管理能力、建设生态文明、推动生态环保工作具有重要意义。经过多年努力，尽管我国生态环境治理公众参与取得积极进展，但仍存在诸多困境。

1. 法律法规和制度不完善

首先，现有规定不能很好地保障公众参与生态环境保护的权利，部分条款缺乏具体的解释和说明。例如，新修订的《环境保护法》，虽然将具备一定条件的社会组织纳入了环境公益诉讼的主体，但公众个人仍然没有诉讼资格。《环境信息公开办法（暂行）》规定，污染物排放超标企业要强制公布企业环境信息，其他企业则鼓励自愿公开。但这类属于自愿公开的企业，如果不公开环境信息，实际上在一定程度上限制了公众的环境知情权。其次，许多环境政策执行不力的原因之一是缺乏细化的配套政策和手段。例如，在管理体制上，公众参与制度的出台，应该配置相应的机构和人员，管理公众参与事务，确保公众参与的科学化、制度化、常规化，使参与活动具有可持续性和有效率；公众参与环境监督，虽然通过激励机制鼓励公众举报各类环境违法现象，但没有具体的措施保护举报人的人身安全等。

2. 公众参与环境治理缺乏深度和广度

一方面，公众深层次的环境理念、思想、环境意识的养成方面还存在明显的漏洞；另一方面，公众参与生态环境治理的能力不足。缺乏参与环境保护具备的环境科学知识、科学素养和态度，包括独立的、理性的思考和判断。许多环境群体事件的出现，暴露的不仅是环境管理不到位，更是公众对环境问题的科学性缺乏理解和认识。

同时，虽然公众有机会参与法律法规及规划政策的制定和修改，但公众参与决策过程多为间接、滞后的参与，往往是在决策基本完成后提出意见和建议，或者通过调查问卷、写书面意见和建议等方式向相关主管部门表达看法。由于决策过程没有完全公开透明，公众的意见和意愿被采纳多少，如何被采纳或者为什么没有被采纳等多数没有反馈。很多情况下，参与决策过程的各方利益集团和群体没有机会达成共识或协议来反映参与者的意愿和价值观。

3. 公众环境社会价值体系未形成

首先，由于历史、经济以及社会发展不平衡等原因，中国传统文化价值崇尚人类与自然界和其他生物和谐共存的理念逐渐淡漠，部分人经济利益价值导向明显，环境和社会责任感缺失。其次，中国文化价值观对决策者个人权威的过度依赖和崇拜，导致很多环境决策过程是以拥有最高地位或权威的决策者的决策为中心。在这种情况下，公众的观点和意见就很难在决策中被认真考虑和接纳，从而公众参与环境治理的效果欠佳。最后，社会诚信的缺乏，导致人们对法律法规制度的漠视，整个社会环境缺乏规矩和秩序，公众对政府和执法部门的信任度下降，对政府改善环境状况的承诺缺乏信心，严重损害了公众参与环保的行动意愿。

（五）农村生态环境治理困境

1. 财政投入不足，治理体系不完善

长期以来，在农村环境治理中，政府责任基本可以说是缺失的。中华人民共和国成立以来，在城乡二元结构下，我国在环境治理中也形成了城乡之间的差序格局，即国家在环境治理投入上，从城市到农村逐渐递减。同时，乡村作为城市环境的支持者，长期被认为是城市污染物的消纳方，在城市层面上的环境污染不断形成对乡村的生态冲击，乡村成为城市生态环境改善的牺牲品。① 所以，城乡环境治理的分离状态是形成城乡环境差距的深层次原因。

2. 社会组织参与治理中政府支持不足

政府支持不足主要体现在三个方面，首先，在管理体制上，我国社会组织实行的是主管部门和民政部门的双重管理体制，这不仅提高了业务主管单位的审批门槛，为社会组织的合法身份设置了障碍，而且也在一定程度上导致了社会组织管理的混乱。其次，社会组织的"官民二重性"。我国的环保类社会组织一半是由各级政府部门直接成立的，这看似具有了政府的后盾和支持，但实际上更限制了其独立发展空间。最后，政府对环保类社会组织资金支持有限。我国社会组织经费的主要来源就是社会捐赠和会员缴纳，部分社会组织还有来自政府拨款和项目经费，但是较为有限。总体来看，社会组织经费不足且来源不稳是社会组织的常态。多数环保组织筹措资金能力较低，据调查，76.1%的环保民间组织没有固定的经济来源，民间自组织和学生环保社团中只有20%的固定经费，还有少数环保民间组织靠国际环保民间组织驻内地机构赞助，77.1%的政府组建成立的环保民间组织无经费来源。② 总之，由于政府支持力度有限，很多环保社会组织因为资金、场地、挂靠单位等难以符合民政部门的注册资质而往往成为社会组织中的"黑户"，这不仅降低了他们的社会信任度，制约了他们获得社会捐赠等相关能

---

① 周原田．城乡生态环境的失衡及测度［C］．中国城市规划学会，2014.

② 丁国军．我国环保民间组织的发展路径探析［J］．环境保护，2015（21）：52-54.

力，也限制了他们参与环境治理的能力。①

3. 治理主体较为单一

根据"谁污染，谁治理"的原则，农村生态环境治理的主体应该包括农业生产主体、农村企业等。从受益主体来看，可以包括农业生产主体、农村企业等；从受益主体来看，可以包括政府、公众、农村基层组织以及第三方组织等。但是，公众普遍认为环境污染与治理不是自己的事，缺乏污染治理的动力。政府作为公共物品的供给者，只能既是污染治理的发起者，又是执行者，其他主体的参与度明显不足。② 可以说，农村生态环境治理主体结构的不平衡性和功能弱化，是导致农村生态环境治理规划、监督机制、执行系统不完整、不完善的内在原因。③

4. 治理权责划分不清

农村生态环境问题的各利益相关主体之间并没有明确的责任划分。从理论上来看，这与我国缺乏明确的环境产权制度有关。而从政府公共服务与社会治理方面来看，农村生态环境治理的责任主体并不明确。由于生态环境治理问题关系到农村经济发展，环保、农业、工业以及其他相关政府部门无法实现工作协同，甚至会存在工作目标的冲突，导致政府相互推诿的现象时有发生，更遑论对污染责任主体的划分。这就造成在政府层面对农村生态环境问题态度的不明确，进而造成污染责任主体的职责不明晰，难以形成农村环境污染治理的上传下达和令行禁止，无法有效开展农村生态环境治理工作。

5. 环境监管相对不足

农村环境监管的各类工作并不严格，甚至存在环境监管腐败。具体表现在对农村生态环境治理投入中，缺乏合理的资源投入规划；对各类环境治理的执行弹性较大，当政府对环境较为重视时，环境治理监管较为严格，一旦政府环境监察结束，环境治理监管就较为宽松。另外，在农村环境监管中，由于农村污染源具有多样化、分散性等特点，环境监测需要充分了解农村土壤、水与生物资源等的特性，对监测的投入与能力要求较高，困难较大。

三、地方生态治理的路径

2020 年 3 月，中共中央办公厅、国务院办公厅印发《关于构建现代环境治

---

① 赵新峰，李春.政府购买环境治理服务的实践模式与创新路径［J］.南京师范大学学报（社会科学版），2016（5）：30-37.

② 姚瑶.农村生态环境治理的现实困境分析［J］.农业经济，2021（4）：51-52.

③ 汪蕾，冯晓菲.我国农村生态环境治理存在问题及优化——基于产权配置视角［J］.理论探讨，2018（4）：106-111.

理体系的指导意见》，提出我国环境治理主要目标是到 2025 年，建立健全环境治理的领导责任体系、企业责任体系、全民行动体系、监管体系、市场体系、信用体系、法律法规政策体系，落实各类主体责任，提高市场主体和公众参与的积极性，形成导向清晰、决策科学、执行有力、激励有效、多元参与、良性互动的环境治理体系。

（一）发挥有为政府和有效市场的作用

（1）充分发挥政府在生态治理中的主体作用，强化规制、监管和服务等职能。本质上，去"内卷化"是对外部约束条件的突破。对于政府来说，一方面，通过科技和制度创新，破除生态治理面临的科学与制度障碍。具体来说，通过组织一系列的科技攻关，明晰生态保护与经济社会发展的科学内涵，形成对自然生态系统产品与服务价值科学量化的技术方法体系和应用规范与标准。另一方面，通过顶层设计，形成诸如自然资源产权与使用权分离、生态治理市场的培育与监管、生态产品价值实现的金融与财税政策制定等方面的制度保障体系。

（2）统筹治理生态与治理社会，形成多利益相关方的生态治理协作机制。生态治理除了改善生态环境达到人和自然和谐共生目标之外，本质上还是对社会各方经济和社会关系的调整，终极目标是提升人类福祉。实际上，生态治理承担了治理生态环境和治理社会双重功能。因此，生态治理欲达成生态善治，必须动员社会各方力量参与其中，上下和左右贯通，让各方充分感知生态治理中的角色和收益，才能防止陷入低水平"内卷化"的困境。

（3）积极发挥有效市场在生态治理中的效能，强化参与、守制、创新和辅助等职能。在生态产品价值实现过程中，政府除了制定规制、政策，依靠行政手段之外，还要善于使用市场化工具。只有充分发挥有为政府和有效市场的作用，解决碎片化治理、多元化响应不足和治理效能低下的"内卷化"趋向问题，才能达成通过生态治理实现人与自然和谐共生、提升人类福祉水平的目标。

（二）强化生态环境治理监督和问责力度

（1）推进国家环保督察的法治化和常态化。中央环保督察尚属于一种运动式治理方式，其制度化、法治化明显不足。因此，需要进一步提升国家环保督察的法治化、规范化和精细化水平，以使其走向常态化、长效化。[①] 首先，完善环保督察的法律依据，明确督察对象、督察机构设置、督察人员配置、督察工作职责、督察程序、法律责任、督察事项责任追究机制等内容；制定配套的实施细则和规范性文件，形成完善的环保督察法律法规体系；出台环保督察的党内法规，明确督察组织、督察内容、督察实施、工作措施等内容。[②] 其次，建立督察成果

---

① 褚添有．地方政府生态环境治理失灵的体制性根源及其矫治［J］．社会科学，2020（8）：64-75.
② 陈海嵩．环保督察制度法治化：定位、困境及其出路［J］．法学评论，2017，35（3）：176-187.

运用机制。将督察结果纳入地方党委政府及其官员的政绩考核体系之中，建立督察考核促进环保工作落实的长效机制。①

（2）建立生态环境损害责任终身追究制。一要厘清责任主体，明确区分党委责任和政府责任、个人责任和集体责任、"前任"责任和"后任"责任、跨区域不同层级政府间责任等的界限。二要细化责任形式，应根据党政领导干部在生态环境决策、执行、监管中角色和作用的不同，对生态环境所造成的损害程度不同而精准限定其责任承担形式，做到权责一致、罪责相当。三要区分追究时效。道德责任、政治责任、行政责任的追究可以做到终身追究，但刑事责任的追究是有时效的。在这种情况下，要突破生态环境损害责任终身追究制的法律时效困局，可通过加重领导干部的政治责任、行政责任来达到惩罚、教育的目的。② 四要完善责任追究的启动和实施程序，采用独立第三方的启动模式。五要完善相关配套制度，如生态环境信息公开制度、公众参与生态环境治理制度、自然资源资产负债表编制、自然资源资产离任审计制度等。

（三）构建生态环境整体性治理机制

（1）构建生态环境跨区域治理的协调机制。为解决生态环境治理问题，应该建立起跨区域的环境治理专项委员会。其成员由各省、市政府的代表、企业代表、非营利组织代表、专家学者以及公民代表组成。并赋权给该委员会负责对跨区域环境治理专项资金的使用和监管，推进区域内生态环境治理政策的有效执行。协调机制的构建有利于缓解冲突。结合目前我国环境跨区域治理的协调机制欠缺，可以通过利益协调机制、信息共享机制、治理目标协调机制三方面进一步提高跨区域环境治理的凝聚力，最终达到"1+1+1>3"的协调治理效果。

（2）完善跨区域环境治理的协调运转机制。2014年4月新修订的《环境保护法》强调，"要建立跨行政区域的环境污染、生态破坏联合防治协调机制"。在实施生态环境治理过程中，要尽快完善各省市生态环境治理的协调运转机制，在治理生态环境过程中，最大限度地协同和维护各省市的利益。

（3）构建覆盖整个区域的环境治理网络。整体性治理关键是要从层级、功能、公私部门三方面建立立体性整合结构。一方面，要求实现政府间以及政府内部各部门进行功能整合；另一方面，要求政府与私营部门和非营利组织之间的合作，形成多主体有效的协作网络，建立生态环境跨区域治理的整合机制。

（4）建立生态环境治理信息资源共享机制。整体性治理需要多主体间的协

① 常纪文，王鑫．由督企、督政到督地方党委：环境监督模式转变的历史逻辑［J］．环境保护，2016，44（7）：18-23．

② 高桂林，陈云俊．论生态环境损害责任终身追究制的法制构建［J］．广西社会科学，2015（5）：93-97．

同合作，建立信息交流和共享机制具有重要意义。充分利用现代化信息技术手段，推进各政府部门的信息资源的整合利用，实现生态环境治理相关的信息采集—处理—交流—利用等各个环节的有效整合。构建区域内的生态环境治理信息管理网络数据平台，实现各种生态环境信息数据的有效收集和传递，实现生态环境治理的信息整合利用和共享。

（四）扩大公民全过程的环境治理参与

（1）培育社会公众对环境治理的主体意识。政府可建立相关生态环境治理参与法律法规及知识的培训，以提升社会公众的参与技能。一是沟通和表达能力。公众必须对生态环境问题具备一定的认知能力，才可以有效利用各种利益表达渠道、媒体、专家等外来力量代替自身去表达和分享对某一生态环境问题的意见和改进措施。二是利益表达能力。要培育社会公众用合法的途径表达自身的利益诉求，避免用非理性的手段对待环境污染及其治理问题。三是获取政府支持的能力。政府支持是一种强大的"体制内资源"，不仅能提升公众参与生态环境治理行动的合法性，还能为公众提供可持续发展的动力源泉。

（2）提高社会公众参与环境治理的效率。政府应积极引导公众参与环保立法和环保政策的制定，把公众意愿真正融入生态环境治理之中，增强政府对公众参与生态环境治理的回应性。在此过程中，政府给予公众的不仅是回复，也是尊重和承认，同时还是公众价值的最好体现，能使公众更有信心参与到生态环境的治理中，形成与政府的良好互动。应采取以下两项措施：一是政府要具有足够的开放胸怀，用公开、透明和包容的态度认真地接纳公民的参与行为。要逐渐改变参与过程中公众与政府之间非平等的对话状态，避免多元利益产生的冲突，及时化解、缓和并防范各种矛盾的产生和出现。二是要强化政府工作人员为人民服务的意识。政府工作人员要站在社会公众的立场上来考虑问题、分析问题和解决问题，真正把"以人为本""公仆意识"融入具体工作之中。据此，一方面要加强对工作人员公共服务意识的教育，另一方面要严格考核，用制度化的方式保证他们能够服务于公众并接受公众的监督。

（五）构建农村多元治理体系和空间格局

（1）明确地方政府在生态环境治理中的引导者责任。要强调义务本位的行政治理模式，明确职责，提高行政效率，采取行政规制和市场机制相结合的调控措施，促进生态环境治理各项举措的有效实施。农民是生态环境治理的实践者，开展自下而上的农民参与模式将成为农村生态环境治理的关键。农民要提高生态环境保护的意识，积极参与农村生态环境的各项工作和事业，充分行使农民的公众参与权、知情权和监督权。企业和社会组织同样是农村生态环境治理的重要环节，要在规范行为内发挥作用。

（2）构建系统型多元治理体系要系统性看待治理部门的工作衔接。农村中的生态环境治理要采用生态系统方法，避免对农业单一自然资源的管理和保护，要坚持习近平生态文明思想的整体系统观，"山水林田湖草是生命共同体"，由单一的部门管理转变为多部门协调治理。农业部门、生态环境保护部门、水利部门、国土资源管理部门等要实现监测数据共享共用，避免造成资源浪费。在治理过程中，应进一步明确各个部门的治理职责，在政绩考核中明确量化评定标准，避免责任推脱。尤其农村基层组织是开展农村生态环境治理的前沿实践者，要进一步明确基层组织开展生态环境治理的职责，充分发挥其能动作用，依托一村一镇不同的问题具体开展治理工作。

（3）构建系统型多元治理体系要系统性看待农村空间布局。系统型的治理体系必须打破农村空间破碎化的发展现状，提高乡村空间的利用效率，系统规划农业发展区、农民居住区、生态保护区和农村生产区。不同的区域面对不同的污染现状和保护现状要采用不同的治理办法，治理重心要有所侧重。

复习思考题

1. 地方生态治理的构成要素有哪些？
2. 地方生态治理有哪些特征？
3. 地方生态治理有哪些模式？
4. 地方生态治理取得哪些进展？
5. 如何加强地方生态治理？

案例分析

浙江厕所革命"十四五"方案公布：卫生厕所普及率将达99％以上！

2021-12-10

小厕所，大民生。为扎实推进浙江省"十四五"期间农村厕所革命工作，省"千村示范、万村整治"工作协调小组办公室近日印发《浙江省农村厕所革命"十四五"实施方案》（以下简称《方案》）。

《方案》提出，"十四五"时期，浙江省将坚持以人民为中心的发展思想，因地制宜、科学引导、质量优先、建管并重，切实发挥政府引导和农民主体作用，深入推进农村厕所革命，农村无害化卫生厕所普及率99％以上，建设新时代美丽乡村，助力浙江省高质量发展建设共同富裕示范区。

《方案》提出，到2025年底，浙江省将实现应改愿改能改农户卫生户厕全覆盖，农村无害化卫生厕所普及率99%以上；建成省级星级公厕8000座以上，其中，省级示范公厕800座以上，创建景区村庄示范性旅游公厕100座以上，农村公厕服务水平明显提升；实现县域城乡生活污水一体化布局，农村生活污水处理设施行政村覆盖率95%，农村厕所粪污有效处理；农村厕所管护机制全面建立，实现长效化、常态化管护，推动浙江省农村厕所革命工作继续走在全国前列。

资料来源：浙江省农业农村厅．浙江厕所革命"十四五"方案公布：卫生厕所普及率将达99%以上！［EB/OL］．https：//www.163.com/dy/article/GQSD1KBL0534WFUJ.html.

第三章　地方市场治理

优良的营商环境是企业高质量发展的基础，市场监管是政府的重要职能之一，市场治理是国家治理体系的重要组成部分。《中共中央关于坚持和完善中国特色社会主义制度、推进国家治理体系和治理能力现代化若干重大问题的决定》提出的"落实公平竞争审查制度""强化消费者权益保护""加强和改进食品药品安全监管制度""严格市场监管、质量监管，加强违法惩戒"等一系列工作任务都与市场治理直接相关。

第一节　地方市场治理的含义、工具和方式

一、地方市场治理的含义

（一）地方市场

市场的英文表达是"Market"，源自拉丁词"Mercatus"，原指"贸易"或"贸易的场所"。市场的概念与"经济"密不可分。学界对"经济"的界定有两种倾向：①实体经济，②形式经济。实体经济是指从事生产、分配、交换和消费的具体行为；形式经济是指实现稀缺资源最佳配置的逻辑行为。基于此，市场的概念存在两种取向：作为物品交换的场所，作为价格形成系统的市场。① 从历史性的角度考究，作为场所概念的市场要比作为价格形成体系概念的市场出现得早。② 进入 15 世纪，随着形形色色交换形式的出现，市场成为一种被"解放"和"开放"的力量冲击着的"封闭型"经济生活，形成了传统古老市场与近现

---

① ［日］山口重克. 市场经济：历史·思想·现在［M］. 张季风等译. 北京：社会科学文献出版社，2007：18.

② 刘启川. 权责清单优化营商环境的法治建构［J］. 江苏社会科学，2021（6）：1-9.

代市场共存的盛况。学界将市场的扩大归结为"利益"，市场可以让交易双方彼此得到比以前更多的利润，为此行动者自愿进行交易。在利益的驱使下，"市场机制"呈现为"竞争"，即行动者能在市场中获得多大利润，取决于其在市场竞争中的优势地位①。时至今日，可以说是"市场遍布的社会"了。

相对于全国市场而言，地方市场是指以一定的地区界线为商品流通空间的市场。地方市场分为三个层次②：①底层的地方市场是近地产销的地方小市场，即由于社会分工及商品经济不发达、交通闭塞、商品产销距离短，形成了近产近销为主的地方小市场；②中间层次的地方市场是指突破了近产近销的限制，以一个较大的经济中心城市为依托而形成的辐射范围较大的市场；③最高层次是区域性地方市场，即以流通功能较强的区域性经济中心辐射到较远的空间范围，以实现商品的远购近销、近购近销和远购远销，它突破了省际之间行政区域的限制，是商品经济发展的结果。

（二）地方市场治理

市场作为一种资源配置的手段，在理想的完全竞争中是可以使资源实现最优配置的，但由于完全竞争这个状态很难实现，现实情况比理想状态要复杂得多。当今社会市场的作用已不仅局限于资源配置本身，市场已开始被动或主动地介入到社会公共事务中来，企业也开始承担社会责任。在这样的背景下，市场中的诸多问题已不能简单用经济学的方法来解释，需要我们用更加宏观的，引入治理理论，在治理理论的角度下来审视和处理诸多问题。

比较制度学家青木昌彦认为，市场治理是各种经济主体在市场上经过多次重复博弈所形成的规则。他把市场治理看作是由第三方实施者作为策略参与人与人的博弈结果，甚至把交易和市场的治理机制称为"合同执行机制"。王刚（2010）认为，市场治理是指为了降低交易费用、稳定交易费用、规范交易秩序而形成的，规范政府、企业、个人等市场经济活动主体之间的交易关系与经济行为的制度安排。在之后他又修正了自己的概念，认为市场利益是以整个社会利益为价值导向，多元行为主体通过协商与合作，共同应对市场变革和经济挑战的一种新的处理市场经济事务的活动过程、规制和秩序。③何大安（2008）认为，市场治理结构作为一项制度安排，是由市场自发的秩序及其合力所塑造的，他将制度的起源看成是有限理性的认知框架内的博弈均衡。市场的治理结构的自发形成和调整过程，是经济主体之市场交易行为的博弈均衡的过程。在新制度经济学的

① ［瑞典］理查德·斯威德伯格. 经济社会学原理［M］. 周长城等译. 北京：中国人民大学出版社，2005：98.

② 崔弘树. 中国行政垄断的经济分析［J］. 浙江社会科学，2003（2）：63-65.

③ 王刚. 从治理走向秩序——经济转型中的市场治理研究［M］. 北京：经济管理出版社，2010：29.

视域中，公司与市场合二为一的分析视角使市场治理结构与公司治理结构具有概念的等同性。由于制度总是作为博弈规则被人制定的，因此他提出人们把制度界定为博弈规则而不是博弈结果，强调了制度的可变性以及不稳定性。①

通过以上学者的观点，我们可以认为，地方市场治理是通过公开的或者私下的规范、秩序来对市场参与者进行约束，通过参与者各方的协商和妥协形成一种制度安排。

二、地方市场治理工具

为进一步提升治理质量和推动监管改革，开发和运用有效的治理工具十分重要。经济合作与发展组织（OECD）提出，公众沟通、监管替代工具的选择、行政管理的简化是提高政府监管质量的有效工具②，因此，在监管工具这一维度主要从公众沟通、监管替代工具、行政简化三个方面来衡量：一是公众沟通。《OECD 报告》指出，提高公众沟通的方式主要包括宣传监管方案、相关方非正式咨询、听证会的举办、专家咨询等③，结合近年来我国各级政府依托网络平台进行信息公开的发展趋势，在上述四项的基础上增加"政府信息公开"，共同构成公众沟通的衡量指标。二是监管替代工具。当前，伴随着市场经济的成熟和政府职能的加快转变，在监管活动中引入使用与传统型监管工具不同的新型监管工具是行政执法体制改革的一个重要特征。较为常用的监管替代工具主要有经济、信息、合作等手段④，经济手段是当代政府治理与政策执行中广泛运用的一类工具，主要形式有合同工具、价格、税收和特许经营等⑤；信息手段与传统工具相比具有推进公平交易、促进交易主体自律以及低成本等优势⑥，合理使用信息手段将有助于提升监管效果，合作监管是指政府与企业等其他组织在分工合作的基础上共同执行监管政策，较传统政府监管而言更具多元化与网络化。三是行政简化。从实践上来看，过于烦琐的行政程序是滋生官僚主义、腐败现象的温床，也是阻碍政策执行的绊脚石。行政程序的简化有利于加快推进政府职能转变，在抑制腐败现象的同时也降低了制度性成本，使监管政策的执行更加高效。

① 何大安．市场治理变动与会计准则重塑［J］．浙江社会科学，2008（2）：16-22.

② 王蕾，王芳霞．政府监管政策绩效评估分析——以经济合作与发展组织国家为例［J］．甘肃行政学院学报，2009（5）：80-86+127.

③ OECD. The OECD Report on Regulatory Reform Synthesis［R］．Paris：OECD Publishing，1997.

④ 张秉福．论社会性管制政策工具的选用与创新［J］．华南农业大学学报（社会科学版），2010，9（2）：74-80.

⑤ 杜应恒，米爱娟，颜晶晶．食品生产企业质量控制体系研究［J］．中国集体经济，2010（16）：116-117.

⑥ 应飞虎，涂永前．公共规制中的信息工具［J］．中国社会科学，2010（4）：116-131+222-223.

三、地方市场治理方式

（一）事前监管是维护市场秩序的基础制度安排

《行政许可法》规范了特许、普通许可、认证认可、核准与登记的概念性框架，实体法或部门法规范了相关行业具体的行政许可准入标准。《市场准入负面清单》综合了法律法规和国务院决定的行政许可事项，规范了行政许可的形式要件与实质要件。《行政许可法》第二条规定："本法所称行政许可，是指行政机关根据公民、法人或者其他组织的申请，经依法审查，准予其从事特定活动的行为。"《市场准入负面清单》规定："对许可准入事项，包括有关资格的要求和程序、技术标准和许可要求等，由市场主体提出申请，行政机关依法依规作出是否予以准入的决定。"因此，行政许可的模式是"行政相对人提出申请—行政机关准入（或不予准入）—行政相对人市场准入"。行政许可是政府对市场主体行为事前监管的重要制度。从市场经济中的个人、企业自主决定到需要行政机关事前干预，是监管型国家兴起的一个标志。但必须处理好政府和市场的关系，"确立竞争政策基础性地位，利用竞争政策约束和优化政府干预"①。事前监管主要解决市场失灵中的不完全竞争、信息不对称、负外部性与公共物品短缺等问题。事前监管给市场主体一个真实、准确与完整的稳定预期，市场主体知道应该做什么，不应该做什么。如果违反了事前监管规范，违法者明确知道应该承担什么责任。事前监管，具有规范市场主体法律行为，警示与威慑违法行为，维护市场秩序与防范风险的功能②。

事前监管现在实行"证照分离"的商事登记制度。市场主体提交相关生产经营项目的申请材料，监管主体只审核材料的齐备性，形式要件符合规范，领取营业执照。企业获得市场主体资格后，再根据相关生产经营项目的许可准入条件与标准，申请相关的行政许可。因此，国务院实行的"证照分离"制度，实质是区分市场准入条件与行业经营标准条件，市场投资主体实行平等准入，先办理营业执照。根据《国务院关于在全国推开"证照分离"改革的通知》的规定，在全国范围内对第一批106项涉企行政审批事项分别按照直接取消审批、审批改为备案、实行告知承诺、优化准入服务四种方式实施"证照分离"。

在行政许可事项中，普通许可、资格资质认可认证、产品设备的技术标准与检验检测检疫的核准、商事登记，这四项行政许可没有数量限制，监管主体审核也没有行政裁量权，只要申请人申请条件符合相关规定的准入条件，就获得行政

---

① 孙晋. 新时代确立竞争政策基础性地位的现实意义及其法律实现——兼议《反垄断法》的修改［J］. 政法论坛，2019，37（2）：3-12.

② 席涛. 市场监管的理论基础、内在逻辑和整体思路［J］. 政法论坛，2021，39（4）：71-85.

许可。因为普通许可、认证认可、标准与登记，都是获得证明，证明申请人具有生产经营的能力或符合生产经营规定的标准，传递信任，披露信息，解决市场信息不对称问题，防范负外部性产生的风险传染。虽然特许事项有数量限制，但监管主体应当依法通过市场化机制的招标、拍卖等公平竞争的方式做出决定。应该强调的是，事前监管包含一般产品与特种设备、食品、药品的行政许可，一般产品与特种设备、食品、药品对经济社会的影响不同，技术标准、质量规范与认证认可的严格程度不同，风险防范与控制程度也不同。法律对一般产品事前监管的规定，主要是建立了商品信息披露制度。生产者、经营者与销售者按照法律法规规定披露信息，保证披露信息的真实、准确与完整。

（二）事中监管

事中监管是指监管主体根据法律法规的规定，依据相关执业资格标准、工作场所生产标准、产品技术标准、质量标准、安全标准与认证认可合格评定等进行市场执法，包括抽查、检查、通知、立案调查等。根据《产品质量法》第十五条规定："国家对产品质量实行以抽查为主要方式的监督检查制度，对可能危及人体健康和人身、财产安全的产品，影响国计民生的重要工业产品以及消费者、有关组织反映有质量问题的产品进行抽查。抽查的样品应当在市场上或者企业成品仓库内的待销产品中随机抽取。"国务院规定的"双随机、一公开"事中监管机制，建立了具体的抽查原则、规则与实施方法。随机抽查事项分为重点检查事项和一般检查事项。重点检查事项针对涉及安全、质量、公共利益等领域，抽查比例不设上限。一般检查事项针对一般监管领域，抽查比例应根据监管实际情况设置上限。事中监管抽查主要是检查工作场所、一般商品、特种设备、食品与药品等是否符合相关市场准入、技术标准、质量标准、安全标准与认证认可的规范，预防一般商品、特种设备、食品、药品潜伏的安全不确定性演变为市场风险。但法律法规并不规定具体的技术数据标准，法律法规对计量、标准与认证认可形成了一种依赖关系，一般产品、特种设备、食品与药品等内在技术与质量，就交予计量、标准与认证认可来解决，并成为公开、公正与公平的衡量工具①。

对市场主体来说，事中监管是检查是否遵守法律法规，执行相关产品规定的计量、标准与认证认可的技术要求。生产经营与销售的产品，只有符合相关标准，取得产品合格证，才能上市销售。产品合格证，一方面，披露了产品所有的技术、规格、质量与安全信息，并保证产品合格证披露信息的真实性、准确性与完整性；另一方面，产品合格证披露信息也是消费者作出购买的唯一判断标准。当监管者检查时，发现一般产品、特种设备、食品、药品与所关联的技术、规

---

① Alfred E. Kahn. Derequlation: Looking Backward and Looking Forward [J]. Yale Journal on Requlation, 1990, 7 (2) 325-354.

格、质量标准不相符合，就要承担相关法律法规责任。对监管主体而言，事中监管是抽查、检查与核实相关产品是否符合计量、标准与认证认可规则，产品合格证与关联的技术标准是否一致。对一般产品按照一般产品的抽查规范，进行市场监管。对特种设备、食品与药品，按照风险防范、全程可控的要求进行市场监管。

从社会消费者视角来看，事中监管保障了市场商品供给的质量，发现不合格标准的商品，依据法律法规处理，消除了安全隐患，消费者购买时假定这些商品是卫生、健康与安全的。因此，事中监管主要是对市场主体的生产产品、工作场所、工作人员是否执行相关的行政许可、技术标准、质量标准、认证认可合格评定的检查与核实。也就是说，生产者和经营者在商品上公布的技术标准信息，是否达到了质量标准的规定，是否真实、准确与完整。

（三）事后监管

事后监管是指行政主体经过事中监管的"双随机、一公开"执法机制，对抽查、检查发现的违法违规行为依法实施行政处罚，涉嫌犯罪的移送司法机关。因此，一个完整的监管理论框架，包含了事后监管的行政处罚。行政处罚是违法行为人要承担的行政责任，也是检验法律法规是否发挥了威慑与惩戒作用。如国务院规定"对抽查发现的违法违规行为，要依法依规加大惩处力度，形成有效震慑，增强市场主体守法的自觉性"。①《行政处罚法》第九条规定了五个种类的行政处罚以及兜底条款："①警告、通报批评；②罚款、没收违法所得、没收非法财物；③暂扣许可证件、降低资质等级、吊销许可证件；④限制开展生产经营活动、责令停产停业、责令关闭、限制从业；⑤行政拘留；⑥法律、行政法规规定的其他行政处罚。"虽然新《行政处罚法》第九条仍然以列举方式规定了五个种类的行政处罚，没有从行政处罚的功能上运用归类标准，但基本上体现了行政处罚类型化的特征。② 按照行政处罚执法强度可以将这五个种类的行政处罚归类为：①声誉罚，②财产罚、③资格罚、④行为罚、⑤自由罚。③ 从行政处罚强度分类分析对违法行为人的影响来看，五种行政处罚的惩罚力度大小依次是：声誉罚、财产罚、资格罚、行为罚与自由罚。声誉罚如警告、通报批评，虽然只影响违法行为人在该行业的声誉，没有直接触动其经济利益，但对商品品牌、价格、供给与需求有很大影响。要经过很长时间，才能在市场经营过程中重塑商誉。财产罚直接影响违法行为人的经济利益，也决定违法行为人是否能够继续经营。财

---

① 《国务院关于在市场监管领域全面推行部门联合"双随机、一公开"监管的意见》（国发〔2019〕5号）。

② 应松年. 当代中国行政法（第4卷）［M］. 北京：人民出版社，2018：1384.

③ 胡建淼. "其他行政处罚"若干问题研究［J］. 法学研究，2005（1）：70-81.

产罚是我国当下市场监管主体对违法行为人行政处罚的主要方式与手段。尽管财产罚影响违法行为人的经济利益，但并不影响违法行为人的生产经营资格。资格罚对实施行政许可、认证认可的行业、产品与职业有直接影响，如果违法行为人违反相关规定，直接影响生产经营与从业资格，严重的吊销许可证件，而终结从事法律法规规定的必须取得行政许可的行为。行为罚也是一个从轻到重的行政处罚强度方式安排。限制开展生产经营活动，限制违法行为人违法生产经营活动的行为。如果违法行为人的行为严重危害到公共安全，就责令停产停业，停产停业针对的是违法行为人的全部生产经营活动，更甚者，责令关闭，直接通过行政处罚手段，宣布了违法者生产经营活动的终结。

第二节　地方市场治理的历史演进

1949~2019 年，中国市场监管随着经济体制和结构的调整，在市场准入、竞争、信用、安全、规范、质量、维权、标准、检测、认证、计量、认可等多方面日益发挥守底线、保安全、护公平、拉高线的作用。市场监管砥砺 70 年，在历年《政府工作报告》和国民经济管理表述中，都包含市场监管方向、纲要、部署的重点内容。作为社会主义市场经济体制的重要组成部分，中国现代市场体系基本建立，市场治理模式不断完善。[1]

一、1949~1956 年：探索建设社会主义国民经济恢复时期

1949 年：国家财政经济委员会设立标准规格处。全国采取统一行动，平稳物价。

1950 年：调整公私工商业经营范围，保护合法商业，严格取缔扰乱市场的投机商业；各地颁布城市摊贩管理办法、行商登记办法、物价工作暂行条例；研究建立独立的基准计量体系。

1951 年：建立和发展国营工商业、合作工商业，对私营工商业实行登记管理，促其恢复经营。

1952 年：实行全国财政收入、物资调度、现金管理"三统一"，平衡收支，稳定物价；对私营工商业进行公私关系、劳资关系和产销关系的合理调整；严禁买空卖空、投机倒把、捣乱市场等不法行为。

---

① 市场监管演进 70 年——从政府工作报告和国民经济管理（1949-2019）看市场治理变迁［N］.中国市场监管报，2019-09-29（004）.

1953 年：实行对农业、手工业和资本主义工商业的社会主义改造；贯彻统购统销政策，对私营粮、油、棉实行专项管理，打击囤积居奇投机倒把活动；贯彻"留、转、包"政策，有计划安排和改造私营批发商。

1954 年：重点发展社会主义国有经济和各种类型的合作社经济，根据社会购买力和社会商品之间的平衡，根据国营商业、合作社商业和私营商业的经营比重和相互关系，决定社会商品的流转计划；实行粮食、油料、棉布的计划收购和计划供应，调节供需关系，稳定市场物价。

1955 年：在国家统筹兼顾和对私营工商业进行全面安排的方针下，引导工商业资本家接受社会主义改造，改善经营管理；加强对锅炉、压力容器、起重机械监督管理；统一管理全国计量工作。

1956 年：随着私营工商业的社会主义改造，私营工商业者大部分已在不同形式的公私合营企业和合作企业中服务，肯定私营工商业者对发展生产、繁荣经济、交纳税款、购买公债等方面对国家的贡献。

二、1957～1977 年：全面建设社会主义曲折前进时期

1957 年：全国私营工商业基本完成了在生产资料私有制方面的社会主义改造；加强农副产品自由市场管理，对捐客、行商、小商贩的辅导、管理和教育工作；加强对商标注册工作的宣传和检查，特别是对出口商标注册的管理，促使企业注意自己产品的质量。

1958 年：确定"鼓足干劲，力争上游，多快好省建设社会主义"的总路线，保障社会商品的可供应量超过社会购买力，使市场和物价能够保持稳定，制定新中国第一批标准。

1959 年：努力加强农副产品和日用工业品的收购工作，扩大城乡物资交流；改良工具，改善设备，改进产品设计和建筑设计，提高产品质量和工程质量；拟定第一个标准化发展规划。

1960 年：明确"调整、巩固、充实、提高"的八字方针，提出"讲质量、规格、品种，要把品种、质量放在第一位，数量放在第二位"；压缩社会集团购买力，对粮食、棉布等 18 种基本生活必需品实行平价供应；制定第一个特种设备安全监察规程。

1961 年：坚持等价交换原则，推广农产品收购合同制度；恢复供销合作社，开放农村集市贸易，活跃城乡物资交流；恢复过去行之有效的物资交流会、庙会、合作货栈等流通形式。

1962 年：改善市场供应状况，促进农业生产恢复和发展，并且多换回一些农副产品供应城市居民的需要；允许国家统购以外的东西进入自由市场。

1963 年：严格管理大中城市集市贸易和坚决打击"投机倒把"；认真做好提高质量、增加品种、填平补齐、成龙配套的工作，并要搞好设备更新和专业化协作；批准成立标准化综合研究所。

1964 年：集中力量建设"三线"，使内地工业缩短了与沿海地区的差距；试办托拉斯，既要组织内部的生产协作，也要重视外部的生产协作；制定了《食品卫生管理试行条例》。

1965 年：工农业生产超过或接近历史最高水平，工农轻重关系在新的基础上实现了平衡发展；积累和消费比例关系基本恢复正常，人民生活得到改善；市场供应显著提高，物价稳定。

1966~1976 年：作为商品交易平台的集市限制交易或直接关闭，市场监管部门发挥作用较小；对外开展商品交易活动的广交会没有间断；出口港澳市场商品实行配额管理，努力提高商品品质、规格，快装快运，为日后港澳回归祖国准备了条件。

1977 年：发布《社会集团购买力管理办法》，规定对社会集团购买力采取计划管理、限额控制、凭证购买、定点供应；探索"按劳分配"和"商品交换"对促进市场流通的积极作用。

三、1978~1991 年：社会主义计划经济转轨改革开放初期

1978 年：社会主义商业是连接工业同农业、城市同农村、生产同消费的桥梁和纽带，应当坚决执行"发展经济，保障供给"的方针，适当增加商业网点，扩大经营品种，改进服务态度，提高服务质量；要加强物价管理和市场管理，坚决打击投机倒把活动；重新加入国际标准化组织；确定每年 9 月为全国"质量月"。

1979 年：要努力创造出一大批优质名牌产品，以满足国内市场和出口的需要；大力加强对手工业的领导，注意利用一切可能的条件，生产出国内外市场需要的高质量的日用工业品；较大幅度地提高粮、棉、油、猪等主要农副产品的收购价格，发展农业生产，改善市场供应。

1980 年：在国家计划指导下广泛地开展竞争，促进企业改善经营管理，打破地区封锁和部门分割，反对垄断，广开商品流通渠道，任何以行政手段保护落后、封锁市场、妨碍商品正常流通的做法，应当加以制止；所有国家机构和经济组织的负责人员，都必须学会在运用其他手段的同时，运用必要的法律手段来维护经济秩序；批准成立中外合资企业第"001 号"——北京航空食品有限公司。

1981 年：实行"调整、改革、整顿、提高"的方针，在企业整顿中，有计划有步骤地推行和完善经济责任制；改变由地区和部门互相分割、壁垒森严的现

象，按照专业化协作的要求和生产的需要，发展各种形式的经济联合；新中国第一个产品认证机构成立。

1982 年：保证国民经济稳定地协调发展，必须正确贯彻执行计划经济为主、市场调节为辅的原则，把大的方面用计划管住，小的方面放开，主要通过市场监管和运用经济杠杆加以制约；通过了《食品卫生法（试行）》。

1983 年：在城镇发展多种经济形式、扩大工商企业的自主权、改进城乡流通体制和发挥中心城市的作用；一批国营小商业、饮食服务业和小型企业开始实行国家所有、集体经营或者由职工集体、个人承包经营。

1984 年：采取相应的改革措施，简政放权，纠正和防止对企业不应有的干预，尊重企业的自主权；要实行全面考核，合理计奖，奖优罚劣，不断提高服务质量和经济效益；所有商业企业，都要遵守商业道德，开展优质服务，文明经商，不准转嫁负担，损害消费者的利益；允许外商兴办独资企业，适当延长合资企业的合营期限。

1985 年：各地必须切实加强对市场物价的监督管理，严格禁止违反国家规定随意增加提价的种类和扩大提价的幅度，特别要坚决制止国营工商企业乱提价和变相涨价；发布了《产品质量监督试行办法》。

1986 年：进一步发展社会主义的商品市场，逐步完善市场体系；要继续减少国家统一分配调拨产品的种类和数量，完善农副产品合同定购制度，积极发展跨地区、跨部门的商品流通，逐步建立农工商结合、农商结合、工商结合或商商结合的新的商业形式，不断扩大消费品市场和生产资料市场。

1987 年：各级经济综合部门和专业主管部门要大力支持企业根据自身条件发展联合，坚决排除条条块块出于局部利益而进行的种种干扰，保证横向联合和企业集团的健康发展；有些地方、部门和企业乘价格改革之机乱收费、乱涨价、变相涨价，严重损害消费者利益，引起群众不满，必须坚决加以纠正。

1988 年：在大力发展全民所有制经济、城乡集体经济和合作经济的同时，鼓励发展个体经济、私营经济以及中外合资经营、中外合作经营和外商独资企业，逐步形成以公有制为主体的多种成分、多种形式的所有制结构；加强物价管理和工商行政管理，建立和健全群众性的社会监督制度，对投机倒把和违反价格管理规定的单位和个人，都要严加管束和依法惩处。

1989 年：要把清理整顿工作同经常性的监督管理结合起来，严格审定各类公司的经营资格、经营范围和经营方式；强化工商、物价、计量、技术监督、卫生检疫等管理部门对各类市场的检查和监督；提倡公平交易，明码实价，制止不正当竞争和地下交易；充分发挥消费者协会和群众物价检查员的作用，采取设立举报中心等多种形式，鼓励广大群众参与市场监督；1989 年 4 月 1 日施行了

《标准化法》。

1990年：稳定物价、稳定市场，是安定人民生活的一件大事；允许一部分集体、个体商业经营某些小商品的批发业务，以活跃市场，促进城乡物资交流；清理整顿各种收费，坚决制止各种乱涨价和乱收费；要把清理整顿公司作为一项重要工作继续抓紧抓好，抓紧《公司法》草案的制定，规范公司行为；要坚决反对和制止地区封锁、分割统一市场的行为。

1991年：大力开展"质量、品种、效益年"活动，《产品质量认证管理条例》发布；坚决纠正以各种形式保护落后、封锁市场的做法，使产品能够在市场竞争中优胜劣汰；进一步发挥市场调节的作用，区别不同情况，有的加强和改进管理，有的继续放开价格；认真整顿社会信用秩序。

四、1992~2011年：社会主义市场经济制度确立完善时期

1992年：要进一步培育市场体系，发展消费资料和生产资料批发市场，试办期货市场和为企业服务的原材料配送中心；加强市场法规建设和监督管理，完善交易规则，反对不正当竞争，促进各类市场规范化，以保持良好的流通秩序；深入开展打击制造、销售伪劣商品活动，保护消费者利益。

1993年：通过《公司法》《产品质量法》《反不正当竞争法》《消费者权益保护法》等一批市场监管法规；继续发展各类商品市场，打破地区与部门的分割和封锁，促进商品合理流通；加强市场管理，维护市场秩序，打击制造和销售假冒伪劣商品的行为；加快社会公证机构建设，保护合法经营和公平竞争。

1994年：进一步深化流通体制改革，促进国内市场的统一和开放；在继续发展和完善商品市场的同时，积极发展各类生产要素市场；完善市场规则，健全市场秩序，加强市场管理和监督，坚决依法惩处生产和销售假冒伪劣产品的行为，以保护消费者的合法权益；通过了《广告法》。

1995年：把价格改革的重点放在建立健全市场管理和价格调控体系上，加强对物价特别是对群众生活必需品价格的管理和监督检查；整顿流通秩序，反对不正当竞争，采取有力措施打击制售假冒伪劣商品和牟取暴利的行为。

1996年：积极培育统一开放、竞争有序的市场体系；要继续完善商品市场，发展连锁经营和代理制等新的营销方式；改进粮食等重要产品的购销和储备制度；加强市场管理和质量监督，整顿流通秩序，创造公平竞争环境，保护生产者和消费者的合法权益。

1997年：继续推进流通体制改革，大力发展和规范连锁经营、代理制和配送等现代营销方式；严格控制大型高档商场建设，发展城乡便民商业网点；整顿市场秩序，反对不正当竞争，完善和规范各类市场；完善专利、商标和著作权保

护等制度，借鉴国际通行办法，保护知识产权。

1998 年：积极发展城乡多种形式的集体经济，继续鼓励和引导个体、私营等非公有制经济共同发展；在流通领域，要打破地区封锁和行业垄断，整顿市场秩序，坚决打击走私贩私和制售假冒伪劣产品的不法行为。

1999 年：要加大执法力度，坚决改变有法不依、执法不严的现象，毫不手软地依法惩治经济犯罪分子；大力整治各种乱收费、乱集资、乱摊派、乱罚款，对行政性收费和罚没收入实行"收支两条线"管理；强化市场监管，整顿市场秩序，严厉惩治制售假冒伪劣商品以及其他违法活动；规范和发展社会中介机构，反对地方和部门保护主义，真正做到令行禁止，政令畅通。

2000 年：进一步整顿市场秩序，依法严厉惩处制售假冒伪劣商品、侵犯消费者权益和各种商业欺诈行为；继续严厉打击走私贩私活动，坚决制止各种分割、封锁市场的地方保护和不正当竞争行为；取缔非法药品市场，严肃查处医药购销中的违法行为。

2001 年：要健全市场法律法规，严格执法，完善市场监督机制，运用现代科技手段，加大监管力度，坚持不懈地打击制售假冒伪劣产品、走私等违法犯罪活动；打破部门、行业垄断和地区封锁，反对地方保护主义，尽快建立和完善全国统一、公平竞争、规范有序的市场体系，加快建立健全社会信用制度。

2002 年：进一步严厉打击各种制售假冒伪劣商品的违法犯罪活动，特别是狠狠打击严重危害人民生命健康的食品、药品、医疗器械等方面的制假售假行为；继续整顿和规范建筑市场、房地产市场、文化市场和财税秩序；大力整顿旅游市场秩序，依法查处金融欺诈、非法集资、操纵证券市场和内幕交易、恶意逃废债务等行为；打破地方保护和行业垄断，依法纠正和查处利用特权，设置关卡，阻碍商品流通，妨碍公平竞争的行为；继续整治成品油市场和各类集贸市场，进一步开展价格和收费专项整治。

2003 年：提高产品质量是兴国之道，也是提高经济效益和竞争力的根本之策，通过采用国际标准，推广先进技术，加强认证认可工作，强化质量管理，使各行各业产品和服务质量不断提高；转变政府职能，必须改革行政审批制度，履行政府职责，必须依法行政，维护法律尊严，保护群众利益；《特种设备安全监察条例》签发。

2004 年：深入整顿和规范市场秩序，坚决打击制售假冒伪劣商品和走私等违法犯罪活动，改善市场环境，维护消费者和生产者合法权益；大力发展和积极引导非公有制经济；加快社会信用体系建设，抓紧建立企业和个人信用信息征集体系、信用市场监督管理体系和失信惩戒制度；加大整顿和规范市场秩序的力度，重点是继续抓好直接关系人民群众身体健康和生命安全的食品、药品等方面的专项整治；严厉打击制售假冒伪劣产品、非法传销和商业欺诈行为；加大知识产权保护力度，依法惩处盗版侵权行为。

2005 年：深入整顿和规范市场秩序，加强食品、药品安全监管，加大知识产权保护力度；坚决打击制售假冒伪劣商品、偷逃骗税和走私等违法犯罪活动；认真贯彻落实国务院《关于鼓励支持和引导个体私营等非公有制经济发展的若干意见》，为非公有制企业创造平等竞争的法治环境、政策环境和市场环境；深化价格改革，理顺价格关系；严厉打击非法传销和各种商业欺诈行为，加快社会信用体系建设。

2006 年：继续深入整顿和规范市场秩序，要强化市场法治，加快社会信用体系建设；依法严惩制假售假、商业欺诈、走私贩私、偷逃骗税、金融证券犯罪和侵犯知识产权等行为；坚决打击传销和变相传销活动；集中力量开展食品安全专项整治，严把市场准入关，加强生产和流通全过程的监管，让人民群众吃上安全、放心的食品。

2007 年：坚持标本兼治，深入整顿和规范市场秩序；加快社会信用体系建设，完善市场管理制度，强化市场监管；依法打击制假售假、虚假广告、商业欺诈、传销和变相传销、偷逃骗税、走私贩私等违法活动；大力开展食品安全专项整治，全面整顿药品市场秩序，保障人民群众饮食和用药安全。

2008 年：制定和实施一系列政策措施，进一步营造公平竞争的法制环境和市场环境，鼓励、支持和引导个体私营等非公有制经济发展；严厉打击制假售假、非法传销、商业欺诈、盗版侵权等违法犯罪活动；加快产品质量安全标准制定和修订，健全食品、药品和其他消费品安全标准体系；健全产品质量安全监管体系，严格执行生产许可、强制认证、注册备案制度，严把市场准入关，提高涉及人身健康和安全产品的生产许可条件和市场准入门槛，加强食品、药品等重点监管工作，严把进出口商品质量关。

2009 年：全面提高产品质量和安全生产水平，在全国开展整顿和规范市场秩序专项行动以及"质量和安全年"活动，各行各业都要加强全员、全过程、全方位质量和安全管理；通过了《食品安全法》，深入开展食品药品安全专项整治，健全并严格执行产品质量安全标准；实行严格的市场准入制度和产品质量追溯制度、召回制度，要让人民群众买得放心、吃得安心、用得舒心。

2010 年：整顿和规范市场秩序，努力营造便利、安全、放心的消费环境，继续实施和完善鼓励消费的各项政策措施；打破行业垄断和地区封锁，推动优势企业兼并困难企业，加快淘汰落后产能；全面提升产品质量。引导企业以品牌、标准、服务和效益为重点，健全质量管理体系，强化社会责任，切实加强市场监管和诚信体系建设，努力把我国产品质量提高到新水平。

2011 年：大力整顿和规范市场秩序，切实维护消费者权益；深入开展打击侵犯知识产权和制售假冒伪劣商品的专项治理行动；加强房地产市场监测和市场行为监管，严厉查处各类违法违规行为；落实企业安全生产和产品质量主体责任，完善食品安全监管体制机制，强化地方政府监管责任，加强监管执法，全面提高食品安全保障水平。

五、2012～2019 年：中国特色社会主义新时代

2012 年：重点加强对食品、药品价格和医疗、通信、教育等服务收费的监督检查，坚决治理交通运输领域乱收费、乱罚款，纠正大型零售商业企业违规收费行为，严厉查处发布虚假信息、囤积居奇、操纵价格、恶意炒作等违法行为；深入开展打击侵犯知识产权和制售假冒伪劣商品行动，增强食品安全监管能力，提高食品安全水平；着力扩大消费需求，加快构建扩大消费的长效机制，积极发展网络购物等新型消费业态；加强产品质量安全监管，改善消费环境，维护消费者合法权益。

2013 年：进一步完善社会主义市场经济体制，毫不动摇地巩固和发展公有制经济，毫不动摇地鼓励、支持、引导非公有制经济发展；加强市场价格监管，保持物价总水平基本稳定；改革和健全食品药品安全监管体制，加强综合协调联动，落实企业主体责任，严格从生产源头到消费的全程监管，加快形成符合国情、科学合理的食品药品安全体系，提升食品药品安全保障水平。

2014 年：在全国实施工商登记制度改革，落实认缴登记制，由先证后照改为先照后证，由企业年检制度改为年报公示制度，让市场主体不断迸发新的活力；加强事中事后监管，坚持放管并重，建立纵横联动协同管理机制，实现责任和权力同步下放、放活和监管同步到位。推广一站式审批、一个窗口办事，探索实施统一市场监管；加快社会信用体系建设，推进政府信息共享，推动建立自然人、法人统一代码，对违背市场竞争原则和侵害消费者权益的企业建立黑名单制度，让失信者寸步难行，让守信者一路畅通；深入开展食品药品安全专项整治，对婴幼儿奶粉质量按照药品管理办法严格监管；大力整顿和规范市场秩序，继续开展专项整治，严厉打击制售假冒伪劣行为，建立从生产加工到流通消费的全程监管机制、社会共治制度和可追溯体系，严守法规和标准，用最严格的监管、最严厉的处罚、最严肃的问责，坚决治理餐桌上的污染，切实保障"舌尖上的安全"。

2015 年：加大简政放权、放管结合改革力度，再取消和下放一批行政审批事项，全部取消非行政许可审批，建立规范行政审批的管理制度；深化商事制度改革，进一步简化注册资本登记，逐步实现"三证合一"，清理规范中介服务；

加强事中事后监管，健全为企业和社会服务一张网，推进社会信用体系建设，依法保护企业和个人信息安全；建立健全消费品质量安全监管、追溯、召回制度，严肃查处制售假冒伪劣行为，保护消费者合法权益；综合治理农药兽药残留问题，全面提高农产品质量和食品安全水平。

2016 年：推动简政放权、放管结合、优化服务改革向纵深发展，继续大力削减行政审批事项，注重解决放权不同步、不协调、不到位问题，对下放的审批事项，要让地方能接得住、管得好；加快建设统一开放、竞争有序的市场体系，打破地方保护；深化价格改革，加强价格监管，修改和废止有碍发展的行政法规和规范性文件；创新事中事后监管方式，全面推行"双随机、一公开"监管；推进综合行政执法改革，实施企业信用信息统一归集、依法公示、联合惩戒、社会监督；大力推行"互联网+政务服务"，实现部门间数据共享；努力改善产品和服务供给，加快质量安全标准与国际标准接轨，建立商品质量惩罚性赔偿制度，鼓励企业培育精益求精的工匠精神，增品种、提品质、创品牌；深入推进"中国制造+互联网"，放宽市场准入，提高生产性服务业专业化、生活性服务业精细化水平。

2017 年：持续推进政府职能转变，使市场在资源配置中起决定性作用和更好地发挥政府作用；深化商事制度改革，实行多证合一，扩大"证照分离"改革试点；完善事中事后监管制度，实现"双随机、一公开"监管全覆盖，推进综合行政执法；更好激发非公有制经济活力，深入落实支持非公有制经济发展的政策措施；整顿和规范市场秩序，严肃查处假冒伪劣、虚假广告、价格欺诈等行为，加强消费者权益保护；打造面向大众的"双创"全程服务体系，使小企业铺天盖地、大企业顶天立地，市场活力和社会创造力竞相迸发；广泛开展质量提升行动，加强全面质量管理，夯实质量技术基础，强化质量监督，健全优胜劣汰质量竞争机制，培育众多"中国工匠"，打造更多享誉世界的"中国品牌"，推动中国经济发展进入质量时代。

2018 年：加快制造强国建设，强化产品质量监管，全面开展质量提升行动，推进与国际先进水平对标达标，弘扬工匠精神；深化"放管服"改革，全面实施全国统一的市场准入负面清单制度，在全国推开"证照分离"改革，进一步压缩企业开办时间；强化知识产权保护，实行侵权惩罚性赔偿制度，大幅缩短商标注册周期；全面实施"双随机、一公开"监管，决不允许假冒伪劣滋生蔓延；大力推进综合执法机构机制改革，着力解决多头多层重复执法问题；清理群众和企业办事的各类证明，没有法律法规依据的一律取消；创新食品药品监管方式，注重用互联网、大数据等提升监管效能，加快实现全程留痕、信息可追溯，让问题产品无处藏身、不法制售者难逃法网，让消费者买得放心、吃得安全。

2019 年：坚持新发展理念，坚持推动高质量发展，坚持以供给侧结构性改革为主线，加快建设现代化经济体系，加快建立统一开放、竞争有序的现代市场体系，放宽市场准入，加强公正监管，打造法治化、国际化、便利化的营商环境；以公正监管促进公平竞争，改革完善公平竞争审查和公正监管制度，加快清理妨碍统一市场和公平竞争的各种规定和做法；推进"双随机、一公开"跨部门联合监管，推行信用监管和"互联网+监管"改革，优化市场监管等执法方式，对违法者依法严惩、对守法者无事不扰；深化综合行政执法改革，清理规范行政处罚事项，坚决治理多头检查、重复检查；依法打击制售假冒伪劣商品等违法行为，让严重违法者付出付不起的代价；完善失信联合惩戒机制，促进各类市场主体守法诚信经营，用公正监管管出公平、管出效率、管出活力；全面加强知识产权保护，健全知识产权侵权惩罚性赔偿制度；强化质量基础支撑，推动标准与国际先进水平对接，提升产品和服务品质；加强消费者权益保护，让群众放心消费、便利消费。

第三节　地方市场治理现代化

党的十九届四中全会审议通过的《中共中央关于坚持和完善中国特色社会主义制度 推进国家治理体系和治理能力现代化若干重大问题的决定》强调，"严格市场监管、质量监管、安全监管，加强违法惩戒"。因此，要加快构建适应市场需要、服务高质量发展的现代市场治理体系，不断提高系统治理、依法治理、综合治理、源头治理的能力，使制度优势更好地转化为治理效能。①

一、完善战略支撑体系，提高系统治理能力

当前，我国正处在实现中华民族伟大复兴的关键时期，要顾大局、观大势、谋大事，系统把握抓改革、促发展、提质量、保安全、强基础的关系。要增强战略思维。把市场监管工作放到统筹推进"五位一体"总体布局、协调推进"四个全面"战略局面的大局中，从政治上认识和判断我国市场监管工作面临的新形势新问题，加强市场监管的规律性认识、前瞻性研究、风险性把握和开创性探索。要加强战略推进。坚持新发展理念，坚持市场化方向，统筹推进实施质量强国战略、知识产权强国战略、标准化战略、商标品牌战略和食品安全战略，加快

---

① 向曙光 . 大力推进市场治理体系和治理能力现代化［N］. 湖南日报，2019-12-17（003）.

建设现代经济体系，推动经济高质量发展。要夯实战略基础。总揽全局、协调各方，共建共治共享，形成党委领导、政府负责、部门监管、企业主体、社会参与、法治保障、科技支撑的治理体系，建设人人有责、人人参与、人人享有的社会治理共同体，提高市场治理的现代化水平。

现阶段尤其是要聚焦优化营商环境，加大"放管服"改革力度。市场主体是创造就业、创造财富的源泉，是构建现代化经济体系的基本细胞和微观基础。而营造良好的市场环境，充分激发市场的活力和创造力，是促进经济繁荣发展的重要保障，是推动经济高质量发展的重要基础。因此，要聚焦营商环境改善，进一步扩大商事制度改革效应，促进市场主体活跃发展，为建设现代化经济体系夯实微观基础。要针对市场主体痛点堵点难点，持续深入组织开展创优营商环境提升行动，最大限度减环节、减材料、减时间、减成本、减跑动。①

二、完善法规制度体系，提高依法治理能力

市场监管部门要把构建系统完备、科学规范、运行有效的法规制度体系作为基础工程，提高依法治理能力。要在清理整顿中完善法律体系。坚持"立改废释"并举，加强市场监管重要领域立法，将市场治理的各环节纳入法治轨道，形成以宪法为核心、以市场为基础的中国特色社会主义市场监管法律体系，以良法保障善治。要在顶层设计中完善制度体系。拿出制度清单，分清轻重缓急，在行政审批、日常监管、稽查执法、干部管理等方面，建立起规范统一、权威高效的制度体系，在缩减权力"任性"空间的同时用制度管人管事管权。要在监督执行中彰显法制权威。制度的生命力在于执行。要尊法学法守法用法，提高运用法治思维和法治方式深化改革、推动发展、化解矛盾、应对风险的能力。统一标准、统一程序、统一裁量，让法律"长牙"，让制度"生威"，彰显法律的尊严和法制的权威。

我们要把构建制度体系作为提升市场监管治理能力的重要基础，完善内部运行规章制度、全链条市场监管责任体系、风险防控体系、信用管理体系。把现代科技作为提升市场治理能力的重要支撑，构建市场监管技术支撑体系，推动"互联网+监管"，提升检验检测和科研能力，夯实质量基础设施。强化人才队伍建设作为提升市场治理能力的根本动力，分层分类建设食品药品、执法办案、检验检测、审评认证、法律法规、科技创新等专业化人才队伍，逐步建立一支素质优良、数量充足、门类齐全、结构合理的人才队伍，以人才建设促事业发展。

---

① 韩永生．大力推进市场治理体系和治理能力现代化［N］．中国市场监管报，2019－12－24（003）．

三、完善风险防控体系，提高源头治理能力

在目前市场发育并不成熟、诚信建设尚在路上、矛盾和风险叠加交织的形势下，要查源治流、打防结合，构建起牢不可破的风险防控体系。要从最坏处着想，向最好处努力。加强对安全风险的前瞻和预判，掌握风险治理的主动权，打好化险为夷、转危为安的主动战，守住不发生系统性、行业性、原发性安全事件的底线。要从源头查起，向全领域拓展。聚焦网络订餐、校园食品等重点领域，严把食品"从农田到餐桌"每一道关口。聚焦疫苗、血液制品等高风险药品，严把"从实验室到临床"每一道防线。聚焦电梯、游乐设施等重点特种设备和农资、建材等重点产品，严把"从标准到使用"每一道环节，确保重大风险解决在萌芽之时、事故之前。要从企业抓起，向全链条延伸。建立违法严惩、巨额赔偿、处罚到人、责任保险等措施，督促企业从源头上保证产品和服务质量。全面贯彻落实习近平总书记"四个最严"要求，将安全责任落实到党委、政府、部门、企业和个人。

我们要聚焦坚持以人民为中心的发展思想，积极回应百姓期望和社会关切，开展跨部门、跨领域、跨区域联合打假，坚决不允许假冒伪劣滋生蔓延。突出重点群体，把老年人、婴幼儿、中小学生作为消费维权的重点。突出重点区域，把城乡接合部、农村消费市场作为整治重点。突出重点产品，严格落实缺陷产品召回制度，保护消费者的人身财产安全。突出社会共治，发挥消协组织和媒体的监督功能，用好公益性诉讼，落实好惩罚性赔偿制度，提高违法成本。

四、完善监管执法体系，提高综合治理能力

打通综合监管、综合执法的堵点痛点，提高市场治理的市场化、社会化、国际化水平。要推进分段监管向统一监管转变。统筹国际与国内"两大市场"、生产与流通"两大环节"，完善问题会商、工作协同、监管联动机制，实现一门窗口审批、一个标准管辖、"一箱工具"综治、一套程序办案、一支队伍执法、一条热线维权。要推进传统监管向智慧监管转变。抓住主要矛盾和关键环节，建立以"双随机、一公开"为基本手段、以重点监管为补充、以信用监管为基础的新型监管机制。运用物联网、大数据、区块链等现代技术，以信息化带动专业化，提高预警预测预判和早知早打早防的能力。要推进部门监管向开放共治转变。营造国际一流的营商环境，完善公平竞争审查制度，强化反垄断、反不正当竞争执法，严厉打击假冒侵权违法行为，加大知识产权保护力度，为优质企业腾出市场空间。

同时，要强化企业主体责任，改革完善质量标准体系，提高产品供给质量。

创新对新产业新业态的监管，加大反垄断、反不正当竞争执法力度，加强网络市场、广告市场监管，把线上线下监管结合起来。推进涉企收费监督检查，将公平竞争审查作为约束政府行为、优化营商环境的重要手段，强化外部监督，打破行政性垄断。完善监管方式，建立公正简约监管机制，深入推进"双随机、一公开"监管改革。要建立违法严惩、巨额赔偿、保护内部举报人、风险分担的社会保险等制度，解决违法成本低、维权成本高、监管难度大的问题。①

复习思考题

1. 什么是地方市场治理？
2. 地方市场治理的工具有哪些？
3. 如何理解地方市场治理的历史演进？
4. 如何实现地方市场治理现代化？

案例分析

上海市场监管局对食派士垄断行为作出行政处罚
2021-04-12

根据举报，2019 年 6 月，上海市市场监管局依据《反垄断法》对上海食派士商贸发展有限公司（以下简称"食派士"）涉嫌滥用市场支配地位行为开展调查。2019 年 8 月，上海市市场监管局依法决定对食派士正式立案调查。

经查，食派士为互联网餐饮外送平台，主要向用户提供英语餐饮外送服务资源信息以及餐饮外送服务，经营模式为通过网页、手机 APP "食派士"（Sherpa's）等互联网媒介连接用户与线下餐饮企业，并提供服务。2017 年 1 月至 2019 年 10 月，食派士利用其在上海市提供英文服务的在线餐饮外送平台服务市场的支配地位，对平台内合作餐厅商户提出"二选一"要求，与所有合作餐厅商户签订含有"排他性送餐权条款"规定的合作协议，并通过制订实施"独家送餐权计划"等形式，要求合作餐厅商户立即停止与其他竞争对手平台合作，否则从食派士平台下架该商户。

调查表明，食派士通过实施上述"二选一"行为，锁定了相关市场内大量合作餐厅商户资源，严重削弱了竞争对手的竞争能力，损害了平台内商户和消费者利益，具有明显的排除、限制竞争效果，且没有正当理由，构成《反垄断法》第十七条第一款第（四）项禁止的"没有正当理由，限定交易相对人只能与其

---

① 韩永生. 大力推进市场治理体系和治理能力现代化［N］. 中国市场监管报，2019 - 12 - 24（003）.

进行交易"的滥用市场支配地位行为。

综合考虑食派士违法行为的性质、程度和持续时间等因素，依据《反垄断法》第四十七条、第四十九条、《行政处罚法》第二十七条之规定，2020年12月25日，上海市市场监管局依法作出行政处罚决定，对食派士处以其2018年销售额3%的罚款，合计116.86万元。

上海市市场监管局将继续深入贯彻落实党中央关于强化反垄断和防止资本无序扩张的决策部署，在市场监管总局的指导下，加强平台经济领域反垄断执法，强化对市场主体的反垄断合规指引，进一步维护公平竞争的市场秩序，营造良好的法治和营商环境，促进平台经济规范健康持续发展。

资料来源：上海市场监管局对食派士垄断行为作出行政处罚［EB/OL］．https：//cbgc．scol．com．cn/news/1141104．

第四章　基层社会治理

　　基层是社会治理的深厚基础和重要支撑，治国安邦重在基层。习近平同志指出：“党的工作最坚实的力量支撑在基层，经济社会发展和民生最突出的矛盾和问题也在基层，必须把抓基层打基础作为长远之计和固本之策，丝毫不能放松。”党的十八届三中全会在党的正式文件中第一次提出“社会治理”概念，指出要创新社会治理体制，推进社会领域制度创新，推进基本公共服务均等化，加快形成科学有效的社会治理体制。党的十九大报告提出要“推动社会治理重心向基层下移，发挥社会组织作用，实现政府治理和社会调节、居民自治良性互动”。党的十九届四中全会通过的《中共中央关于坚持和完善中国特色社会主义制度推进国家治理体系和治理能力现代化若干重大问题的决定》对加强和创新基层社会治理作出了重要部署，指出要“构建基层社会治理新格局”。可见，坚持和完善共建共治共享的社会治理制度，不断推动基层社会治理现代化，已经成为全社会关注的问题，对于实现国家治理现代化具有重要意义。

第一节　基层社会治理概述

一、社会治理的内涵

（一）社会

　　在特定的环境因素影响下，同一物种不同形态的个体长期相互依存，形成一种微妙的存在状态，我们将此称为社会。从微观角度来看，社会侧重于伙伴关系，在共同利益的影响下不断发展形成联盟；从宏观角度来看，处于长期合作的社会成员之间，随着关系的进一步发展形成团体，在人类社会不断推进的过程中，形成国家机构等；在共同的环境影响下，不同的生活个体通过多种多样复杂的社会关系联系到一起，成为社会，以人类社会发展为例，家庭关系的不断变化、同一文化氛围的影响以及传统风俗习惯的不断更换构成了社会关系的主要因素。社会关系主要分为三种类型：社会个体之间的相互关系、个体与组织之间的关系、社会个体与国家机构之间的关系；同时也包含社会不同群体的关系、不同群体与国家机构之间的关系，这些都属于群体关系，从民间组织到国家的不同政党之间都属于群体关系；国家本质上是一种社会形态，社会个体与国家机构的关系本质上是社会个体之间的关系，个人与整个世界之间的关系本质上就是社会个体与整个社会之间的关系。

（二）基层社会

"基层"包括市辖区、城区街道社区居民委员会与城市居民直接发生联系的层级以及各个乡镇、村（居）委会。基层社会是指县级别以下的社会群体。这些社会群体里主要有县里的各个乡镇、社区、村（居）委会以及村民自己的小群体，这些群体间错综复杂的社会关系，就是我们通常所说的基层社会关系。基层社会关系非常复杂，矛盾非常尖锐，社会不稳定因素非常多，这些不利因素会直接影响区域经济的发展。为了维护社会稳定和谐发展，我国基层社会当前存在的问题和面临的现状亟待解决。未来要不断地创新治理模式，开创出一条既切合基层实际，又适应基层群众需求的治理模式，为基层的稳定发展和基层人民的幸福生活保驾护航。

（三）社会治理

社会治理是国家或者政府机构使用法律法规、社会道德等正式或者非正式的制度进行规范，通过一系列制度的变化调整，最终实现社会公共服务和公共事务合理有效管理的过程。社会治理是一种协调性的社会活动，由政府、社会组织、市场、公民等多元主体在合作的基础上达到化解社会矛盾的目的，促进社会的和谐发展[1]。从运行意义上来看，"社会治理"实际是指"治理社会"。换言之，所谓"社会治理"，就是特定的治理主体对于社会实施的管理。要实现社会治理的顺利开展，要将公共权威、法律法规、治理方式等多种方式相结合，最终实现社会治理模式的多样化。

党的十八大以来我国社会治理主要有以下三个新内涵[2]：

第一，"以人民为中心"是党的十八大以来中国特色社会主义国家治理的根本逻辑，也是建设社会治理体制、推进社会治理体系和治理能力现代化必须遵循的基本原则，这体现了党对社会主义建设规律认识的不断深化。社会主义初级阶

---

① 陈荣卓，李振家. 把握社会治理"善治"的三个价值维度［N］. 中国社会科学报，2021-01-12（011）.

② 李友梅. 中国社会治理的新内涵与新作为［J］. 社会研究，2017（6）：27-34+242.

段依然是我国的最大国情，城乡发展不均衡不协调仍是制约我国发展的最大瓶颈。当前，我国城乡基层社会结构、生产方式和组织架构形态正在发生深刻变化，党中央主动适应这些新变化，提出要从改进社会治理方式、完善社会治理格局、创新社会治理体制机制等方面推动社会治理的新实践。

第二，以民生为根本推进社会治理体制改革创新，是解决我们过去想解决但未解决或没解决好的突出社会问题的有效途径。20 世纪 90 年代，市场逻辑过快进入到我国基本公共服务领域，基层民众的相对剥夺感问题不断突出，对社会公平正义诉求的呼声越来越高。党的十八大以来，我国加快了在教育、就业创业、收入分配、社会保障、医疗卫生服务等社会事业领域的改革步伐，一方面加大政府对民生和基本公共服务的投入，另一方面在转变政府职能的同时激发社会活力，通过政府的服务能力建设与社会的自我服务能力建设来共同面向民生需求和弥补基本公共服务的短板。

第三，社会治理的重心在城乡基层社区。近年来，党和政府更为强调在社会管理体制和社会治理体制的改革创新上有整体性的思维观，并更加注重城乡社会治理体系的内在联系。随着社会获得感与其需求层次伴随经济发展的不断丰富，各地社会治理创新的实践不仅关注最低生活保障的更新，而且重视住房、医疗、教育、就业等社会保障的完善，还在更高的层次上构建社会诚信与社会安全网络，而网络信息等新技术条件也被重视和运用到提高社会福利保障体系的便利化程度中来。基层社区治理创新的抓手是为城乡居民提供全面服务管理，从而解决好人民最关心最直接最现实的利益问题，让老百姓能够有一个安心的预期。

二、基层社会治理的内涵

基层社会治理是指县级及其以下机关直接治理或与其他组织共同治理辖区内各种公共事务的活动①。县级及其以下机关治理辖区内的各种公共事务其实就是对辖区内所有社会生产和社会生活等基础性社会体系进行管控。主要包括以下三个基本要素：

（一）基层社会治理的主体

目前多元化发展是基层社会治理主体的主要表现。人类的经济活动、社会活动、文化发展都是在不断提升的，尤其是社会政治制度的不断完善使社会基层治理出现了变化，最初的实施者由政权机关逐渐转入政权机关和群众自治组织协同治理的模式，虽然这两者存在很多的性质差别，但都具有规划、组织、协调、监

---

① 何得桂，武雪雁 . 赋能型治理：基层社会治理共同体构建的有效实现方式——以陕西省石泉县社会治理创新实践为例［J］. 农业经济问题，2022（6）：134-144.

督的治理职能①。它们共同完成了对基层社会的治理。事实上，虽然功能相近，但两者直接治理的对象却存在很大不同。基层政权机关主要治理辖区范围内的主要公共事务，例如，除了与文化、社会、政治、经济等相关的事务之外，还有一些辖区内的个别事务，如与国家经济利益、政治利益等密切相关的事务。而且基层政权机关直接接受上级国家政权机关的监督和领导。基层群众自发组织起来的团体主要是调整和治理社区的内部矛盾，协调群众利益和公共利益等公共事务②。当然它需要受到政权机关的约束，主要起着补充、协助的功能。

（二）基层社会治理的方式和手段

基层社会治理必须要有正确的方式和手段，其中，比较有效的措施有法律规范、政策指导、经济计划、行政干预，有了这些措施可以使基层社会更加稳定和谐。群众的自我治理组织在治理社会基层事务方面有两种不同的方式和手段：一是群众自我治理。就是本地的居民依据法律法规自发地组成治理团体，对辖区内的各种公共事务进行调整和协调，包括协调群众间的关系、调解居民间的矛盾、共同决定公共事务等③。比较常见的组织形式是以村为单位的理事会。这种类型的主要特征有三个：①要有法律法规作为指导和制约，本地群众必须在法律规定的范围内组织和开展活动；②必须是代表群众的意愿和利益；③必须是自我治理本辖区内的公共事务。二是民主。辖区内的基层群众可以直接参与到基层社会的治理中或可以自发地有组织地参与到基层所有的公共事务调整和治理中，在法律范围内行使应有的权力和承担应尽的义务。这种民主性一方面表现在组织的治理者和领导者是群众自发选举产生的，不是上级下派和指定的；另一方面表现在基层群众对本区域的公共事务享有知情权、决定权、监督权。

（三）基层社会治理的体系

1949 年以来，社会基层治理的实现，得益于给各类基层人民群众切身利益的管理单位、法律的具体要求、宪法总体纲领等。基层政权机关和群众自治组织共同组成了基层社会治理体系。基层政权机关，主要是指县级及以下的政权机关，包括两级人民代表大会和人民政府。上面千条线，下面一根针。上级所有的政策、任务都需要到基层政权机关落实④。充分充当了党和国家联系群众的纽带，是国家各项工作开展的着力点。而这些具体实施都来自基层权力机关和基层

①　田毅鹏，都俊竹．社区工作法的"治理禀赋"与基层社会治理升级［J］．东岳论丛，2021（11）：2-13.

②　陈光裕．精准扶贫背景下农村基层社会治理的困境及路径创新［J］．农业经济，2021（11）：87-89.

③　毛高杰．基层党组织嵌入的乡村社会治理分析［J］．领导科学，2021（20）：106-109.

④　陈秀红．从"嵌入"到"整合"：基层党组织推进基层社会治理的行动逻辑［J］．中共中央党校（国家行政学院）学报，2021，25（5）：64-72.

行政机关的共同配合。基层权力机关的责任在于实施相关行政法规、有关法律条文以及宪法总体纲领，地方法律条文因地制宜地实施与制定，对自身地区公共工作、思想文化以及经济发展等的治理，行使对于地方政府工作人员的罢免权与选举权，监督或者直接参与当地政府相关工作的领导，评价并行使地方政府不正确的规定与决定的取消权与改变权。基层行政机关主要负责执行高一级领导机关以及地方政府机关做出的知识和要求，直接管理地方上有关行政工作与发展建设，执行政府工作者的奖励惩处、教育培训以及人事安排。

基层群众自治组织主要是指村委会、居委会。这种治理形式充分得到国家的认可，最底层社会的治理离不开他们。它们的治理作用很显著，既要解决辖区居民的生活、生产中各方面的问题，还要服从乡镇的统一领导。在处理上级政府无法处理而又事关群众切实利益的事务上，效果显著，这种治理模式既分担了乡镇的行政任务，又密切了群众与政府的关系。

村（居）民委员会的具体职权有六个：①严格执行上级机关的相关规定和要求；②组织召开村民代表大会；③组织村民代表大会的选举；④完成上级下达的各项工作任务；⑤制定本村村民公约；⑥落实好治保、调解、计划生育、土地流转、新农合和新农保征收等工作。为了具体治理某些事务，村（居）委会还可以自行组建理事会，具体负责某项工作的落实，真正做到了权为民所用、利为民所谋①。

随着社会的不断进步，人们的需求越来越合理规范化。许多地区的基层政权组织、群众性自治组织和民政基层单位都慢慢建立起了将社会福利和社会保障融入最底层的网络体系，具体体现在以下四点：一是着手以村级为区域，创建本村区域内的养老、救助公益机构；二是组建本村区域内的福利事业实体；三是建立有关丧葬嫁娶改革、退伍退休安置等服务本村居民的社会服务组织与设施；四是根据本村实际，建立多种类型的互助储金会、社会福利基金会和社会保障基金会等。这些都是具有长远生命力的社会基层治理工作。它们的不断自我完善治理，极大地减轻了乡镇政府治理基层事务的负担，既实现了基层政府对基层社会的切实有效治理，又保证了基层群众的和谐稳定安居。

三、基层社会治理的价值维度

新时代新发展阶段，提高基层社会治理水平是一项系统工程，要推动我国基层社会治理走向"善治"，就要探索多元治理、和谐治理的新路径，从构建和谐有效的社会秩序、激发创新治理的社会活力、培育凝聚民心的公共精神三个方面

---

① 周爱民. 利益相关者视域下城市基层社会治理研究［J］. 城市发展研究，2021，28（9）：22-25.

理解和把握基层社会治理"善治"的价值维度。①

（一）构建和谐有效的社会秩序是夯实基层社会治理的基础

党的十九大报告指出，"不断满足人民日益增长的美好生活需要，不断促进社会公平正义，形成有效的社会治理、良好的社会秩序"。社会秩序既是人类生存发展的前提，也是人们相互作用的结果。在以民主化、平等化为内在要件的现代社会，社会秩序建设必须也必然由政府管理走向社会治理，由社会自治走向社会善治。形成良好的社会秩序，要顺应经济社会发展大势，适应社会主要矛盾变化，推动各方主体运行有序、协调和谐、稳定均衡，这是达到"善治"目标的基石。

构建协同高效的组织体系。随着现代社会转型，社会秩序从权威秩序向自治秩序、共治秩序转变，这是一种组织建构的创制秩序。为形成有效的社会秩序，必须把构建各安其位、各司其职，又协同高效、协调统筹的组织体系放在首要位置。在推进国家治理体系和治理能力现代化的过程中，要以有力政党、有为政府、有效市场、有机社会的基本取向为抓手，加快政府职能从"政府职责体系"向"党和国家机构职能体系"转变。同时，要顺应社会发展新趋势，重建"再嵌入"、再组织的体制机制，进一步加大社会组织培育力度和基层群众性自治组织规范化建设，形成社会协同、公众参与的生动格局。

建设更高水平的平安中国。党的十九届四中全会提出："确保人民安居乐业、社会安定有序，建设更高水平的平安中国。"首先，要加快建立问题联治、工作联动、平安联动的社会治安防控工作机制，充实做强社会治安防控体系的基层实战力量，提高社会治安立体化、法治化、专业化、智能化水平。其次，要加快完善应急管理能力建设，不断健全公共安全隐患排查和安全预防控制体系。要强化对重大风险的研究，优化相关体制机制，建立健全重大战略物资储备制度。再次，要坚持和发展新时代"枫桥经验"。"枫桥经验"是在解决社会矛盾过程中创造的，为适应新时代要求，应顺应时代社会之变，顺应社情民情之变，完善社会矛盾纠纷多元预防调处化解综合机制。最后，构建科学完善的国家安全体系。当今我国非传统安全因素与传统安全因素相互交叉，综合性与多样性程度不断增加，要以"总体国家安全观"统筹国家安全要素，建立整体、全面、系统的国家安全体系来应对复杂的国家安全风险和危机。

（二）激发创新治理的社会活力是推动基层社会治理的关键

构建充满活力又和谐有序的社会，是提高社会治理水平、推动社会治理达到"善治"的关键。我国发展正处在转型关键期，面临维护社会稳定和激发社会活

① 陈荣卓，李振家. 把握社会治理"善治"的三个价值维度［N］. 中国社会科学报，2021-01-12（011）.

力的双重任务，任重而道远。因此，要坚持改革创新、与时俱进，调动一切积极因素，凝聚社会各阶层力量，最大限度地激发社会发展活力。

人民群众是社会发展的力量源泉。习近平同志指出："治理和管理一字之差，体现的是系统治理、依法治理、源头治理、综合施策。"党的十九届四中全会指出，"必须加强和创新社会治理，完善党委领导、政府负责、民主协商、社会协同、公众参与、法治保障、科技支撑的社会治理体系，建设人人有责、人人尽责、人人享有的社会治理共同体，确保人民安居乐业、社会安定有序，建设更高水平的平安中国"。社会共同体的本质是社会关系的有机总体，参与和互动是维系这个社会关系有机总体的核心。社会参与度是衡量社会治理现代化的重要指标，要提高社会参与度，就必须最大限度地把群众组织起来，最广泛、最有效地动员一切力量。要健全党组织领导的基层群众自治机制，完善群众参与治理的制度化渠道，引导群众自我管理、自我教育、自我服务、自我监督，调动群众广泛参与基层公共事务和公益事业的积极性。同时，围绕社会关注、群众关切事项，广泛开展基层协商和社会组织协商，畅通互联网沟通渠道，由"政府推动"转向"多主体参与"，实现政府治理和社会调节、居民自治的良性互动，推动构建共建共治共享的社会治理格局。

（三）培育凝聚民心的公共精神是促进基层社会治理的灵魂

公共精神是指独立个体从共同感出发，在公共生活中形成公共领域所要求的道德判断，是衡量国家治理现代化水平的重要标准。公共精神是治理共同体的价值灵魂，是社会治理的重要目标，必须加快培育公共精神、构建公共权威，不断增强社会的公共善性、理性和德性。

提倡积极参与的公共精神。倡导平等参与的公共精神要求社区居民学会彼此尊重、相互宽容，也要求保障社区居民拥有自由公平的机会加入社区参与体系中去。要不断完善村（居）民自治章程、村规民约和社区公约，围绕公共事务和公益事业制定公共规则，形成相互间的积极互动，增强居民参与的积极性。社区居民之间形成长期、频繁和密切的交流与沟通，有利于提高群众对社区的认同感。要构建程序合理、环节完整的基层民主制度，引导群众在民主选举、民主决策、民主协商、民主管理、民主监督中遵守程序、尊重规则。此外，要完善社区服务体系，以社区为平台和载体，推动各类服务资源下沉，实现供需有效对接，解决好群众最关心、最直接、最现实的利益问题，增进群众对社区的归属感。

坚持"德法并举"走向善治。法律是最权威的公共规则，道德是公共精神的价值体现。培育公共精神，需要法律和道德的双重规范。首先，"法律是治国之重器，良法是善治之前提"。加快建设法治政府，全面推进法治社会建设，坚持贯彻依法执政、依法行政，提高司法公信力；加强社会领域法治建设，强化基层法治队伍，提高多层次多领域依法治理的能力，倡导科学立法、民主立法，提高法律规范的精细化程度；健全公共法律服务体系，构建新式服务型法治政府，促使基层政府更好地发挥导向作用。其次，加强道德建设，全力推进以德治国。德治思想与社会主义核心价值观在精神实质上是内在同构的，两者都关乎人民幸福安康和国家前途命运。因此，"以德治国"必然要求全体社会成员和社会组织广泛参与道德治理，实现多元主体间协同性善治善政的道德治理。具体而言，要培育和践行社会主义核心价值观，引领新时代精神文明。大力弘扬中华优秀传统文化，加强社会诚信建设，完善职业道德规范，传递社会正能量。除此之外，还要注重发挥家庭家教家风的重要作用，营造与邻为善、以邻为伴、守望相助的良好氛围。

第二节　基层社会治理取得的成就和存在的问题

一、基层社会治理取得的成就

当前，在社会治理领域，随着经济全球化、经济市场化、快速城市化、社会信息化等大趋势，中国围绕社会发展中面临的重大问题，不断深化改革，初步构建了与经济发展实力和水平相适应的中国特色社会主义社会治理体系。尤其是党的十八大以来，我们不断更新社会治理的理念，制定出台了一系列重大社会制度和政策，开创了中国社会治理创新的新局面，实现了社会秩序的总体稳定。党的十八大以来，我国的基层社会治理创新取得了以下五个方面的重大成就[1]：

第一，实现了从"社会管理"到"社会治理"的理念更新，为发展中大国的社会稳定和谐奠定了坚实的思想基础。面对多民族、多利益、多群体、多文化组成的复杂社会，到底如何管理进而维护社会的安宁和谐，既是世界各国普遍面临的重大理论问题，也是中国改革开放进程中碰到的重大现实问题。对此，党的十八届三中全会提出了推进国家治理体系和治理能力现代化的重大命题。正是在这一新理念的指导下，全国上下对如何有效化解社会矛盾、解决社会问题上，形成了多主体共同参与（党政+社会组织+市场企业+公民+媒体等）、德法并重、互动合作、协商谈判、共建共享的新共识，借此全国各地开创了丰富多元的社会治理新模式。

---

① 陶希东. 新时代中国社会治理创新的 5 大历史性成就［J］. 领导科学论坛，2019（4）：2.

第二，以深化政府体制改革为抓手，建立健全了以党政力量为引领的社会共治新体制。关于社会治理体制改革的成效表现在四个方面：一是建立健全了党委领导、政府主导、社会协同、公众参与、法治保障的社会治理体制，尤其是在北京、上海等大城市中，在社会治理中建立了各具特色的区域化党建体制，整合了资源，激发了活力。二是以国家治理体系和治理能力现代化为导向，加强机构设置改革，优化职能配置，尤其是在国家层面组建的国家市场监督管理总局、应急管理部以及个别地方的行政审批局、"多合一"体制改革，有效解决了社会治理中的多头管理问题。三是基层社区共建共治机制不断完善。如上海街道的"三公职能"再造以及社区管理委员会、社区党建联建、综合为老服务中心、行政服务中心；北京的网格化治理；杭州的社区党组织，社区居委会、社区公共服务工作站"三位一体"的复合治理体制等。四是推动社会组织体制改革，社会组织得到了快速成长，社会治理社会化、专业化程度不断提升。

第三，结合智慧城市和跨界融合发展趋势，搭建了有效的社会治理新机制、新方法。主要表现在四个方面：一是按照"互联网+"的思路，相继出台了《政务信息资源共享管理暂行办法》《进一步深化"互联网+政务服务"推进政务服务"一网、一门、一次"改革实施方案》等新规，带动全国各地开创了"一网通办""最多跑一次""不见面审批""电子政务大厅"等跨部门共治机制，政府信息公开、数据共享进程明显加快，社会治理智能化程度显著提升，城市营商环境不断改善。二是国家诚信体系进一步完善，制定了《关于加快推进失信被执行人信用监督、警示和惩戒机制建设的意见》，构筑了失信被执行人跨部门协同监管和联合惩戒机制，280万失信被执行人自动履行义务。三是按照包容审慎监管的原则，出台了《网络预约出租汽车经营服务管理暂行办法》《关于促进分享经济发展的指导性意见》等新规，进一步规范了共享经济、共享社会的健康发展。四是制定了《中华人民共和国网络安全法》《互联网信息搜索服务管理规定》《互联网广告管理暂行办法》《互联网群组信息服务管理规定》等新法律，形成了网络社会依法治理的新格局。

第四，围绕重大社会矛盾问题，推动重大基础性制度的改革创新，社会的公平、包容、共享、安全发展取得显著进展。主要体现在五个方面：一是在户籍管理方面，相继制定出台《关于进一步推进户籍制度改革的意见》《居住证暂行条例》《关于深入推进新型城镇化建设的若干意见》《推动1亿非户籍人口在城市落户方案》等一系列政策措施，着力解决广大农业转移人口最为关心的教育、就业、医疗、养老、住房保障等方面的实际问题，稳步推进城镇基本公共服务常住人口实现市民化。二是全面实行"二孩政策"的人口发展战略，全面推动传统文化现代化和家庭、家风、家教建设，积极化解社会老龄化的诸多问题。三是确立了"土地承包关系 30 年不变"的农村发展总基调，在此基础上实施精准扶贫、特色小镇和乡村振兴战略，取得了年均脱贫 1000 万人口的成绩，农村面貌不断发生新变化，城乡社会的融合、包容、公平发展取得新进展。四是设立国家安全委员会，制定《国家安全战略纲要》和《关于加强国家安全工作的意见》，建立了集中统一、高效权威的国家安全体制。五是重新修订《宪法》，设立国家监察委员会和中央全面依法治国委员会，截至 2018 年 4 月底，共制定法律 28 件，修改法律 137 件次，制定修改行政法规 266 件次，社会治理的法治化走向新阶段。

第五，以高质量发展、高品质生活为目标，深化公共服务和民生领域的改革，普通百姓的获得感、幸福感显著增强。围绕扩大公共服务数量和提高服务质量，主要在以下五个方面取得了显著绩效：一是采取综合措施，不断完善教育公平制度建设，逐步形成了让人民满意的教育发展新格局；二是推行"房子是用来住的，不是用来炒的"新理念，探索房屋租赁制度，加大保障房建设，加大棚户区改造，住房保障程度不断提升；三是广泛推行"大众创业，万众创新"，持续推进"放管服"改革，有力地激发了社会创造力，就业创业人员稳定增加，实现了每年城镇新增就业超过 1300 万人；四是实施"健康中国"战略，深化医药卫生体制改革，我国基本医保覆盖 95% 以上人口，编织起全球最大的基本医疗保障网；五是建立了全国统一的城乡居民基本养老保险制度、实施养老金并轨改革、统筹推进社会救助，稳步提升退休人员的工资，建立了更加公平公正的社会保障体系。

二、基层社会治理存在的问题

（一）基层社会治理理念的脱节

1. 社会治理观念陈旧

从经济建设方面来看，社会主义市场经济的基本框架已初步形成了，当然与之对应的宏观调控以及政策也已建设起来，并随着现代化的建设步伐而不断完善。但社会治理的能力和水平还远远达不到经济发展的需求，治理观念陈旧，依然停留在"管理"上①。在当前经济发展快速的时代，社会建设的主要内容是发展社会事业、促进社会公正、加强社会治理、完善社会体制，然而在社会治理观念上，却仍强调管人，而不是服务人，与当前社会的发展需求极不相符，制约了社会治理水平的提升。

2. 政府的管控思维难以转变

从 20 世纪 80 年代开始发展至今，虽然我国的行政体制改革取得了极其明显

---

① 张宏树. 群体传播视阈下民族地区基层社会治理机制创新［J］. 民族学刊，2021，12（7）：56-67+108.

的进步，不过长时间的计划经济体制遗留下来的管控模式却很难在短时间内完全转变，特别是在社会管理方面。政府在组织社会发展以及引导公民参与社会建设的过程中，通常会表现出一种比较强烈的管控取向。

（二）基层社会治理的主、客体问题重重

1. 基层政府社会治理的权责不对等、任务过重

我国的政府所构建的行政体系长期为条块结合的模式。上下级的管理与当地地方的管理需要无缝对接，这种管理体制有很大的弊端，会致使某些部门在处理社会事务时推诿责任、不担责、不履行职能等问题，表现最突出的就是当前实行的"条块结合、以块为主"的管理理念，垂直管理部门的责任下沉到基层政府实现属地化管理，导致了权责全部落在基层地方政府一级，上级部门没有参与到社会事务管理中来，彻底将应尽的责任推诿掉了。在这种模式下，基层政府的担子无形中就加重了，拥有着部分权力，却承担了基本上所有的责任。这种巨大的责任主要体现在两个方面：一是属地化管理加重了其工作责任，增多了社会治理方面的事务，致使地方政府部门往往不堪重负；二是地方基层政府拥有的权力有限，在处理中遇到的很多问题都需要上级部门出具相应的文件和政策。这些地方政府的管理任务非常艰巨，本来社会治理就是一项复杂的重点工作，再加上上级部门的任务转移，远远超出了地方政府的能力范围，导致任务过重情况频频发生。而且地方政府部门在处理这些社会事务时的权力又极其有限，存在明显的权责不对等。然而在上级部门对基层政府工作的考评中，上级政府又往往拥有充分的话语权和决定权，使得地方基层政府必须承担这些管理责任，而且必须做好①。

2. 人治传统根深蒂固

我们进入到20世纪90年代以后，国家的各项法律政策逐渐完善，从党中央一直到各地方政府，一整套的社会治理体系正在不断地建立以及完善，我国的社会治理进入了崭新的发展时期。但随着我国的制度建设不断完善，一些问题也日益暴露出来，主要体现在以下两个方面：一是法律规定不明确，在执行过程中往往是鼓励性的政策，真正强制性的约定并不多，各个部门虽然被赋予了一定的权力以及义务，但针对权力的实施以及义务的履行并没有进行及时的监督，使各部门随意发挥，措施、体制过于笼统也使各部门缺乏明确的目标②。二是在现在的制度、章程执行过程中缺乏相应的责任机制进行监督管理，现阶段存在的追责方式太过于简单，其惩戒作用并不突出，造成了很多领导并不在乎的局面，这也必

① 卢福营，徐璐. 街乡共治：城乡融合背景下的基层治理创新——基于浙江省云和县的调查 [J]. 杭州师范大学学报（社会科学版），2021，43（4）：122-127.

② 张磊. 社会治理共同体的重大意义、基本内涵及其构建可行性研究 [J]. 重庆社会科学，2019（8）：39-50.

然会导致政策执行力度下降。在这样的背景条件下，社会中的问题就显得尤为突出，随着现在社会经济的不断进步，人类文明的不断发展，"陌生人社会"才是未来我们发展的模式。为了适应现在社会环境的变化以及时代进步的要求，党中央在党的十八届三中全会上明确提出了依法治国的目标，强调在未来的国家建设中要坚持依法治国，依法行政。只有在法律的指导下进行国家建设才能适应现阶段的时代要求，实现社会转型。

3. 公众的诉求表达渠道不畅

现阶段随着人类文明的不断进步，社会各阶层以及各团体活动对于政治的关注度越来越高，参政的愿望也越来越强烈，尤其是经济持续进步的背景下，人们在物质满足基础上的精神追求越来越高。但与之相对应的是各地方政府在经济发展过程中，往往为了追求经济效益而忽略其他方面的协调建设，人们参政议政的渠道以及表达自身思想的途径并没有随着社会的进步而不断拓宽。现阶段人民群众表达自身意愿的途径主要包括政府的信箱、公开电话、微博以及信访，但现阶段仍然存在很多因素影响人们参政议政。随着人们认识的不断提高，各级政府也逐步完善了相关的制度，近年来，公众决策听证制度获得发展，通过这一制度可以有效地提高决策的科学性，有效地表达人民群众的诉求，但这一制度在各级政府的执行过程中也出现了一定的问题，落实率比较低。

4. 社会组织发育不良

在现在社会组织的发展过程中，只有不断成熟的社会组织才能有利于社会的进步与发展，也只有不断成熟的社会组织才能够促进社会的成熟，在参政议政过程中，社会组织发挥着十分重要的作用，其既是人民参与政治活动的重要载体，也是政府与公民间重要的沟通桥梁，其作用往往在社会矛盾尖锐的地方体现得尤为重要，其重要性有时甚至会超越市场以及政府[①]。在不断成熟的社会之中往往会不断产生一些社会组织。随着我国社会的飞速发展，社会组织的数量不断地往上涨，其所展现出来的实力也日益庞大，但其所体现的作用与我国现阶段的社会治理要求并不相符。我国现阶段的社会组织比较软弱，主要表现在以下四个方面：一是社会组织所能利用的资源比较匮乏。很多社会组织所依赖的资金来源都是民间捐款，这也决定了我国的社会组织性质。相关调查研究显示，我国的民间捐款数额比较低，在社会组织之中的地位也比较低，仅占社会组织资金的10%，资金匮乏问题严重。除去特定环境下的全国性公益捐款以外，在我国每年每个社会组织的捐款额仅为几万元，这严重制约了我国社会组织的持续健康发展。二是组织缺乏专业的人才，现在的社会发展水平对于社会组织的要求比较高，对组织

---

① 徐顽强，于周旭，徐新盛. 社会组织参与乡村文化振兴：价值、困境及对策［J］. 行政管理改革，2019（1）：51-57.

之中人员的能力要求也是比较高的，这就要求我们的组织中需要大量的专业人才，才能使组织不断地提高其能力，适应现在社会的进步与发展。三是缺乏有效的统一。现阶段，我国的社会组织发展状况的主要特点就是各个组织间没有或很少进行沟通合作，使各组织之间独自运行，形成的力量也都是比较弱小的。四是缺乏严格的自律意识。社会组织之中的监管制度缺失以及各种"暗箱"操作的存在都使现在的社会组织不足以适应社会发展①。

5. 公民参与水平较低

我国公民的思想意识在社会化程度不断提高的同时也在不断地觉醒，公民参与已经逐渐成为公民表达自身诉求的重要手段。在我国现阶段，公民的参与水平仍然是比较低的，这主要表现在以下三个方面：一是缺乏明确的目标。在公民参与的过程中从众性问题比较严重。这主要是由我国的公民对于自身所拥有的权利以及义务并不清楚造成的。缺乏足够的认识也就造成了我国的公民在参与的过程中无法有效地表达出自身的诉求。二是层次偏低，缺乏有效的组织。在我国长期处于组织弱势地位的就是普通群众，缺乏有效的组织以及组织程度比较低严重阻碍了群众对自身利益的维护，与此同时，在实践中，以一个人以及小团体为中心的利益诉求比较多，难以依托组织进行有效的表达，造成了组织无法充分地展现其功能。三是大量的非理性参与严重影响了公民的正常参与。由于缺乏有效的组织以及公民的认识比较匮乏，很多公民在参与的过程中表现出来某一时刻的热情，甚至严重影响到政府机关的正常运行，这种不健康的公民参与对于社会的稳定发展也产生重要影响，我国在和谐社会的构建过程中必须正视并采取有效措施，保障公民参与的正常进行。

（三）基层社会的人力、财力、智力不足

1. 基层社会组织的缺乏

随着社会的不断进步，社会组织呈现了井喷式的发展，在现在社会条件下发挥的作用越来越重要。而且随着政府职能的转变，要求社会组织在社会管理过程中发挥更大的作用。尤其是基层组织，它不仅具有重要的桥梁作用，也能有效地促进国家各项政策的制定与实施②。同时，在我国现阶段的基层组织之中还面临很多问题，包括公信力比较低，难以获取大量的社会资源。这就要求我们在以后的基层组织发展过程中，有效地解决这些存在的问题，从而提高其参与社会管理的能力，真正地体现出组织在社会发展过程中的重要作用。

① 吴青熹. 基层社会治理中的政社关系构建与演化逻辑——从网格化管理到网络化服务［J］. 南京大学学报（哲学·人文科学·社会科学版），2018，55（6）：117-125.

② 张文显，徐勇，何显明，姜晓萍，景跃进，郁建兴. 推进自治法治德治融合建设，创新基层社会治理［J］. 治理研究，2018，34（6）：5-16.

2. 基层社会工作人才不足

社会的进步与发展主要依靠人才，人才强国也是我国重要的战略。只有不断地培养更多的人才才能够进一步推动我国的政治建设、经济建设、文化建设。在现在的社会发展过程中，人才所展现出来的作用越来越重要，因此，在以后的社会发展过程中要更加注重人才的培养以及人才的应用，让各行各业的人才在社会基层组织之中充分发挥自身的优势，从而也能够有效地提高基层组织在社会管理之中的作用。随着国家以人为本的观念不断落实，社会各阶层的人才队伍都面临着扩建的问题，只有不断地吸收更多的人才参与到组织之中，有效地提高组织的能力，建立更好的机制吸引各方面人才，营造良好的环境挽留人才，才能最终确保基层组织能够适应社会的发展，在社会发展过程中充分展现出自身的特点，促进社会的不断进步。

随着我国经济的不断进步，与之相对应的各项民生发展并不完善，因此凸显出了很多的问题，在这样的社会建设环境下，需要不断地进行人才队伍建设，只有这样才能够拥有更多的专业人才有效解决社会问题。现在社会中存在的问题主要体现在以下两个方面：一是受影响的人民群众不断增多，弱势群体成员也在这一过程中不断地增加；二是随着改革的深入，由于人们所接受的教育以及个人观念不一致，这也就造成了人们之间存在各种各样的矛盾。面临这种复杂多变的社会矛盾，我们需要不断地扩建人才队伍，让更加专业的人才进行专业化问题的解决。

3. 基层政府的社会治理投入不能满足要求

传统的"倒三角"机构设置严重阻碍了现阶段社会治理的进行。基层部门主要是人员太少，针对下达的各项政策难以有效地、全面地进行贯彻，领导部门往往会进行细分，进行专门的人员管理，这种传统的"倒三角"机构不利于现在社会管理的进行。在现实情况中，往往是基层部门的工作人员过少，或者是一个部门承担多种职能。此外，现在的基层组织中人才匮乏，一些需要专业人才的岗位上缺乏专门人才，由于其所提供的工资待遇比较低，也难以招聘到真正的专业人才，往往会依靠一些能力不足的人进行管理，这就容易造成这部分人在管理过程中不能很好地解决问题，这也是现在社会中各种矛盾的集中体现①。归根结底，基层组织的发展缓慢主要是由于资金匮乏造成的，在基层组织的发展过程中主要依靠政府的支持，地方政府往往受制于自身的发展，不能够给予基层组织充分的资金进行组织完善，这就影响到了基层组织的健全。在现阶段，由于政府的支持力度不够，导致现在的基层组织发展越来越缓慢，尤其是农村之中的村委会更是无法得到政府财政的支持，集体经济不足以支撑村委会的持续健康发展，影

① 张树旺，李伟，王郅强. 论中国情境下基层社会多元协同治理的实现路径——基于广东佛山市三水区白坭案例的研究 [J]. 公共管理学报，2016，13（2）：119-127+158-159.

·75·

响了治理的效果。

（四）基层社会治理的政策与法律体系有待健全

1. 基层政府社会治理面临政策制定与实施的矛盾问题

如今，我国的社会经济正处在快速变革和前进的过程中，社会转型急剧，中央和地方政府针对不断出现的新问题也是在不断地出台政策。但一个政策的设计和出台都是需要一个时间段的，而且一些部门的政策会随着局势的变革而不断地变化，因此，为了能够将每一个政策都落到实处就应该强化基层政府的政策执行力。但实际情况是执行力有着很大的局限性，不能有效贯彻落实国家的政策措施。如果政府不能对政策及其变化及时了解和掌握，那么在政府和群众同时知晓政策变更，同时在了解如何实施的情况下，政府执行不利就会使其处于非常被动的境地。特别是与群众利益关系最密切的拆迁补偿政策以及社保政策，这两项政策不会轻易变更，变更周期较长。很多群众对政策的了解度还多于某些工作人员，有些工作人员在执行政策时，还沿用旧政策，这样极易激发群众的不满，导致社会矛盾加剧①。所以，基层工作人员必须加大对政策的学习和了解度，确保政策的变化能够第一时间知晓。确保政策的制定和实施能够发挥有效的指导督促作用，便于基层社会的有效管理，维护基层社会的和谐稳定。

2. 相关制度政策及法律法规不健全

社会治理的有效进行必须在法律的框架下，换句话说就是不管是政府的行为还是政党开展的活动，都必须要在法律的框架内进行。现如今，除了宪法以及修正案以外，我国的法律体系中有效法律的数量为 239 件，行政法规的数量将近 700 件，地方性的法规也有 8600 多件，基本上涉及社会生活中的方方面面，主要就是为了保证公民可以有法可依。当一个执政党能够将法律意识和观念当成一种执政习惯时，并且还能成为基层民主的内心信念时，基层的社会治理就会有非常大的改观。不过，如今的这些法律法规，在内容上指代太广，对权限和职责的界定不明确，使职能部门的权责不规范、不统一、不利于工作的开展。而且，社区制是在前期的基层上演变过来的，它在某些治理方面的创新理念有可能更新，现有的法律法规难以界定它的行为性。在这种情况下，就要现行的法律法规作出相应的论证修改，以适应社区的发展进步，鼓励和提倡社区发展涌现出来的改革创新理念，这样才有利于基层社会的不断自我完善发展。同样地，对社区的发展有相应的鼓励支持政策，那么对待群体自治组织也应该加大力度，不断出台培育和发展社会组织的相关政策，充分引导和鼓励这些社会组织积极参与到基层社会治理中来。

---

① 何欣峰. 社区社会组织有效参与基层社会治理的途径分析［J］. 中国行政管理, 2014（12）：68-70.

第三节 推进基层社会治理现代化

一、认识基层社会治理规律性

我们党对社会治理规律性的认识是随着实践的发展逐步深化的，也经历了一个由浅入深、由表及里、由现象到本质的过程。社会治理是一项复杂的系统工程，需要全党、全社会付出极其艰苦的努力，不可能一蹴而就。社会治理有自身运行的规律，是不以人的主观意志为转移的。我们对社会治理规律性的探索经历了以下三个阶段：

第一阶段，单一模式管理阶段。从中华人民共和国成立初期到 20 世纪 70 年代末。我国实行的是政府主导的单一管理模式，那个时期由于城乡二元结构，人财物流动少，基层政权比较得力，社会道德风尚良好，案件少，社会治安秩序好。虽然社会管理有力，但活力不够。

第二阶段，综合治理探索阶段。从 20 世纪 80 年代到党的十八大前。在这一时期，我国实行改革开放，在经济快速发展的同时，也给社会治理带来了一系列问题。卖淫、嫖娼、赌博、吸毒、黑社会组织等各种社会痼疾沉渣泛起，社会治理面临前所未有的挑战，治安形势非常严峻。中央提出社会综合治理，综合运用政治的、经济的、行政的、法律的、文化的等多种手段进行治理，并在实践中不断丰富发展其内容形式，收到了一定成效。

第三阶段，共建共治共享阶段。自党的十八大以来，是对社会治理规律性认识的理性深化阶段。

二、建立自治法治德治的基层社会治理模式

党的十九大报告提出，健全自治、法治、德治相结合的乡村治理体系，这是首次在党的重要报告中将自治、法治、德治相结合应用到乡村治理体系之中，同时也适用于中国基层社会治理模式。基层社会治理有效的关键在于"社会增进型政府"（Society-enhancing Government）① 和"能促型政府"（the Enabling State）②

① 顾昕. 协作治理与发展主义：产业政策中的国家、市场与社会 ［J］. 学习与探索，2017（10）：86-95.

② Gilbert，Barbara. The Enabling State：Modern Welfare Capitalism in America ［M］. New York：Oxford University Press，1989.

的形成。基层社会治理的目标之一是"解放和增强社会活力",这本身内含了厘清政府与社会边界的本质要求。基层社会治理中的自治、法治与德治都有很强的特殊性,必须在特定社会背景下因地制宜地探索治理模式。

1. 明确基层社会三治主体,打造社会治理基础工程

党的十九大报告指出,加强社会治理制度建设,完善党委领导、政府负责、社会协同、公众参与、法治保障的社会治理体制,提高社会治理的社会化、法治化、智能化、专业化水平。在基层社会治理体系中,自治、法治和德治相结合的机制中,谁是基层社会治理体系中的主体?从党中央提出的社会治理体制中,治理城乡社区的主体由五个方面的代表组成,包括基层党组织的代表、基层政府的代表、基层社会力量的两个代表(包括企业的代表、基层社区组织的代表)和居民的代表。这四类治理主体的代表各有自己的职能和作用,是一种有机契合的社区共治体系,是在中国共产党领导下政府治理、社会调节、居民自治良性互动的结构体系。

五个三治主体:基层社会党组织、基层政府、城乡社区企业、城乡社区社会组织和城乡社区成员,五个三治主体是创新社会治理基础工程的载体。事实上,不同的社区,无论是城镇化的农村,还是乡村化的城镇,需要明确不同发展阶段三治主体的不同地位和作用。总的原则,就是坚持党领导基层社会治理的一切工作,发挥基层社会政府治理的主导作用,统筹发挥社会力量的协同作用,进一步注重发挥城乡社区成员的自治功能,发挥其主人翁的作用,做到相互平衡、相互支撑、相互制约,以实现共同发展的共治目标。①

2. 明确基层社会自治目标,健全基层社会自治体系

自治是基层社会治理的基本目标,致力于政府与人民对公共生活的协同治理,它有赖于城乡社区成员的自愿合作,有赖于社会治理机制中如何激发社区成员的内驱动力,这既保证了公共利益最大化,又确保了社区成员的个人权益、个人意愿的实现。因此,基层社会自治的基本目标是保护人民的人身权、财产权、人格权。

自中华人民共和国成立以来,我国推行的基层群众自治制度,不仅是人民当家作主最有效、最广泛的途径,也是对基层社会自治的积极探索。1949 年以来,从基层社会治理的实践来看,由于政府大包大揽、管得过"宽",大量事务和矛盾实际上都汇集到政府身上,对社会自我调节、居民自治空间产生了挤压与反向依赖,影响了城乡社区成员的参与性、主动性和积极性,基层社会自治作用发挥得比较有限。在全面深化改革进程中,为使市场在资源配置中起决定性作用,客

---

① 黄浩明. 建立自治法治德治的基层社会治理模式〔J〕. 行政管理改革, 2018 (3): 39-44.

观上要求进一步解决政府干预过多的问题，让社区企业、城乡社会成员（居民、农民）、社会组织发挥更大作用，这实际上也对基层社会自治提出了更高要求。

因此，创新基层社会治理，要坚持扩大基层民主、自治权力，打造社会治理人人有责、人人尽责的命运共同体。① 必须围绕提高自治水平这个目标，鼓励和支持社会各方面参与，激发社会活力，促进政府治理和社会自我调节、居民自治良性互动。社会自治是人民群众对基层公共事务的自我管理，其管理主体是社会组织或民间组织，它是一种非政府行为，是基层民主的重要实现形式。②

3. 推动基层社会法治建设，发挥法治保障核心作用

实行依法治国，建设社会主义法治国家，已成为国家基本方略和全社会共识。商鞅说过："法令者，民之命也，为治之本也，所以备民也。智者不得过，愚者不得不及。"③ 党的十八届四中全会提出，法律的权威源自人民的内心拥护和真诚信仰。人民权益要靠法律保障，法律权威要靠人民维护。

一般来说，发达市场经济国家不仅具备较为健全的法律体系和法律监督机制，而且社会公众的法律意识普遍较强，习惯以法律方式解决纠纷。在我国，虽然与市场经济相配套的中国特色社会主义法律体系已经形成，但基层社会的法治意识、法治思维还没有较好地树立起来，这影响了基层社会法治的效果，阻碍了市场经济的健康运行。因此，我们应该发挥基层社会法治机制的保障作用，包括坚持全民守法，坚持法治精神，坚持法治保障，维护法律尊严和权威。

4. 坚守基层社会德治准则，彰显传统德治社会价值

德治是源远流长的中华文化传统，是中国最大的"本土资源"。孔子说过："君子进德修业。忠信，所以进德也，修辞立其诚，所以居业也。知至至之，可以言几也，知终终之，可以存义也。是故，居上位而不骄，在下位而不忧。"改革开放以来，我国经济建设取得了巨大成就，城乡居民的物质生活水平大幅度提高，但精神文明建设却相对滞后，不敬不孝、知法犯法、赌博滋事、网上任意中伤诽谤等道德滑坡现象严重影响了社会和谐与居民幸福感的提升。对这些社会问题，如果不从提高人的道德素质、强化道德自律方面入手，而只是就事论事、就矛盾论矛盾，社会治理的成效会非常有限。

借鉴古今中外的法治实践，如何发挥德治建设的作用？提升城乡成员的素质和修养，从源头上预防社会矛盾的产生，增加社会的和谐因素。如何实现上述目标？需要做出顶层设计，通过建立以规立德、以文养德、以评弘德和家风建设的

① 魏礼群. 提高社会治理水平 决胜全面小康社会——全面建成小康社会之时中国社会的景象特征及实现目标任务与路径选择［J］. 社会治理，2016（5）：10-20.

② 俞可平. 敬畏民意［M］. 北京：中央编译出版社，2013：73.

③ （唐）魏徵，等. 群书治要［M］. 北京：北京联合出版公司，2014：272.

德治建设体系，把基层社会所提倡的道德理念和社会价值追求与人们的日常生活紧密联系起来，注重在落细落小落实上下功夫，把德治的抽象宽泛概念、崇高理想追求变成人们实实在在的每一个行动。

5. 建立三治模式协同关系，提升基层社会三治能力

基层社会的三治模式充分体现了以人为本、系统治理、依法治理、综合治理、源头治理的理念，三者功能作用相辅相成、相互支撑、合力共治。正确处理好基层社会三治之间的协同关系，将有利于打造共建共治共享社会治理格局，形成政府调控同社会协调互联、政府行政功能同社会自治功能互补、政府管理力量同社会调节力量互动的新型社会共治模式，是创新基层社会治理的有效途径。①

三、推进党建嵌入基层社会治理模式

基层治理是国家治理体系的有机组成部分，党建在基层治理中扮演着火车头的角色。实践表明，两者在治理对象、资源整合以及民主政治完善方面具有内在逻辑与机理互通关系，两者互融、互促，致力于形成"共建共治共享的社会治理格局"。党建嵌入基层社会治理模式在于将基层党组织建设同基层社会治理有机结合起来，释放"基层党建+社会治理"的复合功能效应，不断为基层社会创新实践提供新的理论指引。②

（一）党建引领基层社会治理的紧迫性

基层社会治理作为国家治理体系的重要组成部分，必须在党的全面领导下进行。改革开放以来，全国各地涌现出各种社会组织、民间组织和群团组织，多元思想交汇、社会群体结构复杂和社会组织架构变化显著，导致社会治理难度加大，基层原有的碎片化、单一化管理模式已不能适应新的形势。在此背景下，特别是在社会治理重心下移的条件下，如何处理基层党组织与其他各类组织的关系、如何发挥各类组织在社会治理中的作用，成为亟待解决的难题。这就需要在基层社会治理中充分发挥基层党组织的政治引领作用，把坚持正确政治方向贯彻到谋划基层社会治理的各项重要战略政策和系列重大工作中，保证各级各类组织坚持正确政治方向，激发各类社会建设主体活力。通过强化自身组织建设，优化重构党领导下的基层社会治理体系，对各级各类组织进行统领整合、建立相互联系，实现基层党组织和基层社会管理的协作。

以党建引领基层社会治理创新是推进基层治理体系和治理能力现代化、提升基层社会治理水平的需要。基层社会治理是国家治理的基础环节。基层党组织的建设水平直接关系到基层社会治理的质量和水平，基层社会治理的质量和水平反

① 黄浩明. 建立自治法治德治的基层社会治理模式 [J]. 行政管理改革，2018 (3)：39-44.
② 祁文博. 党建嵌入基层社会治理路径创新 [N]. 中国社会科学报，2019-09-18 (007).

过来也会影响党的执政根基。改革开放以来，各类人员流动性不断增强，基层社会治理体系日趋复杂，基层党组织面对的工作对象呈现复杂性和多样性，原有分散的基层力量和资源难以适应基层社会治理出现的新情况。与此同时，不少区域内党组织共存但融合度不高，基层党组织的设置和作用发挥出现重叠交叉现象，党组织条块分割、资源分散、党员管理服务覆盖面不广、党员平台欠缺等问题也不同程度地存在，尤其是基层党建工作统筹推进不足，尚未完全形成上下贯通的治理体系。这就需要通过加强党建引领来解决基层党组织服务功能弱化、影响力弱化等问题，构建沉底到边的基层社会治理组织体系，提升基层党组织服务基层社会治理的能力。①

（二）党建嵌入基层社会治理的复合效应

第一，基层党组织的普遍性覆盖能够保障民众具有畅通完备的利益表达与诉求渠道。我国基层党组织处在一线，广泛分布在党员、群众以及组织之间。而基层治理的对象是具有共性的群体性单元和个性的自然人单元，因此，将基层党建嵌入社会治理能够有效实现基层党组织设置与基层治理单元的高度契合。这既有效拓宽了党组织服务社会的渠道，也有序强化了党对社会领域的领导，保障党建嵌入基层社会治理模式覆盖面的广泛性。

第二，基层党组织能够通过横向联动组织载体与纵向扁平治理格局实现资源整合。这既打破了组织内体制区隔，也破除了体制内组织区隔。前者在于以区域化大党建模式解决不同党组织由于没有隶属关系而引致的分工合作问题；后者在于既要整合体制内力量，以党建带群建，也要转变党建思维，把社会力量转化为助力党组织整合社会的力量，增强该模式的向心力、辐射力、统合力。

第三，党建嵌入基层社会治理能够助力基层民主政治完善。中国特色社会主义独有的政治优势就在于将党的领导与人民当家作主结合起来，在创新实践中形成"基层党建+社会治理"的复合治理结构，为建立在民主协商和基层自治基础上的社会主义民主政治的不断完善提供了新的实验形式。②

（三）党建嵌入基层社会治理的主要举措

1. 加强基层党组织建设

党的力量来自组织，组织覆盖和有效融合是党组织发挥作用、引领治理的前提。主要采取以下三项措施：一是实现"直接领导"向"维护权利"的治理观念转变。维护人民权利、打造共建共治共享的社会治理格局是新时代党的执政初心和使命。基层党组织应该逐步转变"权力领导"的理念，明确"代表群众切身利益"的理念，致力于维护民众的参与权、知情权、表达权、劳动权等具体权

---

① 丁晋清．党建引领基层社会治理的创新探索［N］．光明日报，2019-08-08（011）．
② 祁文博．党建嵌入基层社会治理路径创新［N］．中国社会科学报，2019-09-18（007）．

利，倾听民声、洞察民意、回应民心，使基层党组织成为最广大人民群众的忠实代表。二是要不断扩大基层党建工作的覆盖面，把党的组织机构延伸到各个领域、各个角落，同时积极探索创新党组织设置方式，采取分类、联合、挂靠等多种方式组建党组织，健全完善四级党组织体系，实现基层党建工作全覆盖。三是按照"扁平化"要求着力打破行政隶属壁垒，推行街道"大工委制"和社区（村）"大党委制"，有机联结辖区内单位、行业及新兴领域党组织，构建覆盖基层治理各领域的组织网络。如深圳市充分发挥街道党工委的"轴心"和"龙头"作用，开展"党建+小区业委会""党建+社区社会组织""党建+社区居委会"计划，构建核心明确、统筹力强的区域化党建组织体系，为各种社会力量创造发挥作用的机会和空间。

2. 发挥党组织的政治引领作用

政治引领是方向引领、根本引领。基层党组织是联系党和群众的纽带，担负着基层社会治理的重要任务，必须坚持把党的领导贯穿基层社会治理全过程各方面，使基层治理始终沿着正确方向健康发展。主要采取以下三项措施：一是实施"党员先锋工程"，打造基层社会治理"先锋铁军"。做好基层社会治理工作，关键在党组织领导班子和带头人，必须把选优配强党组织带头人作为重中之重，优化基层党组织设置，大力开展基层党组织"头雁"工程，突出强调选优配强乡镇、村党组织领导班子特别是党组织书记。二是系统优化基层党组织设置，构建分级负责的党组织结构，保证基层社会治理的正确方向与支持条件。基层党建管理体制应在突破原有的体制区隔、行政壁垒、条块分割的基础上，不断探索更加灵活多样的党组织设置方式。例如，以社区为单位设立党员为网格长的社会治理网格，在居民聚居区设立基层党支部，在党员相对比较聚集的楼栋设立党小组，不断完善优化基层党建的多级组织网络。三是实现党建工作精细化，实现"分类管理"。随着快速城市化的推进与社会治理重心向基层下移的趋势，在传统的"基层党建+社会治理"模式基础上，应根据不同社区发展的情况，采取单建、联建、共建的方式，形成具有不同社会功能的基层党支部，以应对社会治理的复杂情景，形成"分类治理"新格局。

3. 有效整合基层社会治理资源

在社区平台、社会组织和专业社工的"三社互动"中，基层党组织发挥着不可替代的领导核心作用。主要采取以下三项措施：一是引领社区回归公共属性。在社会治理体制机制改革中，基层党组织应围绕社区的本质内涵以及在社会治理结构中的功能定位，实现社区属性重构。以社区"去行政化"为突破，实现社区在居民自治意义上的再联结、再组织与再整合。二是既要盘活原有社会组织，又要积极导入专业社会组织；这既能有效整合社区外的专业社会服务资源，又能激发社区内社会组织的活力，增强基层治理的专业能力。三是双向整合原有社区工作人员和专业社工队伍。专业的社工团队和社区工作人员是有序承接政府职能转移、提供社区服务的主体。专业社工队伍能够为社区建设带来新的理念与工作方法；社区工作人员立足社区，能够有效整合社区内资源。双向整合原有社区工作人员和专业社工队伍在于通过制度创新，打造"专业性+本土性"的特色社区团队，发挥人才整合效应。①

4. 构建区域化党建平台

区域化党建能够很好地弥合"自由"与"秩序"的张力，既能激发公共参与的活力，也能为基层社会治理提供有力的资源保障，构建活力释放与秩序稳定并举的社会治理新格局。主要采取以下三项措施：一是搭建与完善"区（县）—街道—社区—居民"四级联动的区域化党建格局，以横向联动治理与纵向扁平化治理为运行机制，以横向到边、纵向到底的全景式覆盖为基本要求，不断聚合区域化党建的向心力。二是统筹区域内各种可能提供的公共服务，规划和配置资源，使所提供的公共服务更加精准，更能满足群众需求，更多地向嵌入式服务转变。同时，把党的政治和组织优势转化为基层治理优势，以公共服务引领带动社会资源、市场资源的整合，引导多元主体参与社区治理，促进基层治理发挥实效。如汕头市规范建设529个城市社区党群服务中心和8个新兴领域党群服务中心，整合多方公共服务资源，提供精准的公共服务，使老百姓在家门口就能找到组织、享受服务。三是建构网格化治理模式，营造共建共治共享浓厚氛围。"网格化"是以区县为单位，将辖区划分为城市网格、村居网格、企业网格，构成无缝对接的网络，在发现和分析问题中解决问题，让社会治理更快捷准确。要创新"小网格+大党建"或"小支部+大片区"的治理模式，指定网格内单位及社区（村）党组织作为责任单位，实现组织共建、资源共享、机制衔接、功能优化，扎实做好党建引领社会治理的各项基础工作。②

四、创新基层社会治理智能化模式

近年来，随着互联网信息技术和大数据时代的到来，信息技术的发展极大地改变了人们的生活方式。信息技术赋能不仅体现在普通人的日常生活中，也体现在社会治理创新发展的过程中，对信息技术的掌控能力成为衡量国家治理能力的重要因素。党的十九届四中全会对推进国家治理体系和治理能力现代化作出重大部署，明确将信息技术提升到社会治理体系支撑作用的地位，为以信息技术为标志的现代科技在社会治理中的运用指明了方向。信息技术作为政府重要的治理手

---

① 祁文博. 党建嵌入基层社会治理路径创新［N］. 中国社会科学报，2019-09-18（007）.
② 丁晋清. 党建引领基层社会治理的创新探索［N］. 光明日报，2019-08-08（011）.

段和管理方式，已成为推进基层社会治理创新、实现基层社会治理能力现代化的重要努力方向。①

2020年新冠肺炎疫情的暴发是社会治理的大考，凸显了推进社会治理现代化的必要性和紧迫性。事实证明，信息技术的有效运用是打赢疫情防控阻击战不可或缺的坚实力量。数字空间、网络社会和智慧政府成为人类活动的重要场景。作为智慧政务、智慧社区、智慧城市、智慧国家、智慧地球等各种"智慧体"建设的重心，具有决策科学化、办公快速化、治理高效化与服务便捷化特征的智慧政府建设已成为社会治理体系和治理能力现代化的重要支撑和关键环节。②

（一）以智能互联平台为载体，建设基层社会治理利益共享机制

人人共享是社会治理共同体建设的价值归宿，也是共同体形成和持续发展的关键所在。智能互联技术对人人共享社会治理的促进作用在于：大数据、云计算技术对社会治理领域各类数据的智能化分析，使基层政府能精准把握共同体内人民群众差异性的美好生活需要，并根据群体差异、需求差异、供给方式差异来实现普惠性利益的精准化供给，提升社会服务的供给效能。移动互联网的发展，实现了居民利益表达的便利化，也增强了群众以"随手拍"等形式参与社会治理的可能性。这虽然在短期内造成了社会治理问题的集中呈现，但从积极方面来看，也让长期隐藏的改革发展过程中城乡居民利益受损的问题更易呈现、精准化解，推动了部分群体和个人利益的补偿。基层社会的智能互联式治理，以技术的便利性和智能化，扩大了基层民主参与的规模范围，推动了以共治共享实现社会实质正义的模式，完善了以公开、透明、流程化、系统性为特征的民主协商机制，从而确保了多元主体利益共享机制的持续性发展。③

（二）立足民生改善，做好基层智能公共服务

民为邦本，本固邦宁。国家建设得好不好，一个重要指标就是看老百姓的日子过得怎么样。提高人民物质文化生活水平，是改革开放和社会主义现代化建设的根本目的。新一轮大数据智能化的浪潮将会对包括智能制造、数字媒介、科技创新、医疗、教育、交通等多个领域产生广泛而深远的影响。提升智能化公共服务水平，就是要围绕民生改善，充分利用好泛在于社会各领域的数据资源，加快释放"数字红利"，有效调配公共资源，协调多方利益。例如，坚持以人民为中心的发展思想，建立覆盖城乡的无线政务应用服务平台，开发并完善一体化移动

---

① 刘法杞．信息技术赋能基层社会治理［N］．中国社会科学报，2020-06-10（005）．
② 余敏江．以智慧政府建设推进社会治理现代化［N］．中国社会科学报，2020-04-24（003）．
③ 吴新星．智能互联时代的基层社会治理共同体建设路径［N］．中国社会科学报，2020-06-17（005）．

办公系统，在幼有所育、学有所教、劳有所得、病有所医、老有所养、住有所居、弱有所扶等重要民生问题上解难题、办实事。

（三）着眼风险防控，开发适用于基层社会治理体系的CPS

CPS即"信息物理融合系统"，是一个综合计算网络和物理环境的多维复杂系统，能够实现大型工程系统的实时感知、动态控制和信息服务。把CPS引入社会治理体系，对特定场景进行数学建模，并将模型映射到虚拟空间，实现决策过程的"人机结合"，有助于决策者对政策效果实施全方位和可能性推演，从而在社会治理中做到态势感知、风险预判、及时响应、预备处置。因此，社会治理体系可利用5G网络超大连接的优势，收集社会治理策略执行后的各项微观数据，并且进行实时监测、量化分析、动态预测、评估效果，客观评估社会安全总体形势。然后，根据监测到的大数据科学研判发展趋势，依据相关信息反馈，调整社会治理方略和社会政策。

（四）建设城市大脑，提升基层社会协同治理水平

中国特色社会主义社会治理体系强调整体性和协同性，然而在市场经济条件下，社会结构的层次呈现多元化和弥散化，给协同治理带来了挑战。社会治理体系智能化以人工智能技术为支撑。人工智能如同云端大脑，依靠"信息高速公路"传来的数据进行深度学习和系统演化，完成机器智能化进程。目前方兴未艾的城市大脑建设正是这一进程的典型代表。就当前的实践来看，城市大脑主要是为公共生活打造的数字化界面，包括交通出行、数字旅游、卫生健康、应急防汛等若干系统的应用场景。随着数据采集的颗粒度越来越细，城市大脑能够高效便捷地掌握社会治理场景的确切信息和事件资料。此外，在城市大脑建设中，多种网络实现有效连通，信息访问、接入设备的协同运作打破了过去部门、企业、团体之间的"数据孤岛"，从而推动形成了立体化、网络化的社会治理体系。[①]

五、借鉴国外先进的基层社会治理模式

在基层社会治理方面，由于国外起步比较早，因此也形成了各具特色的管理模式。首先是"政社分离"的基层组织模式，该模式的代表国家为美国。其主要特点便是由政府进行政策支持，社区进行自治，在社区自治过程中的经费由政府提供，并且政府在社区自治过程中提供政策支持。其次是行政型基层社会治理模式，其主要代表便是新加坡。这一模式之下的基层自治主要是由政府制定大政方针，给予相应的财政支持，社区进行自治[②]。最后是半行政半自治的模式，这

---

① 徐浩然. 提高大数据时代社会治理智能化水平［N］. 中国社会科学报，2020-08-25（001）.

② 徐勇. 社会服务购买推进城郊社会治理共同体建设研究［J］. 中共天津市委党校学报，2021，23（4）：77-85.

种模式的主要代表便是日本。这种条件之下的居民自治机构比较多，主要包括官方的、民间的以及官民合办的。针对美国、新加坡、日本的基层自治进行对比，其具体结果如表4-1所示：

表4-1 美国、新加坡、日本基层社会治理比较

	美国	日本	新加坡
基本类型	自治型	混合型	行政型
行政生态	经济发达、自由市场经济体制，法制完善，社会组织发达，西方自由主义思想，种族大熔炉	经济发达，单一民族，在东方传统价值观占主导的同时接受西方自由主义思想和价值观	强势执政党和政府，经济高速发展，多种族共存，东方价值观，家庭核心理念
管理理念	以人为本，强调人的自由和个性化发展	以人为本，关怀弱势群体	以人为本，家长式管理
管理体制	以社会组织和居民自治为主，各司其职，共同治理	政府引导并适度参与，社会组织和居民共同治理	政府主导控制下的社会组织和居民共同治理
参与主体	社会组织和居民为主，市场化运作，政府宏观引导和资源支持	以社会组织和居民为主，政府参与并支持，实现共建共管	政府主导并深入参与，社会组织与居民参与
运行机制	各方平等合作，市场运作，社会组织作用明显，居民自发参与	政府支持，社会组织、市场组织和居民参与，市场机制作用得到发挥	政府主导，市场、社会、居民在政府的引导下参与社区管理运行
资源配置	政府、市场、社会等多渠道募集	政府配置+社会募集，市场化运作	政府为主，社会为辅
发展方向	政社分开，小政府、大社会	朝社区自治方向发展	政府强势，社会自治发展空间不足

以上三个国家的基层社会治理实践对于我国基层社会治理创新具有六个借鉴意义：

（一）坚持"以人为本"的基层社会治理理念

在整个社会之中，一切实践活动的主体都是人。在基层管理之中，其管理对象也是人，中国共产党的根本宗旨便是全心全意为人民服务。并且胡锦涛同志也明确指出了科学发展观的核心便是以人为本。在社会主义现代化国家之中，必须牢固树立以人为本的理念，使社区的各项工作都需要坚持以人为本，通过上述对比我们能够看出，美国、新加坡、日本在基层管理过程中都在不断强调人的重要性，其中美国和日本在其基层管理过程中不断考虑人的需求，以满足人的需求为

工作重心，而新加坡更是将人看作自己最为核心的竞争力与资源。在我国，受到科学发展观的影响，我们各级党委都应该坚持以人为本，各级政府部门要全心全意为人民服务，让广大人民群众享受到改革的成果，促进整个社会的和谐稳定，促进其全面健康发展。

（二）建立服务需求导向的基层社会治理机制

为适应现代社会的不断进步，党中央提出了建设服务型政府的理念，在政府的服务过程之中就要坚持公众利益至上，在基层管理之中要不断地贴近生活、贴近实际。随着现在经济的不断进步，人民生活水平的不断提高，要建立与之相适应的文化活动，满足现在社会条件之下人民群众对于物质、精神、文化等方面的追求①。从国外的基层组织服务之中可以看出，美国以及日本都在致力于基层服务。在政策制定的过程中充分听取广大群众的意见与建议，使政策更加具有科学性；新加坡在基层机构的建设与完善过程中也听取民意。现阶段我国政府的主要目标便是大力发展生产力，提供人民日益增长的物质文化需求，创建服务型政府，在新形势之下不断完善政府的服务职能。

（三）完善基层社会治理的法律法规和制度体系

我们从前文能够看出，美国、日本、新加坡这三个国家的基层组织现在均拥有比较完善的法律法规对其进行保障。针对基层组织的运行、基层组织的机构等，上述三国均有相应的制度进行了明确的规定，同时针对社会之中的弱势群体，相关法律法规也做出了明确的规定，保障居民生存发展权。只有具备完善的法律法规才能够有效地确保基层组织依法完善和服务。现阶段我国的基层组织尚未完善，各组织机构也存在一定的问题。同时，现阶段我国的法律制度也不完善，无法对我国现有的基层组织进行有效的监督与管理，这就使现阶段我国很多基层组织相互之间职责不明确，存在相互扯皮的现象，现有的相关法律也存在年限久远，未能及时根据时代的发展而进行修改的问题，这都极大地影响了我国的基层组织发展。因此，在我国必须要不断进行法律制度的完善，为基层机构的建立以及管理工作提供法律支持，做到有法可依。

（四）构建多元主体参与的基层社会治理模式

在未来的基层管理模式之中必然会存在多元化主体参与。但各个国家之间的实际国情存在差异，各个社会团体在实际的基层管理之中所承担的角色与地位也存在一定的差异。针对各国的实际国情不同，美国、新加坡、日本就形成了三种不同的基层社会治理模式。美国崇尚自由主义，因此其基层组织的自治性比较强；新加坡主要采取政府主导的模式；而日本则主要采取半主导的模式，这主要

① 沈永东，陈天慧. 多元主体参与基层社会治理的共治模式——以宁波市鄞州区为例［J］. 治理研究，2021，37（4）：82-89.

是由其本国比较严明的法律制度所决定的。随着现代社会的不断进步，人民思想的不断提高，现阶段美国、新加坡、日本的基层组织都在吸收不同的社会主体参与到其管理工作之中①。现阶段我国的基层组织相对来说还是不完善的。但随着社会的不断进步，政府应该带领更多的主体参与到基层组织之中，不断完善我国的基层组织主体，推动我国基层组织建设，促进居民自治。

（五）借助电子化手段提升基层社会治理能力

随着现代科学技术的不断进步，在基层管理之中应用到的电子信息技术越来越广泛，通过运用计算机网络技术，能够有效地提高政府工作的效率以及政府进行决策的透明度，使政府决策更加科学，群众的接受程度也更高。可以有效地吸引更多的群众参与到政策的制定与颁布过程中。通过上文的叙述与对比，美国、新加坡、日本都在不断地推进电子政务。美国政府在其改革的过程中采用了电子政府的方式，有效提高政府的工作效率，不断完善信息型政府。新加坡则通过实行一系列计划完善政府的电子环境，提高政府工作之中的电子信息应用范围不断地吸引更多的群众参与到政府工作之中。日本政府也在不断地加强电子政府建设。这一系列的措施都明显地反映了现在世界各国都在不断地加强电子信息的应用范围，政府应用更是其中的重中之重。随着现在我国的科学技术水平在不断提高，计算机技术也得到了极大的普及，因此，在以后的政府建设过程中，要充分地应用电子信息技术，吸引更多的人民群众参与到政府政策的制定以及颁布过程中，增强决策的科学性，也能使我国政府更加廉洁高效，推动社会管理的现代化发展。

（六）培育和扶持参与基层社会治理的第三部门

在社区管理过程之中，作为第三部门，社区非营利组织也起到了很重要的作用。在社区管理过程之中很多问题或者矛盾都需要这种中介机构的参与，通过调解有效缓解了居民之间的矛盾。同时，非营利组织的加入，也大大降低了政府的投入成本，给社区之中的剩余劳动力提供了相应的工作岗位。政府也能有更多的精力开展其他工作②。因此在国外的发达国家，非营利组织的发展比较迅速。在美国，政府为了鼓励和促进非营利组织的发展，采取财政补贴或者是减税的方式；在新加坡，由政府进行主导，吸引更多的非营利组织参与到社区管理之中；在日本，政府颁布相应的法律文件支持非营利组织的发展。随着我国不断地进步，应大力鼓励非营利组织的建立和发展，颁布相应的法律政策支持其发展，并

① 温丙存.我国基层纠纷治理的制度转型与创新发展——基于 2019-2020 年全国创新社会治理典型案例分析［J］.求实，2021（4）：53-63+111.

② 郑建炯.乡村治理的有效实践样态及运行逻辑——以黔东南丹寨县寨管委为例［J］.社会科学家，2021（7）：140-144.

且在基层管理过程之中，采取各项优惠政策，由政府主导，吸引非营利组织参与到我国的基层组织管理之中，促进我国基层管理组织的完善和发展。

复习思考题

1. 如何理解社会治理的内涵？
2. 基层社会治理的构成因素有哪些？
3. 基层社会治理取得哪些成就？
4. 基层社会治理面临什么问题？
5. 如何推进基层社会治理现代化？

案例分析

杭州：数字赋能下的社会治理创新
2020-11-04

大数据作为国家战略，正日益成为推动国家治理体系和治理能力现代化的核心驱动力。习近平总书记指出，"随着互联网特别是移动互联网发展，社会治理模式正在从单向管理转向双向互动，从线下转向线上线下融合，从单纯的政府监管向更加注重社会协同治理转变"。这"三个转向"，对社会治理智能化提出了新要求。

杭州作为数字政府转型的先行者，在智能化治理方面形成了别具一格的模式。

一、"城市大脑"助力打造"全国数字治理第一城"

2016 年 4 月，杭州率先提出"城市大脑"建设，并以交通领域为突破口，开启了用大规模数据改善城市交通的探索。2018 年底，杭州"城市大脑"开始从"治堵"向"治城"迈进。2019 年 7 月，杭州"城市大脑"发布了舒心就医、欢快旅游、便捷泊车、街区治理等重点应用场景和便民服务内容。2019 年 12 月，杭州"城市大脑"发布了中枢系统 3.0 和一系列便民惠民应用场景，正式提出打造"全国数字治理第一城"的目标。目前，围绕解决城市治理、民生服务方面的痛点、难点问题，杭州"城市大脑"已建成 11 大系统 48 个应用场景。

如今，杭州已成为全国第一个实施"无杆停车场"的城市、第一个利用"延误指数"作为治堵目标的城市、第一个实现"入园入住，无须排队"的城市、第一个实施"医后最多付一次"的城市。这些第一承载的不仅是人民群众实实在在的幸福感，也是大数据"取之于民、用之于民"的直观体现。

二、精准智控　构建街道辖区平安防控圈

基层治理难，难在事务千头万绪，工作内容烦琐。从智慧消防到垃圾分类，从帮助寻找走失人员，到规范管理小区流动商贩……在杭州市萧山区宁围街道，处处皆有"宁聚蓝"这个"小脑"数字赋能、精准智控的身影。

据悉，"宁聚蓝"智慧治理平台以基层治理四平台为核心，引入物联网、大数据、人工智能、AR虚拟现实等技术，汇聚物联感知、空间地理信息、业务应用等数据，分为应急指挥、智慧治理、智慧安防、智慧消防、智慧小区、智慧城管、民生服务七大模块，实现一张地图全局掌控、一个平台多方协同，能满足基层社会治理28个场景需要。

据介绍，对上，该平台打通区基层治理四平台、平安村社、交通小脑、智慧城管、智慧消防、垃圾分类、五水共治等8个区级平台；对下，通过融合智安小区及辖内监控设备、消防物联设备等各类智能"触角"，打破传统"信息孤岛"，实现了社会治理全要素集聚，构建街道辖区动静结合的平安防控圈。

自2019年8月试运行以来，依靠智能感知设备这些"千里眼""顺风耳"，发现并处置的事件数呈上升趋势，日均46件，占日总事件数约30%；处置力量减少近50%，一线执法时长缩减65%。平安、消防、城管、河道等领域的应用不断深入，探索了"感知"＋"智能"＋"治理"的社会治理新模式。

三、"一码解纠纷（诉讼）"赋能矛盾纠纷化解新路径

杭州高新区（滨江）运用大数据、云计算、区块链、人工智能等前沿技术，推出"一码解纠纷（诉讼）"平台，打造起"诉源治理"的滨江新模式。用户只需通过一部手机，动动指尖，即可实现全流程纠纷调解。

据了解，"一码解纠纷（诉讼）"平台，在纠纷解决领域创造性地引入"健康绿码"概念，根据矛盾纠纷的类型、危害程度、紧急程度、影响范围等，设置不同颜色的纠纷专属"调解码"。该平台将"黄、橙、蓝、红、绿"五色"调解码"分别对应诉前引调、纠纷调解、纠纷转诉讼等环节，贯穿全过程。

据此，该平台打通了与矛调中心、法院诉服中心之间的渠道，形成了以法院诉服中心为核心、前端诉调案件化解、后端在线司法确认、诉讼立案并举的纠纷治理闭环，推动多数纠纷以非诉讼方式及时就地解决、少量纠纷通过诉讼程序化解，有效减少诉讼增量，提升诉源治理水平。

此外，该平台依托司法信用画像功能，自动收集分析纠纷当事人的解纷习惯、参加调解情况以及调解协议履行情况等关键信息，生成信用画像，助力形成

纠纷化解领域的守信重诺氛围，并通过个案示范带动批量纠纷的解决，"成功一个，解决一批"，为基层调解工作持续赋能。

资料来源：韩绪光．杭州：数字赋能下的社会治理创新［EB/OL］．http：//www. china. com. cn/opinion/theory/2020–11/04/content_ 76874050. htm.

第五章　地方公共文化治理

2020 年 9 月，习近平总书记在教育文化卫生体育领域专家代表座谈会上指出，"统筹推进'五位一体'总体布局、协调推进'四个全面'战略布局，文化是重要内容；推动高质量发展，文化是重要支点；满足人民日益增长的美好生活需要，文化是重要因素；战胜前进道路上各种风险挑战，文化是重要力量源泉"。"十四五"时期，我们要把文化建设摆在更加突出位置，加快建设社会主义文化强国。公共文化治理是国家治理体系的重要组成部分，以坚持和发展中国特色社会主义、为开创党和国家事业新局面提供强大正能量为目标，成为我国文化建设正本清源、守正创新的重要途径。

第一节　地方公共文化治理概述

一、公共文化的内涵

（一）公共文化的含义

公共文化是指由政府主导、社会参与形成的普及文化知识、传播先进文化、提供精神食粮，满足人民群众文化需求，保障人民群众基本文化权益的各种公益性文化机构和服务的总和。公共文化是相对于经营文化而言，为满足社会的共同需要的文化形态，强调的是以社会全体公众为服务对象的公共行政职能，目标是人人参与文化，人人享受文化，人人创造文化。①

公共文化具有全民参与共享和非营利的性质，实际上，人类社会的文化从诞生之日起就是公共文化，因而公共文化本质上是一种非生产性文化生产形态。在

---

① 高丙中. 公共文化的概念及服务体系建设的双元主体问题［J］. 广西民族大学学报（哲学社会科学版），2016，38（6）：74-80.

历史上，不同国家、民族、地区以及不同时期的公共文化有着形态和内容的差异。公共文化具有共享性、仪式性、差异性和建构性等特征。

（二）公共文化的特征

1. 共享性

文化在本质上具有公共性，这种公共性表现为一定的人群共同拥有这一文化。① 就文化的本性而言，文化是天生共享的。公共文化的共享性直接来源于文化的公共性。从公共文化的形成来看，原始社会的文化具有社会成员共同拥有的基本特征。在原始社会生产、生活的公社制没有瓦解之前，社会并没有出现财产私有和阶级分化分层现象，因而从文化上来看，也无所谓公共文化和属于少数人的文化之区别。公共文化是在阶级社会中文化发展形成分层、分化之后才真正形成的。因此，在阶级分化、财产私有和社会地位悬殊的社会背景下，公共文化为社会成员共同分享，实际上体现为社会成员对于公共文化的平等参与。社会群体的平等参与是公共文化共享的重要形式特征，是实现其公益性的唯一途径。从文化发展的历史实践来看，随着阶级社会的形成，文化发展同样出现了分化。由于不同社会群体占有社会生产资料的不均，社会阶级之间的文化差异、对立甚至冲突都非常之大。公共文化的存在只在一定范围、层次和方式上体现社会各个阶层的平等相处，并不能改变整个社会阶级、财产和权利不平等的现实，由于阶级社会的存在以及人类社会生产力水平的限制，历史上，公共文化不分阶级身价和社会地位的高低贵贱为全民共享毕竟是有限的，更多地具有象征意义，是对等级制社会制度及其矛盾的一种调适。

2. 仪式性

无论公共文化呈现为怎样的形态，是上层社会的礼仪，还是民间百姓的风俗习尚，公共文化最重要的形态特征是具有仪式性。② 在民间的庙会活动中，总是固定地上演一些庙戏。庙戏演出不同于作为独立艺术形态的戏曲表演。作为公共文化的一种形式，庙戏与一定的经济、政治、文化和社会紧密联系在一起，受到诸种规则的制约，如神戏的演出有许多禁忌，祭祀关羽的神戏一般多唱《桃园聚义》，禁唱《走麦城》，进而形成习俗。③

公共文化在形态上具有仪式性，起源于远古先民的巫术活动。古代社会，社会生产力水平低下，人们崇拜自然，信仰自然。早期的巫术仪式是对自然神的崇拜。随着生产力的发展，巫术逐渐分化为宗教、民俗和其他艺术形式，早期巫术具有的娱神性质，在仪式作为表征信仰和观念的形式流传中进一步发展演变，更具有了娱人的性质，并且成为公共文化的重要表现形式。在民俗形态的公共文化

①② 荣跃明. 公共文化的概念、形态和特征 ［J］. 毛泽东邓小平理论研究，2011（3）：38-45+84.

③ 陈媛，刘鑫森. 民间文化社团的意识形态功能探析 ［J］. 学术论坛，2012，35（12）：62-66.

中，口头仪式表现为咒语、禁忌、俗语、传说、童话、民间故事等口传的民间文学形式；非口头仪式则体现为游戏、竞技、体育、游艺、工艺等各种民俗；此外，还有兼具语言类和非语言类两种性质的民俗仪式，如庙戏、民间歌舞等。公共文化具有仪式性表明，公共文化的发展和形态演变依据古老的传统。事实上，古老的仪式以象征的方式，通过重复的、程式化的动作，明确传达某种信念、价值和观念。

3. 差异性

在人类文明发展的历史长河中，时间和空间都在公共文化动态演进中留下了鲜明的印迹，而这种印迹表现为公共文化的另一个重要特征——差异性。公共文化的差异性具有多种内涵，可以从不同的视角加以观察，但最主要的是形态、空间和社会分层这三种差异。

首先，公共文化具有多种形态。自公共文化形成以来，始终随着人类社会的发展而呈现为动态演进的过程。公共文化的形态差异既反映了人们的不同民族属性以及信奉的不同宗教，又体现在不同的表现方式上，如某种艺术样式所具有的不同审美趣味上，从而区分出人的社会身份和地位差别。在不同的历史时期，社会历史的总体特征给公共文化发展留下了鲜明的历史形态特征。在当代中国，公共文化的形态差异不仅表现为地方性的文化差异，也在组织形式上有着鲜明体现。公益性文化事业单位是由国家财政支撑的公共文化生产、供给和服务机构；而以民俗传统存在的公共文化是由民间自发组织生产并共同分享的形态；除此之外，在城市社区，以文化活动为主要内容民众自愿结成的各类非正规组织，同样也是公共文化形态差异的一种表现。

其次，公共文化具有地域空间特征。现实中的人总是生活在某个地域中，某个地域空间的人群所共同拥有的文化，也会因这一地域空间的自然、历史和社会的独特性而在文化上得以体现。一方面，空间的自然属性表现在地域性上，即某一地方与其他地方在气候、资源禀赋和自然景观上的不同特点，地域的自然空间差异直接影响和制约着生活在其中的人们的生产、居住和交往等；[①] 另一方面，虽然地域空间的自然属性影响居于其中的人们的生产、生活方式，并在文化上呈现出来，但文化本身也赋予这一地域空间以精神内涵，进而构成这一地域的文化空间。

最后，社会分层和阶级分化不仅在公共文化的形态上造成很大差异，也构成公共文化内部本身的层次差别。在阶级社会中，不同的阶级在占有掌握生产资料和社会财富方面有着明显差别，致使不同层次的公共文化在建构社会空间过程中具有影响力的强弱之分。公共文化的层次差异正是通过社会空间的建构机制来区分、规定和约束人的社会地位、阶级、身份及其相互关系。①

4. 建构性

文化是社会空间建构的结构要素。人们拥有和共享相同的语言、信仰、道德、法律、习俗和生活方式，形成以公共文化为表征的社会共同体。一个国家有其全民共享的公共文化，但这一国家内部还存在着分属不同地域、族群和层次的公共文化，公共文化的这种差异特征或为某个社会阶层所拥有，或属于某个族群，或是某个地方特色的体现，所有这些都不妨碍具有相异性、归属不同的公共文化构成一个整体。事实上，公共文化整体所包含的差异性正是文化内涵丰富多样性的表现，文化内涵的丰富多样性使其充满张力且呈现为生动活泼的文化活力，并成为推动文化在交流融合中发展的重要动力。推进公共文化发展，不在于消除其差异性，而是要使其保持内在和谐和张力，从而保障公共文化社会功能的实现。②

二、公共文化治理的内涵

公共文化治理就是要立足中国语境，在国家治理体系框架完善公共文化治理体系。在全面深化改革的背景下，推进和完善公共文化治理体系能够有力应对文化的多样性与管理主体的单一性、文化的包容性与管理方式的封闭性、文化的导向性与管理体系的被动性、文化的渗透性与管理的运动性之间的矛盾。因此，公共文化治理就显得尤为重要。③

"文化治理"衍生于"治理"理论。"治理"概念兴始于西方政治学领域，起初近似于强调权威的统治。随着社会发展，西方学者陆续赋予其新内涵，主要有以下三方面扩充：一是指出治理的活动主体不一定是政府，治理目标的实现不一定依靠国家强制力量；④ 二是对治理结构的理解不断加深，从"科层制"模式拓展至"市场制""网络制""社群制"模式；⑤ 三是"治理"渐成伞状概念，即被运用至社会经济、文化等非政治学领域，被视作社会经济、文化等领域"各

① 王学琴，李文文，陈雅. 公共文化服务标准化治理机制研究 [J]. 图书馆理论与实践，2019（10）：29-33.

② 周彦每. 公共文化治理的价值旨归与建构逻辑 [J]. 湖北社会科学，2016（7）：40-45.

③ 柯尊清. 公共文化治理的理论维度、过程逻辑与实现路径 [J]. 理论月刊，2021（1）：105-112.

④ ［美］詹姆斯·罗西瑙. 没有政府的治理 [M]. 张胜军，刘小林等译. 南昌：江西人民出版社，2001：5.

⑤ ［瑞典］乔恩·皮埃尔，［美］盖伊·彼得斯. 治理、政治与国家 [M]. 唐贤兴，马婷译. 上海：格致出版社，上海人民出版社，2019：13-20.

种公共的或私人的个人和机构管理其共同事务的诸多方式的总和"，① "使相互冲突的或不同的利益得以调和并且采取联合行动的持续的过程"。②

伴随治理理论的发展完善，"文化治理"理论逐步演化成形。托尼·本尼特是该理论的开拓者和奠基者，在他看来，文化包含着改革者的政策、布局，并非"一个不存在管理与控制中心的自发过程"，③ 因而应当把管理、控制等引入文化研究。他表示："如果文化被视作历史性生成的机构性嵌入（Institutionally Embedded）的治理关系的特定系列，它以广大人口的思想、行为转变为目标，而这种转变部分通过审美与智性文化的社会形式、技术与规则的扩展来实现，那么文化就能被更加令人信服地构想。"④ 虽然本尼特未明确提出"文化治理"概念，但将"文化"与"治理"进行了紧密对接：将文化视作治理的对象，即对广大人口的思想、行为进行干预和管理；同时又将文化视作治理的手段，借助艺术、审美、智性文化（活动）等实现干预和管理。此外，本尼特还指出文化治理过程不仅存在治理者的"控制的技术"，还存在被治理者的"自我的技术"，⑤ 即在治理者面向广大人口开展治理活动时，治理活动针对的广大人口会进行"无止境的自我审视与自我变革"以实现自我管理。⑥ 在西方学界影响下，我国学界开始关注文化治理研究。目前，我国学者对"文化治理"的内容理解和概念界定并不统一，但基本达成了以下共识：公共文化治理不仅意在对文化领域进行治理（将文化视为治理对象），还旨在发挥出文化的结构性治理价值（将文化视作治理工具）。

综合国内外相关研究，公共文化治理理论的内涵主要包括五个方面：①治理主体的多元性，即强调政府、企业、非营利社会组织以及公民个体等多元主体的共同参与。②治理过程的协同互构性，各治理主体"通过建构一种合作、协商的伙伴关系，在公共理性的指导下处理文化管理的各类事务"。⑦ ③治理机制的双线并举性，文化治理过程需要借助两种机制：一种是他治属性的行政治理机制，另一种是自治属性的社会治理机制。④治理方式的隐性与柔性，文化治理"并不采用公权力的表征技术，而是通过社会互动、关系营造和生活建构等多样化隐性

①② Oxford University Press：Our Global Neighborhood：The Report of the Commission on Global Governance，George Washington ［J］. Journal of International Law & Economics，1995（3）：754-756.

③⑥ Bennett T. Culture：A Reformer's Science ［M］. London：Sage，1998：92.

④ Bennett T. Putting Policy into Cultural Studies，Grossberg，L ［M］. Cultural Studies，New York and London：Routledge，1992：26.

⑤ ［法］福柯. 性经验史 ［M］. 余碧平译. 上海：上海人民出版社，2002：5.

⑦ 陈怀平，吴绒，刘吉发. 权力边界与职责担当：文化治理的"三元"主体格局建构——基于协商民主的视角 ［J］. 社会主义研究，2015（3）：89-94.

运作技术实现柔性治理"，① 将文化用作隐性、柔性权力，借助文化的工具性、展示性、运作性达成治理目的。⑤治理目的的双重性，文化治理绝不限于公权力对公众实现潜移默化的规训与认同，更多是以塑造"文化自觉"② 的公共人、实现文化公共人的自我管理为旨归。

三、地方公共文化"软治理"功能

从理论旅行到本土实践，公共文化之于社会治理的工具价值不仅逐渐为理论界所关注，且在公共政策领域日益收获更多着墨。细致缕析公共文化"治理性"研究的行进脉络，进而探讨公共文化之于地方治理的功能理路，有利于准确测量公共文化治理的能动空间。

肇始于20世纪50年代的英国，文化研究的范式大体经历了结构主义的文本研究、宏观的政治化研究、实用主义的社会性研究三个阶段，早期关于文化的研究向度立身文化的审美性展示，具有抽象化、理论化的特征，并未涉及社会问题中具有文化意义的社会事实以及文化政策、治理方略等具象化的文化实践。③ 随着葛兰西"文化霸权理论"与福柯微观权力学的提出，文化研究在突破学科边界和专业主义囿限上更进一步，转向强调对富有意识形态色彩的政治性话语与关注微观个体发展以及身体、政策等具体实践的批判性介入，实现了由宏观政治化研究向实用主义社会性研究的过渡。④ 而基于福柯"治理术"研究中关于自我技术系统的分析，本尼特在他的《文化与社会》一书中首次将"治理"引入文化研究，认为文化可以通过与符号技术、权力技术以及自我技术的合谋实现对价值情结和社会交往关系的管理性调整，从而驾驭社员行为，促进社会聚合，⑤ 这对深化文化治理的运作机制研究具有较强指导意义。在本尼特看来，文化治理是国家出于安全配置的需要通过权力技术筛选出与公共利益相匹配的文化形式、文化机构和服务，在框定的社会符号系统内，通过对社会行动至美形式的塑造，不断促进人们自我反思和提升的社会过程。

反观国内对于公共文化和乡村治理关系的研究，早在民国时期，学者梁漱溟、晏阳初、黄炎培等就通过开展乡村治理运动积累了大量文化资料与丰富的治理经验，并付诸文字形成理论学说，为20世纪90年代西方文化研究和文化工具

① 李山.社区文化治理的理论逻辑与行动路径［M］.北京：高等教育出版社，2017：98.
② 赵旭东，孙笑非.中国乡村文化的再生产——基于一种文化转型观念的再思考［J］.南京农业大学学报（社会科学版），2017（1）：119-127+148.
③ 刘小新.文化研究与当代"中国经验"的阐释实践［J］.学术评论，2020（5）：5.
④ 颜桂堤.文化研究：理论旅行与本土化实践［M］.北京：人民出版社，2020：73.
⑤ ［英］托尼·本尼特.文化与社会［M］.王杰，强东红译.桂林：广西师范大学出版社，2007：212.

性的本土化探讨奠定了理论基础。主流观点认为，台湾学者王志弘将"文化治理"引入中文界，并从工具意义上将其界定为"借由文化以遂行政治与经济（社会生活面向）之调节与争议，以各类程序、技术、组织、知识、论述和行动为操作机制而构成的场域"，① 在此基础上，内地学者沿循性质辨别、机理分析、现实检视的推演脉络，积极拓展公共文化治理的内涵与外延。吴理财通过对西方文化研究脉络的梳理和国内公共文化体系的表征分析，将文化治理分列为国家政治统领、社会价值建构、文化产业发展三种实践形态，② 与此同时，李少惠、张良、杜鹏等学者对乡村公共文化服务③、公共文化空间④、文化治理结构⑤等话题开展丰富翔实的分析，对公共文化传播主流价值、改善乡民生活、焕发社会活力的作用达成共识，以及其他学者关于文化嵌入乡村治理必要性、乡村文化治理旨向、文化治理内容和实践路径等研究的开展，成为阐释"中国问题"与"中国经验"的重要话语实践与知识形态。

从以上分析来看，公共部门是地方公共文化治理的主导力量，且决定着治理体系的价值旨向与精神本质。公共性建构是地方公共文化治理的核心要义，各项治理行为的推演都必然围绕这一核心做效力组合。而作为人们日常社会交往的映射，公共文化则在深层次上串联起地方公共文化治理的内在动能，其自身治理特性的多寡直接影响文化治理的实践效果。鉴于此，有必要首先对公共文化本体的"软治理"功能进行系统分析，从而有效匡算其参与地方治理的面向与深度，并准确把握地方文化治理的能动空间。具体而言，公共文化治理主要具有凝聚价值共识、规范社员行为、化解社会矛盾、构建精神家园等功能。

（一）凝聚价值共识

胡惠林认为，文化治理是文化价值观和文化生存方式的有机统一，文化的治理能力表现为高度的吸引力和认同力，引导着社会成员形成共同的价值目标和思想观念。⑥ 在现实生活中，因生长环境、经济状态、教育程度的不同，乡民的价值观念、生活方式、心理结构存在差异，而公共文化作为一种共享意义的述说可有效破除价值差异背后可能产生的行动旨向的混杂。一方面，这源于公共文化对社会价值参照体系的搭建，即通过将社会发展的主流诉求嵌入乡村公共文化活

① 王志弘. 文化如何治理？一个分析架构的概念性探讨［J］. 世新人文社会学报，2010（7）.
② 吴理财. 文化治理的三张面孔［J］. 华中师范大学学报（人文社会科学版），2014（1）：58-68.
③ 李少惠. 反弹琵琶：甘南藏区公共文化服务优先发展战略构想［J］. 兰州学刊，2016（6）：170-178.
④ 张良. 乡村公共空间的衰败与重建——兼论乡村社会整合［J］. 学习与实践，2013（10）：91-100.
⑤ 杜鹏. 转型期乡村文化治理的行动逻辑［J］. 求实，2021（2）：79-97+112.
⑥ 胡惠林. 国家需要文化治理［N］. 学习时报，2012-06-18.

动、村庄事务处置、社会关系调节，为乡民开展思想价值互动、达成地方性共识提供包容性空间和平台，以中心论题的叙述将乡民个人价值追求与集体信仰取向紧密联结。另一方面，作为公共文化的基本内核，相对稳定的价值符码依托流动传习深刻影响着乡民的审美观、价值观、世界观，通过与至美形式的比照，公共文化不断修饰和同化人们的道德观念、行为取向、社会实践等，塑造着乡村社会的发展理性。

（二）规范民众行为

福柯将现代规训权力的效用生产归因于层级化监视、规范化裁决和程序化检查的应用，[①] 而涉及价值引导、规则传递、情境解释的公共文化则为之营造了作用场域。基于广泛的价值共识，具有较强伦理品性和地方特质的公共文化将乡民置于道德教化的网络之中，规训得以从外部转向内在，并于细微之间将道德监视主体扩散至社会交往中的每个人，构成了乡村伦理道德实现的最佳途径。同时，公共文化在话语体系里积极创设关于社会行为的评价标准并对"是非正误"开展规范裁决，激发乡民将"达标"和"弥补差距"作为社会交往过程中的动力装置，参照社会主流规范不断改善自身言行。如基于乡民生产生活实践形成的乡规民约在较长时期内是乡民互动交往、道德评判的基本准则。此外，公共文化对乡民全生命周期的不同阶段赋予相应的意义设定，并借助各类社会情境的解释给予行动者更多确定性空间，知其然且知其所以然。在长期的乡村社会记忆中，乡民只要沿着文化传承的思路参与社会事务，均能在较大程度上降低行动风险，并保持协调一致的行动步骤和方向。[②]

（三）化解社会矛盾

公共文化推崇对现代社会的整合性认同，其实施路径并非依托外在强制权力，而是借由内向圆融以促成社群交往的差异共识。所谓差异共识，是指在承认和尊重个体独立性、能动性的前提下通过对思想文化的聚合与统领来化解社会发展过程中的各类碰撞，形成发展合力。[③] 在乡村社会，因个体利益达成或个性诉求满足而产生的矛盾或冲突存在必然性，且在转型社会中尤为突出。对此，公共文化直面经济分化背景下乡民自我利益需求的多面性，通过对各类正当行动的多视角价值提炼来弱化社会分层，借助公共文化参与的非排他性来彰显社会公正、强化社会联系，并从道德、观念以及利益层面实施竞争内容替代和价值正向激

① ［法］米歇尔·福柯. 规训与惩罚［M］. 刘北成，杨远婴译. 北京：三联书店，2007：163.

② 邓智平. 文化育和谐：传统文化在基层社会治理现代化中的作用［J］. 中国矿业大学学报（社会科学版），2019（1）：30-40.

③ 张康之，向玉琼. 政策问题建构：从追求共识到尊重差异［J］. 社会科学研究，2015（5）：1-11.

励，对于物质损耗者给予文化价值补偿往往成为社会资源配置的重要手段之一，① 公共性社会氛围的营造引导着人们将思想观念、利益诉求、行为方式自觉地锚定乡村集体要求，在差异共识的浸染下修缮个人行为、消弭各类矛盾和冲突，形成促进社会稳定发展的合作行动。

（四）构建精神家园

科技与经济的迅猛发展在推动物质文明进入高度繁荣状态的同时，也造成了自然的破坏、传统社会结构的拆解以及原有价值观念的逐渐倾覆。这其中，中国快速的城镇化发展使乡村人口在短时间内遭遇大量抽离，留守老幼群体在传统伦理流失的境况下非但没有得到周全的情感关切反而在某些公共空间被作为问题人群加以归纳，② 以致较多在村乡民往往出现精神上的空虚、生活的焦虑抑或人生价值与意义的扭曲。而公共文化作为意义呈现和伦理传承的重要载体，有望通过公共价值、理想信念、道德原则的传递赋予人们社会行动以新的价值意涵，并致力于培育符合现代社会发展需要的主体动能与公共品格。同时，公共文化内含的各类互动仪式给予乡民积蓄情感能量（EE）的情境空间，文化互动中的公共对话、情感联系、信息交换过程存在重新博取乡民社会身份、形塑乡民社会形象的可行性，使在村乡民从失语处境走向具有精神慰藉、安全屏障、意义填充功能的共同体。

由此可见，公共文化"软治理"功能通过借助传统文化、伦理道德、意识形态等软性权力和村规民约、自治章程等软规范，运用价值引导、沟通协商、说服教育、心理疏导、人文关怀等柔性手段得以实现。在功能结构上，地方公共文化不仅塑造着民众的德性情感、价值心理、风俗习惯，也规定着是非标准、行为方式和理想追求，反映着乡民的处事原则、人生理想以及对社会的认知模式，潜移默化地积淀着乡村治理的价值基础。在功能旨向上，公共文化致力于推进传统道德精华与现代公共文化的精准接续以营造精神文化空间，提升社会文明程度，并在这一过程中，整合社会利益诉求，化解各类矛盾和冲突，纲举目张地指引地方善治的运作方向。可以说，功能结构的工具意义与功能旨向的价值意义有效拓展了公共文化参与地方治理的面向和深度，因文化符码的嵌入，地方文化治理在公共价值引领、个体行动规训、地方发展问题消解、乡村共同体重塑等方面具有其他治理行动（方式）所无法比拟的能动性优势。这不仅有利于汇聚地方治理和社会转型发展的力量和资源，而且将有效推动基层社会的治道变革，对基层治理体系与治理能力的现代化有所裨益。

---

① ［美］兰德尔·柯林斯．互动仪式链［M］．林聚任，王鹏，宋丽君译．北京：商务印书馆，2018：227.

② 王进文．主体性取向的乡村老龄社会治理：实践逻辑与路径建构［J］．云南民族大学学报（哲学社会科学版），2021（4）：74-85.

第二节　地方公共文化治理机制

一、地方公共文化的多元协同治理

文化建设是国家整体发展格局的重要方面，文化建设受到国家基础制度架构的制约。中华人民共和国成立以来，经济体制经历了计划经济体制→混合经济体制→市场经济体制的演变。不同的经济体制结构，为文化发展提供了潜在发展范围和改革空间限度。与经济体制的转型发展相适应，我国的文化发展经历了从国家控制到政府主导的转变，并呈现出向协同治理演变的趋势。当代中国公共文化建设，要实现人民群众的文化发展权，就需要深入推进地方治理结构的现代转型，构建一种既符合现实国情又代表发展方向的公共文化治理模式。

（一）地方公共文化发展模式的演化路向

中华人民共和国成立70多年来，随着中国经济社会的阶段性发展，社会基础结构也在发生变化。与经济体制改革的推进基本一致，作为上层建筑一部分的文化建设，也呈现出阶段性渐变的特征。在此进程中，国家控制因素在淡化，社会自主力量在增强，由此引发了公共文化建设模式的演进。

中华人民共和国成立之初，面对繁重的国家建设任务和严峻的国际政治环境，在建构理性的支配下，推行了一系列旨在增强国家经济实力、政治动员能力、意识形态制动力的建设方略，实行了集体经济制度和人民公社制度。作为上层建筑一部分的文化建设被纳入国家意识形态领域。

改革开放以来，我国确立了发展有计划的商品经济，进而社会主义市场经济的改革目标，国家经济形态经历了从计划经济到混合经济，再到市场经济的演进。适应经济体制转轨的需要，国家设立"七站八所"并形成"条块结合"的管理体制，以实现对基层公共事务的管理，并构建起了新的公共服务体制。这一时期，文化建设既保留了计划经济时代的印记，也孕育着市场经济的特征。计划经济时代文化建设模式被逐渐否定，一些由政府提供的公益性文化服务活动逐渐产生。但受国家财政体制和基层政府财力匮乏的制约，公共文化供给仅限于"电影下乡"等活动。随着市场经济发展和体制改革的深化，我国公共服务领域逐渐出现了市场化、社会化运作的尝试。在文化组织体系上，"由政府一元主宰发展为政府、企业和第三部门的多元共治"。① 随着社会力量的发展壮大和适度介入，公共文化建设模式发生了转向，以政府供给为主、社会参与为辅，各级政府均承担一定的公共文化服务职能。

政府主导型的发展模式改变了全能型政府对文化事务的"大包大揽"，适当收缩了政府的职能范围、调整了政府的职能结构。政府文化管理部门通过制定发展规划和文化政策，领导文化事业单位发展公益性文化事业，向社会提供公共文化产品和服务，引导文化企业和第三部门适当参与举办公益性文化事业。在政府主导下的公共文化建设中，群众的公共利益和文化需求的代表和表达需要通过指定的渠道来实现（这些指定的代表和表达渠道往往因官僚化而堵塞），自发的组织和表达形式难以规范发展并形成一定的"话语权"；同时，公共文化建设的决策和管理将公共文化治理简化为行政部门对人和事的单向管理，民众依然被视为决策、管理和服务的对象，而非这一过程的参与者。②

在应然意义上，公共文化治理以保障公民文化权利、实现公共文化利益为归宿，依赖于公民的广泛参与并以集体行动促进文化权益的实现。现代社会，公共利益的实现依托治理来达成。在基层治理中，民主参与是至关重要的一个目的，是促进公共利益形成和实现的有效形式。

（二）地方公共文化的多元协同治理

"民主参与是人类发展的一个至关重要的目的，而不仅仅是实现人类发展的一种手段"。③ 人民群众和民间力量的参与和协商，既是公共事务治理变革的基本规范，又是公共服务制度变革的重要条件。改革开放以来，随着乡政村治在法律制度上的确立，中国展开了以村民自治、社区自治为核心内容的基层治理改革。值得注意的是，一开始中国治理改革就是在政府推动下启动的，是一种渐进式的制度变迁。这种政府主导型的渐进式改革，能够保证改革在预期的目标和轨道上推进，控制变革的成本和风险；但也会带来乡政对村治的强大压力，使基层公共事务治理表现出"强行政""弱参与"的特点。④ 在公共文化建设中，突出政府及文化事业单位的主导性，强调以先进文化"占领"文化阵地的重要性，漠视群众主体性、"话语权"和正当诉求，形成了"只输入，不培育"的文化工

---

① 刘俊生. 公共文化服务组织体系及其变迁研究——从旧思维到新思维的转变［J］. 中国行政管理，2010（1）：39-42.

② 王锡锌，章永乐. 我国行政决策模式之转型——从管理主义模式到参与式治理模式［J］. 法商研究，2010（5）：3-12.

③ 联合国开发计划署. 2002年人类发展报告：在碎裂的世界中深化民主［M］. 北京：中国财政经济出版社，2002.

④ 俞可平，徐秀丽. 中国农村治理的历史与现状（续）——以定县、邹平和江宁为例的比较分析［J］. 经济社会体制比较，2004（3）：22-42.

作机制。实践证明，这种"嵌入式"的文化建设模式，不仅难以有效满足群众的文化需求，而且难以在社会生根发芽、开花结果。在深层意义上，文化建设并不只是要满足人民群众的文化需求、保障人民群众的文化权益，而是要通过公共文化空间达到促进社区认同和文化整合。就此而言，公共文化建设，需要在普遍参与、民主对话、利益博弈的平台上来展开。

公共文化作为全民普惠性和价值导向性的公益性事业，其发展自然要尊重并保障公民完整的文化权利。政府主导的发展模式因无法保障人民群众相对完整的文化权益而受到质疑。① 面对公共文化服务的供需矛盾和效率低下，我国一些地方在实践中探索形成了公共文化建设的多种典型模式，"政府主导""社会参与""多元互动"是公共文化发展模式创新的典型特征，据此，我们提出"参与式合作治理"作为公共文化建设基准模式的命题。事实上，"参与式合作治理"并不是中国本土概念，它是在西方学和反思间接民主的基础上产生的，旨在用直接民主机制来修复间接民主机制的不足，并实现两种民主的有效结合。"参与式治理"是"治理"与"参与"的结合，表达的是"与政策有利害关系的公民个人或团体、志愿组织与政府一道参与公共决策过程、参与公共资源分配，从而实现对公共事务的合作治理"。② 公共文化治理的参与式合作模式，提供了人民群众参与公共事务的机会、机制与平台，使人民群众可以通过自治组织与政府进行对话、协商与谈判，促进各方的利益协调，有效提升公共政策的回应性，从而有效维护人民群众的基本文化权益。

因基层民主化发展的要求，多元参与、合作治理成为公共文化建设模式转型的基本方向。一方面，这种模式因为能更好地促进公民文化权利的实现而与现代社会"文化民主"潮流相一致；另一方面，这种模式因为能有效提升公共文化服务的质量和效率而成为实现"文化民生"的重要途径。随着国家"以工补农、以城带乡"城乡统筹发展战略的实践，乡镇综合配套改革的逐渐展开，基层政府与人民群众以管制为特征的联系渠道逐步消退，代之以强调对话和协商为特征的联系方式。就公共文化建设而言，政府应有效挖掘民间资源、动员社会力量、利用市场机制，寻求与社会、市场的有效合作。这种模式，"要求公共文化发展的各种要素都围绕公民文化权利实现这一中心目标展开，形成'目标一致、各有侧重、要素联动、优势互补'的动力组合产生文化发展的强大合力"。③ 公共文化治理是文化领域的公共事务治理，它需要尊重群众的主体地位，建立需求表达与

① 张良. 政府主导、社会参与、市场配置：基层公共文化服务体系建设的理想模式［J］. 理论与现代化，2012（4）：25-30.

② 陈剩勇，赵光勇. "参与式治理"研究述评［J］. 教学与研究，2009（8）：75-82.

③ 金民卿. 构建多种文化发展模式［N］. 中国社会科学报，2011-11-08（007）.

利益诉求机制，使他们能够与基层政府就共同利益进行对话协商，逐步建立互动参与、协商对话的制度框架。

二、地方公共文化治理的实践样态

公共文化是具有整体一致性、价值导向性和全民共享性的文化形式，各地在公共文化建设中，因地制宜、积极探索，形成了一些创新性治理样态，依据其运作方式和主导特征，可归纳为"政府主导""精英引导""市场驱动"等类型。

（一）政府主导+社会协同

公共文化是一种特殊的公共物品，政府的介入是不可或缺的。政府作为国家的权威性代表，承担着文化发展的战略规划、政策制定等职责，掌握着国家的财政资源和文化资源，具有强大的社会动员能力。因此，地方政府的积极作为，能够建成相对完善的公共文化设施，创造丰富多彩的文化产品，促进人民群众文化权利的实现。"政府主导、社会协同"，是基于政府在公共文化建设中的目标地位和职能界定，在实践中形成的一种注重政府在资金、政策、管理等方面发挥主导作用的文化建设模式，具有以下三个特点：

第一，政府主导文化建设，以县、乡、村文化阵地建设为基础，构建公共文化服务的基础平台。近年来，甘肃临泽县按照"完善县一级、巩固乡一级、发展村一级、延伸社一级、辐射户一级"的文化发展思路，[①] 积极进行政策规划，不断加大财政投入，改善了县级文化馆、图书馆、博物馆的设施条件，加强了"三馆"的规范化建设，推动它们开展经常性的群众文化服务活动；同时，着力推进基层公共文化服务阵地建设，全县 7 个乡镇已全部建成高标准的乡镇综合文化站；在行政村一级，建成农家书屋 71 个、文化信息资源共享工程村级服务点 71 家、村级文化体育健身广场 64 个。[②] 目前，临泽县的公共文化服务体系已初具规模，在基层公共文化建设中，乡镇综合文化站、村文化活动中心扮演着引导者、组织者的角色。

第二，文化活动形式以政府组织的"文化下乡"活动为主。政府以"文化下乡"的方式，将群众喜闻乐见的文化娱乐节目、通俗易懂的农业科技知识、便捷实用的文化设施（如流动舞台车、电影放映机等）等送到田间地头，方便群众的文化享受。2010 年，湖南澧县政府组织县文化局、司法局、科技局、计生局、卫生局等单位，在澧县澧南镇开展了送文化、送图书、送法律、送科技、送医疗"五下乡"活动。澧县文化局组织的澧州大鼓《查家底》、小品《包厢里的

---

① 临泽五级公共文化服务阵地建设日趋完善［EB/OL］. 甘肃文明网［2012-07-31］. http：//www. godppgs. gov. cn/.

② 马钰良. 临泽逐步完善公共文化服务体系［N］. 张掖日报，2012-06-19.

风波》以及戏曲、歌舞表演等精彩节目，受到了人民群众的热烈欢迎；澧县图书馆为农家书屋和人民群众赠送的图书、图书借阅卡受到了群众的好评。通过"五下乡"活动，群众的文化、科学、卫生、法律素质得到全面提高，群众的文化生活日益丰富，生活质量得到提高。①

第三，社会参与多以村组、社团、自然人等为主体，采取政府主办、社会承办的方式进行。在公共文化建设中，深圳市宝安区积极制定扶持民间文化组织发展的政策，对那些活力较强、影响较大的社会文化组织和民间文艺团体，在文化项目开发和文艺精品生产等方面给予资助，充分调动社会力量承办公共文化活动。② 政府主导下的基层"文化大院"是这一模式的创新形式。文化大院是以民间艺术家、"文化能人"为发起人和组织者，以文艺爱好者和基层群众为参与者，整合配置农家自有的文化设备和器材，以农家小院为文化活动场所，自发组成的群众文化团体。自 2003 年开始内蒙古九原区创建"文化大院"，已有"座腔大院""歌舞大院""剪纸大院""秧歌大院"等多个基层文化团体。文化大院"寓教于乐"，在丰富人民群众文化生活、促进邻里和谐等方面发挥着重要作用。近年来，九原区政府及各乡镇政府每年都投入一笔经费，资助文化大院用于购买活动器材；区文化馆还组织文艺工作者深入文化大院进行巡回辅导，并对文化大院的骨干人员进行理论培训和专业指导，这有力地促进了文化大院的发展，把文化大院建设成为基层公共文化建设的生力军。③④

(二) 精英引导+社团推动

意大利社会学家帕累托认为，任何社会——无论是野蛮社会还是文明社会，都存在精英和民众两个群体，他们在意识、能力、权力与价值追求等方面存在显著的差异。精英一般指那些表现突出的少数人，而民众一般指"被统治的国民"。⑤ 基层社会，精英是一个客观存在的群体，他们凭借特殊的品格、技能或声望，在基层事务治理中发挥着重要作用。就文化建设而言，散布于社会的"民间艺人"和"文化能人"生在、长在乡土社会，其艺术创造直接取材于乡土社会，艺术形式接近于群众的偏好，因而在公共文化建设中发挥着骨干和桥梁作用。⑥ 在民间文化底蕴较为深厚、民间文化团体较为活跃的基层社会，往往会形

① 澧县县委、县政府组织文化下乡惠民演活动［EB/OL］．［2010-06-11］http：//www.hnqyg. com/a/zh/2010/0611/1065. html.

② 谭臻，侣保军. 积极鼓励社会力量参与文化建设［N］. 中国文化报，2009-09-25（012）.

③ 阿勒得尔图. 包头市九原区引导扶持文化大院建设［N］. 中国文化报，2010-05-19（002）.

④ 马艳军. 九原区基层文化大院很红火［N］. 内蒙古日报，2011-06-14（007）.

⑤ ［意］帕累托. 精英的兴衰［M］. 刘北成等译. 台北：台湾桂冠图书公司，1993：149.

⑥ 彭龙. 民族民间文化的发展与农村文化生活［C］. 中国民间文化艺术之乡建设与发展初探，2010.

成一种集自导性与参与性为一体的文化发展模式。这种文化发展模式以"民间艺人""文化能人"等基层精英为核心，以当地民俗、民艺为基础，通过各种民间文化团体来发掘并整合乡间文化资源，可称为"精英引导"模式，具有以下三个特点：

第一，基层精英协同、引领文化的发展方向，自发组建各种民间文化组织。在文化建设中，基层精英在文化发展重大事项的启动、决策、实施中，扮演着引导者、参与者和推动者的角色，主导着民间文化形式的发展走向。他们是文化的传播者、创造者和推广者。湖北宜昌三峡地区有个民间说唱艺人刘德方，被专家誉为"三峡地区最具活力的民间故事家和民间艺术家"。① 在民间力量的参与下，成立了"刘德方民间艺术团"，注意挖掘具有文艺特长或文学潜质的文化爱好者，培养他们成为民间文化形式的传承人、公共文化服务的提供者，深入基层田间地头，开展经常性的民间文学演唱活动。在甘肃河西地区，人民群众自发组织的剧团、戏社比较多见，它们常年行走于乡镇村社，开展形式多样的文化活动，使民间文化形式得到传承，群众文化生活日益丰富。

第二，文化建设突出民间文化的传承和乡土特色的发扬。在文化精英的引导下，各种文艺团体注意挖掘和开发乡土文化资源，实现了文化资源的有效整合。在浙江苍南县，文化中心面向群众、服务群众，深入挖掘当地非物质文化遗产，把一些独具地方特色的民俗文化搬上舞台，为民俗文化的传承与发展提供了广阔的发展空间；② 浙江开化县也注重挖掘民间文化，把已经失传和面临失传的民间表演艺术，如锣鼓队、秧歌舞、腰鼓舞、旱船、布龙、竹马舞等通过整理和恢复全部展现出来，保持了文化建设的乡土特色，促进民间文化的多样性发展。在广西东南一带，牛哥戏是一种比较古老的民间小戏剧种，采用当地白话演唱，在苍梧县、昭平县、蒙山县等桂东南基层地区深受欢迎，牛哥戏成了当地重要的公共文化形式。③ 在甘肃，临夏、甘南一代民间盛行的花儿会，在基层精英的组织带动下，吸引了周边数万人民群众前来参加，活跃了当地群众的文化生活；永登县苦水的"高高跷"社火也享有盛名，当地青年人民群众每年都筹划组织"高高跷"社火表演，使这种民间技艺得以发扬。④

第三，政府适度的引导和扶持发挥着重要作用。在"精英引导+社团推动"模式下，政府必要的政策引导和扶植依然不可或缺，影响着文化团体的发展方向

① 黄永林. 要重视民间文化在新基层文化建设中的作用［N］. 光明日报，2006-05-15（008）.

② 浙江温州市：苍南农村文化中心建设创新模式［EB/OL］. 国家公共文化网［2014-03-22］http：//www.cpcss.org/_ d271555000. htm.

③ 王易萍. 农村公共文化建设的内源式发展模式分析——以广西牛哥戏为个案［J］. 广西社会科学，2010（10）：143-146.

④ 黄永林. 要重视民间文化在新基层文化建设中的作用［N］. 光明日报，2006-05-15（008）.

和整体规模。山东昌邑市不断加大对基层文艺组织的扶持力度，通过对 300 余名民间文化能人的培训、指导和扶持，提高了文艺骨干的业务素质和组织能力，每年自发举办文艺演出达 1 万余场，极大地满足了群众的精神文化需求。① 山东平原县的公共文化建设，在注重挖掘乡土文艺人才的潜力和基层独特的文化底蕴的同时，通过政策引导和帮扶指导部分村庄成立了京剧戏迷协会、文艺俱乐部、人民群众诗书画协会等民间组织，利用农闲开展书画展示、文艺节目创作、文艺汇演等一系列活动。②

（三）市场驱动+官民共建

公共服务的市场化是公共服务供给机制的一个重要方面，当代西方国家通过公共服务提供与生产的分离，在政府绝对控制与纯粹市场交易之间演绎出诸如合同生产、特许经营、凭单制等多种提供机制，有效地改善了公共服务的供给效率。③ 近年来，我国在公共服务领域引入竞争机制，创造了竞争招标、契约外包和社区提供等方式。在公共文化建设中，我国一些地方政府逐渐从"文化搭台、经济唱戏"的思维中跳出来，尝试通过市场机制为文化建设募集资金、资源并创新其运作方式，"文企联办""公办民营""民办公助"等市场化运作模式逐渐发展起来，可将其归纳为"市场驱动、官民共建"模式。概括而言，具有以下三个特征：

第一，依托企业资助、集体投资、村民集资，创新文化投入机制。主要采取以下三项措施：一是依托当地大型企业或企业集群资助文化事业。对于资金规模要求巨大的文化基础设施或文化活动场所的兴建，可以发挥大型企业实力雄厚、筹资便利等优势，动员它们资助或与政府共同出资来修建。这类文化设施有规模、设施全、规格高，多集中在城市郊区或开发区周边，为城乡居民共享文化活动提供了便利条件，以河北省武安市东山文化公园和霸州市王疙瘩村的人民群众公园为典型。④ 二是依靠集体力量投资文化建设。在经济发展水平较高、集体经济实力雄厚的基层，可以通过集体投资的方式兴办公共文化事业，以河北省辛集市的都大营村等为代表。该村投资 60 万元建设的村民文化活动中心，以组织村民舞会和文体活动等方式，吸引十里八村的群众来参与，有效地满足了当地及周边地区群众的文化需求，产生了明显的辐射带动效应。三是依靠人民群众集资发展文化事业。在经济发展相对滞后、家庭收入普遍较低的基层，可以通过集资的方式筹集文化建设资金，兴办公共文化事业，这种模式以河北邯郸市邱县为典

① 代选庆，李生涛，李洪帅. 昌邑民生为本谱写文明和谐乐章［N］. 潍坊日报，2012-01-29（A1）.
② 平原基层文化建设就地取材百名民间艺人刮起"乡土风"［EB/OL］. 德州新闻网［2011-11-06］http://news.hsjnews.com/lbgd/2011/1106/62375.html.
③ 陈振明等. 公共服务导论［M］. 北京：北京大学出版社，2011：6.
④ 聂辰席. 新农村文化建设的新模式——河北省发展"民资文化"的调查［J］. 党建，2007（8）：38-39.

型。邱县创造的"股份文化"形式多样，人民群众以"凑份子"等形式成立了"股份戏""股份球""百家书"等民间文化团体，①② 凸显出"内源型"文化建设的活力。

第二，尝试市场化运作，创新公共文化运营模式。文化事业的繁荣离不开市场，也要在市场中找到自身的适当位置。目前，文化事业单位改革试点中的一些市场化运作很有启发意义。兰州市通过文化项目推介会，把各类文化活动和建设项目面向社会整体推介，借助市场机制对城乡文化资源进行整合运作，为构建高层次的"文化圈"提供了动力支持。近年来，浙江省各地普遍推行政府采购公益性文化产品的做法，政府根据所采购产品的不同特性，通过公开招标、邀请招标、竞争性采购等方式购买公共文化产品。这种做法实现了公共文化服务的提供与生产的分离，并在公共文化产品和服务的生产者中引入了市场竞争机制，③ 有效地提高了公共文化资源的生产效率和配置效率。通过市场化运作，创新公共文化运营模式，为各种文化要素的整合配置提供了平台。

第三，政府创造环境，为"民资文化"发展助力。在坚持公益性前提下实现有限的市场化，政府需要出台推动"民资文化"健康发展的政策措施，规范企业资助、社会投资、政企合作的运作机制，推动以竞争激励机制、引导动员机制为核心的制度创新。自 2002 年以来，福建长乐市政府投资建成博物馆、图书文献中心、广播电视中心、新华书店、会堂广场等文化基础设施，为民资文化实体发展创造良好环境；同时，该市还坚持为民资实体"充电"，开展了为书屋送图书、为放映队送电影复制、为演出户送精品小戏等活动。如今，每天清晨和傍晚，人民会堂广场、南山公园、郑和公园等地，遍布数十余个扇子舞、彩带舞、民俗舞方阵，丰富了群众的日常文化生活，处处充满了欢声笑语。④⑤

三、地方公共文化治理的多元协同机制

公共文化发展繁荣，需要遵循文化发展的基本规律，吸纳各种实践模式优势，探索一种更富活力、更有效率的文化发展模式。这种新的文化治理模式，应综合利用多种文化发展要素、吸纳协同社会组织力量，构建多元协同的合作治理机制，实现多元发展动力的有效组合和良性互动。

① 彭波. "股份文化"，火了河北邱县 [N]. 人民日报，2011-01-20 (016).

② 杜滇峰. 基层文化建设新模式的调查 [J]. 大舞台，2007 (2).

③ 傅才武，纪东东. 湖北乡镇文化站"以钱养事"改革模式的成效及其局限 [M]//李景源，陈威. 中国公共文化服务发展报告 (2009). 北京：社会科学文献出版社，2009.

④ 长乐. 以文化涵养发展 [N]. 福建日报，2006-05-18.

⑤ 蔡小伟，余荣华. 小城大"文"章福建长乐公共文化建设纪事 [N]. 人民日报，2007-07-22 (001).

（一）党组织的文化领导

党应注重公民文化权利的保障，应统筹兼顾主流价值观的普及与公民文化发展权利的实现，并维持两者之间的协调和融合，以赢得民众对社会主义核心价值观的"重叠共识"，使民众在文化需求满足中"潜移默化"地实现对文化正确发展方向的坚守。就此而言，公共文化建设，需要在普遍参与、民主对话的平台上来展开，重构以政府为主导、民众为主体的文化治理模式。在深层意义上，公共文化建设并不只是要满足民众的文化需求、保障公民的文化权益，而是要通过公共文化空间达到促进社区认同和文化整合。

（二）政府的文化行政

长期以来，我国地方政府呈现出"选择性治理"① 的行政模式，形成了以经济建设为导向的行政体制。在这种体制模式下，乡村文化建设被置于政府工作的边缘位置。作为公共文化行政的主体，政府必须在"五个建设"全面推进的战略框架内，强化其公共服务职能和文化建设职责。在公共文化建设中，政府应承担起促进公共文化发展的职责，为民众通过平等对话表达文化需求和文化利益提供平台，引导建立需求导向型的公共文化发展机制。应采取以下三项措施：一要以维护文化秩序、保障文化权利为目标，将政府职能定位在文化管理、文化服务等方面；二要转变政府文化行政管理模式，实现从指令型管理向引导型管理的彻底转变，积极推动向治理型模式转变；三要强化政府在文化宏观管理领域和公益性文化事业领域的作用，扮演好文化管理的规划者、统筹者和公共文化服务的安排者和提供者角色。在实现政府部门角色适度分化的过程中，明确政府在公共文化建设中的"安排者"和"提供者"角色，② 扮演好公共服务的规则制定者、服务提供者、市场监管者的角色。负责组织和监管乡村公共文化产品的投资、生产、供给；负责制定和实施公共服务的规则和标准（如准入资格、服务价格、服务质量、成本效益、竞争秩序、公共补贴等），实现对市场力量的合理规制，确保公共文化的公共性、公益性和公平性，实现公共文化服务公平与效率的同时改进。

（三）公益文化组织的文化供给

文化事业单位是我国事业单位在文化领域的一种组织形式，是公共文化服务的主要组织载体。长期以来，我国的政府机构、事业单位和国有企业常常交织在一起，使事业单位的组织属性和职能边界模糊不清。推进文化事业单位改革，就是要在实现"事企分离"的同时，着力推进"政事分开"，理顺文化事业单位与政府机构之间的关系。适应文化建设的新任务、新体制、新格局，按照"政事分离、管办

---

① 吴理财. 应注意农村基层的选择性治理［N］. 学习时报，2009-01-12.

② ［美］麦克尔·麦金尼斯. 多中心体制与地方公共经济［M］. 毛寿龙译. 上海：上海三联书店，2000：111.

分开"的原则,根据文化事业单位存量巨大、类型多样的现实,在分类改革战略设计中,以科学界定政事关系为基础,根据文化事业单位性质实行分类管理,将从事公益性服务的"三馆一站",① 体现民族特色和国家水准的演出机构,承担重要艺术创作、研究和教育的公益性任务单位等,在性质上明确确定为公益性文化事业单位,深化公益性文化事业单位的内部制度改革。在基层公共文化建设中,乡镇综合文化站居于"联通上下"的枢纽地位,应激发乡镇综合文化站的生机和活力,特别是明晰乡镇文化站的职能范围及归属管理和服务范围,加强文化站的规范化和标准化建设,强化其公共文化组织管理和服务供给能力。同时,随着"单位制"社会的解体,现代社会公共生活越来越多地依托于社区展开。作为现代社会的微型空间,社区孕育形成了一些自治性、准自治性的组织,它们是开展公共文化建设的重要依托,承载着休闲娱乐、信息传播、学习提高的服务功能,发挥着互动协商、集体行动的作用,对公共文化建设具有重要的推动作用。

（四）文化企业的供给介入

在公共文化领域,纯粹的政府机制和市场机制都无法实现资源的优化配置。乡村公共文化建设,需要在保证公益性的前提下适当引入市场机制,寻求社会公益与运作效率之间的平衡。在坚持公益性前提下实现有限的市场化,是我国公共文化建设的现实选择。实践中,地方政府正在探索通过合同外包、招标采购、委托生产、BOT 等方式,引导企业参与公共文化设施建设和公共文化服务的生产供给。市场主体的参与,有助于打破公共文化建设中的垄断格局,有助于提升公共文化建设的效能。文化企业是文化市场的微观主体,它应当有独立的产权地位和自主的经营权限,独立承担法律责任。就我国现有的体制而言,文化市场主体的培育有两条途径:一是推行事业单位分离改革,实现经营型文化事业单位"转企改制";二是放宽文化市场准入条件,在保证国家文化安全和文化市场秩序的前提下,引导非公有制文化企业发展壮大,打破"条条""块块"带来的垄断,构建自由规范、竞争充分的文化大市场。② 当然,市场也不是万能的、完美的,过度张扬市场力量、依赖市场机制,很可能削弱公共文化的价值导向和公益特征,构成对人文精神和文化品位的潜在威胁。在坚持公益性的前提下实现适度的市场化,需要政府必要的引导和监管,使市场力量在合法的框架下、合理的范围内运作。

（五）民众的自主参与

乡村公共文化建设,尊重民众的主体地位、发挥政府主导作用,两者不可偏废。民众的参与之所以重要,就在于他们既是公共文化建设的受益者,又是公共文化建设的主体力量。民众的普遍参与是实现乡村公共文化治理的前提条件。只

---

① "三馆一站"是指图书馆、群艺馆（文化馆）、博物馆和文化站。

② 刘吉发,金栋昌,陈怀平. 文化管理学导论［M］. 北京:中国人民大学出版社,2013:357-358.

有公民的普遍参与，才能从根本上保障公民的话语权，使行动各方就公共议题展开平等讨论和磋商，从而在各方利益表达、意见综合的基础上产生可靠的行动方案。当前基层公共文化重建的一个方向，就是注意唤醒民众的主体意识，引导民众自主参与到公共文化建设之中。基层公共文化建设，应合理协调政府主导与民众主位的关系，建立"政府理性引导、公民充分表达"的新模式。① 公共文化治理，就是期望通过"自上而下"行政推动与"自下而上"社会行动的有机结合，打破当前公共文化建设重"送"轻"种"的模式，破除民众在文化建设中的"集体失语"状态，重新肯定民众在乡村文化建设中的主体地位。针对民众参与意识和愿望不强、参与能力和条件不足的现实，在强调建立普遍的参与制度平台、畅通参与渠道的前提下，注意发挥群众自治和民间社团组织在动员基层群众方面的作用，通过民主恳谈会、意见听取会、村务协商会等形式，不断增强民众的参与意识和参与能力。同时，要注意挖掘蕴藏在基层的传统和力量，发挥村民运动会、村庄自乐班、民间歌舞团等草根组织的作用，聚合形成村庄的公共利益和公共需求，促进村民参与的组织化、规范化和有序化。

第三节　乡村文化治理路径

一、乡村文化治理的解释效度

如图 5-1 所示，在主体和机制上，乡村文化治理强调各级政府、非营利性社会组织、企业、农村居民等的协同合作，既要依靠行政逻辑的他治机制又要借助社会力量参与机制，同时还要发挥农村居民自治机制。文化治理主体多元性、治理过程协同互构性、治理机制双线并举性正契合于此。

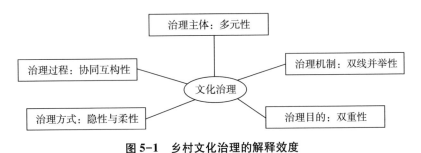

图 5-1　乡村文化治理的解释效度

---

① 陈振明等. 公共服务导论［M］. 北京：北京大学出版社，2011：238.

在治理方式上，在乡村文化治理进程中，需要发挥政府的导向、支持以及有限监管作用，同时也要求政府加强与农村居民及社会力量的合作并逐步退居二线，以此实现政府、农村居民、社会力量的高效互动，促成农村居民及社会力量的"文化自觉"，进而为乡村文化振兴提供强有力支撑和持续性动力。

在目标层面上，一方面，乡村文化治理旨在实现对乡村社会文化领域的治理及将乡村社会纳入国家治理体系，即党和政府充分利用自己或社会所掌握的组织资源，依托渗透、动员及宣传等机制对乡村社会进行主流意识嵌入；① 另一方面，旨在开创乡村（文化）建设新格局，即"运用农民主体性形成的知识观、真理观，以主体的理性、独立思考为根本特质提升农民文化主体意识"，② 为乡村社会（文化领域）持续健康发展培育原动力，促进乡村（文化）自组织、自发展。

二、乡村文化治理的结构框架

立足我国乡村文化振兴的实践进展与政策诉求，结合文化治理理论的核心要点，可以从治理目标、治理载体、治理主体、治理机制四个方面把握乡村振兴下的乡村文化治理（见图 5-2）。

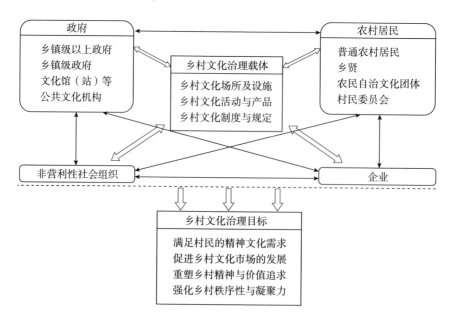

图 5-2　乡村文化治理的结构框架

---

① 刘建. 嵌入式治理：乡村文化治理的运作机制及实践困境——基于 Y 县"十星级文明户"的案例分析［J］. 中共宁波市委党校学报，2020（3）：87-96.

② 王慧娟. 农民文化主体意识与农村文化建设基点［J］. 甘肃社会科学，2017（6）：117-121.

（一）乡村文化治理目标

在乡村振兴背景下，首先，乡村文化治理要对乡村文化进行治理，实现各行政村文化领域的发展。这既要完善农村公共文化服务，又要促进乡村文化产业繁荣发展，从而丰富乡村文化产品及活动，满足村民精神文化需求，实现村民对美好生活的向往。与此同时，要更深层次地重塑乡村精神和价值追求，遏制社会经济不断发展下乡村社会"人与人之间的'功利化''原子化'和'疏离化'过度膨胀之势"①，防止乡村伦理危机加剧。其次，要从实现对乡村文化的治理上升至对乡村社会的整体治理，即要灵活且充分地将文化用作乡村社会治理工具，借助文化的社会治理功能②打造"介于公私领域之间的新时代乡村共同体"。③ 具体路径包括三个方面：一是政府通过公共文化活动及产品等潜在地对村民进行规训；二是发挥乡贤（村干部及非村干部乡贤）的文化传播与组织动员作用，以其为中介重建乡村"熟人社会"关系、实现政府与村民间文化共鸣、搭建文化市场与村民间桥梁；三是促成村民（文化）主体性的实现，鼓励村民建立（文化）自治组织进行自服务、自教育、自管理，自觉参与乡村社会（文化）治理。

（二）乡村文化治理载体

乡村文化治理既要完成对乡村文化的治理，又要完成对农村社会的结构性治理。那么，具体借助哪些载体能够实现乡村文化治理的目标呢？一是文化场所及设施，主要是指文化广场、图书馆、农家书屋、文化礼堂、村民文化活动中心、居民公园等物理性公共文化空间以及配套设施。这一载体可以为乡村文化治理提供活动空间，它们既是政府借由公共文化服务向农村社会嵌入主流意识的场地，也是农村居民进行文化自治的场所，同时也为社会力量参与乡村文化治理提供了机会，包括参与公共文化场所及设施的建设、采购、管理等。二是文化活动与产品，包括（准）公共文化活动及产品、经营性文化活动及产品以及农村居民日常休闲娱乐、民俗节庆活动。这一载体可以让村民主动或被动地吸收先进文化，进而追求合理精神境界、建立正确价值观念；同时也可以通过引导农村居民的休闲娱乐方式、民俗节庆活动以构建乡村社会核心文化理念、打造乡村社会整体文化风貌。三是文化制度与规定，具体是指与乡村文化治理有关的制度规定，包括法律、法规、政策、村规民约等。这一载体既有利于明确乡村文化治理的目标、机制、治理主体权责，又可以直接约束各个治理主体的治理行为，确保乡村文化治理的规范有序推进。

① 吴理财，夏国锋．农民的文化生活：兴衰与重建——以安徽省为例［J］．中国农村观察，2007（2）：62-69+81.

② 谢新松．文化的社会治理功能研究［D］．云南大学，2013.

③ 李三辉，范和生．乡村文化衰落与当代乡村社会治理［J］．长白学刊，2017（4）：134-141.

（三）乡村文化治理主体

乡村文化治理应由多个主体共同推进，需实现基层政府、文化馆（站）等公共文化机构、社会力量、农村居民等的协同治理。基层政府是推进乡村文化治理的基本单位，应当在上级指导下统筹谋划并整体部署所辖区域的乡村文化治理工作，具体需要确立制度规定、提供资金和人力支持、保障公共文化产品和服务供给等。一方面进行社会主义先进文化对乡村文化的嵌入，保持先进文化对乡村文化的引领性，把握乡村文化治理的方向性；另一方面鼓励社会力量和农村居民参与乡村文化治理并加以有限的监管，以实现乡村文化治理的协同共治性和规范有序性。文化馆（站）等公共文化机构应按照基层政府工作安排，将自身所承担的乡镇文化管理和提供公共文化服务职能与乡村文化治理相联系，通过坚持经常性地开展扫盲教育、法制宣传、文艺辅导、文艺汇演等文化活动来引领风尚、改良民俗、激活村民文化自觉，以此助推乡村文化治理。同时，还可通过购买服务、委托管理等方式充分吸引社会力量参与乡村文化治理。社会力量包括非营利性社会组织和企业，应通过与（基层）政府开展合作或直接与各行政村对接的方式积极参与乡村文化治理，如参加乡村公共文化场所的建设与管理工作，生产或提供乡村公共文化产品和服务。农村居民是乡村文化的建设主体，需要尽快形成乡村文化治理的主体认同，自觉参与乡村文化治理，包括积极享用或参与由政府、社会力量提供的产品与活动，主动成立读书会、合唱队、曲艺团等自治文化团体以自服务、自管理，以村民委员会或乡贤为代表与社会力量达成合作、与政府保持有效互动。

（四）乡村文化治理机制

乡村文化治理的运作机制应匹配于治理主体多元特征，不应仅以政府为单一治理主体而单纯依照自上而下的行政逻辑，而要采取上下结合、横向交融的方式，坚持多元主体协同共治的原则，同时发挥出行政治理机制、社会力量参与机制与村民自治机制的乡村文化治理作用。具体而言，一是需要坚持他治属性的行政治理机制，由党和政府向乡村社会输入资源、嵌入主流意识，确保乡村文化振兴的方向性和基本性；二是需要引入社会力量，借助社会力量参与机制促进文化资源在农村地区的聚集、流动、配置，增强乡村文化振兴的生命力和活力；三是需要建立起村民自治机制，增强村民文化主体意识，充分实现村民文化自治，激发乡村文化振兴的内在动因。①

---

① 陈庚，邱晶钰．乡村振兴战略下的文化治理进路：理论向度与实践路径［J］．文化软实力研究，2021（1）：34-42.

三、乡村文化治理的政策路径

在现代化的视野中，文化治理既要回应振兴和发展乡村文化的内在诉求，也要引导文化要素参与到国家治理体系和治理能力现代化进程之中。在当前的政策窗口下，乡村振兴战略为广大农村地区注入了新的治理资源，源源不断的政策、项目、资金以及人才向农村地区的倾斜成为新时代推动文化治理现代化的动力机制。因此，借助乡村振兴战略所带来的政策红利推动文化治理现代化不仅符合两者共同的价值追求，同时也具备政策设计上的科学性和可行性。

（一）促进农村居民文化权利意识的觉醒

长期以来，农民在集体主义生活中形成了重义务而轻权利的习惯，个人权利的实现总是在履行义务的过程中获得的。尤其是在 20 世纪八九十年代，国家和农民之间的关系主要体现为自上而下地汲取农业剩余，而又无法为农村社区提供相应的公共服务。随着工业反哺农业阶段的来临，国家与农民之间不对称的地位关系得到调整，大量财政资金通过项目制的方式进入到文化领域之中。2000 年，中央有关部委为了解决农民看电影难的问题，在广大的农村地区开展"送电影下乡"工程，要求在 21 世纪初实现一村一月放映一场电影的目标。2005 年，国家发改委和文化部开展乡镇综合文化站建设，通过乡镇综合文化站来开展群众性文艺活动，同时提供阅读书籍、科普培训、电影放映、体育健身等公共服务。然而，农村居民养成了以私人生活为边界的休闲娱乐方式，尚未形成自觉参与公共文化活动的意识、观念和习惯。国家在农村地区开展文化活动耗费了大量的人力、物力和财力，却没有获得相应的参与度和满意度。在乡村振兴过程中，村干部和村两委应通过公共教育、宣传活动和日常舆论等方式，动员农村居民参与到公共文化的生产和供给过程之中，激活农村居民的文化权利意识，从而发挥农村居民在公共文化体系中的主体性地位和能动作用，整合和链接各方资源来推动文化治理。

（二）在村级层面扶持成立文化组织

在既有的文化管理体制中，形成了"省群艺馆—市（县）群艺馆—乡镇综合文化站"的垂直管理模式，不同层级之间是业务指导与被指导关系。而在乡镇层级以下，一直以来都缺乏相应的组织载体能够承担起开展公共文化活动的责任和义务，文化治理面临着无法深入到村庄社会内部的"最后一公里"困境。按照习近平总书记关于乡村组织振兴的论述，应在每个村庄建立起以基层党组织为核心的基层组织体系，将经济精英、外出务工经商人员、大学生村官以及返乡创业大学生等吸纳到组织体系之中。只有建立起相当规模的文化组织，才能增强基层文化单位对村庄社会的文化治理能力。结合农民的实际文化需求，文化组织可以自主开展公共文化活动，并且通过乡规民约的方式予以正规化和程序化，形成相对稳定的制度规定。另外，随着文化活动将原子化的农民联结起来，相关文化实践成果逐渐沉淀为地方性知识，为人们所共同认可，这也会反过来促使传统道德伦理所弘扬的思想观念和行为规范再度发挥作用，提升乡村居民整体精神风貌，实现乡风文明。

（三）依托文化项目培育壮大乡村文化产业体系

项目制是一种围绕特定的政策目标而"条线式"运作的国家治理体制，其优势在于可以通过国家专项转移支付来动员各级政府进行相应的资金配套，以此来获得公共服务的增量资金。由于乡村文化产业尚不发达，而要满足农村居民多样化的公共文化需求，改变政府在乡村文化供给中的"一家独大"现象，需要通过项目制逐渐推进乡村文化产业发展。通过文化项目，可以引导各种资本进入乡村文化领域之中，将分散于政府、市场和社会的文化资源整合起来，共同围绕政府所制定的文化治理目标来形成乡村文化产业生态。一方面，文化项目弥补了文化本身所具有的正外部性效应，拓展了文化产业的盈利空间，有助于多元文化主体的孵化和发展；另一方面，文化项目本身是一种市场信号，不同主体在项目招标的利益驱动下展开竞争，需要不断提升组织自身的硬件设施和"软实力"，良性的项目竞争能够促使文化产业实现内涵式发展。在文化治理初期阶段，文化项目对于扶持乡村文化产业而言具有重要的意义和价值，而只有在乡村文化产业的引导下，文化资源最终才能实现可持续发展和高水平运用。

（四）所谓深度

是指对文化资源进行数字化采集、存储和开放，使高水平的文化精品资源能够通过数字技术和广大的农村地区联结起来，从而摆脱具体时空地域的制约；所谓广度，就是利用数字技术手段将地方民俗文化、少数民族文化以及西式文化艺术等文化资源进行创造性转化，使不同类型的文化资源能够在数字技术空间中兼容并存和融合发展。值得注意的是，数字技术的应用固然能够带动传播方式的深刻变革，使农村居民在足不出户的情况下便可以获取到公共文化产品，但绝不能片面地将其视为传统文化治理的替代方式。文化价值本身就是在面对面的互动过程中产生的，数字技术在带来更丰富和更高水平的公共文化产品的同时，也可能因人际互动的缺失而导致农民在文化身份认同和集体意识方面的虚无感。实际上，只有将数字技术与传统文化供给方式结合起来，才能让农村居民在享受现代文化产品的同时，发挥出文化在乡村振兴过程中的治理功能。

（五）大力培育乡村文化人才

振兴乡村文化，人才是关键，乡村文化的建设离不开乡村本土文化人才的引领和支持，只有拥有庞大的人才队伍，乡村文化才能可持续发展。培养人才首先要从村民入手，他们是农村发展的主体，要结合本地特色培养民间艺人，并且要投入经费支持草根艺人的文化创作，加大民间文化的传承力度。另外，通过媒体宣传特色文化吸引人才学习民间文化，增加人才扎根农村的热情。还有不能忽视对现有人才的管理，政府制定人才开发政策和人才培养规划，对乡村人才要定期培训和筛选，建立多层次的人才培养机制，提高人才的综合能力。此外，最为重要的也是最难掌握的是较高的文化创新能力，对乡村文化产业来说创意元素的加入会赋予文化产品新的内涵和更高的价值，所以在开发人才时要注重培养人员的创新思维，增加文化产业的经济附加值，赋予乡村文化产业新的生命。①

复习思考题

1. 什么是公共文化？
2. 什么是公共文化治理？
3. 地方公共文化治理有哪些功能？
4. 如何理解地方公共文化治理机制？
5. 如何加强乡村文化治理？

案例分析

体育搭台　文化唱戏｜2021 石家庄（正定）徒步大会助推文化旅游产业

2021-05-23

为配合疫情防控，本次活动首次采用不举行发枪仪式，随到随走的形式。来自石家庄及周边城市广大徒步爱好者先后徒步在古城正定，感受厚重的历史文化，体验徒步运动的无限乐趣。本次徒步大会由石家庄市体育局主办，正定县人民政府承办，正定县文化广电体育和旅游局、石家庄市路跑协会协办，河北野人体育文化发展有限公司运营。

据了解，本次徒步大会结合了荧光、古城、戏曲、电音等元素，以"古韵、潮流、健康"的文化基调，全面展示了一场体育+文旅的活动样板，通过体育搭台，唱好文旅产业发展的大戏，形成新的经济增长点。

正定作为国家历史文化名城，具有千年的文化积淀，历史文化发展史源远流长，其特有的古城文化也成为旅游发展的主打"王牌"。本次徒步大会从正定长乐门文化广场出发，分为 5 公里和 10 公里徒步两个组别，徒步路线途经正定古

---

① 卢思博，胡钦钦．乡村振兴视域下文化治理现代化的问题与解决思路研究［J］．农村经济与科技，2021，32（14）：241-243.

城墙、荣国府、隆兴寺、大佛寺等著名景点。徒步爱好者们穿越在古城街道，欣赏正定古朴的方砖屋舍、灰砖青瓦，一步一景，在暮色中体验正定特有的风土人情与人文关怀，在徒步中感受正定旅游蓬勃发展的全新面貌。

资料来源：体育搭台　文化唱戏 | 2021 石家庄（正定）徒步大会助推文化旅游产业［EB/OL］．https：//www.sohu.com/a/468107642_ 100097526.

第六章　地方公共健康治理

健康权是每一位公民都应享有的基本权利，是人类创造与享受美好生活的必要前提和重要保障。公共健康是人类社会存在与发展的重要财富，也是提高国民素质、加速经济增长的基本条件。我国高度重视健康事业的发展，近年来随着"健康中国"建设项目的提出，健康更是上升到国家战略的高度。党的十八届五中全会公报首次提出实施"健康中国"建设，《中华人民共和国国民经济和社会发展第十四个五年规划和 2035 年远景目标纲要》提出，把保障人民健康放在优先发展的战略位置，全面推进健康中国建设，坚持预防为主的方针，为人民提供全方位全周期健康服务。

第一节　地方公共健康治理概述

一、健康与公共健康

（一）健康的含义

健康或者不健康一直都是影响人类文明几千年的重要议题。在一些词典中，"健康"通常被简明扼要地定义为"机体处于正常运作状态，没有疾病"，这是传统的健康概念。1978 年，在《阿拉木图宣言》中提出健康是基本人权。健康是人类的基本需要和权利，对健康的维护和对疾病的防治成为社会发展的基本象征。什么是健康？勒内·杜博斯（Rene Dubos）曾解决了无法准确定义健康的问题，他对健康的认知隐喻为一座海市蜃楼：从远处来看，健康是再清楚不过的概念，但当我们走近它、试图定义它时，却发现它是看不到、摸不着的①。1948

---

① Dubos R. Mirage of Health：Utopias，Progress，and Biological Change ［M］. New York：Harper & Row，1960.

年，世界卫生组织在《组织法》中提出的"健康"（Health）定义引用最为广泛，影响力最大、更权威。其内容是：健康不仅为疾病或羸弱之消除，而是身体、精神与社会的完好状态①。1986年，首届国际健康促进大会提出健康是生命资源，并非生活目标。健康是一种积极定义，强调社会资源、个人资源和身体能力的综合运用②。

当然，不同学科对健康的定义与观念也有所不同③，医学上认为没有身体与心理的疾病便是健康；社会学家认为健康是社会常态的稳定性表现；政治学家认为健康是人的一项基本权利；经济学家认为健康不仅是经济物品，给个人带来效用并从中受益，也是一种资源。

《"健康中国2030"规划纲要》明确指出，健康是指一个人在身体、精神和社会等方面都处于良好的状态，包括两个方面的内容：一是主要脏器无疾病，身体形态发育良好，体形均匀，人体各系统具有良好的生理功能，有较强的身体活动能力和劳动能力，这是对健康最基本的要求；二是对疾病的抵抗能力较强，能够适应环境变化、各种生理刺激以及致病因素对身体的作用④。传统的健康观是"无病即健康"，现代人的健康观是整体健康，而根据世界卫生组织的解释，健康不仅指一个人身体没有出现疾病或虚弱现象，而且指一个人生理上、心理上和社会上的完好状态⑤。

（二）公共健康的概念和特征

公共健康（Public Health）本身也是一个存在争议的概念，通常人们将它定义为："公共健康就是公众的健康，也可以称为公共卫生。"⑥公共健康包括丰富的内涵，凡是与公众健康相关的问题都可以理解为公共健康问题，如社会医疗体系与制度、社会卫生体制与应急系统、医院与医生、卫生医疗和保健资源的分配、劳动保护、卫生状况、环境保护、流行病、健康教育、交通以及一些个人行为，如性行为和吸烟等。美国学者乔治·罗森在《公共健康史》一书中，对于公共健康的理解更为宽泛，包括对健康产生影响的社会运动和立法。例如，限制工作时间的努力，关于童工的规章制度，保护孕妇和保证就业，等等⑦。

① ANON. Constitution of the World Health Organization [J]. Am J Public Health Nations Health, 1946, 36 (11)：1315–1323.

② 朱素蓉，王娟娟，卢伟. 再谈健康定义的演变及认识 [J]. 中国卫生资源，2018，21（2）：180–184.

③⑤ 郝艳华. 健康管理与治理 [EB/OL]. https://www.docin.com/p-2157613711.html.

④ 中共中央、国务院印发《"健康中国2030"规划纲要》[J]. 中华人民共和国国务院公报，2016（32）：5–20.

⑥ 马中良，袁晓君，孙强玲. 当代生命伦理学生命科技发展与伦理学的碰撞 [M]. 上海：上海大学出版社，2015.

⑦ 肖巍. 论公共健康的伦理本质 [J]. 中国人民大学学报，2004（3）：100–105.

公共健康主要具有以下八个功能[1]：①监控健康状况，发现健康问题；②诊断和调查健康问题和各种隐患；③教育人们并提高他们对健康问题的认知能力；④动员社区各种力量团结合作来发现和解决各类健康问题；⑤以规划和政策来支持个人和社区社团为健康水平所作的各种努力；⑥执行和实施保护健康和保障安全的法律法规；⑦评估人口健康服务的可及性和有效性；⑧不断研究新的解决健康问题的办法，特别是研究非常情况下公众健康问题的应对之策。

公共健康具有四个主要特点：一是重视公众和人口的健康，强调的是群体性或者整体性的健康而不是个人的健康。二是它以预防为主。这里需要指出个体医学和群体医学。其中，群体医学的基本原则是为了群体对于疾病的预防健康而不是针对每一个患者的治疗和康复，这也是后者与前者的最大区别。三是涵盖范围大，它包括所有与公众健康相关的问题。四是公共健康是一种社会产品，它的促进是一种群体性行为，必须通过社会的力量来实现[2]。

根据公共健康的内容与特点可以得到以下三个结论：一是公共健康与社会是紧密联系在一起的。公共健康是社会经济、政治制度、文化建设或者不健康生活的建构，是社会对于预防疾病产生和传染的机制的创立，也是个人和群体在促进健康或者避免疾病方面的努力。说明公共健康的各种风险仅仅依靠个人手段是无效的，必须运用群体性的手段来解决，需要政府将公共健康进行永久性的制度化。二是公共健康与生态环境密切关联。这是对公共健康的一种最新的理解，强调的是自然和社会环境、健康与发展相互依存的复杂关系，结合自然、社会、生态来看待健康问题。这在带来社会发展和经济、科技进步的同时，还带来了资源不可逆的损耗和环境破坏以及生态污染的过程。三是公共健康与我们对于身体的认识和体验有一定的关联度。公共健康能反映出一代人对于身心的健康的体验。

二、公共健康治理的概念与特征

公共健康治理是指通过构建一系列正式和非正式的制度和规则体系，来保障政府、卫生服务提供者、非政府组织、医疗服务使用者、社会公众等众多健康利益相关者的利益表达，责、权、利分配和角色安排，并通过相互间的有效互动来确保政策、策略和行动一致的过程。公共健康治理旨在应对和解决各种健康问题、捍卫人类健康、实现公共健康目标；重点是防范和应对各种潜在的、严重危害民众健康或具有强毁伤力的公共卫生威胁，如传染病、空气污染和核生

① 敬素秋. 科技进步与人类健康［M］. 成都：电子科技大学出版社，2012.
② 肖巍. 论公共健康的伦理本质［J］. 中国人民大学学报，2004（3）：100-105.

化事件等①。

公共健康治理主要有以下四个特点②:

（1）治理主体多元化。治理主体主要包括各级、各部门政府、各类公立或私立专业卫生机构、公众、社会团体、非政府民间组织等。

（2）治理机制多样化。主要有授权与责任机制，沟通与互动机制，协商与合作机制以及广泛参与机制。

（3）治理策略创新化。主要包括政府市场社会互动管理，横纵联合，网络治理，权力中心多元化，少划桨、多掌舵，弱化控制、强化协调。

（4）治理手段多样化。医学与非医学手段，政府与非政府手段，正式制度和规则与非正式制度安排，市场手段。

三、公共健康治理的发展逻辑

公共健康治理的发展逻辑主要从公共健康理念、公共健康目标、公共健康手段来阐述。从公共健康发展的历史来看，公共健康理念经历了从疾病治疗到预防保健的转型，公共健康目标实现了从健康不平等到"人人享有健康"的发展，公共健康手段最终从医疗技术走向健康治理。因此，从疾病治疗到健康治理构成了公共健康的发展逻辑。

（一）公共健康治理理念：从"治已病"向"治未病"转变

随着医疗技术的发展与健康观念的转变，公共健康理念经历了从"治已病"向"治未病"转变，即从疾病治疗到预防保健的转型。自古以来中国就有"不治已病治未病"的理念，近代以来医学模式也由重治疗的"疾病医学"向重预防的"健康医学"转变。起初，由于疾病认识和医疗技术的匮乏，医学更多关注的是个人健康患病的被动治疗，而对于疾病前期的预防与后期康复缺乏科学的认识和有效的应对手段，由此集结成的公共健康理念主要关注于疾病治疗。随着人们对疾病产生原因、治疗手段，健康结果等认识的逐渐深化以及对生活质量的重视，人们开始关注并且能够应对疾病预防与康复等内容，由此汇集的公共健康理念与方式也随之变化。例如，医疗保障制度作为健康的一种费用化解机制，也显现出从疾病治疗到预防保健的关注，即"好的医疗保险制度"应该使更少的病人进医院，健康人不进医院③；健康保障服务对象除了少数的病人外，还包括

① 管仲军. 公共卫生需补应急短板［EB/OL］. 光明网［2020-06］. https：//news. gmw. cn/2020-04/19/content_ 33750779. htm.

② 郝艳华. 健康管理与治理［EB/OL］. https：//www. docin. com/p-2157613711. html.

③ 乌日图. 疾病保险应向健康保险过渡［N］. 中国劳动保障报，2005-07-22.

广大的健康人群和亚健康人群，保障全体国民的健康①。现代公共健康服务已成为包括预防、治疗和康复的全体系、全过程的健康服务，从疾病治疗到预防保健是对公共健康理念的深化。

（二）公共健康治理目标：从"不平等的健康"到"公平享有的健康"

健康是公民的一项基本权利，公共健康治理的目标便是从"不平等的健康"到"公平享有的健康"转变，消除健康不平等、实现"人人享有健康"是健康领域的主要议题。达到尽可能高的健康水平是世界范围的一项最重要的社会性目标，增进并保障人民健康对持续的经济社会发展是首要的。公共健康需要平等享有，公平平等的健康机会是其他机会公平平等的基础，通过公共健康政策措施保护和促进人们的正常身体机能，对保护机会的公平平等至关重要②。健康的社会决定因素和健康不平等有着必要的内在联系，例如，社会地位低的人往往比社会地位优渥的人更早地患病和死亡；贫穷的人较于家庭富裕的人更容易患病、营养不良和更早地死亡。通过了解决定社会健康的多重因素，能够引导政策去提升整个人口的健康，同时促进最脆弱人群健康水平的提升③。

此外，健康作为一种可行性生存能力，影响个体的自由发展，健康权利的缺失意味着个体自由发展的阻碍。因而，健康促进不仅是对个体健康资本的提升，更是对个人参与社会生活、实现自由发展等各项权利的保护。2017年《中国健康事业的发展与人权进步》白皮书指出，健康是人类生存和社会发展的基本条件，健康权是一项包容广泛的基本人权，是人类有尊严地生活的基本保证，人人有权享有公平可及的最高健康标准④。总之，公共健康以促进健康，实现公众对健康的平等享有为目标，从健康不平等消除到"人人享有健康"成为公共健康的目标演进⑤。

四、公共健康治理的主要领域

基于疾病消除，健康维护与健康促进的治理目标，实现公共健康治理需要在公共健康应急、健康贫困治理、健康管理服务、健康环境改善、健康教育促进、健康保障共享和健康素养提升等方面结成健康合作网络，实现维持基础生存的应急性公共健康治理，维持基本健康状况的常规性公共健康治理和致力于健康水平

---

① 王延中．人人享有健康保障［J］．中国卫生政策研究，2008（1）：22-29.

② 史军，赵海燕．公平与健康：罗尔斯正义原则的健康伦理意蕴［J］．自然辩证法研究，2010（9）：84-89.

③ 董维真．公共健康学［M］．北京：中国人民大学出版社，2009：238-239.

④ 国务院新闻办公室．中国健康事业的发展与人权进步白皮书［R］．2017.

⑤ 翟绍果，王昭茜．公共健康治理的历史逻辑、机制框架与实现策略［J］．山东社会科学，2018（7）：95-101.

提升的主动性公共健康治理的分层分类治理。

（一）应急事件的健康治理

公共健康应急以降低突发性公共健康危机对生命财产和生活质量的负面影响为目标。突发性公共健康危机是指重大传染病在短时间内发生，波及范围广泛，出现大量病人或死亡病例的公共卫生事件。我国目前已建成全球最大规模的法定传染病疫情和突发公共卫生事件的网络直报系统[1]。为进一步积极应对突发性公共健康危机事件，首先，需要基于各类公共健康突发事件发生的国内外历史经验数据，分析预测全国范围或特定地区可能面临的公共健康事件尤其是突发性公共健康危机；其次，基于对公共健康危机的信息预测，实现科学监测和方案制定，具体包括在公共卫生服务体系、法律体系、疾病预防控制体系、卫生救援体系、医疗服务体系等方面评估现行突发卫生事件中的应急方案，运用互联网技术建立全国公共健康危机事件信息库和监测体系，建立公共健康风险应对的预警防范机制，制定详细的公共健康应急预案，最终建成"以防为主、防治结合，综合治理"的公共健康应急体系。

（二）健康贫困治理

健康贫困治理致力于消除健康不平等因素，实现公共健康需求的平等满足和健康风险的平等化解，实现健康的公平可及。世界范围内大约8亿人医疗保健支出占家庭总预算的10%以上，每年有近1亿人因病致贫。[2] 健康贫困是健康脆弱性、经济脆弱性与社会脆弱性等多重因素交叉影响的结果。先天的自然健康风险会产生原发的健康起点不平等，形成了健康脆弱性；健康资源要素投入过程中若不能公平配置则导致健康过程的不平等，形成了经济脆弱性与社会脆弱性；患病率、人均预期寿命等地区性、人群性差异成为健康结果不平等的外在表现。因此，健康贫困治理将着眼于健康不平等产生的全过程。个别地区和人群由于自然环境或个体健康风险的累积、医疗服务的可获得性低等更容易陷入健康贫困，需要在公共健康治理中予以重点关注。

第一，提高医疗保障水平，使低收入人口"看得起病"。首先，优化医疗保障模式，缓解疾病经济风险。继续突出对低收入人口托底医疗保障的倾斜性帮助，将低收入人口自付比例控制在10%以内，解决无钱看病的难题；另外，逐步扩大大病救助范围，落实家庭医生制度，提高低收入人口大病、慢性病精准救治水平。其次，完善制度衔接，提升保障服务。加强医院、医疗保险部门扶贫办等信息系统的衔接，推进信息共享，实现基本医疗保险、大病保险、医疗救助、商

---

① 国务院新闻办公室. 中国健康事业的发展与人权进步白皮书［R］. 2017.

② World Health Organization and International Bank for Reconstruction and Development/The World Bank［R］. Tracking Universal Health Coverage：2017 Global Monitoring Report，2017.

业保险。健康扶贫医疗基金等费用报销"一站式"审核、结算，使低收入人口获得便捷的保障服务。

第二，提高医疗服务能力，使低收入人口"看得好病"。首先，要突出精准服务体系。建立科学动态的因病致贫识别机制，精准识别、诊断、治疗和管理，使低收入人口看得好病。其次，要加强医疗服务供给体系建设，提升基层医疗服务能力。一方面，完善远程医疗等技术的相关法律规范，加强对帮扶医院及人员的绩效考核，并明确医疗责任风险，增强对口支援动力；另一方面，发挥政府主导作用，并统筹社会力量，推动基层医疗机构基础设施、人才以及制度建设，逐步实现低收入地区医疗资源配置标准化、全覆盖，切实解决基层医疗供需不平衡问题。最后，要大力推进健康支撑技术，推动"互联网+医疗健康"信息化建设，促进分级诊疗制度的有效落实。在"大健康"理念下完善公共健康治理，突出疾病预防，控制健康风险，使低收入人口"少生病"，逐步实现人人享有健康的目标。

第三，优化制度供给。一方面，整合医保制度，发挥医保合力。医保制度存在"制度内"和"制度间"碎片化特征，通过整合，实现对基本医保、大病保险、医疗救助等不同医保制度的统筹管理，在更大平台上提高低收入人口医疗保障水平。另一方面，建立监管制度，确保相关资金可持续使用。通过制定扶贫资金监管制度，严厉打击部分地区竞相实施高额医疗兜底保障以致医保基金触底、低收入人口过度福利依赖的现象，确保医保基金的安全和可持续性。①

（三）健康管理服务

健康管理是对个人或人群的健康危险因素进行全面监测、分析、评估以及预测和预防的全过程，其宗旨是调动个人及集体的积极性，有效地利用有限的资源来达到最大的健康改善效果。随着健康责任分担主体的多元化，在人群健康管理的链条上，需要建立城乡居民、公共卫生部门、医疗服务机构、药品供应厂商、医保经办机构、社区卫生服务中心、社会第三部门等多方参与的健康管理体系。建立综合性健康管理服务系统，实现信息化覆盖全民全程健康管理与服务，从母婴保健、出生档案、儿童保健（免费接种，体格检查）、成年保健（健康体检、计划生育指导、妇科检查，社区康复、健康教育与促进）、老人保健（老人体检、慢性病管理，健康教育与促进、健康评估，老人随访、家庭病床）、临终关怀，从出生到死亡的全人、全程健康服务。

（四）健康环境改善

环境在健康影响因素中占据了较大比重，清洁健康的环境是人群保持身心健

---

① 于曰祥. 健康扶贫知识手册［M］. 西安：陕西科学技术出版社，2017.

康的重要保障，反之污染的环境会恶化人群的健康。同时，污染也成为影响健康不平等的重要传导机制，由于社会经济地位不同的人，规避环境风险的能力不同，环境污染会引致差异化的暴露水平和健康效应，成为引发健康以及社会不平等新的来源，由此形成了"环境健康贫困"陷阱①。健康环境改善旨在通过改善人们赖以生存的环境基础进而改善群体健康。一方面，需要将健康城市、健康社区、健康家庭建设融入城市规划、家居设计等的设计理念；另一方面，需要公众合作应对环境风险。在雾霾等环境污染日益严重的客观环境下，环保部门、交通部门、工商部门、新闻媒体等联合治理污染源，包括重污染工厂的环境技术改进、关停以及居民机动车辆的限行等具体措施，这需要全社会的配合治理，积极执行环保政策。同时，健康产业发展是健康环境改善的市场载体和消费途径，在国民健康需求与产业发展规律的驱动下，健康产业将成为国民经济的支柱性产业。《"健康中国2030"规划纲要》提出"要重点发展健康产业，致力于健康养老，健康旅游、互联网+健康，健身休闲、健康食品等多领域的融合发展，实现健康产业的转型升级，以健康产业助推健康消费与生活方式，优化健康产品供给，从而实现改善健康环境和居民生活的目标"。

（五）健康教育促进

健康教育促进致力于健康知识的普及与健康理念的传播，把健康素养的提高融入文化信仰，把健康文化作为一种公共精神纳入公共健康治理体系。教育部门、卫生部门多方合作将健康教育纳入国民教育体系，将健康教育作为素质教育的重要内容，关注于全生命阶段、全人群的健康教育。同时，以居住社区和工作场所为基础单元的生活工作区域，通过健康教育提高个体健康意识，引导个体对自身健康负责，正确评估不良健康生活方式可能带来的健康风险因素，提高对个人健康问题的防范意识以及参与公共健康治理的责任感。当下，环境污染等问题究其本质是公众对作为健康环境的公共产品的破坏，从而带来了公共健康的"公地悲剧"，其原因则是公众缺乏保护公共环境的责任意识。因此，通过健康教育提高个体对公共健康的责任意识，是公共健康治理的重要保障。

（六）健康保障共享

健康保障共享是基于健康风险分担的费用化解机制，需要在医疗救助、医疗保险、健康保障等多环节实现分担和共享。首先，医疗救助与医疗保险作为一种费用分担机制，能够降低改善健康带来的经济风险。因此，需要进一步扩大公共医疗救助的覆盖率与基本医疗保险的参与率，提高保障水平，降低人们疾病治疗的后顾之忧。只有在良好的医疗费用保障下，才能积极地参与疾病治疗，实现疾

---

① 祁毓，卢洪友．污染、健康与不平等——跨越"环境健康贫困"陷阱［J］．管理世界，2015（9）：32-51．

病的早识别、早治疗，降低疾病的累积风险。其次，健康保障是对医疗保险的升级优化，随着医学模式由重治疗的"疾病医学"向重预防的"健康医学"转变，在生物医学模式基础上建立的医疗保险制度，已难以保障人类生命健康的延续和生活质量的提高①。因此，需要优化健康保障的筹资策略与偿付机制，引导从疾病治疗到疾病预防再到健康改善，从"病有所医"到"人人享有健康保障"，从全民医疗保障到全民健康保障的优化升级。

（七）健康素养提升

健康素养提升是以人为核心的公共健康治理的重要目标，是公共健康治理成果的体现。健康素养能够赋权于公民个体，并使他们能够参与到集体的健康促进行动中。投资于健康素养与投资于医疗服务都是一种对健康的投资，共同作用全民健康覆盖。健康素养是健康教育的一个主要结果，提高健康素养不仅仅需要传播健康信息，还需要改善人们对于健康信息的获取途径，提高对健康信息的利用能力。因此，将健康素养作为一种宣传理念融入大众产品设计中，从而改善健康信息的获取途径；定期开展以社区为依托的健康素养监测工作，及时反馈以提高人们对健康信息的利用能力。此外，由于以医疗保健的形式发生在家庭内部的人力资本投资是人力资本投资的重要形式，家庭内部行为对健康的影响不容忽视，在健康素养的投资中尤其要重视发挥以家庭为单位的健康投资在健康素养提升中的作用，提高健康的家庭内部和代际再生产能力。

五、公共健康治理的协同机制

（一）共生健康风险

在同一个生活环境下，所有生活在公共社会中的人会受到健康风险因素的共同影响。健康风险是罹患疾病后医疗费用的支出增加，不能参加正常生产劳动而导致收入下降，影响个体生活质量的风险。每个人在罹患疾病后可能会传染至周围人，同时，个体的生活方式也会作为一种生活文化影响到周围人。此外，健康风险降低个体参与社会生产的能力，由此带来的生产效率下降与生产时间减少会阻碍全社会的发展进程。在当今疾病谱变化与人类交往联系日益紧密的情况下，健康危险因素的扩散突破了特定的空间限制，公众相互受各自健康水平和共同生存环境的影响，全社会面临共同的健康风险。健康是生产的先决条件，健康威胁的普遍化产生了无所不在的和永久的对生存的威胁，正以相应的严酷性贯穿经济和政治体系②。例如，恶性肿瘤、脑血管和心脏病是我国城乡居民主要疾病死亡

① 罗景虹，石美遐，王佩. 从疾病保险到健康保险（预防干预）的战略选择［J］. 中国药物经济学，2007（1）：9-14.

② ［德］乌尔里希·贝克. 风险社会［M］. 何博闻译. 南京：译林出版社，2004：101.

率中排名前三位的疾病，恶性肿瘤、心脑血管疾病、传染病等疾病以及雾霾、水污染、生态破坏等不良的公共环境已经成为威胁人们生活质量和生命健康共同的重要因素。因此，全体社会成员面对共同的健康风险结成了互相依赖的生命共同体，健康风险共生需要生命共同体的公共联合行动，是公共健康治理的必要性所在。

（二）共识健康需求

改善健康是社会成员的共识，是公共健康治理的合作力量。健康的身体与生活是每个人的追求和愿望，改善个体的健康水平是个人生活的重要组成部分。在健康风险的冲击下，分散健康风险的需求即健康需求，同时也是保持良好的身心健康状态和积极参加社会生产等活动的需求。健康资本是人力资本的重要组成部分，是个体参与社会活动和劳动生产的基础。化解个体健康风险，改善个体健康、提高个体健康资本是每个社会成员的共同诉求，而个体健康资本所聚集而成的社会健康资本成为社会重要的人力资本，从而影响到高质量的社会生产。因此，对公共健康改善的需求能够成为一种凝聚社会共识进而实现公共健康合作治理的团结力量。基于共识健康需求的团结力量，在实践中需要开展针对全人群全生命周期的健康教育，使人们意识到健康对个人及社会的重要性，以此激发人们自觉参与公共健康治理的主动性。

（三）共创健康治理

全体社会成员共建共创健康环境、健康生活，提高个人的健康素养，自觉保护公共健康的社会环境，是实现公共健康治理的重要路径。公共健康作为一种人人需求的公共产品，其涉及群体与范围的广泛性和公共性要求社会成员共同参与健康环境与健康生活建设和创造，以减少"公地悲剧"的发生。同时，每个人改善自我生活方式、建设良好健康环境既是维护个人健康的权利，也是改善共同生活环境的义务。因此，一方面，公共健康治理强调个体对健康的负责；另一方面，也强调全社会的共同参与和共同创建，即全社会通过制度政策、技术工具等媒介治理公共健康问题，进行公共健康的预防、治疗、康复与提升，实现对健康的指引，引导全人群全社会共同参与公共健康的保护和治理行动。

（四）共享健康促进

公共健康治理的最终目标是"人人享有健康"的健康促进。个体健康依托于群体健康，依赖于健康生活环境，个体和社会的改变需要与卫生服务改善和健康促进政策齐头并进①。健康促进是社会经济增长的正能量，劳动者健康的工作方式以及全体社会成员健康的生活方式是经济社会可持续发展的稳定来源。因此，

---

① ［英］约翰·沃利. 发展中国家改善公共卫生指南［M］. 解亚红，张炎，纪颖译. 北京：北京大学出版社，2009：140.

通过共创健康治理，达成社会公众共享健康促进的公共健康治理结果与目标。

《"健康中国 2030"规划纲要》指出共建共享是健康中国的战略主题。"共生—共创—共识—共享"的"共创共享"型合作治理逻辑以及"健康风险—健康需求—健康治理—健康促进"的健康发生过程，共同构成了公共健康合作治理机制。健康风险的冲击使社会公众结成健康共同体，分散或消除健康风险，保持良好的身心状态，提高个体健康资本的国民健康需求成为社会共识，而公共健康的外部性决定了健康改善需要全社会共创健康环境，共享健康促进。即共生健康风险是公共健康治理的必要性所在，共识健康需求使公共健康治理有了实施的可能性，共创健康治理则是公共健康治理的主要路径，共享健康促进是公共健康治理的最终结果与目标。总之，公共健康治理是一种基于全社会"健康风险共生—健康需求共识—健康治理共创—健康促进共享"的合作治理。

第二节　中国共产党领导下的百年公共健康治理变迁

中国共产党自成立以来，始终把人民健康与国家利益相结合，坚持以人民为中心，以健康为根本，人民生命健康高于一切，为实现共同富裕和中华民族伟大复兴而不懈奋斗。中国共产党的百年发展史也是一部带领人民战胜疫病、保卫健康的奋斗史①。中国共产党的卫生健康治理缘起于革命战争时代，诞生于军民一体的卫生运动，经历了萌芽、初建、提效、转型和改革，如今进入高质量发展阶段，其治理内容在历史发展的各时期和社会建设的各领域也有所差异。在中国共产党领导下的我国公共健康治理发展历程可以分为以下六个阶段②。

一、1921~1949 年：革命战争时期的军民卫生运动

1921~1949 年，是我国卫生健康治理的萌芽阶段，从第二次国内革命时期，中国共产党逐步确立了农村包围城市、武装夺取政权的革命道路，为保证革命质量，中国共产党早在第二次国内革命时期就组织军民开展群众卫生运动，以普及卫生知识为切入点，持续开展卫生防疫运动（见表 6-1），发动广大群众减少疾

---

① 马春霞. 中国共产党抗疫之路的历史诠释 [J]. 中国出版，2021（7）：71.

② 陈兴怡，翟绍果. 中国共产党百年卫生健康治理的历史变迁、政策逻辑与路径方向 [J]. 西北大学学报（哲学社会科学版），2021，51（4）：86-94.

病以至消灭疾病①。

表6-1　苏区卫生防疫运动②

时间	文件/事件	作用
1932 年 3 月	《苏维埃区暂行防疫条例》	拟定许多防疫的办法及消灭瘟疫的办法，向广大群众作宣传，使工农群众热烈地举行防疫的卫生运动
1933 年 3 月	《卫生运动纲要》	号召全苏区各处地方政府，各地群众团体领导全体群众团结起来，向着污秽和疾病，向着对于污秽和疾病的顽固守旧邋遢的思想习惯，做顽强的坚决的斗争
1934 年 3 月	中央防疫委员会成立	成立了开展有效指导卫生防疫工作的中央领导机构
1937 年 11 月	《暂行卫生法规》	明确提出遵守卫生纪律八条，推动人民军队卫生工作规范化
1941 年 11 月	《陕甘宁边区施政纲领》	强调推广卫生行政、培养医务人才，成为党首次直接规定医疗卫生内容的宪法性文件
1946 年 4 月	《陕甘宁边区宪法原则》	提出"发展卫生教育与医药设备"，开创性地将人民健康上升到基本权利的高度

这一时期内的治理方式是通过动员群众参与卫生防病活动来减少疾病以至消灭疾病，巩固革命成果，在革命战争环境下，形成了早期辩证地处理动员群众参加革命战争这一中心任务与民生问题之间关系的思想，是从人民群众最基本的民生需求入手展开的治理③。

二、1949~1978 年：计划经济时期的人民卫生保障

1949~1978 年，是我国卫生健康治理的初建阶段，新中国成立之初，医疗卫生事业事关新中国人民当家作主的政权性质，也关乎国家经济建设总的战略安排④，为此中央确定了卫生工作的四大原则："面向工农兵、预防为主、团结中西医、卫生工作与群众运动相结合。"1949 年 11 月，国家层面的卫生专门机构——中央人民政府卫生部正式成立，中共中央强调"今后必须把卫生、防疫和一般医疗工作看作一项重大的政治任务"⑤。在农村地区，为抢救和保护农业劳

① 肖飞. 从《长冈乡调查》看党的群众路线在乡苏社会动员中的作用［J］. 毛泽东思想研究，2015，32（6）：36-40.

② 田刚. 中国共产党领导的苏区卫生防疫运动［EB/OL］. 中国共产党新闻网，http://cpc. people. com. cn/GB/64162/64172/85037/85039/6040450. html.

③ 钟健英.《长冈乡调查》、《才溪乡调查》——毛泽东民生思想形成的重要标志［J］. 毛泽东思想研究，2013，30（2）：131-135.

④ 宋学勤，李晋珩. 新中国成立 17 年间农村医疗卫生事业研究［J］. 中国高校社会科学，2021（1）：82-90+159.

⑤ 中央档案馆. 中共中央文件选集：1949 年 10 月—1966 年 5 月［M］. 北京：人民出版社，2013：24-156.

动力、支援农业生产，对在水稻种植区多发的血吸虫病展开一系列防治，保障农民健康，进一步为农业生产创造良好条件①。1952 年，为应对美国在朝鲜战场实施的细菌战，政务院决定成立防疫委员会，之后更名为中央爱国卫生运动委员会，领导广大军民开展以消灭病虫害为主要内容的爱国卫生运动。1953 年，我国确立了"卫生工作与群众运动相结合"的卫生工作方针，实施了"除四害"、讲卫生、整治环境等一系列爱国卫生运动，有效地控制了传染性疾病的传播和流行②。1965 年，毛泽东主席发出"六二六"指示，提出"把医疗卫生工作的重点放到农村去"，农村合作医疗制度进一步在全国推行，赤脚医生成为合作医疗的践行者③，赤脚医生充分发挥深入群众、成本低廉的优势，与城市"医疗下乡"相结合，走完了农村医疗卫生深入基层的"最后一公里"，世界银行和世界卫生组织评价其为"用最低廉的成本保护了世界上最多人口的健康"。这一时期，以"两管五改"（管水、管粪，改水井、改厕所、改畜圈、改炉灶、改造环境）为主要内容的爱国卫生运动扎实推进、成效明显④。

在计划经济时期，我国建立了城镇医疗保障制度（公费医疗和劳保医疗）与农村合作医疗，医疗保障制度初步确立，形成了市、区两级医院和街道门诊部（所）组成的三级医疗服务及卫生防疫体系。在这一阶段，卫生健康治理致力于解决制约生产发展的劳动力健康问题，开启了初级卫生保健工作，初步构建了城乡医疗保障制度。

三、1978~2003 年：市场经济时期的卫生健康社会化

1978~2003 年，是我国卫生健康治理的提效阶段，改革开放后，市场机制被引入公共卫生服务供给领域⑤，主张"运用经济手段管理卫生事业"。1979 年，原卫生部等三部委联合发出了《关于加强医院经济管理试点工作的通知》，接着又开展了"五定一奖"和对医院"定额补助、经济核算、考核奖惩"的办法，加强了医院管理。1980 年，原卫生部允许个体开业行医，开启了医疗主体多元化时代，在一定程度上弥补了国家对医疗资源投入的不足，自此，尽管我国医院

---

① 中共中央文献研究室．建国以来重要文献选编［M］．北京：中央文献出版社，1995：154-155.

② 王玥．新中国成立以来爱国卫生运动的演进轨迹［J］．人民论坛，2020（25）：108-111.

③ 李海红．计划经济时期的农村合作医疗［J］．河南师范大学学报（哲学社会科学版），2020，47（6）：100-106.

④ 姚力．从卫生与健康事业发展看新中国 70 年的成就与经验［J］．毛泽东邓小平理论研究，2019（11）：52-57+107.

⑤ 武晋，张雨薇．中国公共卫生治理：范式演进、转换逻辑与效能提升［J］．求索，2020（4）：171-180.

数量增速明显，但乡镇卫生院和村卫生室数量增长缓慢，甚至在部分年份出现下降①。1985年，《关于卫生工作改革若干政策问题的报告》标志着我国开启了第一次医疗改革，提高效率、促进医疗卫生多元格局成为改革主题，但因为侧重于提高效率而忽视了卫生健康事业的公益性，埋下了"看病难、看病贵"的后患，使具有高度正外部性与公共物品特征的公共卫生服务出现了供给相对短缺的现象。1998年12月，国务院出台《关于建立城镇职工基本医疗保险制度的决定》，标志着我国从单位医疗保障开始向社会医疗保障转变。2002年1月，中国疾病预防控制中心成立，初步形成了四级疾病预防控制体系。改革开放后，出于提高卫生事业发展效率和减轻财政经济负担的诉求，卫生健康治理侧重于运用经济激励机制等混合型治理工具激发医疗机构发展活力和竞争意识，建立了与社会主义市场经济体制相适应的、强调效率和市场参与的医疗卫生体制。

四、2003~2009年："非典"之后的公共卫生建设

2003~2009年，是我国卫生健康治理的转型阶段，2003年，"SARA"病毒大规模暴发，突如其来的疫情暴露出了我国公共卫生体系和医疗卫生事业的短板及问题，全面推进医疗卫生体制改革刻不容缓，公平性、综合性成为改革的重点方向。2003年5月，国务院颁布《突发公共卫生事件应急条例》，开启我国应对突发公共卫生事件制度化进程的探索，同年，《关于建立新型农村合作医疗制度意见的通知》提出建立新型农村合作医疗制度。疫情结束后，中央政府大力完善公共卫生预警监测系统，大幅投入资金完善公共卫生体系和各级疾病预防控制中心机构建设，进一步完善了四级疾病预防控制体系，特别增加对农村地区医疗卫生事业的投入，缩小城乡医疗差距。2005年3月，国务院办公厅转发民政部等部门《关于建立城市医疗救助制度试点工作意见的通知》，我国开始在城市建立医疗救助制度，同年，我国加入世界卫生组织《烟草控制框架公约》，表明了保护公民健康的承诺。2008年，原卫生部启动了"健康中国2020"战略研究。2009年，《关于建立国家基本药物制度的实施意见》标志着国家基本药物制度建设工作正式启动。

这一阶段，我国医疗卫生体制的重点在于完善和强化公共卫生领域建设，"非典"纠正了公共卫生改革方向，推动了公共卫生体系的重构与大规模建设②，倒逼国家完善应对突发重大公共卫生事件的组织、协调机制，加强常规医疗卫生和应急医疗卫生的均衡、结合，重视发挥社区在基层防治和公共卫生中的重要作用，但并未对医疗卫生体制开展实质性改革。

---

① 杨磊. 中国医改进程中健康不平等的演变趋势与反思 [J]. 学习与探索，2020 (9)：38-45.
② 孙菊. 疫情推动公共卫生治理现代化改革 [J]. 人民论坛，2020 (S1)：38-41.

五、2009～2020 年："新医改"以来的卫生健康制度建设

2009～2020 年，是我国卫生健康治理的改革阶段，2009 年，我国开启了第二次医改，此次新医改的理念目标很明确，即回归和坚持公立医院的公益性质和主导地位，强调效率目标和公平目标的均衡，根本目标是实现全民健康。2009年，《中共中央　国务院关于深化医药卫生体制改革的意见》（简称"新医改"方案）发布，指出五项重点改革：①推进基本医疗保障制度建设；②初步建立国家基本药物制度；③健全基层医疗卫生服务体系；④促进基本公共卫生服务均等化；⑤推进公立医院改革试点。2014 年 H7N9 禽流感疫情实现有序应对，同年，我国乙肝防控被世界卫生组织誉为 21 世纪公共卫生领域的伟大成就。2015 年，《政府工作报告》中首提"健康中国"。2016 年全国卫生与健康大会进一步确立了"以基层为重点，以改革创新为动力，将健康融入所有政策，人民共建共享"的新时期工作方针，《"健康中国 2030"规划纲要》指出，要"把健康城市和健康村镇建设作为推进健康中国建设的重要抓手"，"加强健康城市、健康村镇建设监测与评价"，到 2030 年，建成一批健康村镇建设的示范村镇。2017 年，"健康中国"战略写进党的十九大报告，报告提出要推进健康乡村建设，强化农村公共卫生服务，深入开展乡村爱国卫生运动，城镇居民医保和新农合医保合并，城乡居民公平享有同一医保制度。2018 年的中央一号文件也明确提出要推进健康乡村建设。2018 年，党的十九届三中全会通过《深化党和国家机构改革方案》，组建国家卫生健康委员会、国家医疗保障局、国家市场监督管理总局，考虑到药品监管的特殊性，单独组建国家药品监督管理局。同年，药品耗材集中采购、医保支付方式改革也进入了深化改革和试点阶段，并取得了显著成效。2019 年，《国务院关于实施健康中国行动的意见》与《健康中国行动组织实施和考核方案》提出，要从国家层面推动制定《健康中国行动（2019—2030 年）》以及成立健康中国行动推进委员会。

六、2020 年以后：后疫情时代的卫生健康共同体治理

2020 年以后，我国卫生健康治理步入高质量发展阶段，2019 年底，新冠肺炎疫情暴发，这是新中国成立以来发生的传播速度最快、感染范围最广、防控难度最大的一次重大突发公共卫生事件，是一场检验国家治理能力的危机大考。在抗击疫情的实践中，党和国家始终把人民群众生命安全和身体健康放在第一位，国家医保局先后发布《"两个确保"全力开展疫情应对与救治保障》和《关于做好新型冠状病毒感染的肺炎疫情医疗保障的通知》，确保患者不因费用问题影响就医，确保收治医院不因支付政策影响救治。国家卫健委先后发布八版诊疗方

案，规范、科学地指导诊疗工作。在疫情防控中，发挥重要作用的中医药防治和"互联网+"医疗，也为后疫情时代卫生健康治理提供了具有战略意义的思路。2020 年 3 月 5 日，正值新冠肺炎疫情防控的关键时期，《中共中央 国务院关于深化医疗保障制度改革的意见》发布，明确了我国将继续坚持制度自信，加快建立多层次医疗保障体系，促进全社会共建共治共享①。2020 年党的十九届五中全会强调要全面推进"健康中国"建设，加大力度普及健康生活方式，发展健康产业。2021 年"十四五"规划和 2035 年远景目标纲要提出，把保障人民健康放在优先发展的战略位置，全面推进健康中国建设，坚持预防为主的方针，为人民提供全方位全周期健康服务。

随着中国特色社会主义进入新时代，各项事业进入高质量发展阶段，我国卫生健康治理的主要矛盾表现为人民日益增长的高质量卫生健康服务需求和不平衡不充分的卫生健康发展之间的矛盾，同时，在新冠肺炎疫情的影响下，我国对建设人类命运共同体的认识更加坚定、深刻，因此，后疫情时代的卫生健康治理是以建设卫生健康共同体为目标进行深化改革的高质量发展阶段。

中国共产党的百年卫生健康治理取得了举世瞩目的成绩，在党的组织优势、制度优势和文化优势下，我国走出了 20 世纪初缺医少药的健康困境，逐步建立起了全世界规模最大的医疗保障网，积累了丰富的卫生健康治理经验和智慧。我国医疗机构数从 1949 年的 3670 个增长至 2020 年的 102.3 万个，每万人拥有执业（助理）医师数从 7 人增长至 73 人，卫生总费用从 1978 年的 110.21 亿元增长至 2020 年的 72175 亿元；我国人均预期寿命从 1949 年的 35 岁提升到 2020 年的 77.3 岁，婴儿死亡率从 200‰下降至 5.3‰，孕妇死亡率从十万分之一千五下降至十万分之十七点八；基本公共卫生服务项目从最初的 9 类 41 项扩大至 14 类 54 项，免疫疫苗规划从 1978 年的 4 种扩大至 16 种，可预防传染病从 6 种扩大至 15 种，建立起保障稳定药物供应和用药安全的国家基本药物制度，基本医疗保险覆盖超过 13.61 亿人，参保率稳定在 95%以上②。国际权威医学杂志《柳叶刀》评价我国是 1990 ~ 2015 年"医疗服务质量和可及性排名进步幅度最大的国家之一"③，其发布的医疗质量及可及性全球排名显示，我国已从初始的第 110 位上升至 2017 年的第 48 位，卫生健康治理的成效显著，全民健康素质实现了实质性改善提升。

---

① 吕国营. 新时代中国医疗保障制度如何定型 [J]. 社会保障评论，2020，4（3）：39-46.

② 数据经国家统计局、国家医疗保障局、疾病预防控制局、国家卫生健康委员会官方网站发布数据及规划方案资料统计而来。

③ GBD2015 Healthcare Access and Quality Collaborators. Healthcare Accessand Quality Indexbased on Mortality from Causes Amenable to Personal Heal the Care in 195 Countries and Territories, 1990—2015: A Novel Analysis from the Global Burden of Disease Study 2015 [J]. Lancet, 2017, 390 (10091): 231-266.

第三节 地方公共健康治理现代化

一、构建公共健康治理体系

(一) 构建公共卫生法律体系

《中华人民共和国宪法》对居民健康权益有明确规定："中华人民共和国公民在年老、疾病或者丧失劳动能力的情况下，有从国家和社会获得物质帮助的权利。国家发展为公民享受这些权利所需要的社会保险、社会救济和医疗卫生事业。"根据卫生法律的调整对象为主要标准，中国卫生法律分为卫生机构法律制度，卫生职业法律制度，公共卫生法律制度，卫生服务法律制度，这些法律制度主要就某一具体领域进行规范指导。目前中国尚缺乏可以统率卫生法律体系、连接宪法与具体卫生法律法规的综合性法律，中国政府正在制定这样一部法律。

中国的卫生法律绝大部分属于卫生行政法规。除了全国人大常委会颁布的15部法律之外（见表6-2），国务院还制定了《医疗机构管理条例》《医疗事故处理条例》《中医药条例》《突发公共卫生事件应急条例》《护士条例》等38项行政法规，除此之外还有大量地方法规、部委和地方政府规章和规范性文件等（见表6-2）。

表6-2 中国主要的公共卫生立法

年份	法律
1984	《中华人民共和国药品管理法》（2019年修订）
1989	《中华人民共和国传染病防治法》（2013年修订）
1993	《中华人民共和国红十字会法》
1994	《中华人民共和国母婴保健法》（2017年修订）
1997	《中华人民共和国献血法》
1998	《中华人民共和国执业医师法》（2009年修订）
2001	《中华人民共和国职业病防治法》（2018年修订）
2001	《中华人民共和国人口与计划生育法》（2021年修订）
2007	《中华人民共和国国境卫生检疫法》（2018年修订）
2009	《中华人民共和国食品安全法》（2021年修订）
2012	《中华人民共和国精神卫生法》（2018年修订）

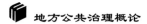

续表

年份	法律
2016	《中华人民共和国中医药法》
2019	《中华人民共和国疫苗管理法》
2019	《中华人民共和国基本医疗卫生与健康促进法》
2021	《中华人民共和国医师法》

资料来源：根据《转型中的中国卫生体系》、国家卫生健康委网站信息整理。

（二）构建以公共利益为主的公共健康协同治理体系

公共健康治理的治理体系是跨部门行动。公共健康的公共治理体系以公共健康利益为导向，以跨部门行动为主要形式，关注于公共健康的需求回应与健康资源的公正分配。前文讲到公共健康是一门多学科、多领域的科学，这也注定了公共健康治理并非由个体部门完成。公共健康受卫生部门直接控制之外的众多因素的影响，例如，教育、收入以及个人的生活条件，因其内容项目的多样性和涉及领域的公共性，需要公共健康领域相关部门的合作，具体包括卫生部门主导的公共卫生服务和基本医疗服务、人社部门主管的医疗保险制度、民政部门负责的医疗救助制度等。公共健康跨部门治理需要公正的公共利益体系，既通过网格化治理明确具体的责任归属，又通过合作机制优化和分享公共健康治理成果。

（三）构建公平竞争的公共健康市场治理体系

公共健康的市场治理体系以实现资源优化配置为理念导向，以医疗、医保、医药为基本形式，通过健康资源的市场交换来满足国民的健康消费需求。在健康中国战略下，需要扩展三医的内涵与"三医联动"的外延，积极进行三医内部的要素整合、三医之间的结构优化与三医外部的协同联动，最终实现健康治理①②。具体包括以下三点：一是三医内部互律与自我治理。鼓励医疗服务市场的公私竞争，整合各级医疗资源协同合作，完善医疗资源均等配给，优化医疗服务质量；加强药品生产、供应、流通、使用等各个环节的控制，完善药品质量和成本管理；建立多层次、多来源、科学支付的医疗保障制度。二是三医之间互嵌与合作治理。医保是连接医疗服务供方和需方的纽带、引导医疗服务供方的价格杠杆和影响医疗服务行为的调控阀。通过医保与医药间医保药品目录谈判优化医药质量与价格，通过医保与医疗间医保费用支付机制提高服务效率，通过医疗与医药间药品招标采购制度治理药价虚高，最终优化健康资源在医疗市场的交换和

---

① 翟绍果. 三医联动的逻辑、机制与路径［J］. 探索，2017（5）：78-83.
② 王震. "三医"联动的治理结构特征与实践模式［J］. 探索，2017（5）：72-77.

配置①。三是三医之外互融与协同治理。即医疗、医药与医保之外的医疗卫生相关的利益主体，围绕健康服务进行的资源共享与协同治理，包括通过社会化管理、完善法律法规等内容，优化医疗体制、提升经办效率、规范医药与医疗服务市场等。总之，通过三医内部互律与自我治理、三医之间互嵌与合作治理、三医之外互融与协同治理，达成公平的市场竞争规则，实现健康资源要素优化配置的市场治理目标。②

（四）构建多元参与的公共健康社会治理体系

公共健康的社会治理体系以公共健康互惠共享为理念基础，以社会动员为核心形式，关注于全体社会成员的健康集体行动。公共健康是社群成员的集体行为，需要全社会的动员参与，以保证人民能够拥有获得健康的条件。在社会层面建立公开的社会参与机制，鼓励与培育社会组织在提供公共卫生与医疗服务、扩大公众参与监督管理等方面发挥积极作用，使其成为构建健康治理新格局的重要力量③，形成新型的社会伙伴关系。以社区等微观生活场域和企业等微观生产场域为中心的自下而上的自主健康行动同自上而下的健康政策引导相结合，实现公共健康的人人参与。尤其发挥社区在健康治理中的作用，以社区为健康治理的单元细胞，依托信息网络构建健康治理的基层综合服务平台④。此外，随着人口流动与贸易往来的频繁，公共健康跨越空间的传播与影响成为一项跨越区域的事业，健康资源的社会化配置需要跨区域合作。研究表明：一个地区的公共健康受周边地区公共健康的影响比较显著，因而在提高公共健康水平时政府应该把整个地区公共健康作为一个整体，来制定一个有效的公共卫生政策⑤。公共健康治理的跨区域合作，主要体现在不同区域健康服务资源的互惠共享方面，例如，医疗技术资源、人才资源，医保资源、药品药械资源等的互通互联，运用互联网技术建立健康医疗大数据，建立全国统一的健康风险识别监测系统，做到区域性公共健康风险因素的即时识别、公共健康治理方案的经验推广等。

二、创新公共健康治理方式

（一）加强社区治理

2021年，中共中央、国务院印发的《关于加强基层治理体系和治理能力现代化建设的意见》指出，基层治理是国家治理的基石，统筹推进乡镇（街道）

---

① 仇雨临. 医保与"三医"联动：纽带，杠杆和调控阀［J］. 探索，2017（5）：2+65-71.

②④ 高燕. 健康浙江［M］. 杭州：浙江工商大学出版社，2018.

③ 刘丽杭. 国际社会健康治理的理念与实践［J］. 中国卫生政策研究，2015（8）：69-75.

⑤ 孙涵，聂飞飞，申俊. 空气污染、空间外溢与公共健康——以中国珠江三角洲9个城市为例［J］. 中国人口·资源与环境，2017（9）：35-45.

和城乡社区治理，是实现国家治理体系和治理能力现代化的基础工程。在新冠肺炎疫情抗疫期间，社区的健康社区是"健康中国"战略实施的重要抓手。健康社区是指所有组织（正式/非正式）都能有效合作，进而提高居民生活质量和健康水平的社区，强调健康理念对社区建设的重要性，涵盖了规划、建设和治理全过程。其中，健康社区强调了治理的作用，从概念内涵上来看，社区健康即多维健康，包括个体、社区相关组织和社区整体的健康①。近年来，我国城市化水平不断提高，居民生活与发展需求日趋多元化，为我国社会治理提出了新的挑战，社会治理需要朝着更加精细化、人性化方向发展，而基层社区恰恰是促进我国社会治理水平纵深发展的主要载体。社区治理应成为社会治理的关键环节和重中之重，为提升社会治理水平提供新方法、拓宽新思路、开辟新天地，在社会治理过程中发挥基础性作用②。

健康社区服务功能包括社区应急、社区公共服务供给和社区健康监测评估三方面。社区应急指建设和完善社区疫情应急管理的平时预防机制、资源动员机制、参与机制、灾害防救能力建设机制，以及灾害后的伤害评价、安全监测和修复机制。我国的社区应急主要停留在危机管理的 PPRR 模型中的应对阶段。当前，应急服务应构建完善的防控工作流程，包括政策宣传和消息采集、社区封闭和消杀防疫、资源保障和社区照顾、患者排查和就医安排、情绪安慰和心理辅导等环节。社区公共服务供给是治理的基本保障，包括医疗资源、生活资源和健康理念（包括防疫咨询）等方面。社区医疗具有患者信息收集和上报、初期诊疗设施供给等作用，有利于实现社区疫情风险的精准排查；社区治理对接城市应急物资保障体系，结合大数据预测本社区的需求，申请物资的种类和数量的调配，有针对性地提供医疗生活物资等服务；开展疫情认知与自我防范、防疫消毒、卫生习惯、垃圾分类、保洁等的宣传和咨询工作，同时注重疏解和安抚居民的情绪压力，尤其是向弱势群体倾斜。社区健康监测评估主要依托网格化管理、云服务平台和大数据等信息技术，构建健康安全监测和防控管理信息技术平台；重点保障疫情、防护、医疗就诊和民生保障这四类信息的更新与公开；整合信息采集与更新、综合评估、病例跟踪、数据预测等功能，加强数据动态监测、风险评估，辅助防疫工作③。

（二）推进信息化治理

2021 年，国务院办公厅印发的《"十四五"全民医疗保障规划》④（以下简

---

①③　袁媛，何灏宇，陈玉洁．面向突发公共卫生事件的健康社区治理［J］．规划师，2020，36（6）：90-93.

②　俞祖成，黄佳陈．进一步推进社区治理体系和治理能力现代化［N］．中国社区报，2020-04-26.

④　应亚珍．"十四五"全民医疗保障规划主要指标和预期目标解读［J］．中国医疗保险，2021（11）：12-14.

称《规划》）中提出，到 2025 年，医疗保障制度更加成熟定型，基本完成待遇保障、筹资运行、医保支付、基金监管等重要机制和医药服务供给、医保管理服务等关键领域的改革任务，医疗保障政策规范化、管理精细化、服务便捷化、改革协同化程度明显提升。《规划》特别提出了"建设智慧医保"的发展目标，并从管理、服务、基础设施等方面，提出了医保信息化建设的重点任务，包括加强信息基础设施建设、运用智慧医保加强管理、提升服务水平、推进数据共享等。

当前，世界已迈入数字时代，大数据、物联网、云计算、人工智能、区块链等数字技术日新月异，数字化正深刻改变着传统经济的发展方式，并在重塑包括医疗保障、医疗服务在内的公共服务提供和在社会治理格局方面发挥着重要作用[1]。国家卫生健康委规划司司长毛群安指出[2]：通过多年建设和发展，我国全民健康信息化建设取得了积极进展和成效，顶层设计逐步完善，基础建设得到加强，在便民惠民方面的效果也日益显现。但与此同时，这次疫情也暴露出信息化建设的一些短板和不足，在管理机制、基础设施、共享应用、网络安全等方面还有不少的难点，亟待研究解决。下一步，国家卫生健康委规划发展与信息化司将坚持平战结合，既立足当前，又着眼长远，坚持"互联网思维"和"大数据思维"，强化"一体化管理、一体化感知、一体化采集、一体化指挥、一体化服务、一体化保障和一体化安全"，抓紧补短板、补漏洞、强弱项，以打通医疗和公共卫生，强化分析应用为重点，不贪大求全，要做一件成一件，推进全民健康信息化治理体系和治理能力的现代化。

三、完善公共健康治理的领导机制与制度体系

进一步完善和发展公共健康领导体制，各级各地要坚持党委和政府主要领导双组长制。完善政府办医体制，成立公立医院管理委员会。建立和完善新时代卫生健康行业党的建设制度体系，强化卫生健康行业监管制度。落实公立医院党委领导下的院长负责制。建立完善推动医疗服务供给侧结构性改革的政策制度。加强专（学）科建设、科研创新和新技术新项目转化，运用深度融合的医疗技术创新体系建设。

进一步完善和发展全民医疗保险和药品供应保健制度。完善社会保障体系，以巩固全民参保制度。完善医保支付制度，加快推进总领取额预算和门诊按人头

---

① "十四五"全民医疗保障规划发布，数字化推动医保治理手段转型升级［EB/OL］. https：// new. qq. com/omn/20211018/20211018A0BLRS00. html.

② 国家卫生健康委新闻发布会介绍全民健康信息化应用发展典型案例有关情况［EB/OL］. http：// www. gov. cn/xinwen/2020－09/09/content_ 5542028. htm.

住院、按病组点数法付费机制。健全重大疫情医疗救治医保支付政策。统一异地就医政策，健全异地联网结算机制。推进基本医保、大病保险、长期护理保险、社会救助等保障制度衔接。优化大力发展健康商业保险政策环境。同时，深化药品供应保障体系改革，提高药品生产量，建立完善药品信息全程追溯体系。巩固基本药物制度，满足基层患病用药需求，强化公立医院使用基本药物制度。动态调整国家基本药物目录，加快完善国家药品耗材集中招标采购机制，健全短缺药品供应机制，促进合理用药。

进一步完善基层运行新机制。强化县（市、区）党委担负基层治理的第一责任。加强推进基层人才强基工程。完善骨干人才遴选、农村订单培养、县管乡用等制度，健全基层特色科室培育、标准化示范化创建等激励机制。完善家庭医生签约服务财政投入、医保支付、人才政策、岗位薪酬等制度保障。

进一步完善和发展人口健康信息共建共享制度。建立数字医疗、数字健康、数字卫生管理等制度。充分运用大数据、云计算、人工智能、物联网等新技术，完善国家、省、市和县四级人口健康信息平台对接机制，创新互联网医院、移动医保支付、电子处方药物配送等智能化服务模式，加快基层农村及偏远地区远程会诊系统建设。

进一步完善和发展综合监管制度。完善事中事后监管机制，落实鼓励社会办医扶持政策，全面实施电子化注册管理改革，完善多点执业制度。建立健全卫生健康综合监管制度体系，运用区块链等新技术建立卫生健康信用体系。

进一步完善和发展健康促进模式。不断完善国民健康政策，实施健康中国行动。建立和完善健康融入万策机制和健康影响评价制度。巩固落实预防保健和疾病综合防控机制，完善公共卫生重大风险研判、评估、决策、防控协同机制。完善健康教育制度，提高人民群众健康素养，加快推进健康城市、健康村镇、健康社区、健康细胞创建活动，为保障人民健康营造良好环境。①

复习思考题

1. 如何理解公共健康治理的内涵和特征？
2. 公共健康治理有什么领域？
3. 如何理解中国共产党百年公共健康治理变迁？
4. 如何推进地方公共健康治理现代化？

---

① 林枫. 推进卫生健康治理体系和能力现代化 [J]. 中国卫生，2020（5）：90-91.

案例分析

浙江省印发《2021年健康浙江行动推进重点工作任务的通知》
2021-05-07

近日，省委、省政府健康浙江建设领导小组办公室印发了《2021年健康浙江行动推进重点工作任务的通知》（以下简称《通知》）。

《通知》以实现"十四五"末"基本建成健康浙江"和"健康中国省域示范区"为总目标，以2030健康浙江行动纲要、推进健康浙江行动实施意见为总要求，贯彻落实《关于推进健康浙江行动的组织实施方案（2020—2022年）》和《健康浙江行动示范试点工作方案（2020—2022年）》为总抓手，统筹协调26个专项行动牵头部门，根据单项行动三年实施方案及年度工作计划，紧紧围绕工作要点，持续推进健康浙江行动示范试点，重点突破，指导鼓励示范试点地区探索形成20~30个可复制、可推广的典型经验，以点带面全面推动健康浙江行动提档升级，高水平、高质量发展。

《通知》明确，2021年健康浙江行动推进重点工作任务26项，包括健康知识普及行动、合理膳食行动、全民健身行动、控烟限酒行动、心理健康促进行动、蓝天碧水净土清废行动、绿色环境打造行动、饮用水达标提质行动、食品安全放心行动、农产品绿色安全行动、药品质量安全行动、道路交通安全综合治理行动、妇幼健康促进行动、中小学健康促进行动、职业健康保护行动、老年健康促进行动、心脑血管疾病防治行动、癌症防治行动、慢性呼吸系统疾病防治行动、糖尿病防治行动、传染病及地方病防控行动、医疗卫生服务体系优化行动、中医药促进健康服务行动、智慧健康管理行动、健康保障惠民行动、健康产业发展行动，并进一步细化了各项行动的责任单位、牵头单位。

《通知》要求，全省各级健康办、行动牵头单位要充分发挥协调机构的作用，理清推进工作思路，以行动推进工作为总牵引，以行动示范试点工作为总抓手，突出主题、部门联动、科学统筹、落实责任，加快行动（示范试点）推进速度。要发挥主观能动性，研究多种创新推进模式。充分发挥数字化建设在行动推进中的作用，探索新思维和新方法，让创新理念贯穿行动推进的过程监测、评价评估、督导考核、典型宣传等全过程。要加强对省级示范试点行动的业务指导，发挥各专家组的专业指导作用。注重典型案例的总结提炼，加大对行动推进的宣传力度，做到边行动边宣传。要动员更多的社会力量积极参与到行动中，营造"每个人是自己健康第一责任人"及共建共享健康的浓厚氛围。

资料来源：浙江省健康办. 省委省政府健康浙江建设领导小组办公室印发2021年健康浙江行动推进重点工作任务的通知［EB/OL］. https：//www.163.com/dy/article/G9DOON0605149VH4.html.

第七章　城市公共治理

城市，不仅是国家治理体系的关键环节，更承载着人民对美好生活的期盼。衣食住行、教育就业、医疗养老、文化体育、生活环境、社会秩序等方面都体现着城市管理水平和服务质量，关系着人民群众的幸福感、获得感、安全感。推进国家治理体系和治理能力现代化，必须抓好城市治理体系和治理能力现代化。

第一节　城市公共治理的内涵、价值理念和原则

一、城市公共治理的内涵

要更好地理解城市公共治理的概念，就应该突破把城市公共治理当作是公共治理概念的一种应用和自然延伸的观点，深入研讨治理概念在城市环境中的特性和运行方式。较之于治理，城市公共治理表现出三个新的特点：一是要探究在全球经济背景下城市政府恰当的角色定位，以争取发展策略的主动权；二是探究如何适应经济、社会发展的新特征，更好地促进私营部门、社会组织在公共服务中担任更重要的角色；三是重新界定城市中有关利益主体之间的关系以及相应产生的许多新权力中心。

在综合国内外学者研究的基础上，我们可以从广义和狭义两个角度来理解城市公共治理的内涵。从广义的角度来看，城市公共治理是指一种城市地域空间治理的概念，为了谋求城市中经济、社会、生态等方面的可持续发展，对城市中的资本、土地、劳动力、技术、信息、知识等生产要素进行整合，实现整体地域的协调发展。从狭义的角度来看，城市治理是指城市范围内政府、私营部门、社会组织作为三种主要的组织形态组成相互依赖的多主体治理网络，在平等的基础上按照参与、沟通、协商、合作的治理机制，在解决城市公共问题、提供城市公共

服务、增进城市公共利益的过程中相互合作的利益整合过程。[①] 广义上的城市公共治理主要涉及城市定位、城市规划、城市可持续发展等问题，主要是处理城市发展的各种要素；狭义上的城市公共治理主要涉及治理主体的组织形式、利益冲突、利益整合，着眼于城市公共服务的提供。[②]

此外，需要注意的是，城市公共治理既是对"城市管理"的延续，又是对单向度"城市管理"概念的超越。与城市管理概念相比，城市公共治理更强调在城市公共事务处理中的多主体共治作用，它强调政府不再是唯一的权力中心，政府处理公共集体事务需要其他社会组织的协作与配合，它意味着政府与各种私人部门、公民自愿性团体等相关参与者形成一个自主的网络，其他相关参与者在特定领域内与政府进行合作，分担政府的行政责任，在政府与公众、公共部门与私营机构的互动过程中更加高效、公平、妥善地完成城市公共产品供给，解决公共问题。[③]

二、城市公共治理的价值理念

价值理念决定行动的指向和价值归属，城市公共治理体系和治理能力建设受到城市公共治理价值理念的指引。城市公共治理的目标应该是让市民的生活更美好，因此城市治理理念的目标层是"以人为本"，即人本治理理念。在现代城市公共治理实践中，为了实现以人为本的治理理念，就要综合运用法治思维、全局思维和精准思维，相应地，在城市公共治理中就要秉持依法治理、系统治理和智慧治理的价值理念。因此，城市公共治理的价值理念应该包括人本治理理念、依法治理理念、系统治理理念和智慧治理理念四大理念，这四大理念构成一个不可分割、相互协同的有机整体。

（一）人本治理理念

人本治理理念从根本上强调城市治理的出发点和落脚点是人。一方面，人本治理理念源远流长。中国古代就有"民本"思想，如"民为邦本，本固邦宁"，"民为贵，社稷次之，君为轻"等，所以特别强调"养民"，如"德惟善政，政在养民"。这种"民为国之本"的思想为城市治理中"以人为本"治理理念提供了思想渊源。就现代而言，无论是经济学家基于规模经济考虑，还是刘易斯·芒福德将城市视为文化容器与磁体的观点，城市的本质及其功能展现的基础都是人，城市的最终目的是使人过上更好的生活，实现更全面的发展。另一方面，作

① 饶会林.中国城市管理新论［M］.北京：经济科学出版社，2003：102.
② 王佃利.城市管理转型与城市治理分析框架［J］.中国行政管理，2006（12）：97-101.
③ 张小娟，贾海薇，张振刚.智慧城市背景下城市治理的创新发展模式研究［J］.中国科技论坛，2017（10）：105-111.

为现代治理的应有之义，民主也要求实行人本治理的理念。民主是现代国家治理体系的本质特征，是区别于传统国家治理体系的根本所在。① 在中国，城市治理中的人本理念是我国社会主义民主之"人民当家作主"的要求在城市治理中的体现，也是群众路线在城市治理中的必然要求。以人为本的治理理念要求为了人民、依靠人民，形成从政府到市民的决策环贯穿城市治理体系和治理能力建设的全过程，人本治理的理念也是依法治理、系统治理和智慧治理三大理念的统揽。②

（二）依法治理理念

依法治理理念的核心是建立法治政府。2014 年，中共中央通过了《关于全面推进依法治国若干重大问题的决定》，强调要"加快建设社会主义法治国家""坚持依法治国、依法执政、依法行政共同推进，坚持法治国家、法治政府、法治社会一体建设"。"依法治城"、建设法治城市成为题中之义。依法治理的理念贯穿于城市治理的主体、客体和方法中，治理主体要有法律授权，对客体进行治理要依法开展，采用的治理方法要具有合法性。依法治理理念要求城市政府依法行政，企业、公民和社会要依法办事，城市问题的解决和城市发展不能违背法律的要求，城市公共治理的制度、体制、机制、技术须符合法律的规定。

（三）系统治理理念

系统治理理念的根本在于统筹考虑各种治理因素进行综合施治。系统治理的理念贯穿于城市公共治理的主体、客体和方法中。一是关于城市治理主客体的系统理念。俞可平（2014）认为，政府治理、市场治理和社会治理是现代国家治理体系中三个最重要的次级体系③。因此城市治理必须系统考虑主客体及其关系模式，不能造成主客体关系的割裂。二是关于城市内部治理要素的系统理念。城市是一个多种要素和问题的聚合系统，城市治理则是一个系统工程。系统治理理念要求城市治理立足城市发展阶段，尊重城市发展规律，统筹城市全局。三是关于城市治理外部环境的系统理念。城市内部是一个有机整体，但城市不是一个封闭系统，而是处在全球、国家、省域的范围内。城市治理必须将城市视为一个相对稳定而又始终开放的系统。

（四）智慧治理理念

智慧治理理念的本质在于依托新技术、汇集众智实现精细治理。现代信息技术是智慧治理的技术基础。随着人类跨入数据时代，物联网、地理信息技术、网络通信技术、大数据、云计算和社会计算等关键技术在数据收集、数据传输和数

① 俞可平. 国家治理体系的内涵本质 [J]. 理论导报，2014（4）：15-16.

② 夏志强，谭毅. 城市治理体系和治理能力建设的基本逻辑 [J]. 上海行政学院学报，2017，18（5）：11-20.

③ 俞可平. 推进国家治理体系和治理能力现代化 [J]. 前线，2014（1）：5-8.

据处理方面发挥着至关重要的作用。数据时代使智慧治理成为必然，而作为技术基础的前述先进技术，则为智慧治理提供了可能。在信息和数据技术的支撑下，收集城市治理客体的动态数据已成为现实。对所收集的城市治理数据进行技术分析，可以前瞻城市问题和城市治理的规律，进而选用和调整城市治理的方法，实现城市治理方法的弹性化，从而增进城市治理的效果。智慧治理理念下的城市精细治理要求城市治理体系精密构建，城市治理主体精明能干，城市治理客体精准界定，城市治理手段精确匹配，城市治理成本精打细算，城市治理绩效精益求精。①

三、城市公共治理的原则

（一）坚持以人民为中心

城市工作千头万绪，坚持以人民为中心是贯穿其中的价值取向。2015年召开的中央城市工作会议指出，"做好城市工作，要顺应城市工作新形势、改革发展新要求、人民群众新期待，坚持以人民为中心的发展思想，坚持人民城市为人民。这是我们做好城市工作的出发点和落脚点"。而且，城市规划建设做得好不好，最终要用人民群众满意度来衡量。在城市治理中，要健全制度、完善政策，不断提高民生保障和公共服务供给水平，增强人民群众获得感。中国特色社会主义进入新时代，我国社会主要矛盾已转化为人民日益增长的美好生活需要和不平衡不充分的发展之间的矛盾。城市，应当成为人民追求更加美好生活的有力依托。因此，城市治理要把让群众生活更舒适等理念融入城市规划建设的血脉里、体现在每一个细节中。

（二）坚持尊重科学规律

城市治理必须注重科学化，正如我国著名建筑学家梁思成曾说过："城市是一门科学，它像人体一样有经络、脉搏、肌理，如果你不科学地对待它，它会生病的。"必须看到，目前在一些城市建设中还存在不少令人诟病的问题，例如，有些地方大拆大建、争盖高楼，整个城市几乎遍地都是工地；有些城市建设或缺乏特色、风格单调，或贪大求洋；有些城市教育、卫生、文化、体育等基本公共服务不配套，给市民带来极大不便；等等。这些问题既不符合城市发展规律，也不符合人民利益。因此，地方领导干部应当加强城市相关知识的学习，学会弄懂城市建设和管理这门科学、掌握城市发展的规律，提高领导城市工作的能力，本着对历史、对人民高度负责的态度，切实提高城市建设水平。

---

① 夏志强，谭毅．城市治理体系和治理能力建设的基本逻辑［J］．上海行政学院学报，2017，18（5）：11-20．

（三）坚持规划引领

对于一个城市来说，需要立足提高治理能力抓好城市规划建设，并加强主要功能区块、主要建筑物等的设计，以体现城市精神、展现城市特色、提升城市魅力。切实发挥规划的引领作用，应采取以下三项措施：一是城市规划要保持连续性，不能政府一换届、规划就换届；二是要注意城市规划的协调性，城镇体系规划、城市总体规划和专业规划等都要搞好衔接，做到服务保障能力同城市战略定位相适应，人口资源环境同城市战略定位相协调；三是要维护规划的权威性，应有硬性的制度保障，严格按照规划组织实施。还要注意的是，城市规划和建设要高度重视历史文化保护，突出地方特色，注重人居环境改善，注重文明传承、文化延续。我国历史悠久，许多城市本来就各具特色、多姿多彩，在城市发展中对于历史文化遗存，一定要保护好，利用好，传承下去。

（四）坚持精细化管理

城市管理应该像绣花一样精细，越是超大城市，管理越要精细，越要在精治、共治、法治上下功夫。理解起来，在这"三治"中，精治是目标，要将精细化管理的要求贯穿城市工作全链条，即把精细化要求贯穿城市规划、建设、管理、执法等城市工作各个环节，覆盖城市空间的各个区域，体现在时时刻刻，涵盖游客、就业人口等各类人群。而共治和法治可以说是实现精治的手段。共治要体现人民城市人民建、人民城市人民管，要总结推广共治的好经验，调动社会力量参与城市治理。法治要求善于运用法治思维和法治方式解决城市管理顽症难题，要更加注重运用法规、制度、标准管理城市，运用法治思维和法治方式化解社会矛盾。坚持推进精细化管理，推进体制机制创新，完善城市综合管理体系，提高城市治理能力和水平。

（五）坚持走智能化之路

目前，城市治理还面临很多难题，而高新技术的蓬勃发展，为解决这些难题提供了新手段和新机遇。要清醒认识我国城市治理中的短板问题，创新理念、制度、机制、方法等，不断提升城市治理的智能化水平。现已有一些城市率先破题，通过应用互联网技术等，为城市治理带来了实实在在的成果。以城市交通为例，通过相应的数据和连接将分散的信息进行融合、计算等，就能够制定科学有效的城市交通治理策略和预案，如制定节假日城域高速公路网交通流调控预案等，对城市交通进行智能化、灵活化的治理。还要看到，城市治理智能化，不仅需要科技创新，也需要机制创新、理念创新，只有以开放包容的心态，勇于创新、支持创新，才能让我们的城市变得更智慧，让人民群众的生活变得更美好。①

---

① 黄江松．城市治理如何科学化、精细化、智能化［N］．经济日报，2018-22-22（001）．

四、城市公共治理的领域

城市公共治理领域主要包括城市文化、社会和生态等方面的内容①：

（一）城市文化领域的治理

新时代的城市文化治理的内涵是指以动员居民自觉参与巩固意识形态的公共文化生活，扶持文化服务组织成长以展开协同治理，纠正文化行政领域的政绩优先价值倾向为行动宗旨，在制度性认同的获得、参与式认同的形构和信念式认同的塑造中不断深化居民的认同感，进而以认同为核心纽带来构建协同治理体系②。

城市作为人类文明成果的基本载体，其特有的文化形态是城市的核心和灵魂。作为城市治理灵魂的文化治理，也应从文化建设出发，要在城市规划建设、产业布局、城市装饰、生活方式、行为规范、社会制度等方面，嵌入城市的文化元素，丰富文化内涵，使城市制度完善、能力增强、品位提升、公平正义、幸福安康，打造成熟的城市文化，提高城市的感召力和凝聚力。③

（二）城市社会领域的治理

城市社会治理的本质内涵就是在"以人民为中心"的发展思想指导下，以实现城市居民美好生活为目标，发挥多元主体的作用，针对城市生活中的社会问题，完善公共服务，化解社会矛盾，促进社会公平，推动城市社会有序和谐发展。具体而言，城市社会治理的主要内容包括城市基础设施管理、城市公共安全管理、城市社区治理等。城市社会治理的核心价值诉求必须由维护社会秩序，控制社会风险转向民生的保障，民主的实现、民权的维护等，更加注重市民的获得感、幸福感和满意度，要以人民群众高兴不高兴、满意不满意、答应不答应作为评价城市社会治理成效的标准。④

（三）城市生态领域的治理

所谓城市生态环境治理，就是指城市中各类治理主体运用一定的手段与方法规范、引导、限制、监督与协调城市生态环境公共事务的一系列行为活动的总称。城市生态环境治理的核心是在适时合理遵循城市生态环境规律与经济发展规律的基础上，正确处理"城市人"健康发展与环境保护的关系，正确处理城市经济增长与环境保护的关系。城市生态环境治理的本质是改进和影响"城市人"的环境经济行为、创新城市环境管理模式、转变城市经济发展方式、积极协调各

①　王佃利.城市管理转型与城市治理分析框架［J］.中国行政管理，2006（12）：97-101.

②　颜玉凡，叶南客.新时代城市公共文化治理的宗旨和逻辑［J］.江苏行政学院学报，2019（6）：66-72.

③　赵继强.城市文化治理的方法论寻索［J］.人民论坛，2020（21）：105-107.

④　姜晓萍，董家鸣.城市社会治理的三维理论认知：底色、特色与亮色［J］.中国行政管理，2019（5）：60-66.

方利益，在城市生态环境承载力范围内发展经济以满足城市居民物质文化需求的同时，仍能保持良好的城市生态环境与质量。城市生态治理的目标与趋势，即是通过城市各类治理主体的共同努力，美化环境，保护城市环境，形成政府、企业民间组织与市民的"多赢共治"新格局。①

第二节　城市公共治理的模式

一、公私合作伙伴模式

（一）公私合作伙伴模式的背景

政府与非政府组织间的关系可以被认为是国家与社会关系在公共事务治理层面上的一个缩影。城市政府作为公共权力的载体，长期以来在公共事务治理中占据着主导地位，扮演着社会福利和其他公共服务的提供者角色，而非政府组织一直则处于城市公共事务治理的边缘地带。② 而20世纪90年代以来，随着经济全球化、市场化、信息化的快速发展，世界各国政府都面临着财政压力、管理效率、民主化等方面的种种挑战，于是在西方发达国家掀起了一场旨在适应后工业社会和信息时代的"政府再造"运动，其指导思想就是"最好的政府，用市场机制与非政府组织合作等方式提供最大的公共服务"。③ 在此背景下，新的社会管理理论——治理理论应运而生。

1995年，全球治理委员会在《我们的全球邻近》一文中给出了最具有代表性和权威性的治理定义：治理是各种公共和私人机构管理其共同事务的诸多方式的总和，它是使相互冲突的或不同的利益得以调和，并且采取联合行动使之得以持续的过程；治理既包括有全部迫使人们服从的正式制度和规则，也包括符合人们共同利益的非正式制度安排。相应地，以城市政府为主导、主要依靠强制力和权威、采用自上而下方式的城市管理，开始转变为"由城市政府、非政府组织、市民社会组织等多元互动协作"④ 的城市治理。

城市治理实质就是基于市场原则、公共利益、共同认识、平等互利的公私互

① 张建伟，谈珊.我国城市环境治理中的多元共治模式研究［J］.学习论坛，2018（6）：83-90.
② 王华.治理中的伙伴关系：政府与非政府组织间的合作［J］.云南社会科学，2003（3）：25-28.
③ 郝铁川.从统治到治理：论强政党、小政府与大社会［J］.马克思主义与现实，2003（6）：56-69.
④ 陶希东，赵鸿婕.经济全球化与中国政府治理理念的创新［J］.商业研究，2004（13）：48-50.

动合作，城市政府不再是城市公共管理的唯一主体和权力中心，与非政府组织、非营利组织、社区组织、公民自组织等第三部门是一种合作伙伴关系，通过建立各种各样的协商合作组织，让市民参与城市政治的决策过程，共同承担公共管理职责，提供有效的公共服务，满足市民的多样化需求。所以，正是在全球性城市治理趋势及实践中，包括诸如社会福利环境保护、教育和自然规划等领域，在中央和地方各级表现出共同协调指导、共同生产、合作管理和国营私营伙伴制等方面的创新，其中，公私合作伙伴制度逐渐成为城市治理的新模式和有效途径。

（二）公私合作伙伴模式的内涵

公私合作伙伴，即 PPP（Public-Private Partnership）是 20 世纪 80 年代以来西方国家政府治理创新中出现的一个概念，[①] 但学者们的解释不尽相同。有的学者认为，合作伙伴关系是指多个部门（如公共部门、私营部门、社会组织）中两个或更多组织间有意的合作关系，这种合作关系聚集了资源，以确认并进而寻求一种解决共同问题的联合途径。[②] 有的学者从组织学的角度，认为合作伙伴关系是指两个或多个组织实体中任何一方都在无法独立完成相关事务时采取的联合行动，以及为发起联合行动而做出的所需组织资源的相互承诺。欧洲在城市治理中，更加宽泛地称为"伙伴制"，就是指为了解决某一特定问题，由一个特定的城市政府部门与其他人结盟来推行一项政策的过程，这种联盟可能只是一种临时性的特别安排，或者是由若干人参与的一种长期战略。可见，从不同学科角度出发，就会对合作伙伴关系得出不同的解释。但我们认为，对城市公私合作伙伴治理，可以从三个方面进行理解：首先，从广义上来讲，是指公共部门和私营部门共同参与城市生产和提供公共物品与服务的任何制度安排，如合同承包、特许经营、补助等制度；其次，从狭义上来讲，是指一些复杂的、多方参与并被民营化了的基础设施项目；最后它指的是企业、社会贤达和地方政府官员为改善城市状况而进行的一种正式合作。也就是说，对城市公共服务提供者、消费者和生产者三者关系的重塑与再造，通过打破传统的公私边界，提供跨边界公共服务，以更好地满足市民的多元化需求，提高城市整体管理能力。[③]

（三）公私合作伙伴模式的治理属性

第一，公私合作制的发展实质上是市场机制不断引入的过程。在这一过程中，私人部门参与城市公用事业的建设、运营和管理，必然会打破传统公有企业

① ［美］E. S. 萨瓦斯. 民营化与公私部门的伙伴关系（中文修订版）［M］. 周志忍译. 北京：中国人民大学出版社，2017.

② ［美］南姆·卡朴库. 无等级的合作：公共部门与非营利部门合作伙伴关系［J］. 国家行政学院学报，2004（1）：93-96.

③ 陶希东. 公私合作伙伴：城市治理的新模式［J］. 城市发展研究，2005（5）：82-84.

垄断公共产品生产与供给的市场结构。这一过程也伴随着公私双方关系的演变：在政府公共部门单一主导的体制下，公共部门与私人部门处于二元对立状态，公私双方在各自领域内独立从事生产活动；在公私合作制下，基于"取长补短"原则建立的合作形式，体现了公私双方的关系逐步由对立转向互补。而随着公私合作的不断深化，"公""私"边界越来越难以区分，逐步形成"你中有我、我中有你"的融合格局，这些均充分体现了跨界治理的基本内涵。更为重要的是，公共部门以招投标的形式选择私人合作伙伴，意味着公共部门须将公共产品供给的权利让渡给私人部门，转而行使监管职责。这一角色的转变也必然导致公共部门的部分权利甚至是部门利益向私人部门转移。

第二，从城市公用事业的基本特征来看，城市供水排水和污水处理系统、管道燃气系统等城市公用事业均以管网为核心基础设施，这些基础设施具有高度资本密集、一次性投资大、资产专用性强等特点，因此在特定区域内，通常只有一家或少数几家企业负责专用网络的运营与管理。可见，由于基础设施管网建设产生了大量沉淀成本，客观上使城市公用事业必须以垄断经营的组织形式维护其规模经济特征。随着中国城市化进程的加快，城市人口规模迅速扩大，城市建设用地面积也不断扩张，城市公共产品和服务的市场容量随之迅速增大，原有单一国有企业垄断供给的模式已难以满足社会公众。在区域内国有企业供给能力短时间内难以迅速提升的条件下，就为区域外企业打破地理边界，进入区域内提供公共服务提供了契机。在进入方式上，区域外企业既可选择与区域内企业合作，通过接入、联通区域内企业的管网系统，形成公共管道网络，共同向区域内用户提供公共服务，也可以延伸其管道网络进入特定区域，与区域内企业直接展开竞争。

第三，根据国务院"定职能、定机构、定编制"的机构编制方案，中国城市公用事业以行业分工为基础，形成了以科层制为特征、多部门分段治理与监管的组织架构与运行体系。如中国城市水务的治理与监管体系涉及城市建设、发展改革、国土开发、环境保护等多个政府主管部门，被称为"九龙治水"。这一框架下的行政机构不仅缺乏必要的独立性，不同部门的职能重叠与交叉也极大地增加了政府治理与监管的成本，在实际监管过程中易出现职责不清、权责不明的监管盲区。从美国等经济发达国家的经验来看，提高城市公用事业的治理水平与监管效率，必须要深化行政体制改革，逐渐打破部门之间的界限，整合部门之间的职能，建立以特定行业主管部门为主、其他部门相互配合的治理与监管模式。①

---

① 付金存，王岭.跨界治理视域下中国城市公用事业公私合作制的主体性质探析［J］.经济与管理，2016，30（4）：61-67.

二、多中心治理模式

（一）多中心治理模式的内涵与特征

多中心治理是指以自主治理为基础，允许多个权力中心或服务中心并存，通过相互合作给予公民更多的选择权和更好的服务，减少了"搭便车"行为，避免了"公地悲剧"和"集体行动的困境"，扩展了治理的公共性。多中心治理具有如下三个重要特征：

第一，治理主体的多元性。管理社会并不只是政府一个公共权力中心，除政府之外，社会上还有一些志愿性的或属于第三部门的所谓非政府组织以及其他社会组织。他们共同来负责维持秩序、参与政治、经济与社会事务的管理和调节。

第二，治理权力的非垄断性。政府以及其他组织，在决策上都只享有有限的且相对自主的决策权。每一个治理主体在法律的允许范围内拥有平等的决策权力，拥有自己自主作出决定的自由。

第三，治理方式的民主性。多中心强调决策中心下移，以制度化、协商、适度竞争为治理方式，自主为治理基础，治理范围可大可小，事务多样。治理主体多元性提供了实现多种不同规模经济、表达不同组织与公众利益偏好的机会。多元主体在竞争与合作、冲突与协调过程中共同发挥管理公共事务的重要作用，使民主力量得以壮大、民主意识不断增强。①

（二）多中心治理模式的实现路径

第一，区分城市公共物品的"提供"与"生产"，推行城市公用事业的市场化与社会化。政府可以利用合同承包、特许经营、政府补助、凭单制、自由市场、志愿服务、自我服务等方式委托私营部门进行建造和经营。因此，城市政府应做好决策、监督、协调、指导等工作，把公共物品的许多具体生产职能让渡给企业或半行政性的机构去做，甚至在适当的情况下，鼓励社区或公民组织自愿去组织某些公共物品的供给与生产。

第二，培育民间组织，实行城市公共事务治理的非正式制度安排。近年来，随着全球化和社群思潮的促动，城市中的志愿团体、非营利机构、非政府组织、社区企业及社区互助组织等广泛兴起，要求与政府对话、合作，要求不仅只是通过正式的制度安排来解决集体行动的问题，还应靠各种团体组织同意或符合其共同利益的非正式制度安排来解决。

第三，提高社会自主性，培育公众参与意识。城市多中心治理与传统的以控

---

① 张文礼. 多中心治理：我国城市治理的新模式 ［J］. 开发研究，2008（1）：47-50.

制和命令手段为主的"单中心"管理方式不同，其强调对话、合作、双赢，直接面向公众，要求实现政府与非政府组织、公共部门与私营部门的互动。公众参与则是实现这一良好互动的最好方式，公众参与就是城市中各个主体、不同利益团体与城市政府一起在面对城市发展的公共问题时，都拥有提供信息、提出建议、进行决策乃至执行决策的权利和义务，这样才能把种种非官方的势力在各个层次上结成协调、互利、双赢的网络，谋求相互理解与共同发展，以实现公共利益和各主体间效益的最大化。①

三、网格化治理模式

（一）网格化治理模式内涵与特点

所谓网格化，最初主要是用于电子信息技术领域，后来逐渐被引用并加以改造成为一种政府管理领域的新模式和新方法。而城市网格化管理，就是这样一种基于数字化信息管理方法，将城市基层政权所属区域以网格为单位加以划分，使各网格之间能有效地进行信息的交流，资源的共享，以实现城市基层政权组织的扁平化和公共服务的精准化，专业化。

与传统的城市基层管理模式与方法相比，城市网格化管理具有一些新的特点，主要表现在三个方面：一是改变了城市基层政权的组织结构模式。城市的社会管理网格化将促进政府的扁平化管理，同时社会管理的网格化将有利于实现基层政务的一体化推进。每一个网格中的网格管理员，同时肩负起网格内的所有社会工作，如计生、民政等，这些政务部门与网格中的居民之间就通过这些网格管理员从中联系，这些网格管理员即成为一个微型的"政务处理中心"。二是实现由管制向服务的转变。城市基层的网格化管理在很大程度上就是一次城市基层政权构建服务型政府的探索，基层政府将其对城市居民息息相关的各项政务的服务通过网格管理员推入到第一线，将被动地对城市居民进行管制性的控制转变为主动地为网格成员开展服务性的管理。三是推动了多主体的共同治理，推进了社会的和谐稳定。在城市网格中，基层党组织、政府部门、居民自治组织包括居民自身都是网格中的一个环节，是网格化管理的平等参与主体，共同参与管理网格中的一切社会事务。②

（二）网格化治理的制度逻辑

从经验层面来看，网格化管理的制度逻辑表现为技术治理、组织整合和党政嵌入三个方面，具有城市基层社会清晰化、基层社会治理协同化和实现激励监督

---

① 张建伟，谈珊. 我国城市环境治理中的多元共治模式研究 [J]. 学习论坛，2018 (6)：83-90.
② 魏源，赵晖. 社会管理创新视角下的网格化治理模式研究 [J]. 湖北民族学院学报（哲学社会科学版），2013，31 (6)：64-66.

与社会控制等制度功能，契合了地方政府进行城市社会治理的制度需求。

1. 技术治理：城市基层社会清晰化

以网格化的方式将复杂的社会治理事务和社会事实进行信息化处理，能够降低地方政府和城市管理部门的基层治理信息搜寻成本，从而提高城市基层社会的清晰度，改变国家权力进入社会的信息劣势地位。而且，政策和公共资源的准确投放需要精确翔实的基础信息才能避免出现"瞄准偏差"现象。城市基层社会的清晰化，有助于提高国家实施社会治理时政策、资源与基层社会对接的准确度。网格化管理通过重新划定城市空间，在信息采集的过程中将城市管理对象和社会事实变成一项信息数据，纳入城市综合网格结构中，从而避免在治理过程中出现管理真空或服务缝隙，以此进行"无盲区"和"零死角"的基层社会治理。在这个意义上，网格化管理是城市基层社会清晰化的一个制度实践。

2. 组织整合：基层社会治理协同化

网格并不是将村（社区）、居民小组等基层社会治理单元进行复制，而是将其治理范畴和治理辖区进行细化，形成一个信息网格，使网格内所发生的治理问题能够转化为一项精确信息，进而传递给具体的治理主体进行精细化治理。而且在多层级的城市综合网格结构中，通过将城市管理事务进行逐级分解与责任落实，城市管理领域的各个治理主体被定格在同一个网格中，各个治理主体能够进行治理资源和治理信息的有效交流和共享。而且在小组机制的作用下，面对城市管理中复杂问题的治理，领导小组有权实施"条条联合、条块协同"的联合治理行动，以"小组机制"进行网格化的协同治理，具有解决科层体系中条块分割造成的"横向困境"的功能。在网格化管理的制度框架内对政府管理进行流程再造，从而整合条块治理资源，形成网格一体的协同化城市基层社会治理力量。

3. 党政嵌入：激励、监督与社会控制

党政体制的嵌入式治理，表现为向基层社会延伸党政权力触角从而实现社会控制的过程，具体方式是将党建工作贯彻在基层社会治理中，由基层党组织直接回应基层社会的利益诉求。在基层社会治理转型过程中，基层组织难以覆盖社会生活空间，基层党组织涣散常常会造成基层社会管理薄弱的局面。党的十九大明确指出："党的基层组织是确保党的路线方针政策和决策部署贯彻落实的基础。"因此，党建工作以制度化、组织化、网格化的方式嵌入到基层社会治理中，通过自上而下的向基层社会渗透和覆盖，在社会领域中成为连接国家与社会的纽带，从而实现社会控制的治理目标。①

---

① 陈柏峰，吕健俊. 城市基层的网格化管理及其制度逻辑［J］. 山东大学学报（哲学社会科学版），2018（4）：44-54.

四、智慧化治理模式

（一）智慧化治理模式的提出

人类社会已经进入数字时代，数字化成为 21 世纪的主要特征之一。信息技术、大数据和人工智能深刻地影响人类社会发展和政府治理。在公共管理中引入先进的信息技术与数据系统成为数字治理的新动向。大数据和云计算与数字治理的结合不断重塑公共管理系统。① 数字时代改变了人们获取信息、与人交流、组织活动和获得服务的方式，分隔于全球不同地理空间、不同时区的个体和群体越来越高度互联、高频互动，经济发展、社会生活和政府治理加速进入全面数字化。全新的信息社会和数字时代呼唤城市治理新模式的出现。

数字信息技术的迅猛发展，使政府能借助数字技术进行社会治理，利用互联网、物联网和数字化等技术进行数据收集、存储及关联分析，全面感知社会事项和公众所需。② 现代信息技术的飞速发展和数字时代的到来对城市公共治理带来全面挑战。数字时代的技术创新驱动治理理念、治理制度、治理工具、治理技术和治理能力的全方位变革，呼唤构建新型的城市智慧治理模式。城市治理的基本使命是提供高品质的公共服务，提升公共服务的适配性，增强对工商业的吸引力，更好地满足市民的公共服务需求。③ 城市智慧治理的目标最终要促进城市高质量发展与高效能治理，构建高品质的宜居城市，为民众创造美好城市生活。

（二）智慧化治理模式的实践

1. 治理理念创新：从分离治理到连接治理

城市智慧治理要树立连接治理的新理念。连接治理有两层含义：一是从充分利用现代信息技术的连接特性来看，将治理对象、治理要素、治理资源和治理工具有机连接，把城市治理所有信息和要素汇聚在"一张网"中，形成互联互通、共治共享、流动流畅的城市治理网络体系，使城市治理不再有盲点、堵点和断点，提升城市治理的连接度、流畅性与高效能；二是从治理体系来看，连接治理要打破以往的部门分割、领域分割和过程分割的治理弊病，树立无缝隙、一体化和整体性的连接治理理念与治理体系。连接治理是城市智慧治理理念的重要转向，要求对城市治理权责体系进行重构，对治理事务进行合理分工，对治理过程进行科学再造，形成治理理念与价值、技术与制度、主体与对象、过程与绩效的

---

① 韩兆柱，马文娟. 数字治理理论及其应用的探索［J］. 公共管理评论，2016（1）：92-109.

② 张勇进，鲍静. 基于大数据分析的政府智慧决策新模式［J］. 南京师范大学学报（社会科学版），2017（2）：53-59.

③ 杨宏山. 澄清城乡治理的认知误区——基于公共服务的视角［J］. 探索与争鸣，2016（6）：47-50.

无缝连接，充分运用各种治理技术实现城市治理的万物互联与协同共治。

2. 治理制度创新：从分域治理到整合治理

数字时代的城市智慧治理要重视制度创新，构建整合治理制度体系，实现从分域治理向整合治理的转型。首先，整合治理要求通过数字技术和人工智能技术解决治理主体、治理技术、治理能力和治理绩效的碎片化，形成整体性的治理网络体系。在数字治理中，通过 G2C、G2B、G2G 运行模式，城市政府、经济组织和市民社会能在承担各自职责的基础上对城市公共事务进行协调合作的共同治理，并相互监督、互相制约，从而构建有效的治理机制，推动城市治理迈向善治。① 其次，整合治理要求弥合城市治理事务缝隙，构建城市事务治理的完整链条，将城市公共事务和公共问题置于统一的治理平台，调动全部资源，强化协同治理，实现全景式和全过程治理。最后，整合治理要求实现城市智慧治理技术与治理制度的深度融合，通过技术创新促进制度变革，利用制度变革促进技术深度创新与广泛应用，实现"制度+技术"的有效互动与融合发展。

3. 治理工具创新：从电子治理到数据治理

数字时代的城市智慧治理要加快治理工具创新，实现从电子治理到数据治理的转型。电子政府是政府利用网络技术与公民、企业以及其他各级政府机构之间构建的虚拟政府，进而形成友好、透明、低成本互动的管理形态。电子政府的发展引发了政府治理的深刻革命，带来政府工作模式和管理方式的全方位转变，即电子政务。电子治理是电子政务发展的新阶段和新趋势，强调运用现代信息通信技术推动政府管理流程再造、公共服务的电子化、治理体系的多元化，为企业和民众提供更便捷和人性化的服务。

4. 治理模式创新：从模糊治理到精准治理

城市智慧治理需要通过技术的引介与应用，促进治理模式的创新，实现从模糊治理到精准治理的转型，进而不断提升治理精准性、精细化和效能化。数字时代城市智慧治理的精准化治理包括治理目标的精准定位、治理问题的精准识别、治理技术的精准选择与治理效果的精准达成。② 精准治理需借助人工智能、大数据、精确算法、机器学习和人机互动等新技术的辅助。机器学习等具体技术能找准事物之间关联、预测事物未来发展趋势，为决策者提供决策依据，提高决策科学性和准确性。通过精准治理提升城市精细化治理水平，降低城市治理的模糊性和不确定性，解决中国城市现代化发展与治理中的各种"城市病"。③

① 徐晓林，刘勇. 数字治理对城市政府善治的影响研究 [J]. 公共管理学报，2006 (1)：13-20.
② 陈水生. 我国城市精细化治理的运行逻辑及其实现策略 [J]. 电子政务，2019 (10)：99-107.
③ 陈水生. 迈向数字时代的城市智慧治理：内在理路与转型路径 [J]. 上海行政学院学报，2021，22 (5)：48-57.

第三节　提升城市公共治理水平

一、坚持以人民为中心和党建引领

（一）坚持以人民为中心

习近平总书记强调："城市是人民的，城市建设要贯彻以人民为中心的发展思想，让人民群众生活更幸福。"人民城市人民建、人民城市为人民。城市建设得如何，归根结底要由人民来衡量。提高城市治理现代化水平，必须坚持以人民为中心，不断增强人民群众的获得感幸福感安全感，让人民群众生活更幸福。要坚持人民群众在城市治理中的主体地位，把让人民宜居安居放在首位，做到问需于民、问计于民，充分调动人民群众参与城市治理的积极性、主动性、创造性，激发城市治理的内生动力。着力解决人民群众最关心最直接最现实的利益问题，多站在群众立场看问题、想办法，坚持民有所呼、我有所应，不断提高公共服务均衡化、优质化水平，以绣花般的精心、细心和巧心，把人民群众的"幸福清单"转化为城市治理的"责任清单"，把为人民服务切实体现到群众关心的小事上、贯穿于城市治理的细节中。[①]

（二）坚持党建引领

城市治理体系由众多子系统构成，需要各种治理主体共同参与。只有坚持党的领导，各种治理主体才能形成合力。推进城市治理体系和治理能力现代化，既需要搭建党组织发挥作用的平台和载体，又需要构建有效管用的制度机制，实现党建引领与城市治理深度融合、有效衔接，切实把党的领导贯穿于城市治理的各方面和全过程。一方面，综合考虑区位特点、人群特征、服务半径等因素，整合党建、政务和社会服务等各种资源，依托街道、社区、楼宇等，建设覆盖广泛、集约高效的区域性党群服务中心，使之延伸到基层末梢、贯通到基层治理，夯实党领导城市治理的坚强堡垒，提升党组织领导基层治理工作水平。另一方面，以党建引领城市治理创新，建立上下贯通、执行有力的组织体系。强化系统建设和整体建设，构建市、区、街道、居民区四级党组织联动体系，有机联结单位、行业及各领域党组织，推动各级各类党组织在更大范围、更深层次互融共通。通过党建引领治理，发挥党总揽全局、协调各方的作用，凝聚基层政权组织、自治组

---

① 邢娜. 提高城市治理现代化水平［N］. 人民日报，2021-04-13（009）.

织、社会组织等的合力，下好纵向联动、横向互动、融合共治的"一盘棋"，实现服务精准对接、治理精准落地。①

二、推动城市治理法治化、智能化、精细化、长效化

（一）加强法治建设，推动城市治理法治化

第一，完善法规规章。推进重点领域法规规章的立改废释，形成覆盖城市规划建设管理全过程的法规规章制度。加强城市管理和综合执法方面的立法工作，加强立法调研，提高新立法规规章的针对性。完善城市精细化管理的相关制度，推动城乡规划、地下空间建设、生活垃圾管理、环境卫生、广告牌匾标识、架空线管理等方面法规规章的修订，解决执法依据不足问题。健全依法决策机制，城市重大行政决策依法履行公众参与、专家论证、风险评估、合法性审查等程序。

第二，严格规范执法。充分运用法律法规、制度、标准来管理城市，切实提高专业执法与综合执法水平。加大对违法建设、占道经营、架空线复挂、露天烧烤等痼疾顽症的日常执法力度，落实重大行政执法决定法制审核、行政执法公示、行政执法全过程记录制度和行政处罚裁量基准制度，规范执法行为。加强科技执法，提高执法效率。落实行政执法与刑事司法衔接机制。强化城市管理行政执法部门与法院非诉执行的工作衔接。针对对公共利益危害较大的违法行为，探索建立民事公益诉讼制度。

第三，加强基层综合执法。强化街道办事处（乡镇政府）对综合执法队伍的统一调度，推进基层综合执法常态化。发挥基层综合执法平台作用，完善基层执法协同机制，深入推进"街乡吹哨、部门报到"工作，配齐配强基层执法人员，解决抓落实的"最后一公里"问题。严格落实"街乡吹哨、部门报到"专项清单，围绕综合执法、重点工作、应急处置等领域，明确街道办事处（乡镇政府）、部门相关工作职责，规范工作流程。

第四，营造良好法治环境。树立执法为民理念，强化执法制度建设，提高执法人员综合素质，确保严格规范公正文明执法。深入开展城市管理法治宣传教育活动，引导市民群众自觉遵守相关法律法规，提升社会法治素养。认真落实"谁执法谁普法"责任制，健全"以案释法"制度，积极开展体验式法治实践教育活动。依法公开执法主体、执法程序、处罚标准、违法事实、执法依据、处罚内容等事项，自觉接受社会监督。②

---

①　汪碧刚．推进城市治理现代化的着力点［N］．雅安日报，2020-05-21（004）．

②　中共北京市委　北京市人民政府关于加强城市精细化管理工作的意见［J］．北京市人民政府公报，2019（12）：5-17.

（二）深化科技应用，推动城市治理智能化

习近平总书记指出："运用大数据、云计算、区块链、人工智能等前沿技术推动城市管理手段、管理模式、管理理念创新，从数字化到智能化再到智慧化，让城市更聪明一些、更智慧一些，是推动城市治理体系和治理能力现代化的必由之路，前景广阔。"城市治理提质增效，需要实现智能化。当前，智能化正在成为推进城市治理现代化的重要引擎。必须牢牢把握科技创新和制度创新双轮驱动，运用互联网技术和信息化手段，实现城市治理精准施策、靶向发力，助推城市治理决策科学化、防控一体化、服务便捷化。

第一，加强城市管理大数据平台建设。落实大数据行动计划，加强物联网、云计算、大数据、人工智能等技术在城市管理中的应用，提升城市管理智能化水平。整合城市保障、城市运行、公共安全等相关平台和业务系统数据，加强城市管理大数据平台建设；开展城市管理领域数据汇集梳理工作，制定政府数据开放共享管理办法，逐步形成城市管理领域大数据共建共享机制。完善数据信息采集手段，强化交通运行、环境监测、基础设施维护等城市运行数据资源的滚动采集、实时录入、动态分析。整理汇集网格化城市管理平台案件、12345市民服务热线数据和首都环境考核评价数据，运用大数据技术进行数据提取和管理密度的关联性分析，找出市民关注的热点难点问题，为城市管理提供数据支持。创新大数据利用模式，引导社会力量积极参与大数据建设和应用。

第二，健全网格化城市管理体系。明确网格化城市管理各相关部门职责清单，加快建成覆盖城乡、功能齐全、三级联动的网格化服务管理工作体系。按照"统一标准、统一流程、统一平台、统一数据、统一管理"原则，统筹规划、集约建设省、区、市、街道（乡镇）四级网格化城市管理云平台。完善网格化管理发现问题处置机制，针对突出和易发问题，建立健全高效处置机制。加强城市管理相关单位和公共服务企业与网格化城市管理体系的协调和对接，提高问题处置效率。建立城市管理基础数据普查更新机制，适度扩展网格化管理事项，加快组建与城市管理相适应的城管监督员队伍。探索将管理范围拓展至农村公共管理区域，逐步实现网格全覆盖。

第三，加强科技示范应用。在城市规划建设运行管理领域率先实现"一库一图一网"，推动大数据在电力、户外广告牌匾标识、建筑垃圾、燃气、供热等领域的智能应用。采用卫星监测和遥感技术，开展大型垃圾渣土堆放点、重要交通沿线环境状况、违章占压石油天然气长输管线等的监测和治理工作。采用二维码技术和移动互联网技术，依托城市道路公共服务设施信息化管理平台，实现城市道路公共服务设施科学规划、动态管理与开放共享。在北京城市副中心试点建设一批智慧城市示范项目，建设集电子政务、远程会议、绿色办公、安全感知、城市管理于一体的智慧政务区。①

（三）强化科学管理，推动城市治理精细化

城市治理现代化需聚焦具体问题。要关注细处，从细微处发现问题、补齐短板、提升品质，并以"点"的突破带动"面"的提升。要加强城市的应急救助机制建设，积极建立社会保险和救助机制，坚持早准备、早预警、早应对；要加强城市的生态环境建设，对大气、水、土壤等要继续加强整治，加强对城市内自然景区的保护，同时完善城市绿化，美化居民生活环境；要有解决复杂问题的能力，在城市治理实践中不能就事论事、片面思考，而应从系统的角度整体谋划、通盘考虑、统筹兼顾，找到"病根"，用系统性、深层次的变革，不断优化整个城市系统的运转能力。

推进城市治理体系和治理能力现代化，需要瞄准并打通影响基层治理效率的痛点、堵点，全面提升基层治理的能力与实效，为群众提供精准有效的服务和管理，推动城市基层社会治理落实到"最后一米"。推动管理下移，理顺条块关系、明晰权责边界，推进街道内设机构职能整合和功能优化，将公共安全、综合治理、社会治安防控、矛盾化解和涉及居民基本权利与生活的事务纳入责任清单，规范社会管理事务的分类和分流，进一步强化主体实施责任，推动办事流程规范化、标准化。推动服务下移，针对多元化、个性化、差别化的服务诉求，调整优化网格设置，整合党的建设、综合治理、城市管理等各类网格，把公共服务、社会服务、市场服务、志愿服务下沉到网格，精准投送至千家万户，探索基本公共服务社会化体系，采取购买服务的方式，发挥各类社区社会组织的专业化优势，以"微治理"畅通基层社会的"微循环"。推动资源下移，加强基层社区的人力、物力、财力配置，加大基层社区的时间、精力、重心投入，保障管理、服务下移的效率和效益。②

（四）加强制度创新，推动城市治理长效化

习近平总书记指出："系统观念是具有基础性的思想和工作方法"。城市治理是一项系统工程，需要坚持系统观念、运用系统思维、推进系统治理。当前，我国城镇常住人口已超过总人口的60%，城市规模日渐扩展，城市结构日益复杂，城市治理难度不断加大。这就更加需要紧密结合实际，建立健全一系列体制机制，不断推动形成有助于城市治理长效化的体制机制，完善城市治理体系和城乡基层治理体系。应采取以下三项措施：一是要以新发展理念为引领，以技术创新为驱动，以信息网络为基础，面向高质量发展需要提供数字转型、智能升级、

① 中共北京市委 北京市人民政府关于加强城市精细化管理工作的意见［J］．北京市人民政府公报，2019（12）：5-17.

② 汪碧刚．推进城市治理现代化的着力点［N］．雅安日报，2020-05-21（004）．

融合创新等服务的城市基础设施体系；二是要强化城市公共服务与城市管理职能，鼓励、引导与规范市场力量参与城市治理，培育和创新城市治理的组织架构；三是要着重在教育、就业、居民收入、社会保障等领域进行制度创新探索，以科学有效的制度，保障和实现群众权益，使人民群众的获得感、幸福感、安全感更加充实、更有保障、更可持续。①

三、增强城市公共治理能力建设

（一）全面提升政府依法"管治"能力

一方面，实转变和规范城市基层政府职能，逐步建构扁平化的城市治理体制。在促进职能部门协同层面，将处理政府与市场、政府与社会的关系作为转变基层政府职能的关键突破口，按照行政许可、行政处罚、行政强制、行政征收、行政裁决、行政检查、行政确认、行政给付、行政指导、行政服务等职权进行分类，制定各职能部门和街道办的权力清单和权力运行流程，优化整合各层级的内部职能部门的设置。在压缩权力结构层面，按照"扁平、精简、高效"的原则，尝试推进街道办和社区的层级缩减和职能整合改革，形成"区—街道（大社区）"或"市—街道（大社区）"的扁平化社会治理格局。

另一方面，提升政府依法治理城市社会的水平。以转变基层政府职能为契机，对现有的规范文件进行全面排查，重点清理一些不合时宜、相互冲突和缺乏可操作性的文件，依法依规出台一系列适应新形势发展需要的规范性文件。集中整理和减少加挂在社区中的各类组织机构牌子，重点增强社区工作站和居民委员会服务辖区居民的能力。对各职能部门要求街道社区开具的各类证明和加盖公章事项，进行全面分类、整理和规范，规范前置审批事项的条件、标准和程序，严格做到依法行政，避免职能部门向街道社区委派过多行政事务。②

（二）全面提升社会有序"自治"能力

一方面，激活居民委员会的法定自治功能。居民委员会是城市治理的重要组织依托，只有充分发挥居民委员会作为法定自治组织的作用，才能有效促进城市治理体系和治理能力现代化。在后单位时代的现代城市治理中，有必要为自治组织"增能"，提升居民委员会开展社区自治、服务辖区居民的能力，激活和优化居民委员会的法定自治功能、社区服务功能、政治整合功能、民意吸纳功能和矛盾化解功能，将其打造成城市治理体系和治理能力现代化的主要组织平台。

另一方面，完善社会组织培育和监管体系。通过降低门槛、项目委托、购买服务、专项支持、财政补贴、人才培训、资金筹措、税费减免等多种形式，鼓

---

① 郑洁．多措并举提高城市治理现代化水平［N］．经济日报，2020-09-29（011）．
② 陈文．全面推进城市治理体系和治理能力现代化［N］．深圳特区报，2020-05-26（002）．

励、支持和帮助各类别社会组织加快发展。借鉴商事制度改革的成功经验，进一步推进社会组织直接登记制度改革，简化登记手续、优化登记程序，深化社会组织备案管理职能改革，实行"备案转登记"的升级管理制度，将一批运行良好的备案社会组织直接纳入直接登记范围。

（三）全面提升多元主体协同"共治"能力

一方面，打造需求导向的"社区服务共享平台"。积极推行"小项目大范围"的社区社会组织培育支持方式，创新社区居民通过社区社会组织参与社区治理的路径和机制。每年定期开展社区服务居民需求调查，鼓励居民通过社区社会组织参与制定和享受社区服务项目，推行"居民点菜、政府埋单"服务模式，问政于民、问需于民、问计于民。从社区居民实际需求出发，编制政府向社会组织转移职能、购买服务目录，引导和支持社会组织参与各类公共服务，激发备案社区社会组织的活力，推出为社区居民量身定做、多元化的服务项目。

另一方面，搭建居民广泛参与的"社情民意沟通平台"。依托居民委员会、社区党组织和辖区"两代表一委员"，创新社情民意的协商和沟通机制，重点发展一些沟通社情民意的社区社会组织，及时了解和广泛整合居民诉求和关切，对凡是与居民直接利益相关的具体性事务或与其间接利益相关的社区公共性事务，在多方主体共同参与的社区协商民主平台上进行集体商议与合作治理。①

复习思考题

1. 如何理解城市公共治理的内涵？
2. 如何理解城市公共治理的理念？
3. 城市公共治理的领域有哪些？
4. 如何提升城市公共治理水平？

案例分析

2021 年智慧城市白皮书正式发布
2021-09-14

近日，由国家工业信息安全发展研究中心、联想集团、中国产业互联网发展联盟、工业大数据分析与集成应用实验室共同编制的《依托智慧服务，共创新型智慧城市——智慧城市白皮书（2021 年）》正式发布。

白皮书指出，未来新型智慧城市或将呈现以下特点："先进技术+全程服务"

---

① 陈文．全面推进城市治理体系和治理能力现代化［N］．深圳特区报，2020-05-26（002）．

成为智慧城市的新抓手；"数字空间+现实空间"成为智慧城市的新落脚点；"普惠民生+生态和谐"成为智慧城市的新目标。

白皮书从技术角度，将智慧城市的整体框架分为发展战略层、技术实施层和目标效用层三大层次。即新型智慧城市是以城市的战略定位、建设规划、措施保障、组织合作为指导规划，通过"端—边—网—云—智"的技术架构，实现管理高效、服务便民、产业发展、生态和谐的目标效用，达成新一代信息技术与城市现代化深度融合，迭代演进的新模式。

其中，"端—边—网—云—智"作为新型智慧城市的技术实施层，蕴含巨大的创新发展空间，有望成为我国智慧城市技术应用方向的重要创新成果。

"端"即智能终端，负责采集、存储、传递数据，是智慧城市面向城市主体的智能化单元。

"边"即边缘计算，智能化时代海量数据的爆发式计算需求与应用低时延、灵活部署要求使计算力下沉成为必然，边缘计算应运而生。

"网"即以5G为代表的数据传输的网络，是推动端、边、云协同工作的黏合剂。

"云"即云计算，基于网络实现异质设备间数据运算与共享的设备服务。

"智"即行业智能解决方案，面向智慧城市的不同细分场景，基于"端、边、网、云"四层结构，根据业务需求、行业知识及计算能力，支持不同层次的数据计算和分析互动的行业智能化方案。

智慧城市建设是内涵型城镇化发展的重要方面，包括社会管理智能化、国民经济信息化、环境维护自动化和生活服务便捷化等内容。管理高效、服务便民、产业发展、生态和谐等均是新型智慧城市发展的目标方向。

白皮书也对智慧城市未来发展进行了预判，认为在未来新基建和新技术的融合过程中，城市治理或将逐渐完成由"管理型"向"服务型"的转变。智慧城市作为一项巨大的城市服务产品，需要重点提升居民对城市的归属感，提高城市生活品质，促进城市产业经济发展。智慧城市逐步走深向实，未来将重点在体制机制、发展思路、互动形式方面产生跃升。即将出现的变化将包括：治理思路改变——从"城市数字化"到"数字化城市"；阶段重点改变——从"建设智慧城市"到"运营智慧城市"；互动形式升级——从"人与人的联结"到"万物互联"。

资料来源：智慧城市白皮书（2021年）[EB/OL]. https：//www.sohu.com/a/489394284_121015326.

第八章 乡村公共治理

乡村治理是社会治理的基础和关键，是国家治理体系和治理能力现代化的重要组成部分。认识和把握我国乡村社会的历史性变迁，在乡村振兴战略背景下构建乡村治理体系，推进乡村治理创新和转型，提升乡村治理能力，既能满足国家治理的现实要求，又能够切实维护人民群众的基本权益与利益需求，是一个重大理论和现实命题。

第一节 乡村公共治理概述

一、乡村公共治理的内涵

乡村公共治理是在"治理"的概念基础之上，结合中国国情发展而来的一个重要概念。1998 年，华中师范大学中国农村问题研究中心徐勇等在吸收国外治理理论基础上，结合中国具体国情，提出"乡村治理"这一具有包容性的概念来解释和分析当时的中国乡村社会。此后，大量学者就如何以"乡村治理"对中国乡村社会进行管理，或乡村如何自主管理，从而实现乡村社会的有序发展进行了探讨。[1] 贺雪峰[2]、吴毅[3]、仝志辉[4]等开始从乡镇改革、宗族势力、乡村冲突等角度对乡村治理展开研究。

乡村公共治理的基本目标是解决农村公共事务的有效供给和良好秩序，其核

---

① 羊中太，羊措. 乡村基层社会治理的体系构建［J］. 青海民族大学学报（社会科学版），2021，47（3）：66-72.

② 贺雪峰. 乡村治理的社会基础［M］. 北京：中国社会科学出版社，2003.

③ 吴毅. 村治变迁中的权威与秩序［M］. 北京：中国社会科学出版社，2002.

④ 仝志辉. 选举事件与村庄政治［M］. 北京：中国社会科学出版社，2004.

心是解决农民合作的问题。乡村公共事务是指超出乡村个体与家庭范畴、对乡村居民产生影响的事务。王晓毅（2016）① 认为，农村公共事务治理主要包括公共资源、公共物品和公共空间三个内容，公共资源是农民共有的资源，在农民日常生产生活中具有不可替代的作用，公共物品与私人物品相对，在使用和消费上具有非排他性，其消费和受益范围主要是本村或本社区的居民，公共空间是介于个人和国家之间的空间，是人们之间交往、互动和参与的社会载体。汪锦军（2008）② 主要从公共服务、公共资源和公共设施三项内容分析农村公共事务。公共服务主要是指由政府来提供的教育、医疗、社会保障等；公共资源主要是指村集体所有的山地、草场、森林、矿产、土地等；公共设施则是指乡道路、桥梁、自来水、农业灌溉系统等。占少华（2013）③ 认为，"乡村公共治理"是指以村庄社区为单位的公共资源的使用和管理、基础设施的建议和维护以及社会文化活动的组织和开展，并从国家视角、市场化视角、社区组织视角、国家—社区合作视角、底层参与视角和"项目制"视角出发，对乡村的治理主体、治理方案和实践困境做了逐一讨论。陈潭、罗晓俊（2008）④ 从乡村治理的宏观治理结构层面入手，从乡村公共治理的环境、主体和过程三个维度对其展开研究，对村治环境的研究主要用于考察国家制度性变革对乡村社会的影响，村治主体主要包括乡镇政府、普通村民和乡村精英三类，村治过程即指在乡村治理中村庄内部进行选举、决策、管理和监督的过程。

综合以上学者观点，我们可以从乡村公共治理的主体、对象或客体、手段与方式、目标等方面出发，对乡村公共治理的基本内涵进行阐述。

（1）乡村公共治理的主体。传统的乡村公共治理主体是以政府为主导，政府、乡村精英与普通村民三者的结合。党的十九大将治理有效作为实施乡村振兴的五大目标之一，并提出要构建党组织领导的共建共治共享乡村善治新格局。这表明我国的乡村公共治理已从以政府为核心的"一元主导"模式转变为多元主体的协同共治。在乡村振兴战略背景下，形成以基层政府为主导、村"两委"为基础，乡村精英、普通村民、传统宗族权威等为主体的多元乡村治理格局是提升乡村治理能力的关键。

（2）乡村公共治理的对象或客体。凡是乡村现实生产生活中所涉及的事务和活动，如村民选举、乡村公共物品供给、乡村社会的稳定、乡村经济发展等，

---

① 王晓毅．乡村公共事务和乡村治理［J］．江苏行政学院学报，2016，89（5）：54-60.

② 汪锦军．农村公共事务治理——政府、组织和社会组织的角色［J］．浙江学刊，2008（5）.

③ 占少华．乡村公共治理的六个视角及其问题［J］．社会科学战线，2013（10）：221-227.

④ 陈潭，罗晓俊．中国乡村公共治理研究报告（1998—2008）——以CSSCI检索论文与主要著作为研究对象［J］．公共管理学报，2008，20（4）：9-18+122-123.

无不是治理的对象。

（3）乡村公共治理的手段与方式。乡村公共治理必须坚持"以人为本"的理念和依法治理的原则，在这两个前提下，除了运用国家的常规手段和方法以外，更多的是强调各治理主体之间自愿、平等的合作。

（4）乡村公共治理的目标。我国著名学者俞可平（2001）认为，治理的目的是在各种不同的制度关系中运用权力去引导、控制和规范公民的各种活动，以最大限度地增进公共利益。所以，治理是一种公共管理活动和公共管理过程，它包括必要的公共权威、管理规则、治理机制和治理方式。① 可见，乡村公共治理的目的是在各种不同的制度关系中运用权力去引导、控制和规范公民的各种活动，以最大限度地增进乡村公共利益，最大限度地"实现好、维护好、发展好"广大农民的根本利益。中共中央办公厅、国务院办公厅2019年6月印发的《关于加强和改进乡村治理的指导意见》提出，到2035年，乡村公共服务、公共管理、公共安全保障水平显著提高，党组织领导的自治、法治、德治相结合的乡村治理体系更加完善，乡村社会治理有效、充满活力、和谐有序，乡村治理体系和治理能力基本实现现代化。

因此，本书将"乡村公共治理"定义为：在村域社会内，乡镇政府、村"两委"、社会组织、村民等多种主体坚持"以人为本"的理念和依法治理的原则，充分利用乡村资源和各类制度关系，通过良性互动和共同作用，对乡村社会公共事务进行协同治理，从而最大限度地增进乡村公共利益、实现乡村社会有序发展的过程。

二、乡村公共治理主体的类型

传统的乡村公共治理主体是以政府为主导的，乡村公共事务的管理主要由政府和少数乡村精英承担。新中国成立后，考虑到当时中国的农村社会状况和农民的革命斗争经验，中华人民共和国成立初期的我国乡村治理活动主要采取成立合作社走集体化发展道路的形式，而后主要体现为人民公社模式。在人民公社模式下，农村地区的三级管理主体分别是公社、生产大队和生产队。改革开放后，全国的发展重心开始向经济建设方向转移，计划经济体系逐渐在农村地区土崩瓦解。在村民自治制度下，影响乡村秩序的既包括国家规范性权力，也包括村民自治的"非规范性权力"，还包括乡村社会原有的社会规范。其中，起主要作用的是基层政府的规范性权力，国家权力将村民自治组织作为控制和影响基层社会秩序的新的组织形式，对基层社会秩序重新"行政化"。1978年党的十一届三中全会重点讨论了农村的改革问题，党中央对于农业、农村和农民问题的态度有了根

---

① 俞可平．善治与治理——一种新的正值分析框架［J］．新华文摘，2001（12）：2.

本性的转变。随着村民自治制度和家庭联产承包责任制的产生和普及，我国的乡村治理逐渐进入"乡政村治"的"放权型"治理模式。进入 21 世纪后，我国的基层民主得到了迅猛发展。2017 年，党的十九大报告强调要构建"党委领导、政府负责、社会协同、公众参与"的多元主体协同共治体系，说明我国的乡村治理已经由政府的一元化管理模式开始向多元主体的协同治理模式转变。乡村公共治理的主体主要有乡镇党委与政府、村"两委"、乡村社会组织、乡村经济组织和村民。

（一）乡镇党委、政府

乡镇党委是镇村治理的核心领导力量，主要对乡镇的工作起领导作用，这种领导主要集中在政治、思想、方针政策等方面。除了政策的上传下达之外，还肩负着领导政府和指导村民自治，强化基层党组织建设的重要使命。其主要职责有宣传党的路线、方针、政策；讨论决定乡镇经济、政治、社会等方面的重大问题；领导乡镇机关和群众组织按照国家法律规定行使职权；负责乡镇领导干部的教育、培养和选拔，优化领导班子建设；密切联系群众，解决人民群众实际需要。《村民委员会组织法》对乡镇政府与村民委员会的关系作出了明确规定，乡镇政府指导、支持和帮助村民委员会的工作，两者是指导与被指导的关系。乡镇政府参与乡村治理，必须通过作用于村民委员会，即对村民委员会的工作给予指导、支持和帮助来发挥治理效能。乡镇政府是我国基层行政单元，是国家政策落实的具体贯彻者和实践者。其主要职责是执行和落实上级政府和乡镇人大等行政机关的决定和命令；执行乡镇经济和社会发展计划；促进乡镇教、科、文、卫、体事业的发展；保护人民财产安全，保障人民的法定权利。

（二）村"两委"

村"两委"是中国共产党农村基层党组织（村支部）和村民自治委员会（村委会）的简称。村支部和村委会作为两个最基层的组织，在乡村治理中发挥着各自独特的功能。2018 年 12 月 28 日，新修订的《中国共产党农村基层组织工作条例》规定："乡镇党的委员会和村党组织（村指行政村）是党在农村的基层组织，是党在农村全部工作和战斗力的基础，全面领导乡镇、村的各类组织和各项工作。必须坚持党的农村基层组织领导地位不动摇。"新条例对村党支部的地位和职能有了明确界定。村支部是上级党政机构组织、联系基层群众进行农村建设的主要力量之一，是党领导农村治理的重要平台，是乡村治理的领航者。①

《中华人民共和国村民委员会组织法》指出，"村民委员会是村民自我管理、自我教育、自我服务的基层群众性自治组织，实行民主选举、民主决策、民主管

---

① 刘华，王观杰. 农村基层党组织的治理逻辑及能力建设：基于治理主体多元化视角的分析［J］. 江苏社会科学，2018（6）：68–75.

理、民主监督。"村民委员会是村民自治组织，是乡村治理的重要主体，是农民依法行使自治权利的制度保障。村民委员会既需要面向本村村民，负责宣传国家政策，教育村民履行法律法规，依照法律规定办理本村的各项公共事务和公益事业，组织实施本村的基础设施建设，依法调解纠纷，维护社会治安；也需要面向乡镇政府，协助乡镇政府完成国家政策指令，负责向上级政府反映村民的意见和切实需要。村民委员会接受村党组织的领导。村"两委"是构建乡村"善治"体系的核心力量。

（三）乡村社会组织

农村社会组织是指在农村社区中，执行特定的社会职能，依据一定组织原则、形式组成，并根据规章制度，契约和程序进行活动的人群共同体，有民间性、自治性、志愿性等非政府组织所具有的特征。[①] 从目前的情况来看，我国农村存在着经济型社会组织、民非企业组织、自治型社会组织和传统型社会组织四类。[②] 农村社会组织既是党和政府与村民之间的"桥梁和纽带"，又是国家权力和社会力量之间的"中介"。农村社会组织贴近基层，是对村级政权的补充，能够及时表达村民尤其是农村弱势群体的意见和心声，发挥组织优势，实现"下情上传、上情下达"，对乡村协同治理起到润滑剂作用。

（四）乡村经济组织

市场经济的嵌入为乡村公共治理带来了新的挑战，新的治理主体和要素改变着治理环境。乡村经济组织的介入对乡村地区的社会发展、经济发展、治理运行都起着重要的作用和影响。经济组织的参与有利于经济发展和农民致富，为乡村提供了必要的经济条件，积累了大量的生产资料，是乡村治理的稳定性因素。同时经济组织的发展壮大对实现城乡一体化、缩小城乡差距具有决定性意义，通过对自身的管理和发展，推进了农村的现代化进程，改变了农村的经济结构，转移了农村大量的剩余劳动力，提高了村民的生活水平和收入水平。村集体经济或个体企业作为重要的治理主体，是夯实乡村共治经济基础的重要角色，在治理中往往发挥着创造性作用。

（五）村民

随着共建共治共享理念的落地实践，占据主体地位的广大村民参与乡村事务的热情逐渐被激发。以乡村精英、普通村民和传统宗族权威等为代表的个体力量凭借

① 朱启臻. 农村社会学［M］. 北京：中国农业出版社，2002：121-122.
② 王春光. 加快社会组织建设增强农村发展活力［EB/OL］. 经济日报，2013-03-26（15）ht-tp：//theory. people. com. cn/n/2013/0326/c40531-20917835. html.

经济实力、社会声望和高尚德行等特殊资源对乡村问题的解决日益产生影响。①
所谓乡村精英是在农村基层治理中扮演着重要角色的人。他们比普通村民掌握更
多的政治、经济或社会等资源，有较高的社会影响力。乡村精英的来源较广，可
将其分为乡村政治精英、乡村经济精英和乡村社会精英。乡村政治精英通常是指
在村民自治体系中任职的干部，他们通常负责某方面的乡村管理工作，与村民接
触较为密切，因此在村民中获得威信。乡村经济精英是指具有致富经验和金钱积
累的种植能手、个体大户、企业老板等，他们自身所拥有的经济实力和成功经验
可以带领广大村民走上共同致富的道路。乡村社会精英是指在公共领域中具有一
定影响力的人，例如，教师、医生、族长等，他们的特殊经历和背景可以为村民
提供可信赖的意见或建议，容易成为村民心中的向导。他们不仅拥有地方性知
识，同时也掌握着大量现代化观念和技能，在市场经济和新的农村社会治理中地
位突出。乡贤在部分农村公共事务和微治理中往往充当着发起者、组织者和领导
者的角色。广大的农村村民是我国开展乡村治理的基础。村民普遍享有选举权和
被选举权，有监督乡镇政府及村级自治组织开展工作的权利。

第二节　乡村公共治理的演变脉络

传统帝制时期，历朝历代统治者都十分重视对乡村社会的治理，但在封建皇
权专制体制下，县是国家的基层政权，县以下不设任何行政单位。传统的中国政
治机构包含自上而下的官僚行政机构和自下而上的地方自治性组织，呈现出一种
"双轨制"结构。② 古代的传统乡村社会有三套官方治理体系：保甲制、里甲制
和乡约制，分别履行治安、征税和宣讲三种职能，除了赋税和危及皇权统治的秩
序外，其他事务均由乡村社会自主管理。③ 但从乡村内部来看，一般农民无直接
参与管理的权利，以高度的乡绅自治为主，民主程度低。

清朝末年，清政府开展的以乡镇地方自治为核心的近代中国农村治理改革开
始打破这种结构，规定县级以下实行代表皇权的保甲制，其目的是使国家行政力
量渗透到农村基层，以加强晚清政府对基层乡村社会的干预和控制。民国时期，

---

　　① 杜智民，康芳. 乡村多元主体协同共治的路径构建 [J]. 西北农林科技大学学报（社会科学版），
2021，21（4）：63-70.
　　② 费孝通著，刘豪兴编. 乡土中国修订版 [M]. 上海：上海人民出版社，2013.
　　③ 邓大才. 中国农村村民自治基本单元的选择：历史经验与理论建构 [J]. 学习与探索，2016
（4）：47-59.

为了更好地控制乡村社会，南京国民政府恢复保甲制，也曾试图将国家行政体系从县级延伸到区级，但未成功。其失败原因主要有两种：一是尽管国家权力形式上得到了扩张，但受限于传统乡村权力结构；二是国家权力扩张破坏了传统文化网络，掉入了基层精英流失、基层组织恶化的"政权内卷化"的陷阱。①

直到在中国共产党领导的土地改革和集体化运动中，国家政权才真正延伸到了社会的底层，建立了村一级政权，设立村（乡）人民代表大会和村（乡）农民代表会议，拉近了国家与乡村社会的距离，呈现出国家、基层精英与乡村民众直接互动的三角治理结构。

一、苏区的苏维埃政权

土地革命战争时期，中国共产党领导广大劳苦群众通过武装斗争的方式，开辟了农村革命根据地，探索建立了苏维埃政权。1931 年第一次全国苏维埃代表大会胜利召开，中华苏维埃共和国就此成立。中共中央随即开始带领农民在苏区开展土地革命。土地革命改变了苏区农村社会的权力结构，革命前，由国民党政府掌握县政权，地主阶级掌握乡村政权；② 革命后，规定乡（市）苏维埃代表会议为全乡（市）的最高权力机关，乡苏维埃下设村，村内实行代表制，依靠民众自身、村委员会和民众团体对村进行领导。③ 为了更便于苏维埃民主集中制的实行，中共中央又作出《关于重新划分行政区域的决议》，强调要重新进行行政区划调整，废除原先存在的村或组，级数统一为省、县、区、乡（市）4 级，使区、乡基层苏维埃更接近于农民群众，与群众的联系大为加强。④ 中共中央还在苏区初步创立了工会、农会、共青团、贫农会等群众性组织，⑤ 建立了新的民众机构，为新中国成立后的土地改革打下基础。另外毛泽东同志提倡在苏区，健全各级苏维埃执行委员会的民主集中制原则。⑥

此外，革命改变了苏区的农村社会结构，苏区社会结构变化的起点是阶级结构的变化。经过土地革命，农民从阶级剥削中觉醒。苏区进行土地改革后，原有的农村社会结构被打破，由阶级分化不明显的乡族社会，转化为农民与地主两大

---

①　费孝通著，刘豪兴编. 乡土中国修订版［M］. 上海：上海人民出版社，2013.

②　包爱芹. 土地革命对苏区农村社会变革的影响［J］. 首都师范大学学报（社会科学版），2006（3）：106-110

③　李正华. 毛泽东与中央苏区基层政权建设［J］. 中国井冈山干部学院学报，2008（3）：66-69.

④　赵剑，罗雄飞. 土地革命时期中央苏区行政区划的调整及其历史作用［J］. 北京第二外国语学院学报，1999（6）：75-78.

⑤　刘佩芝. 闽浙赣苏区党内政治生活的特色及时代启示［J］. 广西社会科学，2021（2）：151-155.

⑥　许耀桐. 中国共产党建立的党政体制百年来的发展［J］. 行政管理改革，2021（3）：17-26.

基本阶级界限分明的社会①。

二、新中国成立初期的"村社统一"

1949 年新中国成立后，为了彻底肃清农村中的封建残余势力，发展农村生产，中国共产党随即采用群众动员、直接组织农民的方式，在各新解放区开展土地改革运动，建立农民土地所有制以取代封建土地所有制。土地改革的开展使国家权力下沉至乡村社会，村庄原先的运作方式和权力结构随着国家权力的渗透而发生了深刻的转变。土改期间，中国共产党摧毁了传统村社共同体，重塑了国家与乡村社会的关系。在村庄层面设立了两套新的政权组织：党支部和村政权，还设立了阶级组织、群众组织和武装组织②。党支部和村政权是党和国家在乡村社区的直接代表，其中党支部是领导一切的，是乡村中的最高权力组织；阶级组织主要是指贫农团；群众组织主要以农会为核心；武装组织主要包括民兵队和村团部。这些组织相互配合构成了解放区乡村政权的基础，取代了传统的宗族和宗教组织。除阶级敌人外，乡村农民都会参加一个或多个组织，从而参与农村政治，强烈激发了农民内心潜在的政治参与意识。

在新的乡村政权确立之前，农会兼有农村基层政权的性质，农民通过参与农会和贫农团以参与农村政治。随着土地改革的不断深入，1947 年，中共中央指出：目前解放区各级政权形式，应采取从下至上的代表会议制度，称为农民代表会或人民代表会，为各级政府最高权力机关，农民委员会（主席团）作为各级代表会的常驻机关③。由此在贫农团和农会的基础上建立的乡村人民代表大会成为了乡村的最高权力机关，村级政权正式形成，民主建政任务取得了更大成效。1952 年，全国统一乡制，统一实行区乡制④。到 1953 年初，全国 28 万多个乡（村）的人民代表会议或乡（村）农民代表会议，已选举乡（村）人民政府委员会。这是中国历史上第一次将乡纳入政府行政管理体系。在进行土地改革运动的同时，中共中央开始鼓励和引导农民走上互助合作的道路，1953 年，中共中央将农业社会主义改造确定为党的基本任务之一。

1954 年 1 月，内务部颁布了《关于健全乡政权组织的指示》，对全国乡政权组织的内设机构及其工作单位等作了详细规定和具体要求。要求乡人民政府按生产合作、文教卫生、治安保卫、人民武装、民政、财粮、调解等方面的工作设置各种

---

① 李小平．土地改革与闽西苏区社会结构的变化［J］．中国社会经济史研究，2002（4）：72-79.
② 李里峰．土地改革与华北乡村权力变迁：一项政治史的考察［M］．南京：江苏人民出版社，2018：194.
③ 张卫波．实现耕者有其田——解放战争时期的土地改革［M］．石家庄：河北人民出版社，2014：268.
④ 张明琼．我国乡村社会治理模式的变迁与优化［J］．江西社会科学，2005（1）：29-35.

工作委员会，乡以下需要根据不同的实际情况划分工作单位：一般可以自然村或选区为工作单位，必要时在自然村或选区下亦可划定若干居民组；人口居住集中的乡，乡人民政府可直接领导居民组进行工作；地区辽阔、居住分散的乡，乡以下可由若干自然村分别组成行政村，行政村下按自然村划定居民组进行工作。① 这一指示不仅进一步健全和规范了乡人民政府的内设机构，而且将乡政权组织进一步延伸到村和居民组。首届全国人大第一次会议于 1954 年 9 月制定并颁布了我国第一部宪法的同时也颁布了《地方各级人民代表大会和各级人民委员会组织法》。该法统一和规范了当时我国农村基层政权体制。通过这一系列的农村基层政权建设，将人民政权有效延伸并融入广大乡村社会内核，为中华人民共和国成立之初党和国家的各项工作在农村地区的落实提供了关键的组织保障和制度支撑。②

实际上，自下而上的政治动员和自上而下的国家政权建设是相互配合、相互促进的。通过农村土地改革和划分阶级成分，一方面实现了乡村社会重构，另一方面也建构了农民对新中国的政治认同。如果这个新的政权得不到广大人民群众的认同、不能将其建基于乡村社会的文化网络之上，就不能真正地扎根于农村社会、有效治理农村社会。"土地改革，是……为进一步进行乡村基层的充分社会动员，进而稳定合法性基础的关键举措。县、区、乡政权的建立，只是在制度层面上完成了机构的建制。要使党和政府的政策真正落实到乡以下乡民，不发动农村各阶层积极性是行不通的"③。同时，"以阶级分界对农村社会进行的重新整合，它的真实意图并不仅仅着眼于阶级划分的需要。从严格意义上来讲，一方面，它是党为解决其合法性基础的需要；另一方面，它也是中华人民共和国成立后中共为加强基层政权建设，通过'解放''中立''打倒'等不同层面的方式，授予不同阶级以差别各异的政治权力，达到有效社会动员和社会控制的目的"④。综合而论，通过阶级划分和土地改革等有效措施，国家在广大农村地区培育起了大批拥护新生政权的精英以及广泛的群众基础。

1958 年 1 月 1 日，《人民日报》发表社论"乘风破浪"，提出"要在 15 年的时间内，在钢铁和其他重工业产品产量方面赶上和超过英国"，吹响了全面跃进的号角。随着"大跃进"，从中央到地方都在快速推进农村地区人民公社化。全国的公社化从 1858 年 7 月开始发展，8 月中下旬中共中央召开政治局扩大会议，

① 中央人民政府内务部. 关于健全乡政权组织的指示（内民（54）字第 3 号）[Z]. 1954-01-27.

② 吴理财. 中国农村治理变迁及其逻辑：1949-2019 [J]. 湖北民族学院学报（哲学社会科学版），2019（3）：1-10+177.

③ 陈益元. 建国初期农村基层政权建设研究：1949—1957——以湖南省临澧县为个案 [M]. 上海：上海社会科学院出版社，2006：130.

④ 陈益元. 建国初期农村基层政权建设研究：1949—1957——以湖南省临澧县为个案 [M]. 上海：上海社会科学院出版社，2006：155.

通过了《中共中央关于在农村建立人民公社问题的决议》，9 月 10 日《人民日报》全文发表了这个决议，要求全国各地尽快将小社并成大社，转为人民公社。而 9 月底，全国基本实现了公社化。1956 年上半年刚建立起来的 70 多万个高级农业合作社，仅仅两年就被 2 万多个政社合一的人民公社所代替。在当时的历史条件下，一方面，人民公社化满足政治的需要；另一方面，方便以农支工，服务于国家的工业化和现代化建设，其主要目的是便于国家从农业中提取剩余或资源，推进国家工业化建设，服务于国家建设的总体要求①。

三、"政社分离"基础上的乡政村治

1978 年 12 月，党的十一届三中全会做出了将全党工作重点转移到社会主义现代化建设上来的战略决策，开启了中国改革开放的伟大序幕。同年由安徽小岗村农民自发创新的"分田到户"拉开了我国农村对内改革的序幕，家庭联产承包经营逐渐取代人民公社时期的集体化生产方式，经济体制改革加速了"政社合一"管理体制的瓦解，乡村权力结构开始解构调整。1980 年于广西宜山、罗山两县农村，农民自发组建了一种群众自治组织——村民委员会，以取代正在瓦解之中的生产大队、生产队组织。1982 年底，新宪法明确规定了村民委员会的法律地位。

1983 年 1 月 22 日，《人民日报》发表社论"稳定和完善联产承包责任制"一文，提出联产承包责任制是社会主义合作经济的新形式，是中国农民在党的领导下的伟大创造。它既不同于"大锅饭"的模式，又区别于小私有的个体经济，使集体的优越性和个人的积极性同时得到发挥，开创了一条具有中国特色的社会主义农业的发展道路。农村家庭联产承包责任制适应了当时中国农业生产力发展的实际需求，改变了人民公社时期集体生产、集体劳动、统一分配的经营管理方式，赋予农民更多更加自主的生产经营权，农民在承包土地上种什么、种多少以及何时生产、如何生产由农民自己说了算，"交够国家的、留足集体的，剩下都是自己的"，极大地激发和调动了农民生产积极性。

农村土地经营制度的变革促使人民公社体制的最终解体。政社合一的农村治理体制，必然地与农村家户经营体制相矛盾，因为它"无法容忍新兴的社会力量，无法协调和统帅社会"②。党的五届全国人大五次会议于 1982 年 12 月 4 日通过新《宪法》，否定了人民公社体制，该宪法重新规定乡、民族乡、镇为我国农村基层政权组织。1983 年 10 月 12 日，中共中央、国务院联合发布了《关于实行政社分开建立乡政府的通知》（中发〔1983〕35 号），这个通知明确指出："随着农村经济体制的改革，现行农村政社合一的体制显得很不适应。宪法已明确规

---

① 张晓山，李周．新中国农村 60 年的发展与变迁［M］．北京：人民出版社，2009：3．
② 张厚安，徐勇．中国农村政治稳定与发展［M］．武汉：武汉出版社，1995：211．

定在农村建立乡政府，政社必须相应分开"①。

1987 年《中华人民共和国村民委员会组织法（试行）》的出台，肯定了村民自治作为一种新型的群众自治制度和直接民主制度的法律地位，并对村委会的性质、地位等做了详细的规定。按照《村民委员会组织法》规定，中国农村基层实行乡—村两级管理体系，以法律的形式确定实行乡镇政府作为国家最低一层的行政机构，乡镇以下实行村民自治的管理模式。

1990 年开始，全国各地乡村普遍开展了村民自治示范活动，中国农村的治理逐渐表现为一种三元权威结构，即中国共产党的基层组织、政府和村民组织。村民自治制度是在顺应现代化、民主化的话语要求下推进的，是国家政权建设的重要组成部分，改革开放后乡村治理主要围绕着"基层政权组织建设、行政管理、治理"三大目标展开，以行政村为基本治理单元，具有较高的国家建构性和乡村自治性。但是此时期的村民自治组织既要维护农村的基本生产生活秩序，又需要协助国家完成任务，如收取税费等，具有行政性，这也导致当时农村面临干群关系紧张、农民负担过重等问题。除此之外，人民公社下严格的城乡二元户籍制度逐渐被打破，劳动力外流、乡村空心化发展、土地废耕、乡村贫困问题突出等乡村治理中的问题逐渐凸显出来。

围绕农村税费改革，各地又进行了乡镇综合配套改革。这次乡镇配套改革主要以四个精简为核心内容：一是乡、村、组再次进行了较大规模的合并；二是精减乡镇工作人员，一些地方还鼓励乡镇党委政府"交叉任职"；三是精简和规范了乡镇政府的内设机构，统一设置为 3～5 个综合性办公室；四是对乡镇"七站八所"进行精简和整合，成立综合性服务中心。个别地方（如湖北省）还借此撤销了乡镇站所，农村公共服务实行"以钱养事"新机制。

但是，农村税费改革的一个意外后果是，加剧了农民个体与村庄集体乃至农村基层政府的疏离，因为两者之间缺乏有效的联结沟通机制，以至于有学者提出"悬浮型政权"概念来描述后农村税费改革时代的乡镇政府与乡村社会"脱嵌"的状态。与此同时，农村社会又处于"空心化""个体化"急剧转型之中，无论从纵向上的国家与乡村社会关系来看，还是从横向上的乡村社会自身的联结和合作来看，都面临着重新将农民组织起来、进行有效社会整合、加强乡村共同体建设、提升农民互助合作能力、激发乡村社会活力的挑战。②

① 中共中央，国务院．关于实行政社分开建立乡政府的通知（中发［1983］35 号）［Z］．1983-10-12.

② 吴理财．中国农村治理变迁及其逻辑：1949-2019［J］．湖北民族学院学报（哲学社会科学版），2019（3）：1-10+177.

四、新时代中国特色乡村治理模式

自党的十八大以来，以习近平同志为核心的党中央始终将加强和创新乡村治理作为党的重要工作。近几年，中央政府为解决"三农"问题先后推动乡村精准扶贫与乡村振兴战略、深化农村土地制度改革等各项工作，出台各项惠农补贴政策。在深入实施乡村振兴战略的背景下，有效应对乡村治理主体、客体和环境等各种因素的深刻变化，探索完善乡村治理体系、创新乡村治理模式，是我国当前和未来建设乡村治理的基本方向。

为改善当前乡村公共治理中的乡村空心化、老龄化、社会阶层日趋多元化等类似问题，提升乡村的公共管理和社会服务能力，党中央提出构建以党组织为核心建立乡村基层组织的合力机制，充分发挥基层党组织的领导作用，健全党组织领导的自治、法治、德治相结合的乡村治理体系，完善"四议两公开"的决策机制、村民自治机制、民主监督机制，形成以党组织为领导核心的多元共治格局。

另外，在乡村振兴战略背景下，乡村治理中的公民参与度和传统模式比较而言，在政治、经济、文化、社会方面的参与范围呈逐渐扩大的态势，新时代公民参与乡村治理的认同感和积极性得到增强。新时代的乡村治理体制格外强调加强乡村群众性自治组织建设的重要性，依托村民会议、村民代表会议、村民议事会、村民理事会、村民监事会以及村组、村屯等各种群众组织，构建民事民议、民事民办和民事民管的多层次基层协商格局。

此外，打破城乡融合的体制障碍，建立城乡一体化体制机制，是提升乡村公共治理效能的重要抓手。近年来，中共中央不断强调要持续推进基本公共服务均等化。2017 年，党的十九大报告中也提到了"建立健全城乡融合发展体制机制和政策体系，加快推进农业农村现代化"的重要论述。在 2019 年 5 月印发的《中共中央 国务院关于建立健全城乡融合发展体制机制和政策体系的意见》中还提出了"建立健全有利于城乡要素合理配置、基本公共服务普惠共享、城乡基础设施一体化发展、乡村经济多元化发展和农民收入持续增长等体制机制"。

第三节　乡村公共治理的困境与优化路径

一、乡村公共治理的困境

（一）乡村公共治理主体缺失

目前，构建和完善多元主体协同共治的乡村治理体系，是提高乡村公共治理效能的关键。然而，在实践运行中，乡村的公共治理还存在村民积极性不高①、人口流失严重、精英人才短缺②、村级组织行政化严重和社会组织培育不足等问题。

改革开放后，城乡二元体制得以打破，户籍制度松动，乡村青壮年劳动力大量外流，不少乡村成为空心村或老人村，乡村社会关系与家庭关系发生了较大的改变。乡村人口流失严重造成乡村人口结构失衡，对乡村公共治理提出了极大的挑战。21 世纪以来，因城市经济社会发展迅猛，吸纳了一大批精英人才，其中不乏乡村精英的存在。受区域教育水平的限制，尤其是对于经济发展较为落后地区的乡村，村内的精英人才只占少数，但其中不少的精英人才会通过升学渠道或者外出经商等渠道，选择发展较优、服务建设较为完善、生活条件较高的城市中生产或生活。要想提高乡村治理效能，加快推进乡村振兴战略，人才是关键因素。在中共中央发布的《关于加快推进乡村人才振兴的意见》和《乡村振兴促进法》两份文件中，都提及了乡村人力资本开发的重要性，强调要实现人才振兴、人才培育和人才下乡"同步走"。近年来，尽管受乡村振兴战略、政府人才补贴等制度的影响，人才下乡愈加普及，但农村人才资源短缺依然是乡村治理的一个短板。

农村基层组织是连接政府与基层群众的重要载体，承担着大量乡村治理的基础性工作，是基层政府倚重的辅助治理力量。村级组织一定程度的行政化有利于提升村级治理水平和行政效率。然而，现阶段，村级组织所承担的行政任务已经远远超出了其承受水平，村级组织过度行政化问题十分严重。因行政资源匮乏，在压力型体制下，乡镇政府会将大量治理任务传导至村级组织。乡镇党委、政府将上级分配的任务、发展和治理的各项指标分解量化，层层下达至村级组织和村干部，工作的考核结果影响村干部的工资、荣誉和晋升。且在现行制度设置下，乡村村委干部的选拔主要由乡镇政府主导，村级组织的财政来源于乡镇政府，村级组织的工作内容、工作方式都需要受到上级政府部门的指挥。故在实际的乡村公共治理工作中，村级组织几乎成了乡镇政府的"准派出机构"。在村委会过度行政化的特征下，村委会的职能逐渐异化。

除此之外，社会组织在乡村公共治理中也面临着较大的挑战及困难，首先是社会组织受制于角色定位、制度供给等方面，社会组织参与乡村治理的能动性和积极性不足；其次是社会组织本身还存在管理体制不健全、管理经验不足、组织能力欠缺等问题，致使其运行规范性、行为自律性不足和合作化水平较低。

（二）乡村公共治理的内源性力量不足

乡村本身的内源性因素是推动乡村可持续发展的根本性因素①。乡村的内源性发展是指动员乡村内部资源促进乡村经济发展和社会环境改善，强调发展驱动力的内部性和农民参与的主动性；乡村的新内源发展要求在外源力量的辅助下，对发展过程中的参与权和决策权进行再分配，通过组织化的各种形式促使村民真正参与等问题②。然而，就当前的现实情况来看，随着市场竞争的加剧，很多地方的农村集体经济凋敝，无法支撑有效的村庄治理。集体经济的疲弱，使村级自治组织的运转大量依靠政府补贴。对于国家补贴少的乡村，村级组织的运转面临着停滞的风险。村干部几乎丧失了动员农民的能力，在这种情况下，公共事务无人关心，村干部做事无人跟随，村民自治很难落到实处，基本流于形式。在此基础上，市场经济和城镇化的迅速发展严重冲击乡村社会，传统稳定而单一的乡村利益空间被分割，利益诉求碎片化、原子化程度加深，这不仅瓦解了传统社会秩序在乡村社会治理中的权威力量，而且也大大降低了正式和非正式权威在广大农民中的聚合力和代表性，村两委与普通农民之间的亲密关系渐行渐远。

由此可见，我国乡村在现代化过程中处于结构性弱势地位，乡村社会治理体制在推动乡村发展上过于依赖国家的惠农政策和资金扶持，乡村内源性发展动力较弱，不能有效组织和动员本土的内生发展资源，阻碍了乡村社会的发展。在乡村振兴战略下，国家从惠农政策、资金扶持、人才下派等各个方面为乡村发展提供了较为丰富的外部供给力量，旨在通过适应农民需求变化，由促进农业生产向促进农业农村农民全面发展转变。

张玉强、张雷（2019）指出，乡村振兴内源式发展的三个基本要素分别是资源内生、组织动员和身份认同，其中，以优势产业发展实现资源内生是乡村内源式发展的基础，组织动员是实现乡村内源式发展的核心，身份认同是实现乡村内源式发展的保障③。然而在我国乡村的实际治理中，多数乡村仍未在政府、市场等外源性力量的帮助下，对本村内部资源进行整合，还未突出乡村的特色资源，形成完整的发展产业链，各类村民经济组织未发挥出其应有作用。乡村组织整体上还存在组织化程度低的问题，主要体现在正式组织职能异化、社会组织类型单

---

① 肖平，周明星. 新时代乡村社会治理创新：基础、困境与路向［J］. 云南民族大学学报（哲学社会科学版），2021，38（4）：110-117.

② 李怀瑞，邓国胜. 社会力量参与乡村振兴的新内源发展路径研究——基于四个个案的比较［J］. 中国行政管理，2021，431（5）：15-22.

③ 张玉强，张雷. 乡村振兴内源式发展的动力机制研究——基于上海市 Y 村的案例考察［J］. 东北大学学报（社会科学版），2019，21（5）：497-504.

一、经济组织独立性不强等方面①。另外，乡村公共治理依赖于良好的社会关系网络。但由于乡村的特殊性，人口流动频繁，乡村关系结构不断改变，乡村共生共建的社会治理新模式仍处于萌芽阶段。

（三）乡村公共治理体制机制不完善

不断创新和完善乡村治理体制机制是推进乡村治理现代化的动力基础。现阶段，乡村经济社会结构和社会治理基础已发生深刻变迁，传统乡村治理机制越来越难以应对开放性、多元化、信息化的乡村社会。乡政机制建设弱化、村民自治机制运转不灵、多元参与机制不够完善、监督保障机制失位、城乡融合体制机制缺乏等问题严重制约着乡村治理现代化转型。

首先，"乡政"与"村治"之间缺乏顺畅的对接机制。"乡政村治"下的政策传导、诉求互动、运转实效仍未脱离部门条块分割的阻滞和影响。另外，虽然村民自治制度在过去数十年实践中有力促进了基层民主政治建设，尤其是规范了基层民主选举的形式和程序。但还存在民主决策协商不足、民主监督效度不高、民众参与公共事务渠道有限等问题，仍需进一步完善和发展村民自治制度来加以根本解决。

其次，社会组织参与社区治理的制度保障机制不健全。一方面，社会组织的培育机制尚不完善，不少地方政府对市场和社会组织等治理主体的认识不深，缺乏应有的支持力度和合作态度；另一方面，社会组织力量弱小且分散，长期依附行政主管部门，缺乏组织自主性和平等合作意识。同时，农村地区社会工作专业人才力量不足也是制约社会组织参与社区治理的一个重要原因。

最后，城乡融合体制机制建设仍处于起步阶段，长期的城乡二元结构体制还没有得到根本破除。当前，城乡发展的不均衡、不协调、不充分问题依然是新时代我国社会发展面临的最大的现实问题，乡村治理物力和人力资源不足问题依然显著。加快推进城乡融合发展建设，畅通城乡要素流动，优化公共资源配置，发展乡村社会事业，尤其是破除人才、资金、技术等延伸至乡村的机制障碍，是推动乡村社会现代化治理体制机制建设的主要任务。

（四）乡村公共治理的智能化水平低

在互联网、大数据等技术的发展大势下，信息技术的广泛应用已成为新时代社会治理的亮点②。2018 年，中共中央、国务院在中央一号文件中首次提出了数字乡村战略，在"产业兴旺、生态宜居、乡风文明、治理有效、生活富裕"五

① 李庆召，马华. 价值与限度：农民再组织化与村级治理组织体系再造——基于广东省梅州市 F 村基层治理改革的思考［J］. 社会主义研究，2017（2）：112–118.

② 李三辉. 乡村治理现代化：基本内涵、发展困境与推进路径［J］. 中州学刊，2021，291（3）：75–81.

大要求的基础上，进一步要求解放数字化生产力，加快农业农村信息化发展，让乡村地区搭上数字经济的顺风车，实现城乡融合发展和现代化建设新局面。这标志着数字乡村战略正式上升至国家战略。2019 年，国家出台《数字乡村发展战略纲要》，提出了数字乡村建设的四个阶段任务目标；2020 年，国家数字乡村试点地区名单正式公布，数字乡村建设开始进入全面推进阶段。尽管中央再三强调要加强乡村社会治理的信息化、精准化和专业化程度，但从总体来看，乡村公共治理数字化仍停留在信息渠道畅通层面。数据在治理过程中所发挥的乡村社会态势感知、公共事务辅助科学决策等方面的价值未能得到有效发挥，数字化基础设施、数字资源整合、数字化意识转变、数字化人才队伍建设方面仍存在诸多问题。

首先，乡村的信息化财政支持不足，导致数字基础设施无法满足村民需求。如今，在乡村治理的数字化建设进程中，还存在财政投资严重不足的问题。农业农村信息化财政投入不足，使乡村互联网接入能力还较低，移动网络信号不佳等问题时有发生，电商配套基础设施不完善。其次，数字赋能乡村公共事务的治理，还缺乏相应的统筹与规范标准，导致乡村治理数据整合共享不足。标准规范的缺失主要体现在乡村治理数字化内容、技术应用、数据共享等方面的技术标准未建立，乡村数字化概念未达成共识、建设标准缺失等方面。因缺乏顶层设计以及标准规范，各主体间的数据共享难度较大。再次，在乡村治理数字化中，政府占据主导地位，建设资金主要来自政府转移支付，社会资源参与较少，基层积极性调动不足，共建共享共治的数字化治理格局尚未建立。最后，村民的数字素养程度较低，专业数字人才紧缺。新型城镇化发展进一步推动我国进入要素资源稀缺争夺期，乡村精英外流、村庄空洞化、人口老龄化已成常态，乡村公共事务的数字化治理将面临"无人"局面。大多数村民对数字化治理的认识停留在微信等社交媒体的使用上，部分地区已开发的乡村治理数字化平台还面临着"有建设无使用"的问题。

二、乡村公共治理的优化路径

（一）构建"一核多元"的乡村治理共同体

"一核多元"的多主体治理至少可以从两方面化解现阶段乡村治理的困境：一是重构村民参与村级治理的制度化道路，回应在村民自治异化背景下，如何重新组织村民参与村庄公共事务的问题；二是乡村治理共同体不仅重视村民在村级治理中的主体性地位，同时也强调党委领导和政府引导乡村治理的重要性，乡村治理的出路不应是行政抑或自治的二元选择，而应在治理有效目标下整合行政力量和自治力量共同参与治理①。因此，实现乡村有效治理，必须构建"一核多元"的乡村治理共同体。2019 年 6 月，中共中央办公厅、国务院办公厅印发的《关于加强和改进乡村治理的指导意见》明确提出，要完善村党组织领导乡村治理的体制机制。建立以基层党组织为领导、村民自治组织和村务监督组织为基础、集体经济组织和农民合作组织为纽带、其他经济社会组织为补充的村级组织体系。村党组织全面领导村民委员会及村务监督委员会、村集体经济组织、农民合作组织和其他经济社会组织。

第一，要强化基层党组织在乡村公共治理中的引领作用。中国共产党百年的乡村治理实践构建起具有中国特色党建嵌入乡村治理的有效范式②。嵌入式党建以党组织的自我建设为重心，以党的政治路线、方针和政策为指导，以政治、思想、组织、作风和纪律建设为遵循，始终保持党的纯洁性和先进性，不断增强党的凝聚力和战斗力，是乡村振兴的内在支撑。始终坚持中国共产党的正确领导是乡村治理有效的根本保证。党委引领乡村善治，要强化镇街党委对村级党委的领导和党内监督机制；要建立镇街与村两委的权责清单，理清各职能部门与村两委间的权力配置及责任传递机制；要强化村民和社会组织等对村级党组织和村委会的群众监督③。

第二，要强化除党组和村委外其他主体的治理能力，提高广大农民群众参与乡村公共治理的积极性。提升多元主体参与乡村治理的能力是构建信任、互惠合作网络的重要前提，也是实现乡村治理合力的重要基础。应着力加强农村经营管理体系和队伍的建设，通过畅通职务晋升、职称评定等方式，加快培育适合乡村特色的集体经济组织及其带头人，提升农村集体经济组织参与乡村发展的能力。

第三，要着力提升农村自治组织和村民的自我管理、自我服务能力，着力加强村民议事会、红白理事会、道德评议会等的协商民主和议事能力。以开放的心态广泛吸纳社会组织、社会工作者、党员志愿者参与农村公共服务的供给。同时积极组织动员农民群众，履行村务公开制度，拓宽农民群众参与乡村公共治理的渠道，要时刻强调农民群众的主体地位，一切以农民切身利益为出发点，考虑到农户需求，结合乡村实际构建具有乡村特色的治理体系。

（二）认识乡村治理的结构性矛盾，增强乡村发展的内源性力量

从目前来看，我国乡村集体经济弱化，导致基层组织没有能力和动力组织动

① 项继权，李晓鹏．一事一议财政奖补：我国农村公共物品供给的新机制［J］．江苏行政学院学报，2014（2）．

② 刘涛．中国共产党百年乡村治理的功能定位、实践逻辑及时代任务［J］．人文杂志，2021，304（8）：10-18．

③ 李辉．迈向党委统领的乡村善治：中国乡村治理范式的新飞跃［J］．探索，2021，221（5）：92-102+189．

员农民；农民的主体性作用弱化、乡村治理主体结构失衡以及乡村治理二元化矛盾始终难以解决，导致乡村发展内生动力严重不足，我国乡村治理结构与乡村振兴改革目标不对接。为此，必须始终紧扣乡村治理现代化的改革目标，着力解决乡村治理结构的各类矛盾，不断明确治理主体责任、职能和边界，建立健全多元化的乡村治理结构体系。

第一，推动政府主导和市场机制相结合。一方面，发挥好政府主导性作用，加大政府对乡村基础设施和基本公共服务或公共产品的投入力度。同时，合理界定政府的权力边界，解决政府"错位"和"缺位"的问题，努力打造高效的服务型政府行政生态系统。另一方面，建立要素在城乡间自由流动的统一市场，优化市场决定资源配置的效率，打破要素从城市流向乡村的体制机制障碍，为要素有序自由流动提供良好的市场环境。在快速的城市化进程下，传统的农村社会结构和运行机制遭到破坏。

第二，重构乡村社会秩序是规范乡村公共治理主体行为的突破要点，能够有效克服乡村公共利益的认同困境。因此必须破除城乡二元社会结构，坚持城乡融合发展，加强乡村治理队伍建设。通过培育"三农"工作队伍、引进科技人才，为实现乡村振兴提供人才支撑，促进乡村振兴战略和城市化战略双轮驱动、有机衔接。

第三，农村土地集体所有制是坚持农村社会主义方向改革的经济基础，是实现人民当家作主、维持农村社会稳定的根本制度保障，更是乡村振兴的重要支撑。大力发展村级集体经济，是解决包产到户下农村的原子化空心化问题、资源配置效率低下、乡村治理能力弱化的经济基础，是探索实现乡村振兴、农民共同富裕的主要力量。应采取以下三项措施：一是全面推进产权制度改革，积极引导乡村土地流转，明确乡镇、村以及村民小组等农村土地集体所有权的主体边界和层级范围，维护村集体组织依法对承包地发包、调整、监督及收回的权力，积极探索实施农村集体经营性建设用地入市制度。全面清查核实村、小组的经营性、非经营性、资源性资产，精确把握资产总量，严格做好资产登记，同时严格标准认定农村集体经济组织成员。以公平公正为原则，将村集体资产确权到每一名集体经济组织成员，建立健全集体资产监督管理制度，清查过程邀请群众参与，主动接受群众监督，确保清产核资结果得到群众认可。二是努力盘活农村闲置资源资产，以土地流转、入股经营等多种方式加强村集体被侵占和闲置等资源的开发利用，促进村集体经济发展和村集体经济组织成员增收。三是积极创办乡村集体经济合作社。加强对乡村全体村民的教育培育，定期组织村党支部书记举办专题研修班，提高村党组织带头人市场经济意识和经济发展能力，全面提升村党支部领办合作社水平，因地制宜确定项目。找准乡村特色，构建极具乡村特色的产业发展链，增强乡村的内生发展活力，促进乡村可持续发展。

（三）优化乡村治理方式，推动乡村治理体制与机制上的整体性创新与变革

提升乡村公共治理效能需要运用恰当的治理技术方式和治理体制机制。乡村治理变革表现在治理方式上就不只是某一种治理方式的根本性转变，而是一个治理方式谱系的整体性的根本性转变，包括实现从管治型治理向服务型治理、从封闭型治理向开放型治理、从单向度治理向多向度互动型治理、从人治型治理向法治型治理、从威权型治理向民主型治理、从集权型治理向分权型治理、从全能型治理向有限型治理、从单主体治理向政府主导下的多元主体合作共治型治理方式的根本性转变。这些治理方式的变革是相互渗透、相互包含、相互作用和相互促进的关系。从国家治理现代化的要求和现实的治理需要来看，在治理方式上，乡村治理变革重点应加快推进从管治型治理向服务型治理、从人治型治理向法治型治理、从单主体治理向政府主导下的多元主体合作共治型治理方式的根本转变①。

乡村治理体制与机制的创新主要包括农村的社会治理体制与机制、基层政府治理体制与机制、基层党组织的领导体制与机制的创新和完善这三大方面。从逻辑性上来讲，这些基层治理体制与机制的创新又与国家层面的治理体制与机制创新有着高度的关联性。相对于治理体制而言，更要注重从整体上完善治理机制，包括社会流动机制、利益协调机制、社会保障机制、社会控制机制、社会预警机制、矛盾调处机制、权力监督机制和问责机制。重点是通过完善县域基层政府治理的协调机制、整合机制、信任机制，努力实现县域治理层级的优化、协调与整合，治理资源的合理配置、统筹与整合，治理主体结构的优化、协调与整合，地方政府职能部门及功能之间的协调与整合，社会治理组织及其功能之间的协调与整合，治理手段及治理技术功能的协调、整合与优化②。因此，既要从整体性治理的高度进行顶层设计，又要从现实的需要与可能性出发渐进地、务实地推进乡村治理变革。

新形势下的乡村治理，要全面实施"三治融合"，通过自治、法治、德治三者有效结合，构建现代乡村治理体系。要不断提升运用法治思维和法治方式化解矛盾纠纷、消解社会风险、维护社会秩序的能力。坚持持续加强乡村文化建设，以文化振兴构建乡村文明新体系，传承文化根脉、有序社会互动，不断发挥文化治理影响力。树牢绿色发展理念，在生产、生活中做好生态融合，加强乡村产业绿色化布局、农业结构调整、环境基础设施支撑、生态环境监测整治，不断提升

① 蒋永甫，周磊.改革开放40年来农村社会治理结构的演进与发展［J］.中州学刊，2018（10）：19-24.

② 黄宗智.国家与村社的二元合一治理：华北与江南地区的百年回顾与展望［J］.开放时代，2019（2）：77.

乡村生态环境的风险防范和治理能力。

就乡村公共治理的主体核心而言，要坚持以自治为基。加强和改进乡村公共治理，要以不断深化的自治实践稳固乡村基层民主政治制度和乡村自治传统，筑牢民主选举、民主决策、民主管理、民主监督的乡村善治基础。

就乡村公共治理的秩序运行而言，要坚持以法治为本。法治是"三治融合"乡村治理体系的底线保障，是维系社会基本秩序的规范力量。推进乡村公共治理应当依法而治，用法治建设"定分止争"，增强新形势下民众的法治意识，保障乡村社会的公平正义。

就乡村公共治理的价值自觉而言，要坚持以德治为先。德治是一种靠内在自觉而达到治理秩序的无形力量，更贴近治理核心。追求善治状态的乡村治理现代化，需要将德治思想融入自治制度设计和法治建设进程中，以德治润化人心，发挥道德的教化作用，不断提升社会文明程度，夯实社会善治的思想基础。

总之，要通过制度建设、法律建设、多元文化融合等路径形成"三治"合力，推进乡村公共治理实现从管治型治理向服务型治理、从人治型治理向法治型治理、从单主体治理向政府主导下的多元主体合作共治型治理方式的根本转变①。

（四）以数字乡村建设助推乡村公共治理效能提升

中国数字乡村建设是新时代解决"三农问题"的全新方案，是实施乡村振兴的必然举措，也是提升中国乡村治理效能的重要工具②。以农村公共服务均等化为核心积极推进智慧乡村社会治理工作。在具体实施过程中要以数字化整合作为重点，结合当前农村公共服务均等化的核心问题，从乡村社会治理的实际需求出发，将数字信息技术与农村公共服务均等化相结合，发挥大数据、云计算、人工智能的普惠效应、溢出效应和扩散效应，满足广大农村居民对于公共服务的最现实的利益诉求，体现数字乡村公共服务体系的整体性治理逻辑。通过对多方资源的有效整合，构建更为完善的共建、共治、共享的数字乡村公共服务体系。

第一，加强财政支持力度，构建城乡一体化的数字化基础设施网络。补齐数字化基础设施短板，重点支持乡村基础设施与服务终端数字化改造，强化基础设施共建共享。支持电信运营商开展农村偏远地区宽带网络运行维护，建立村民移动终端与专属网络资费优惠补贴机制，鼓励各地采用消费券、政府补贴、企业让利等方式促进数字化服务终端普及，切实增加农民获得感、幸福感。

第二，应加快建立简约的一站式"互联网+政务服务"平台，构建统一的数

---

① 廖业扬，李丽萍．整体性治理视域下的乡村治理变革［J］．吉首大学学报（社会科学版），2015，36（1）：60-65.

② 冯朝睿，徐宏宇．当前数字乡村建设的实践困境与突破路径［J］．云南师范大学学报（哲学社会科学版），2021，53（5）：93-102.

据共享交换平台体系，加快制定乡村治理数字化建设标准。首先，以省级政府门户网站为基础，整合本地各层级面向乡村居民的政务服务资源，建立覆盖市、县、乡（镇）、村的统一的"融媒体+政务服务"综合门户，为农户提供一站式便民服务与政务服务，做到"单点登录，全网通办"。其次，突破以往自上而下的封闭性垂直传导路径，强化政府与民众、政府与企业以及政府各部门之间数据的互联互通。同时，进一步完善移动应用的功能完善度与持续运营能力，逐步拓宽线上公共服务覆盖率，优化办事流程，降低民众的政务服务参与门槛，有助于增强乡村公共治理的民主性。最后，完善科学引导和规范乡村数字治理的系列法规，为乡村数字治理提供制度支撑，同时完善乡村基础设施建设，引进专业数字人才，为推动数字治理提供技术和资源支撑。

第三，加快治理内容数字化，积极推进数字化技术在乡村公共管理、公共服务、公共安全等治理内容的应用。围绕乡村公共服务、公共安全与公共事务治理三大领域，打造一批村级事务治理数字化、乡村公共服务治理数字化、乡村公共安全治理数字化等乡村治理数字化创新项目与示范村，加快乡村治理数字化进程。

第四，加强乡村网络知识普及，应积极宣传、培养广大农民群众对"互联网+政务服务"的认知。在农村开展数字设备教学，鼓励农民学习新设备、了解新知识，引导村民主体通过线上平台主动参与乡村治理。通过发挥社交网络的信息扩散优势，激发村民的主人翁意识，拓宽社会组织、企业等其他主体参与乡村公共治理的渠道，进一步促进乡村多元主体协同治理，建构共建共享共治的数字化治理格局。

复习思考题

1. 如何理解乡村公共治理的内涵？
2. 乡村公共治理有哪些主体？
3. 如何理解乡村公共治理的演变脉络？
4. 乡村公共治理面临哪些困境？
5. 乡村公共治理的优化路径有哪些？

案例分析

广西推动乡村"智治"赋能乡村振兴

2021-04-16

随着信息通信、电力、物流等方面基础设施在乡镇覆盖率的持续提升，数字化浪潮不仅为乡村经济发展带来了更多机遇，还为提升乡村治理成效提供了新动能。近日，记者在广西多地采访了解到，数字技术正深度融入乡村治理的细枝末节，通过各地创新实践，推动乡村"智治"体系赋能乡村振兴。

一、基建提速夯实乡村数字化基石

基础设施是乡村数字化进程的基础。以往，网络通信建设滞后等问题影响了数字技术在乡村的落地应用，使得乡镇在共享数字经济红利方面相对滞后。

自 2018 年开始，广西以"信息网"建设三年大会战为抓手，围绕"数字乡村""互联网+现代农业"等目标，大力推动农业农村信息化、数字化快速发展，取得明显成效。2021 年，广西将统筹推进信息通信、广播电视基础网络与道路、电力、冷链物流等公共基础设施协同融合，加速乡村水利、交通、电网、物流等数字化基础设施建设。通过实施"百兆乡村""4G 乡村"工程，推动农村地区、边远地区、贫困地区实现光纤网络、"广电云"基础网络和 4G 网络城乡全覆盖。

二、"五个一"数字政府服务乡村"智治"

网络基础设施的完善和网络覆盖率的提升，为数字技术融入乡村治理体系提供了必要的硬件基础，也使得乡镇治理和政务服务体系得以进一步实现与上级政务系统的融合对接，并进一步探索构建一云承载、一网通达、一池共享、一事通办、一体安全的"五个一"数字政府政务数据治理新模式，服务乡村"智治"工作。

广西壮族自治区农业农村厅农村合作经济指导处相关负责人认为，数字技术是手段，简化政务工作流程只是提升乡村治理能效的一个方面。如何运用这项手段进一步优化乡村治理体系，解决基层治理难题，仍需各级地方政府根据自身基础条件和实际探索合理的发展路径。

该负责人表示，广西多地探索数字技术赋能乡村治理工作取得明显成效。例如，南宁市良庆区以"智治"为支撑，拓展农村"网格化"管理，推进治理"智能化"建设，加快设施"城镇化"配套，基层治理效率提升明显；河池市都安县大崇村以"互联网+乡村治理"的模式，强化基层党建，持续提升乡镇干部眼界和能力。这些探索经验可进一步形成可推广、可复制、可持续的乡村治理新模式，有效帮助脱贫村巩固脱贫成效，促进乡村振兴。

三、乡村数字治理体系尚需完善顶层设计

乡村数字治理体系涉及硬件设施的完善、软件的应用以及基层干部能力提升等多方面。记者在调查中了解到，在推动相关工作中，顶层设计不够、部门协同效率较低、基层干部能力不足等问题有待解决。

多名基层干部和相关业内人士认为，数字乡村"智治"能力建设是提升乡村产业发展质量、推动产业向乡村延伸的关键要素，乡村振兴进程中相关政务手续的办理、服务企业的能力等都需要依托这一系统的高效运行，应从多方面着手进一步加快建设。

广西壮族自治区农业农村厅农村合作经济指导处相关负责人说，随着农村经济社会快速发展变化，乡村治理方面依然存在部分地方重视不够、力度不足、工作不平衡、无专项工作经费等问题，导致工作进展及实效不够理想。对此，亟须各级党委、政府及党委农办、组织、宣传、民政、司法、农业农村等相关部门高度重视，科学谋划"十四五"乡村治理体系建设。

专家建议，尽快完善整体规划设计，并通过建立健全部门协同联动和县乡村联动的工作推进机制，出台针对性措施，提高乡村"智治"水平。

在顶层设计方面，应尽快出台自治区一级和地市一级的数字乡村治理相关实施办法、工作方案、行动计划等，细化实化本地区数字乡村治理的工作部署和具体举措，进一步明确目标任务和责任分工。

在工作机制方面，应强化数字乡村治理的资源整合和政策集成。重点要建立常态化的政策、信息沟通和交流机制，围绕工作落地过程中的重点和难点问题梳理明确责任清单，形成各部门各负其责、相互协作、齐抓共管的工作局面。

资料来源：广西推动乡村"智治"赋能乡村振兴［EB/OL］. https：//finance. si-na. com. cn/jjxw/2021-04-16/doc-ikmxzfmk7138167. shtml.

第九章　城乡社区治理

城乡社区作为我国社会治理的基本单元，加强城乡社区治理不仅是推进国家治理体系现代化的重要内容，更是社会发展进步的必然要求。党的十八大以来，党中央就社区治理作出一系列重大决策部署，推动我国城乡社区治理取得了新的历史性成就。《中共中央关于制定国民经济和社会发展第十四个五年规划和二〇三五年远景目的建议》明确要求，推动社会治理重心向基层下移，向基层放权赋能，加强城乡社区治理和服务体系建设。中共中央印发的《法治社会建设实施纲要（2020—2025）》也明确要求，健全社会组织、城乡社区、社会工作等方面的法律制度，进一步加强和创新社会治理。因此，加强和完善城乡社区治理具有重要的战略意义和现实价值。

第一节　城乡社区治理的内涵、特征和发展历程

一、城乡社区治理的内涵

我国早期城乡差别较大，城乡社区之间也呈现着巨大的差异。但随着城镇化建设的持续推进以及城乡人口的频繁流动，这种差异性正在逐渐缩小。对于城乡社区的界定目前并没有统一的说法，不同学者的定义侧重点不同。但综合来看，对于城乡社区的界定主要呈现三种特点：一是从地域属性界定城乡社区，认为城乡社区是具有一定范围的空间区域；二是从群体属性界定城乡社区，认为城乡社区是具有共同文化、习俗、价值观念、宗教信仰等利益相关的共同体；三是兼顾地域属性与群体属性。城乡社区是指分布于城市与农村地区，由一定数量的居民

在一定地域范围内组成的社会生活共同体。^①

社区治理是指以社区地域为基础，政府与社区组织、社区居民共同管理社区公共事务的活动，它体现为社区范围内的不同主体依托各自资源而进行的相互作用模式。^②"社区治理通过借助既不同于国家也不同于市场的制度安排，可以对某些公共资源系统成功地实现适度的开发与调适。它可以弥补国家和市场在调控和协调过程中的某些不足，成为国家和市场手段的补充"。^③

城乡社区是社会治理的基本单元。城乡社区治理是指社区基层党组织、基层政府、社会组织、社区居民等主体，依据法律、法规及社区公约、规范等要求，通过协商对社区公共事务进行有效管理，实现社区和谐发展的各种活动。^④城乡社区治理事关党和国家大政方针贯彻落实，事关居民群众切身利益，事关城乡基层和谐稳定。为实现党领导下的政府治理和社会调节、居民自治良性互动，要全面提升城乡社区治理法治化、科学化、精细化水平和组织化程度，促进城乡社区治理体系和治理能力现代化。^⑤

二、城乡社区治理的特征

（一）多元的治理主体

传统的社会管理是政府一元的治理模式，政府作为社会管理的唯一主体，承担着管理社会公共事务和提供公共服务的所有职责。这种政府包办式的治理模式在早期发挥了积极作用，但随着经济的发展和社会活力的增强，其弊端也逐渐显现，无法满足社会治理的需求。尤其是在民主意识和权利意识日益增强的今天，社会公众的主人翁意识和责任意识也得到了强化，参与社会治理已经不仅仅是社会矛盾治理的需要，更是社会公众承担社会责任发挥治理智慧的需要。因此，在社区治理中，主体的多元化是必然要求，除了国家（政府）主体之外，还有居民、社区自治组织、非营利非政府组织、辖区单位等。新时代城乡社区治理强调多元主体的参与，即社区事务的管理者与公共服务的提供者不再局限于城乡社区（村委会与居委会），社会组织、企业、社区居民等利益相关方都可以作为治理主体参与其中。多元的治理主体既能够减轻政府部门的治理压力，又能够发挥不同主体的独特优势，集聚民智，提升城乡社区治理水平。

①　颜金，王颖，李想．新时代城乡社区治理体系的深刻内涵——基于连云港市"一委三会"城乡社区治理的创新实践［J］．江苏海洋大学学报（人文社会科学版），2020，18（5）：63-70．

②　康宇．中国城市社区治理发展历程及现实困境［J］．贵州社会科学，2007（2）：65-67+92．

③　［美］埃莉诺·奥斯特罗姆．公共事物的治理之道［M］．上海：上海三联书店，2000．

④　范如国．加强新时代城乡社区治理体系建设［J］．国家治理，2018（35）：18-22．

⑤　关于加强和完善城乡社区治理的意见［N］．人民日报，2017-06-13（001）．

（二）协商的治理方式

过去我国的基层社会管理，不论是单位体制，还是街居体制，行政功能都非常突出，命令式的上下级科层色彩浓厚。政府与单位之间、单位与职工之间都是服从与被服从的行政命令关系。市区政府、街道办事处和居委会之间的互动关系也都按照行政命令模式运行。而社区治理则强调居民参与，居民不再依附于单位或街居组织，更不受它们的庇护，而是彼此形成平等互惠的关系。

协商是指城乡社区治理的多元主体能够就社区公共事务的管理和公共服务的提供共同商议，自由表达各自的观点，最终达成一致的意见。这种治理方式顺应了我国社会治理主体多元化发展的时代潮流，也是我国民主政治发展成就在基层治理领域的体现。新时代城乡社区治理体系采取协商的治理方式，在组织架构上拥有开放的议事平台，城乡社区、社会组织、企业、社区居民等利益相关方能够自由地进行"头脑风暴"，使村（居）民自治更加充分。这种协商的治理方式在城乡社区治理实践中具有多方面的优势，如能够增强社区决策的科学性和民主性、减少政策实施的阻力、发挥多元主体的相互监督作用等。

（三）善治的治理目标

关于"善治"一词，我国的传统经典中有相关记录，如西汉董仲舒所作的《对贤良策》中就有提及，强调采取好的统治手段做一个好的统治者。而随着新治理理论的发展，善治强调多元化的社会治理主体。俞可平（2014）则将这两者相结合，强调"善治就是使公共利益最大化的社会管理过程和管理活动"[1]。善治从字面上可以理解为"善于治理和良好的治理"[2]。这两者虽然侧重点不同，但都是新时代城乡社区治理所追求的目标。"善于治理"是指城乡社区治理的多元主体掌握了社区治理所应具备知识和能力，能够有效地开展社区治理实践。"良好的治理"是指通过社会治理实践活动，实现社会利益的最大化，使社会发展成果最大限度地让全体社会公众享受，即实现社区和谐稳定，居民幸福安乐。新时代城乡社区治理体系强调多元的治理主体，通过协商的治理方式，最终实现善治的治理目标。[3]

（四）横向网络互动结构

过去我国的街居体制结构是从上级政府到街道办事处到居委会再到居民，单位体制结构是从上级单位到下级单位再到居民，只有垂直的关系，没有横向的联

---

① 俞可平. 论国家治理现代化［M］. 北京：社会科学文献出版社，2014.

② 周安平. "善治"是个什么概念——与俞可平先生商榷［J］. 浙江社会科学，2015（9）：38-44+157.

③ 颜金，王颖，李想. 新时代城乡社区治理体系的深刻内涵——基于连云港市"一委三会"城乡社区治理的创新实践［J］. 江苏海洋大学学报（人文社会科学版），2020，18（5）：63-70.

系。而在社区治理结构中，社区主体多元化，街道与居委会之间、居民与政府之间的关系由单向运行转变为双向互动；大量社区中介组织的培育和发展，在居民和政府之间又是一道沟通和联系的桥梁，从而将社区中行政力量、自治力量和社会力量构筑成横向的网状结构。

三、城乡社区治理的发展历程

（一）城市社区治理的发展历程

国家层面关于加强城市居民委员会组织建设、城市社区建设、城市社区治理和社区服务体系建设的文件、规划、法规等，构成了我国城市社区发展与治理的完整的政策体系。从 1954 年颁布的《城市居民委员会组织条例》到 2017 年中共中央、国务院印发的《关于加强和完善城乡社区治理的意见》，党中央、国务院以及中央有关部委出台了不少关于推进城市社区建设与治理的文件。这些文件既有总体层面就如何加强城市社区建设与治理进行制度规定的，也有各个侧面关于城市社区建设与治理的专门文件。限于主题的需要，本书主要分析的是国家层面关于城市社区建设与治理的总体性文件，对于一些专门文件或相关文件中涉及社区建设与治理的虽然有提及，但暂不做全面涉猎与分析。总体而言，中央关于城市社区发展与治理的文件是党中央、国务院与时俱进、开拓创新，根据不同时期城市社区发展形势和人民群众需求的变化，不断进行调整完善的制度成果。这些制度成果，体现了我国城市社区发展与治理政策演绎的阶段性特征。

1. 1949~1990 年：城市社区管理阶段

中华人民共和国成立以后，我国就城市社区治理模式进行了多方探索与实践，大体上经历了从行政型社区——政府主导的社区管理模式，发展到合作型社区——政府推动与社区自治相结合的社区管理模式，演进到自治型社区——社区主导、政府引导的社区建设模式，再发展到社区治理，从本质上来说，前两个阶段属于社区管理。当然，城市社区治理模式的演进路径，并不是单一线性的递进。在具体的地域或社区，这三种社区治理模式的演进也并非一一对应，有的可能同时并存甚至有交叉。从 1949 年新中国成立到 1991 年社区建设正式提出之前，我国城市社区总体上是社会管理型。从政府角色变化来看，又可以分为两个时期：

（1）政府主导型的社区管理模式。中华人民共和国成立初期，由于经济社会发展水平的限制，中国社会整体上是以生于斯、死于斯的乡土中国为典型的农业社会样态，农业人口占全国人口比重较高，城市社会发育相对不足。但即便如此，我国城市地区也出现了居民自治的萌芽。"1949 年 12 月，杭州市人民政府就正式发出《关于取消保甲制度建立居民委员会的指示》，这是迄今为止发现的我国最早关于在城市建立居委会的政令，也是地方政府发出的对'居民自治'阐述得比较完备的一份文件"。1950 年，天津成立了我国第一个居民委员会。相比封建制度的保甲制，居民委员会是我国城市基层治理制度的重要变革和推进，我国城市基层社区组织便以街道办事处和居民委员会为基本组织形式的架构得以确立并搭建起来。中华人民共和国成立初期的居民委员会，在组织群众、发展生产、维护稳定和巩固政权等方面发挥了极为重要的作用。

1954 年 12 月，第一届全国人民代表大会第四次会议审议通过了《城市街道办事处组织条例》和《城市居民委员会组织条例》，从法律上对我国城市街道办事处和居民委员会的任务、地位、性质和作用进行了明确，是我国城市居民管理工作进入法制轨道的重要标志，也标志着城市基层组织的正式建立。《城市居民委员会组织条例》确立的居民委员会的任务是："①办理有关居民的公共福利事项；②向当地人民委员会或者它的派出机关反映居民的意见和要求；③动员居民响应政府号召并遵守法律；④领导群众性的治安保卫工作；⑤调解居民间的纠纷。"《城市街道办事处组织条例》和《城市居民委员会组织条例》颁布实施后，全国各地城市依法对街道组织进行了整顿。到 1956 年，我国城市地区基本完成了街道办事处、社区居民委员会的组建工作，城市社区基层管理体制至此正式确立。"由此，中国的城市社会便形成了由街道办事处和居民委员会构成的'行政性'很强的街居管理体制"。

从中华人民共和国成立后颁布及实施《城市居民委员会组织条例》开始，一直到改革开放初期，甚或是社区制正式形成之前，我国城市社区推行的是全能主义主导下的行政性治理，这种治理模式又常常称为"街居制"。街居制是我国整体社会结构下城市社区管理模式的必然选择。街居制在中国的发展经历了四个阶段：一是 1954 年开始的创立阶段，主要是颁布《城市街道办事处组织条例》和《城市居民委员会组织条例》，各地成立街道办事处和居委会；二是 1958 年开始的发展阶段，主要是因"大跃进"、人民公社运动所引发的街道机构和职能的发展；三是 1966 年开始的"文化大革命"曲折阶段，主要是街道办事处更改为"革命委员会"、居委会改称为"革命居民委员会"，其任务也发生了根本性变化；四是 1976 年开始的恢复发展阶段，主要是全国人大重新公布《城市街道办事处组织条例》和《城市居民委员会组织条例》之后，各地街道和居委会重新回到以往的职能。以街居制为核心的城市社区管理模式，由于政府在其中起绝对主导作用，所以这种模式又被称为政府主导的行政型社区管理模式。

这种政府主导的行政型社区管理模式，其核心是发挥政府的主导作用，也因此在政府主导的街居体制下，虽然《城市居民委员会组织条例》明确规定"居民委员会是群众自治性的居民组织"，但居委会几乎与街道一样，代表着政府对社区进行管理，甚或是作为政府的"腿"进行自上而下的行政命令传达。其基本管理方式是：政府通过行政指令的方式对社区进行管理，将命令从上级政府逐级传达到街道，由街道再传达到居委会，最后由居委会传达给居民。整体性管理下的社区治理，对于有效发挥政府的动员与组织能力，调动社会资源和各种社会力量，集中力量处理社区事务方面具有独特优势。但是，这种治理模式在社区自治发挥与社区居民积极性、主动性和创造性调动方面，尤其是对于推进社区建设与治理深入方面作用有限。

政府主导的行政型社区之所以广泛存在，与中国单位制这一整体社会制度背景密切相关。单位作为社会资源调控与社会管理的一种形式，曾经承担了社会成员的就学、就业、养老、医疗等几乎一切社会功能，是一种特殊的社会组织形式。社区，原本是承载和处理社会公共事务的机构，却成为单位的补充，单位与社区在某种程度上合二为一。所以，在政府主导下的行政型社区中，单位人很少接触除单位之外的社区，因为他们在单位内就可以完成生产与再生产，单位外的社区机构及其职能与"单位人"几无关系。因此，从某种意义上而言，有的单位治理就是社区治理，这也就更加强化了社区治理的行政化色彩。

（2）政府推动与社区自治相结合的社区管理模式。1982年通过的《中华人民共和国宪法》规定："城市和农村按居民居住地区设立的居民委员会或者村民委员会是基层群众性自治组织"，这是从宪法上对居委会性质的界定，也是首次把基层群众性自治组织写入宪法当中，为城市社区建设提供了坚实的法治保障。1986年，民政部首次提出开展社区服务，以此顺应社会结构变化，适应城市基层政权建设需要，满足广大人民群众需求，这同时也把社区服务正式载入了我国城市改革与发展的史册。1989年12月26日，第七届全国人民代表大会常务委员会第十一次会议通过的《城市居民委员会组织法》进一步明确："居民委员会是居民自我管理、自我教育、自我服务的基层群众性自治组织"，并规定："居民委员会的任务为：①宣传宪法、法律、法规和国家的政策，维护居民的合法权益，教育居民履行依法应尽的义务，爱护公共财产，开展多种形式的社会主义精神文明建设活动；②办理本居住地区居民的公共事务和公益事业；③调解民间纠纷；④协助维护社会治安；⑤协助人民政府或者它的派出机关做好与居民利益有关的公共卫生、计划生育、优抚救济、青少年教育等项工作；⑥向人民政府或者它的派出机关反映居民的意见、要求和提出建议。"相比《城市居民委员会组织条例》，《城市居民委员会组织法》对社区管理主体即社区自治组织进行了明确，明确提出"自我管理、自我教育、自我服务的基层群众性自治组织"定位，并对社区居委会的任务进行明确，对社区居委会的组成、社区选举、居民公约等进行了详细规定，是城市社区管理的进一步细化和深化。自此之后，在政府的推动下，我国城市地区开始了社区建设的热潮。在这一热潮中，政府开始由过去的唱独角戏转变为城市社区建设的推动力量，注重发挥居民群众的主动性，注重发挥社区一级的自治功能，也就形成了政府推动与社区自治相结合的社区管理模式，这种模式常被通称为"合作型社区管理模式"。

合作型社区管理相比行政型社区管理，其核心区别就是，从角色上来看，政府不再是唯一治理主体；从作用上看，政府不再是主导而是推动。合作型社区管理模式的形成，客观上使街居制社区管理陷入了困境，行政型社区在单位制解体、单位职能不断外移，同时无单位人员以及因为城乡自由流动所出现的大量外来流动人口的增多，社区养老服务需求不断增加，城市社会管理重心日渐下移，客观上需要街道和社区承担更多职能。正是在此大背景之下，政府推动、社区自治的合作型社区管理模式应运而生，全国上下也掀起了社区建设热潮。

2. 1991~2011 年：城市社区建设阶段

1991 年，民政部明确提出"社区建设"的概念；此后，又相继在天津市河北区、杭州市下城区开展全国社区建设的试点，推进社区建设实践。1998 年，民政部专门设置"基层政权和社区建设司"，社区建设在全国得以强力推动。而社区建设真正得到制度化推进，则是《民政部关于在全国推进城市社区建设的意见》的出台。2000 年 12 月，中共中央办公厅、国务院小公厅转发了《民政部关于在全国推进城市社区建设的意见》，这是指导我国城市社区建设的纲领性文件。该文件明确指出："社区建设是指在党和政府的领导下，依靠社区力量，利用社区资源，强化社区功能，解决社区问题，促进社区政治、经济、文化、环境协调和健康发展，不断提高社区成员生活水平和生活质量的过程。"

在此前后，民政部在北京、上海、天津、沈阳、武汉、青岛等地设立 26 个"全国社区建设实验区"。通过几年的实验，这些地区的社区建设模式探索中既有政府推动、社区自治相结合的合作型社区建设模式，例如，上海模式；也有以社区为主导、政府给予支持的社区自治模式，例如，青岛模式。从时间上而言，合作型社区建设模式与社区自治型模式并不存在简单的替代或演进关系，只是两者进行社区治理时依靠的力量不同，均是社区自治的探索和实践。自治型社区建设，对于真正发挥社区社会组织和社区居民在社区治理中的地位和作用，进而回归社区治理的本真具有重要意义。这种模式具有突出的优点：能广泛而充分地调动社区居民参与社区公共事务的积极性，从而真正地使社区居民成为社区的主人；可以减轻政府的负担，进而降低社区治理成本，提高社区生活质量。

在社区建设实践如火如荼推进的同时，有关社区建设的实践经验总结和理论探讨也得以推进，社区建设、社区服务等进入党和政府文件当中。2001 年，"社区建设"写入《中华人民共和国国民经济和社会发展第十个五年计划纲要》；

2004年，党的十六届四中全会明确提出"加强社区建设与管理"。2006年，国务院印发的《关于加强和改进社区服务工作的意见》，则第一次提出了关于加强社区服务体系建设的要求，即要建立覆盖社区全体成员、服务主体多元、服务功能完善、服务质量和管理水平较高的社区服务体系。此后，社区服务体系建设规划也纳入了议事日程。面对城市基层社会正在发生的深刻变革，针对社区居民委员会建设中存在的突出问题，着眼城市社区建设的整体推进，2010年，中共中央办公厅、国务院办公厅又印发了《关于加强和改进城市社区居民委员会建设工作的意见》，将城市社区建设与居民委员会建设统筹考虑，并进一步明确了城市社区居民委员会建设的目标任务。

在城市社区建设推进过程中，出现了行政主导型、合作型和社区自治型社区建设模式。无论是哪种模式，一个核心的问题就是如何正确地处理好政府与社区的关系，其基本的演进逻辑就是政府与社区的关系从直接管理社区到治理社区的转变。从"管"到"治"，不只是政府与社区关系的变化，更是社区治理体制机制的深层次变革。当然，政府都有其特定角色，也对政府职能有特定需求；社区也有特定定位，社区一级需要在社区治理中发挥其独特作用。面对特定的基层社会治理新形势，尤其是城市基层社区社会性质的转变，毫无疑问需要采取特定的社区治理模式。社区治理，也随着社会治理的推出而进入到新的阶段，即城市社区治理阶段。

3. 2012年以来：城市社区治理阶段

2012年，党的十八大报告首次把"社区治理"的概念写入党的纲领性文件当中，提出要"在城乡社区治理、基层公共服务和公益事业中实行群众自我管理、自我服务、自我教育、自我监督"。党的十八届三中全会提出全面深化改革的目标是推进国家治理体系和治理能力现代化，并把城乡社区治理纳入国家治理体系和治理能力现代化的改革布局当中。正是从党的十八大开始，城市社区工作由社区建设阶段进入到社区治理阶段，城市社区治理和农村社区治理进入融合推进阶段。《中共中央　国务院关于加强和完善城乡社区治理的意见》的颁发以及《城乡社区服务体系建设规划（2016—2020年）》的制定，则是我国城市社区治理进入制度化探索的重要标志。之所以把《中共中央　国务院关于加强和完善城乡社区治理的意见》作为一个新阶段的标志，是因为从某种程度上而言，这一文件开启了新时代城市社区治理的新篇章，真正推进了城市社区建设向城市社区治理的转向，是新时代城市社区治理工作的总抓手和根本遵循。

《中共中央　国务院关于加强和完善城乡社区治理的意见》的突出亮点，是把城乡社区放在一块来进行建设、规划和管理，这是新中国历史上第一个以党中央、国务院名义颁发的关于城乡社区治理的纲领性文件，对健全完善城乡社区治理体系、提升城乡社区治理水平、补齐城乡社区治理短板等作出了明确指导。这一文件明确了城乡社区治理的指导思想和社区治理的目标任务，即到 2020 年形成城乡社区治理体系，然后再过 5~10 年形成更为成熟的城乡社区治理体制，进而为国家治理体系和治理能力现代化奠定坚实基础。

同时，这一文件的出台，回应了当前我国城乡社区治理中社区自治及服务功能还不够强，基层群众自治活动及形式单一，社区居民社区参与机制不全，社区社会组织等社会力量以及市场力量发育不足，社区居民组织化参与渠道缺失等现实问题。中央之所以把城市社区和农村社区放在一起来规划、研究、部署和安排，就是希望通过城乡社区建设，达到以城带乡、以城促乡、城乡互动，最后达到城乡融合治理的效果。这不仅符合城乡社区发展的一般规律，同时也契合了城乡社区治理质量提升的客观要求。①

（二）乡村社区治理的发展历程

自中华人民共和国成立以来，党对我国的乡村社会进行了有计划的改造，致力于组织和引导广大农民群众参与基层治理，重构与社会主义相适应的现代乡村社会秩序，社区治理在国家有计划的改造中逐步实现制度化与规范化。我国的农村社区治理大致可分为摸索阶段、突破阶段、深化阶段、提升阶段四个阶段。

1. 中华人民共和国成立初期到 1978 年：摸索阶段

中华人民共和国成立初期，实现土地公有后土地改革废除了封建的土地私有制，没收封建地主阶级的土地为农民所有，使广大农民成为国家的主人，调动了贫下中农的生产积极性。随后对农村进行合作化探索，开展了全国范围内的农业合作化运动，农民作为集体中的一部分共同参与劳动，统一分配劳动成果。在此期间，社区党组织已经不是国家政权机关，逐步成为乡级人民政府的派出机构。并且在优先发展重工业的背景下，农村社区的发展是为工业发展服务的。随着人民公社化运动的开展，人民公社、生产队、生产小队三级所有组织是乡村治理的组织体系。人民公社开始取代村组织的职权，实现党的一元化领导，成为农村基层的政权组织。人民公社的生产由生产大队统一安排，盈亏由公社统一负责，实行统一分配制度。在社区，一般采用行政指令的形式进行治理，人民公社既掌握着农民的生产，也掌握着农民的政治文化生活，实现了对土地及其他生产资料和社区资源的垄断。因此，当时我国农村社区治理是以人民公社为核心的，这种集权式社区治理体制加强了国家对农村经济、政治、文化的控制，乡村治理开始呈现政社合一、村社合一的局面。不可否认，在特定的历史时期，人民公社在加强国家对农村资源的整合和社会动员能力等方面发挥了积极的作用。但由于对"共

① 何绍辉. 政策演进与城市社区治理 70 年（1949—2019）[J]. 求索，2019（3）：79-87.

产主义"的错误理解，夸大了农村经济的承受能力，使人民公社化出现了偏差。在一段时间内，刮起了"共产风"，一些农村还提出"放开肚子吃饭"的口号。农民秉承干多干少一个样，干好干坏一个样，滋生了消极怠工的风气，严重挫伤了生产积极性，在农民日常生活中也出现了很多问题，对农村社区发展造成了严重的危害。

2. 1978~2006 年由政社合一向村民自治的转变：突破阶段

随着党的十一届三中全会召开，人民的思想得到了解放，经济建设成为工作重点，农村社会治理体制发生了根本性的变化。1978 年，安徽省滁州市凤阳县小岗村农民率先在土地的使用权方面进行了主动性尝试，实行包产到户、包干到户，这就打破了实施多年的"平均主义"，而且取得了较大的成效，为农村改革奠定了基础。这种家庭联产承包责任制虽然没有改变农村集体所有制的性质，但其组织结构、经营方式和分配方式发生了变化，成为这一时期农村改革的重心。向阳人民公社率先进行机构改革，公社干部分别负责党务工作、负责行政工作和负责农副业生产，初步形成了党、政、经分设的组织架构。到 1980 年 6 月，向阳公社取消了"向阳人民公社管理委员会"，成立"向阳乡人民政府"。这也是人民公社改为人民政府的最早实践。

1982 年 12 月，《宪法》明确规定了"乡、民族乡、镇设立人民代表大会和人民政府"以及村民委员会"基层群众性自治组织"的性质和地位，从法律上确定了村民委员会的自治地位，从而使村民自治的实践有了法律的依据和保障，为进一步自治实践打下了基础。村民委员会由村民直接选举产生，对村民负责，受村民监督。1983 年 10 月，中共中央、国务院印发《关于政社分开建立乡政府的通知》（以下简称《通知》）对人民公社体制进行了改革。《通知》强调政社分开，建立乡政府，要求于 1984 年底完成乡镇政府的建立，并且根据生产需要和人民意愿建立经济组织。党选派大量精干的工作队进入了乡村社会之中，组建农村的权力体系以废除旧的社区治理体制，村民委员会逐步由局部试点向全国范围内铺开。至此，基层社区治理开始形成"乡政村治"的治理模式。1985~2006 年，农村社区治理的主体主要是村委会、村党支部以及乡镇政府并行。1987 年通过的《中华人民共和国村民委员会组织法（试行）》指出"乡、民族乡、镇的人民政府对村民委员会的工作给予指导、支持和帮助。村民委员会协助乡、民族乡、镇的人民政府开展工作"，正式明确了村级委员会与乡镇政府的关系是被指导和被协助的关系，并且村民委员会可按照需要设立人民调解、治安保卫等委员会。之后民政部对村民自治出台了一系列规范性文件，使村级各项工作制度化、规范化。1994 年，中共中央发布的《关于加强农村基层组织建设的通知》对村规民约等社会规范进行专门规定。此后，村规民约在农村社区治理中的作用也日益凸显。1998年，在党的九届人大五次会议上正式通过的《中华人民共和国村民委员会组织法》，标志着村民自治在广大农村的推广及我们党对农村治理的进一步规范化。在2004年颁布的《关于健全和完善村务公开和民主管理制度的意见》强化了村务公开在村民自治中的作用。对于村民自治的全面实施，有效地提高了村民对社区事务管理的参与度，将农民紧紧地团结在基层党组织的领导下。

3. 2006~2012年建设社会主义新农村：深化阶段

党的十六大以后，由于国情、世情和党情的变化，我国的"三农"问题在新的形势下，面临着如何将新的科学技术运用于农村，如何实现农民的切实增收等问题。党和国家因时就势，作出了免除农业税的具有划时代意义的重大决策，大大减轻了农民的负担，农村基层的干群关系也大为缓解，使农村经济发展迅速，农村居民收入明显增加。2006年中央一号文件提出"乡村治理体制"，要求完善建设社会主义新农村的乡村治理体制，标志着我国农村的村民自治进入深化改革阶段。为此，中央一号文件多次对乡村治理体制作出明确的要求。党的十六届六中全会首次提出"农村社区建设"，要求"把社区建设成为管理有序、服务完善、文明祥和的社会生活共同体"。并且是在提出社会主义新农村建设要求的同时提出农村社区建设的要求，表明建设社会主义新农村和农村社区建设的同一性，使农村社区建设成为解决"三农"问题，统筹城乡发展的战略举措。2007年党的十七大作出了如何进行新农村建设，推动实现农村现代化建设的重大部署。2007年《中共中央 国务院关于积极发展现代农业扎实推进社会主义新农村建设的若干意见》明确提出，发展现代农业是新农村建设的首要任务。其主要内容有：①加大对农业、农民、农村投入；②农业基础设施建设；③农业科技创新；④开发农业功能；⑤建立健全农村市场体系；⑥培养新型农民；⑦深化农村综合改革；⑧加强党对农村工作领导八个方面。特别把现代农业建设作为市政府新农村建设的物质基础，提出把包含农村社区在内的城乡建设成为"管理有序、服务完善、文明祥和的社会生活共同体"。在2010年中央一号文件指出"培育发展社区服务性、公益性、互助性社会组织"，进一步对社区建设提出了新的要求，使社区建设已经成为实现农村现代化的重要环节，已经开始强调通过孵化社会组织，以更有效地开展社会服务。

4. 2012年以来实施乡村治理现代化：提升阶段

党的十八大以来，随着"社会管理"向"社会治理"的转变，党更加重视包括社区治理在内的基层社会治理。党的十八大报告首次提出了"社区治理"，指出要"加强基层社会管理和服务体系建设，增强城乡社区服务功能，强化企事业单位、人民团体在社会管理和服务中的职责"，注重乡村社区治理主体的多元性，进一步强调要完善村委制度设计，通过健全村民对村务的监督机制，加强村民对村干部权利的监督制约，使广大群众直接行使民主权利，实现村民自治。党的十八届四中全会则进一步提出了治理现代化的根本路径就是法治化，农村社区治理现代化必然需要走法治化的道路。从 2015 年起，中央一号文件开始强调"德治""法治"在农村社区治理中的作用，强调法治和自治相结合，并于 2017 年指出要促进自治、德治和法治有机融合，农村治理也逐步进入新的发展阶段。2015 年发布的《美丽乡村建设指南》对美丽乡村进行了界定，更加注重社区治理的现代化以推动美丽农村的建设。对此，各地逐步开展了"美丽乡村计划"。以重庆市武隆区为例，重庆市武隆区通过引入投资商，运用武隆区乡村农业特色、旅游区域优势及历史文化资源，发挥"旅游+"的融合带动作用，使武隆旅游成为重庆旅游的一张名片。既整合了资源，美化了环境，又增加了就业机会，还带动了当地经济发展。除此之外，武隆区通过政府引导、市场运转打造武隆旅游业"升级版"，寻求新的经济增长点。2017 年，中共中央、国务院印发《中共中央 国务院关于加强和完善城乡社区治理的意见》就加强和完善城乡社区治理提出了明确的要求，明确了以"四个作用"和"六大能力"为重点的社区治理现代化，其重点在于强调治理能力的提升。2019 年 2 月，中央一号文件进一步对乡村治理提出"完善乡村治理机制"的要求。旨在通过创新乡村治理机制，实现多元主体共同参与的系统化治理，为社区治理现代化指明了方向。在社区治理过程中要注重化解基层领导干部社会角色冲突与不当困境，需要进一步转变观念、学习和创新相关理论，加强体制机制建设，从而促进社区治理现代化。例如，河北涿州统筹建立村级群团工作站、群众服务站、新时代文明实践站，实现自治、法治、德治相结合。建立了村务监督委员会，促进村级事务管理公正公平公开。通过深入实施公民道德建设工程，广泛开展文明村镇创建，实施公民道德建设工程，以乡镇为单位，引导农村挖掘地方和民族特色文化资源，实施"文化+"战略，发展特色手工业、乡村文化旅游业等特色文化产业，以提升乡村治理水平。党的十九届四中全会提出要健全社区管理和服务机制，健全自治、德治和法治相结合的城乡基层治理机制，构建基层社会治理新格局，对农村社区治理提出了新的要求。①

① 文丰安．我国农村社区治理的发展与启示：基于乡村振兴战略的视角［J］．湖北大学学报（哲学社会科学版），2020，47（2）：148-156+168.

第二节　城乡社区治理的体制和模式

一、城乡社区治理体制

社区治理体制是指社区治理中的组织体系及运转模式，即社区治理主体的组织结构、职权划分和运行机制的总和。社区治理体制是社区治理工作的基础和保证。社区治理主体的组织结构是指参与社区治理的一切组织，在结构上应是多层次、多系统的网络式结构。所谓多层次是指由市（区、县）—街道（镇）—居民委员会—居民代表组成的多级管理体系。所谓多系统是指由政府行政管理系统、社区自治管理系统、社区生活服务管理系统组成的横向管理体系。职权划分是指依法确立政府、社区自治组织、社区服务组织等的管理职责与权限。运行机制是指社区管理权力的运行和制约方式，即参与社区治理的党政组织的推动力、社区自治组织的原动力、社区单位的潜在力等形成的社区治理的整体合力。在管理方式上表现为制度规范、标准化管理。①

（一）单位制

1. 单位制的含义

单位制是中华人民共和国成立后社会管理的产物。

单位是适应计划经济体制而设立的一种特殊的组织形式，具有政治、经济与社会三位一体的功能，具有行政性、封闭性、单一性特征。单位制的形成具有历史背景，在当时起到了重要的社会整合作用，但也带来了制度性的后果，造就了总体性社会和依赖性人格。在我国改革开放后，所有制结构出现了变动，社会主义市场经济体制逐步建立，社会流动也迅速加剧，单位制渐渐走向崩溃的边缘而失去了历史的舞台。②

2. 单位制的特征

（1）单位体制的承担者是各种单位，单位又是相对独立的社会组织。在国家的计划和政策的约束下，它们可以相对独立地运行。

（2）单位是国家的代表者或代理人，在某种程度上它是国家的缩影。企业、事业组织的这种细胞性质决定了它们的"单位"性质和地位。

---

① 周红文. 社会资本与中国农村治理改革［M］. 北京：中央编译出版社，2007.

② 刘务勇，金一兰. 我国城市社区民主建设的现状及对策思考［J］. 贵州大学学报（社会科学版），2011（3）：127–131.

（3）作为单位的社会组织具有部件性。每一个单位都是整个国家大机器的一个部件，它们服从于国家的整体利益，并按照国家的要求运行。

（4）对单位成员活动的全面组织和管理。不仅单位成员的本职工作被置于单位的严密控制之下，而且单位成员们也被组织起来进行各种政治和社会活动，这些活动成为单位整合的促进要素，反映出单位的整体性特征。

（5）单位对其成员全面关照。单位不仅依照国家规定向其成员支付工资，而且提供各种福利，这种福利不但惠及单位成员本身，而且扩散至单位成员中未就业的老、幼、病、残的家庭成员。

（6）成员对工作单位高度依赖。由于单位掌握了成员及其家庭生存、发展的所有资源，因此成员对工作单位全面、高度依赖，有了问题和困难找单位，成为单位成员解决其面临问题的相同模式。

（7）单位的层级性。每个单位都是整个国家大机器的一个部件，它们服从于国家的整体利益，并按照国家的要求运行。

（8）单位的同构性。全国形形色色的企业、事业组织几乎都是按照同一模式组织起来，在中央的统一号令下运行。

从某种意义上来讲，单位制是为了应对中华人民共和国成立后的严峻形势，为了解决"总体性危机"而选择的一套社会组织体系。对于当时高度集权的政治体制的运作，对于高度集中的计划经济体制的实施，对于整个社会秩序的整合，单位制从组织上提供了非常有效率的保证，发挥了重要的功能，其历史意义不容否定。[①]

3. 单位制的解体

改革开放以来，中国社会发生了剧烈的变迁，在从传统的、封闭的农耕社会向现代的、开放的工业社会转型的过程中，我国的所有制结构出现了变化，社会流动越来越频繁，尤其是社会主义市场经济体制的确立，取代了高度集中的计划经济体制，这些都使"单位制"失去了生存的土壤，不得不走向崩溃瓦解的地步。

（二）街居制

1. 街居制的含义

在计划经济体制时期，我国对社会的管理以单位制管理为主，以基层地区管理为辅。地区管理主要是通过街道办事处和居民委员会这两个组织来开展工作，统称为"街居制"。随着单位制的解体，街居制在社区管理中的作用逐渐凸显出来。街居体系经历了50多年的发展变化，但一直扮演着政府的"腿"的角色，

---

① 吴志华，程桂萍，注丹. 大都市社区治理研究［M］. 上海：复旦大学出版社，2008.

简单地、被动地执行上级下达的任务。在社会快速转型的今天，街居制面临着很多新的问题，越来越不符合城市社会发展的需要。

2. 街居制的特征

（1）在社区管理组织即街道办事处和社区居民委员会的结构中，党委或工委仍然是领导核心。社区治理仍以政府组织及其派出机构作为社区治理唯一主体，并且垄断社区绝大部分资源，而其他组织很难成为社区内的治理主体之一。社区居民委员会名义上是居民自治组织，实际上由于其身份、任职、薪水以及各种费用均由政府决定，因此，必然是政府行政管理体制在社区延伸出来的"腿"，成为政府及其基层政权组织的"附属物"。

（2）社区管理手段仍主要采取强制性的行政方式。地方政府基本上将社区居民委员会视为其下属的一级准行政机构，认为两者之间是行政上的领导与被领导关系。社区自治组织——居民委员会自身也常常以政府组织的身份自居，自认为是政府职能的执行者。它们的工作重心是完成街道办事处布置的各种任务，为居民服务反而成了次要的目标；"居民是社区的主体"也往往成为一种口号，实际上，居民并未真正被作为"主体"看待。居民委员会很少与社区的所有居民进行主动的联系，通常只是与少数居民组长、楼长打交道，不少居民委员会俨然成为社区的一级"衙门"，行政色彩越来越浓的社区是政府管理社会的工具而非社区居民的自治平台。在社区公共事务的决策与处理方面，基本上是街道办事处和居民委员会决定一切，然后以行政管理的方式进行布置。可见，街居制的组织体系仍然保持垂直的科层制结构。

（3）社区成员社区治理的参与度较低。社区组织能够承担从政府集权向社区治理过渡的职能，它有助于满足多元需求与利益，促使政府职能转换，加强社区自治机制的建立。出于历史的原因，我国社会与社区组织数量很少，种类以居民自娱自乐的组织和一些环保类志愿者组织居多，并且它们多是在政府管理下的，很难形成有独立意志的参与主体。社区居民参与社区活动和行使民主权利的渠道和平台不多，参与社区治理的热情不高。表现在以下三个方面：一是参与主体不平衡，总体参与率低。目前参与社区活动和社区事务的主要是楼组长和楼组党员骨干、离退休老人、寒暑假的学生、低保户居民四类人，而大多数居民则较少参与，居民总体参与率偏低。二是参与的积极性不够，以被动的志愿参与为主。一般居民缺乏对社区活动与社区事务参与的主动性与积极性，即使是前述四类人的参与也往往是在居民委员会的大力动员之下才出现的。三是参与形式单一，参与层次较低。居民的参与以执行性参与为主，决策性、管理性的参与较少。

3. 街居制存在的问题

随着改革的深入和社会的转型，我国城市基层管理出现了很多新情况、新问题，街居制面临着不少现实难题，主要表现为职能超载、职权有限和角色尴尬三个方面的问题。

（1）职能超载。在经济和社会发展的进程中，我国城市基层管理出现了很多新的领域，街居制的负载量越来越重。首先，单位制的瓦解导致单位职能外移，要求街居来承接。现代企业制度的建立、事业单位分类管理制度的推行以及机关单位后勤体制的改革，使各单位将自己原来承担的政治行政职能、社会职能剥离出来，交给政府和社会。在我国社会中间组织不发达的情况下，现有的比较成熟的街居体系几乎成了唯一的接收主体。其次，人口的老龄化、无单位归属人员以及外来人口的增多，给街居增添了更多的管理、服务工作。目前，中国已经进入了老龄化社会，各街区的老龄人口尤其是离退休人员显著增多，老年人口的活动空间基本上是家庭所在的街区，这就势必要求每个街区都要为众多的老年人提供良好的生活环境和生活条件，开展专门为老龄人服务的医疗保健、文化娱乐等工作。改革开放以来，非公有制经济快速发展，"无单位归属人员"中除了原有的少数未就业的家庭妇女和个别的社会闲散人员之外，还增加了大量的个体户和私营企业主、待业青年和失业下岗人员等。对这些不断增加的"无单位归属人员"，街居组织要加强思想教育和社会管理工作，起到社会整合的作用。随着城乡社会流动的加剧，城市街区的外来人口越来越多。外来人口既给街区的发展做出了贡献，也给街区的管理工作带来了压力。因此，街区的管理对象除了作为主体的正式居民外，也包括居住在本街区的非正式居民，街区工作的内容除了为正式居民提供管理和服务外，还需要对外来人口进行管理和提供服务。最后，我国城市管理体制的改革要求管理重心下移，由此带来了原来实行"条条"管理的很多部门将任务下放到街区，给街区增加了很多新的管理内容，如市场管理、园林绿化、交通道路、民政福利、市容市貌等管理项目。综上可见，我国的街居体系不仅承接了单位剥离出来的职能，还增加了很多新的管理领域；既要承担行政功能，又要承担社会功能，甚至有些街区还承担部分经济功能。街居体系的职能已经大大超载，但仍不能满足社会发展的需要。

（2）职权有限。虽然街居体系承担了原来单位外移的职能以及新出现新增加的工作任务，但街居的权力却依旧十分有限。从街道办事处来说，区级政府及各职能部门的"漏斗效应"将大量的事务"漏"到街道一级，但街道办事处却没有相应的法定地位和权力来承接这些事务，不仅在财政和人员编制上受制于上级政府，而且也没有独立的行政执法权和完全的行政管理权，只能受制于各职能部门的委托或充当行政职能"传递者"的角色。由于"条块分割"的存在，街道的能力是十分有限的。虽然许多城市管理的任务层层落实到街道，但由于街道没有明确的职权，往往出现的情况就是"看得见、摸得着、管不了"，虽然各机构有权管，但由于只对上级负责，造成"管得到的管不了、管得了的管不到"的局面。从居民委员会来说，其工作人员的津贴、办公经费、活动开支等都是经由街道下拨控制，居民委员会一般没有财务支配权，而街道可以擅自占有居民委员会的财产或收益，居民委员会的支出项目要由街道办事处批准。此外，有些街道实行给居民委员会编制的做法，进一步加重了街道与居民委员会"上下级"关系的色彩，"指导"为虚，"命令"为实，居民委员会的工作相当被动。

（3）角色尴尬。职能超载，但职权又十分有限，使街居的角色变得十分尴尬。街居组织处于政府和居民之间，但从目前的情况来看，街居倾向于政府一边，变成了政府的"腿"，只是被动地执行市、区一级政府下派的任务。在这一点上，居民委员会的尴尬地位更加突出。居民委员会群众性自治组织的地位实际上被虚化，居民委员会除了按照居民委员会组织法规定的日常工作之外，还要承担区、街道各部门交办的名目繁多的工作任务，实际上居民委员会变成了各级党委、政府部门工作的承受层、操作层和落实层，工作不堪重负，整日忙于应付，"上边一千条线，下面一根针"。这样一来，居民委员会的自治功能得不到实现，导致居民委员会法律地位的悬空，不能体现居民的主体意识和参与意识，因而也就很难赢得居民的认同。居民委员会对上过分依赖，而向下不能真正深入到居民中去，长期下去这种被动的局面将造成政府权威在基层支持资源的流失。尤其在出现物业公司、业主委员会等组织后，居民委员会的工作面临着极大的挑战。

（三）社区制

"社区"这个概念最初是由德国社会学家滕尼斯提出的。滕尼斯指出，社区是由具有共同价值取向的同质人口组成的关系密切、守望相助、富于人情味的社会共同体。在中国，"社区"一词在20世纪30年代被引进，而作为一个广泛使用的名词始于1986年。当时，民政部为推进城市社会福利工作改革，争取社会力量参与兴办社会福利事业，并将后者区别于民政部门代表国家办的社会福利，就另起了一个名字，称为"社区服务"，由此引入了社区的概念。1991年，民政部为了开拓民政工作又提出"社区建设"的概念；1998年，国务院的政府体制改革方案确定民政部在原基层政权建设司的基础上设立基层政权和社区建设司，推动社区建设在全国的发展；2000年11月，国务院办公厅转发了民政部关于在全国推进城市社区建设的意见，由此带来了社区建设在全国城市中轰轰烈烈地开展。社区建设本身就包含社区管理体制的改革，从原来的单位制、街居制向社区制过渡。① 社区制的出现是社会发展的必然要求：

1. 社区制是社会整合的要求

在改革开放以前，国家通过以单位制为主、以街居制为辅的方式实现了对社

---

① 丁茂战. 我国城市社区管理体制改革研究［M］. 北京：中国经济出版社，2009.

会的超强整合，国家几乎取代了社会，在体制外几乎不存在任何自由流动资源和自由活动空间，个人缺乏主体性的地位。改革开放以后，随着社会的转型，单位制逐步走向解体，"单位人"转变成为"社会人""社区人"，人们越来越多地要靠市场和社区，而不再完全靠单位来解决生活需求问题。随着市场经济的发展，个体、私营企业从业人员等无单位归属人员以及流动人员越来越多。随着产业结构的调整，我国下岗失业人员急剧增加，而且有进一步增多的趋势，他们与原单位几乎没有多少联系。随着人口的老龄化和"提前退休"政策的实施，各居民区的老年人口尤其是离退休人员显著增多。这些新情况的出现，增加了城市基层管理的任务。原来的街居体系被动地承接这些工作，但由于前文所述的现实困境而无力承担起社会整合的繁重任务。与此同时，在社会变迁的过程中，社会的力量也逐渐地发育和成长，国家不能再采取以前的方式，还把触角渗透到社会的每一个领域。因此，面对社会发展中出现的新形势、新任务，要实现社会整合的目标，在城市基层社会管理中采用社区制是必然的要求。通过社区制的管理，可以满足社区居民的各种需要，解决社区中存在的问题，促进居民之间的了解和交流，形成和谐的人际关系，进而实现对社会利益的整体协调，推动个人和社会的发展。①

2. 社区制是人的全面发展的要求

改革开放以来，我国城镇居民的收入水平和生活水平得到了极大提高。按照马斯洛的需求层次理论，居民在生活水平提高后，就不会再满足于吃饱穿暖，而要追求更高的生活质量，追求生活的丰富多彩和自我价值的实现。党的十六大报告提出了全面建设小康社会的目标，不仅具有政治学意义、社会学意义，还具有人文意义。全面小康社会的内涵不仅包括物质层面，也包括政治层面、文化层面、自然生态层面等内容。马克思主义认为，社会发展的本质是人的发展，促进人的发展是社会主义的本质要求。如果片面强调物质的发展，结果只会出现异化的社会。人都居住在社区，是社区的主体，人的发展和社区紧密相连。要建设全面小康社会，就需要从基础设施到居住环境、从物质文明到精神文明、从社区参与到政治民主、从社会秩序到人际关系等方面满足人的全面发展的要求。显然，原来的单位制和现存的街居制都限制了人的全面发展的要求，而社区制则是回归人性、达到人的全面发展要求的制度设计。

3. 社区制是党的工作落脚点的要求

在计划经济体制下，党的工作落脚点主要在单位。往往出现的情况是，党不仅发挥领导核心的作用，还直接从事行政事务、经济事务和社会事务等工作，由

---

① 丁丁. 我国城市社区管理体制改革研究——以街道办事处存废为分析视角 [J]. 中共浙江省委党校学报，2013（2）.

此加大了党的政治成本、经济成本和社会成本，无形中增添党的风险。而在市场经济条件下，在城市基层社会管理中实行社区制，可以使基层党组织从过去的很多行政负担中解脱出来，使党的工作真正面向社区，加强与社区的联系，使党可以集中精力从事社区工作，整合社区党员，运用党的资源服务社区、帮助社区。如此一来，党巩固基层政权的重心从单位转到社区，社区就成了党的工作的落脚点，党始终保持与群众的血肉联系，党的执政地位就可以得到巩固。社区党员，运用党的资源服务社区、帮助社区。如此一来，党巩固基层政权的重心从单位转到社区，社区就成了党的工作的落脚点。①

二、城乡社区治理模式

（一）社区治理模式的含义

社区治理模式与社区治理体制是两个既相互区别又相互联系的概念。社区治理体制是基于相对宏观的层面，对社区治理主体的组织结构、职权划分和运行机制的总和的概括；而社区治理模式则基于相对中观或微观的层面，关注在一定社区治理体制下各地在实践中形成的不同的模式或类型。也就是说，社区治理体制与社区治理模式相比，前者的内涵比后者更广，更一般化、抽象化，而后者比前者更具体化、细致化。在同一种社区治理体制下可以形成不同的社区治理模式，而不同社区治理体制下的社区治理模式肯定是不一样的。②

社区治理模式就是指对社区治理实践进行反思和概括得出的具有代表意义的典型形式，或是可以使人参照执行的标准样式。人们对社区治理模式概念的理解也经历了一个由窄变宽、由单层面变为综合化、由管理形态上升为理论范式的过程，人们的思想认识不断深入。

1995年，英国学者波普尔提出划分和区分社区管理模式的主要标准包括社区工作战略、社区工作者的主要角色和称号、工作机构的类型和活动、代表性人物与著作四项。1996年，美国魏尔提出，区分和界定不同社区管理模式的五个构成要素是：期望的结果、系统的目标或变迁的目标、社区的主要组成人员、关注的领域、社会工作的角色。就目前中国的情况而言，有关学者认为，社区环境政府职能，市场作用，中介组织作用，社区工作者角色，社区服务对象、内容和范围以及社区资源结构与状况等构成了我国社区治理模式的基本要素。③

（二）社区治理的实践模式

在中国社会结构、城乡社区发生了巨大变迁的今天，我国城市社区治理出现

---

①　方伟华. 城市社区管理体制改革研究［D］. 西南交通大学硕士学位论文，2013.
②　王青山，刘继同. 中国社区建设模式研究［M］. 北京：中国社会科学出版社，2004.
③　陈家刚. 从社会管理走向社会治理［N］. 学习时报，2012-12-22.

了很多新问题，包括居委会行政化、政府服务供给与居民需求脱节、物业服务质量不过关、社会组织发育不完善等。自党的十八届三中全会提出社会治理的概念以来，为激发社区活力，围绕政府、市场、社会等治理主体，探索社会治理创新的案例不断涌现。依据各地探索，我们抽象出政府主导、市场主导、社会自治、专家参与四种治理模式。需要说明的是，多种治理主体和治理机制往往同时存在于同一个社区的实际运行之中，因此这四种模式在很大程度上是基于一种理论抽象意义上的划分。①

1. 政府主导模式

政府主导模式是指在党和政府直接领导下推进社区治理，依靠政府的行政力量，提供社区公共服务、完善社区治理架构、培育社区自治组织、发展社区公共参与的治理模式。政府主导模式在中国具有强大的制度优势，权威性较强，能够在短时间内迅速动员各种组织和财政资源，因此具有组织动员能力强、行政效率高等特点。但与此同时，这一模式不可避免地过度依赖政府领导者的个人魅力。因此，也存在着"人走茶凉""政随人废"的现象。由于政府主导模式的行政干预力量强大，社会往往处于被动接受的位置，社区自治能力没有得到培育，因而与社区自治的大方向存在着一定程度的背离，形成了某种治理悖论：政府越干预，社会自我运行和社区自治能力反而越弱。此种模式由于政府能力太强，容易导致居民参与不够，居民常常比较被动。②

（1）优势：依靠有魅力的"带头人"推动，资源动员能力很强。政府是社会公权力的代表，也是社区治理中最重要的主导力量。在我国体制下，政府集中了大量资源，拥有强大的资源动员能力，③ 能够在短期内迅速改善社区治理状况并提供基本公共服务。在项目制为主要特征的基层管理体制下，我国的基本公共服务主要是以基层政府为单位、按照户籍人口配比相应公共服务和资源投入，基层政府相对其他治理主体而言，资源动员能力更强。由于基层政府在一定程度上掌握着基层社区管理的人事权和财权，因此，由基层政府推动的政府主导模式，其制度优势十分明显，具有效率高、能力强的特征。

例如，北京市海淀区田村街道推动实施的"宜居街区"建设，就是典型的政府主导的社区治理创新。该街道地处城乡结合部，户籍人口3.5万，流动人口约7万。在2014～2015年，该街道利用各种环境治理专项资金以及市政府各类专

① 李强. 中国城市社会社区治理的四种模式 [J]. 中国民政，2017（1）：52.

② 葛天任，李强. 我国城市社区治理创新的四种模式 [J]. 西北师范大学学报（社会科学版），2016（6）：5-13.

③ 周雪光. 运动型治理机制：中国国家治理的制度逻辑再思考 [J]. 开放时代，2012（9）：105-125.

项扶持资金，先后对辖区地块进行清理整顿，并对街道辖区内的公共空间进行统一规划和美化，完成了两条景观街、三个面积达到上万平方米的主题公园、上百个微型花园以及蓄洪生态休闲园、产业发展带、社区生活圈等建设，实现了绿色田村、文化田村、平安田村和宜居田村的目标。又如，北京右安门街道的老旧小区——翠林三个社区的改造提升，如果没有政府的推动，那么根本无法实现。在街道主要领导的推动下，该街道在 2015 年争取到了市社区治理创新试点的政策性辅助资金 600 余万元。街道办事处先对社区改造方案，以入户问卷的方式征集意见，在获得 90% 以上的支持率以后，制定了翠林三社区的空间规划，并迅速推动了内部空间改造、停车管理、卫生管理等诸多改革措施的落地。

（2）不足：政府越干预、社会越被动、社区自治能力越弱。虽然政府主导模式发挥了资源动员的制度优势，能够高效地解决基本公共服务供给不足的问题，但是由于缺乏引入社区治理的公共参与机制，治理主要依靠基层政府的行政干预，民众的社区自治意愿和能力没有得到培育，最后往往是政府干预越强，社区自治能力越弱。从短期来看，政府主导模式的管理绩效提升很快，但从长期来看，政府主导模式不仅没有起到推动社区自治的作用，反而不利于社区自治的形成。① 在这个意义上，政府主导模式的劣势也很明显，缺少制度设计和机制设计来保障社区民众公共参与的意愿和能力。例如，在相当一些"后单位制"的老旧小区，长期以来，由于政府和单位包办了大量社区事务的管理工作，社区居民的自治能力十分弱小，大量社区居民也缺乏公共参与精神，更难以适应新的市场机制。相反，在政府主导的过程中，适当引入公共参与，则可以起到良好的治理效果。

2. 市场主导模式

市场主导模式是指依靠市场力量（如房地产企业、物业公司等）提供小区物业服务，乃至社区公共服务，培育社区自治组织、发展社区公共参与的模式。市场主导模式，是住房商品化改革以来诞生的新模式。这一模式相比之前计划经济时期，在社区治理的资源配置方面，具有天然合理性，资源配置能力很强。由于居住社区的集团消费性质，以及社区公共服务提供的公共属性，市场主导模式的成功往往依靠具有社会责任感的企业家，而大量商品房居住社区仍然存在着较为普遍的、不同程度的市场失灵现象，其社会整合能力较弱。

（1）优势：依靠有社会责任感的企业家，资源配置能力强。在计划经济时代，社区生活主要由国家计划和安排。国家通过单位体制给城市居民分配房屋、食品以及各种生活必需品，按照一定空间范围和人口规模为城市居民配备粮站、

① 李强，黄旭宏．"被动社会"如何变为"能动社会"[J]．人民论坛，2011（10）：50-51．

副食店、理发店等基本生活服务设施。但是，计划体制在资源配置方面具有天然局限性，难以做到合理有效配置资源。与之相比，市场在资源配置方面具有天然合理性。在市场改革后，市场在社区生活资源配置方面开始发挥越来越大的作用，社区市场更是与社区生活紧紧地联系在了一起。社区市场不仅包括基本生活服务市场，还包括房屋租赁和交易市场，尤其是后者对社区治理影响很大。随着城市商品房交易市场的建立和发展，市场主导的社区治理模式开始出现。目前，多数的商品房小区的管理，都是由物业公司操办的，都应该属于市场模式。然而，市场模式与社区治理存在基本的悖论，市场强调交易双方的平等交换，而社区治理具有公共物品性质，小区有些公共服务确实不适合市场原则。所以，在市场模式的社区治理中，居民业主与开发商、物业因经济利益产生纠纷、冲突的屡见不鲜。

（2）不足：难以克服市场失灵问题，社会整合能力较弱。由于社区公共服务具有负外部性，理性市场主体缺乏提供社区公共服务的激励，这导致市场主导模式难以克服其与生俱来的市场失灵问题。当市场原则与社区公共服务的原则发生冲突时，市场模式的不足就会充分地展现。尤其是在城市的老旧社区、中低收入群体聚集的社区治理中，市场原则的失灵就充分暴露无遗。目前，在城市众多老旧社区、后单位制社区中，居民不交或拒绝交物业费是普遍现象，这就与市场原则产生了尖锐的冲突。

社区的灵魂在于人们对于社区共同体的认同和社区参与，而在这方面，市场失灵也颇为明显。目前，市场模式主导的商品房小区，居民往往由中产或社会地位较高的群体构成。在这类社区中，中上层社会地位群体的自我保护感很强，加之多种社会因素的叠加，居民的社区参与意愿比较低。因此，这类社区的社会整合能力比较弱。虽然市场主导模式由于资源配置能力较强，能够很好地解决社区的物业服务、基本公共服务问题，但在促进社区参与、激发社区活力方面则有其局限性，需要政府机构的规范和支持、社会力量的广泛参与和促进，如此才能弥补市场主导模式的局限与不足。①

3. 社会自治模式

社会自治模式是指社会力量尤其社区居民自发组织起来的社区自治模式。社区成员依靠自己、依靠社会资源，建立了社区自治组织，推动社区社会组织的发育，处理社区公共事务，推动社区参与和社区服务的完善。社会发育滞后是中国的现实，因此社会自治模式也最难。

（1）优势：依靠有公共理念的社区领袖，共建共享特征突出。社会自治模

---

① 李强，葛天任. 社区的碎片化——Y 市社区建设与城市社会治理的实证研究［J］. 学术界，2014（1）：40-50+306.

式的最大优势，就是最合乎居民自治原理，① 符合制度设计初衷，具有十分突出的共建共享特征，社区自治能力得到了培育。但是，目前社区自治模式的形成主要依靠具有公共理念的社区领袖来推动，尤其是需要来自政府的认可和支持。这一模式最主要的实现方式，就是通过建立和扩大社区居民的自发参与，来激发社区活力的形成。

（2）不足：几乎没有资源动员能力，发展遇到多重困境。当前，这一模式存在如下五个发展困境：一是社会自治或社区自治的基本条件严重欠缺，尤其是社会自组织能力还有待培育；二是社会自治模式还缺乏制度保障和政策支持，居民自治制度在很大程度上还没有很好地推行，社区组织、社会组织的职能定位、运行规范等还比较模糊、不够清晰，还受到各种制度制约和政策限制；三是社区自治组织缺乏资金保障，可持续发展的能力还比较弱；四是从总体上来看，社区居民的参与意识和参与能力还有待提升，社会自治模式主要依靠有理想、有能力的社区领袖；五是社会自治模式仍普遍存在于一些中产社区。② 在大量非商品房社区，住房产权性质模糊、多元住房产权并存，对于内部分化或碎片化较为严重的城市社区治理而言，实现社区自治或者社区共识仍困难重重。③

4. 专家参与模式

专家参与模式的主要内容是，学者们通过提供咨询，或者通过直接参与到社区事务之中，为社区治理创新提供合法性论述、变革动力，并为社区发展带来诸多体制资源和社会资源。无论是出于现实研究需要，还是出于具有长期历史传统的"士大夫精神"，或者近代以来逐渐形成的社会改造和社会干预传统，学者参与的社区治理模式，在中国有着深厚的价值感召力和一定程度上的资源动员力。

（1）优势：具有制度和政策咨询的有利条件，适合于探索改革方向。专家参与模式的重要优势，在于专家了解全国乃至全世界社区治理的大趋势，可以有选择地引入适合该地区的治理方式。专家有理论和方法优势，可以做出治理的长远规划和顶层设计。专家不介入社区利益、立场客观、处事比较公正。专家的声望容易得到管理者和居民双方的信任。专家参与模式还适合于探索基层治理的改革方向，将一个地方的经验教训加以总结并探索在其他地方推广的可能。

例如，清华大学社会学系在海淀区清河街道开展的清河实验。清河实验有针对性地提出了"社会再组织实验"和"社区提升实验"，通过社会再组织来激发

① 罗家德. 自组织——市场与层级之外的第三种治理模式［J］. 比较管理，2010（2）：1-12.

② 郭于华，沈原. 居住的政治——B市业主维权与社区建设的实证研究［J］. 开放时代，2012（2）：83-101.

③ 肖林. "社区"研究与"社区研究"——近年来我国城市社区研究述评［J］. 社会学研究，2011（4）：185-208+246.

社会活力，通过激发社会活力来实现社区提升。在社会再组织方面，课题组选择了三个社区作为试点，建立"社区议事委员会"，通过选举议事委员来增进社区居民与居委会、基层政府之间的沟通和信任，进而促进社区事务的解决。在社区提升方面，课题组对老旧小区、缺乏物业服务的社区进行物质和社会环境综合提升。目前，在清河的阳光社区，采用居委会及议事委员民主协商的方式，广泛动员居民参与，推进了社区绿化、建设了公共活动室、创建了阳光学堂、组织了社区标识评选等，居民积极参与社区建设的热烈场面十分感人，通过共建共享，实现了阳光社区的整体提升。①

（2）不足：容易产生外部依赖性，可持续性较弱。专家参与模式的劣势也是明显的。由于专家学者并非直接的利益相关者，专家关心的往往是学术和治理模式，这样与社区居民直接利益相关者的立场有所区别。社会自治模式最大的优点是自治者最理解自己社区的问题与居民意愿，专家是否能够设身处地地理解居民意愿也存在疑问。专家是外部力量介入，外部力量是否可以长期持续介入呢？这也是值得思考的问题。②

第三节　新时代城乡社区治理的建设路径

一、新时代城乡社区治理的基本要求

（一）基层党组织对社区工作的领导

一直以来，党中央高度重视基层党建工作，明确要求基层党组织把社区党建工作列入重要议事日程，各级党委要将社区党组织的建设作为基层党建工作的重点之一，切实加强对社区党建工作的指导和监督，充分发挥党组织在社区治理中的领导力和整合力。这不仅有利于加强党的执政能力建设，还在很大程度上夯实了党执政的基层根基，保障党的领导权威。同时，基层党组织积极领导社区治理，要求基层党员坚定理想信念，坚持"一切为了群众，一切依靠群众"，从群众角度出发，真正为民着想，做好党中央与基层群众相联系的桥梁。一方面，通过领导社区工作将党的理念传达给基层群众，鼓励并引导群众积极参与社区治理，进一步提升社区居民的民主意识和社区治理的参与意识；另一方面，将基层

---

① 李强．中国城市社会社区治理的四种模式［J］．中国民政，2017（1）：52.

② 葛天任，李强．我国城市社区治理创新的四种模式［J］．西北师范大学学报（社会科学版），2016（6）：5-13.

群众的意见和诉求向上级反映，让党和国家听到群众的声音，以适时采取行动解决社区治理过程中的问题。

此外，基层党组织应经常性地对社区治理工作的具体开展进行监督，检查相关政策的基本落实情况，并对进度落后的方面进行督促。通过这种监督检查，引起各治理主体对自身工作重要性的足够重视，提高各主体参与的自觉性和主动性，确保社区治理工作真正落到实处。

（二）基层政府主导的多方参与

城乡社区治理的基础是多元主体参与，实现社区治理现代化的关键在于各治理主体明确自己的职责，通过职责互补、协商共治等手段发展形成城乡社区治理的新型参与机制。基层政府对当前城乡发展起积极的促进作用，相对于其他参与主体而言，统一行动、协调各方、配置资源的优势较为突出，应当在城乡社区治理中发挥主导作用，推动社区治理主体间的和谐发展。基层政府在参与社区治理工作的过程中，首先，应厘清相关治理主体之间的关系，减少职责重叠、权力边界模糊等现象的出现；其次，在此基础上，基层政府需要协调各社会组织和社区群众性自治组织的职权和工作范围，合理配置公共资源，促使各治理组织更好地提供服务。

社区居民的参与为社区治理提供了内在动力，强化社区居民的参与意识、拓宽其民主参与渠道，有利于实现城乡社区治理现代化。基层政府作为城乡社区治理的主导，应当鼓励社区居民积极参与社区事务，由以往的被动接受管理转变为主动参与治理；培养社区居民参与民主管理的能力，提高居民的"主人翁"意识；为居民提供参与社区治理的途径，加强与社区居民之间的沟通。反过来社区群众也应积极响应中央号召，在党和政府的带领下，充分发挥自身主观能动性，通过参与社区治理保障自己的个人权益。

（三）自治、法治、德治、美治相结合的共同治理

城乡社区治理体系现代化，要求建立健全自治、法治、德治"三治融合"的城乡社区治理体系，明确三治融合模式在城乡社区治理中的不同作用，即要求在民主、管制、规范下实现以自治为基、法治为本、德治为引三者融合的共同治理。①

自治是城乡社区治理的基础，要求在社区内部建立基层民主，由居民群众、基层群众性自治组织和相关社会组织共同参与，努力做到自己的事自己管，充分发挥社区群众在治理过程中的主观能动性，实现居民自己当家作主。此外，社区居民还可以通过民主选举、民主决策、民主监督等方式参与社区事务管理，维护

---

① 李华. 城乡社区治理中法治、德治、自治"三治"融合的制度分析［J］. 领导科学，2019（4）：42-45.

和争取自身合法权益。

法治是城乡社区治理的底线，为各相关主体参与社区治理工作提供根本遵循，并为社区居民的民主、平等参与提供制度保障。加强社区治理中的法治建设，就要在全社区积极普法、支持用法、保障守法，在社区居民中弘扬法治精神，树立群众的法律意识，引导社区居民按照法律依据合法办事。

城乡社区治理仅仅依靠法律是不够的，治理现代化需要人的现代化，社会治理还需要润人之"德"、治人之"魂"，实施"德治"。培育社区社会自组织治理能力、实现社区自组织治理需要人思想与灵魂的崛起，需要提升人的道德情操和个人教养，培育自尊自信，这都离不开"德治"。"德治"既是治理的根基，也是治理的归属。德治在城乡社区治理中发挥着重要的支撑和引导作用，德治建设就是要在全社区培育、弘扬社会主义核心价值观和社会主义道德，重点推进社会公德、职业道德、家庭美德和个人品德建设。推进社区德治建设，还应深入挖掘社区的人文历史，结合我国优秀的传统文化，形成独特的社区文化体系，在社区内部营造良好的道德文化氛围。①

社会治理的本质是一项"审美性"活动，良好的社会审美观是现代社会治理不可缺少的基本素养，城乡社区治理过程是一个"审美"的过程，社会审美潜移默化地渗透到整个社区社会生活之中，影响民意形成的内容和民意表达的方式。社区治理需要审美自觉，它是净化国民风尚、凝练民族气质的重要基础条件之所在。因此，新时代城乡社区治理需要"美治"，需要怡人之"心"，需要加强城乡社区治理的"美治"，提高社区群众的审美自觉。②

二、新时代城乡社区治理的体系建设

（一）充分发挥基层党组织领导核心作用

加强党对城乡社区治理工作的绝对领导，推进城乡社区基层党组织建设，坚持"党委领导是根本，政府负责是前提，社会协同是依托，公众参与是基础"的原则，发挥基层党组织在社区治理中总揽全局、协调发展的作用，把加强基层党组织建设、巩固党的执政基础作为贯穿社会治理和基层建设的主线，切实发挥基层党组织的领导核心作用，带领群众坚定不移贯彻党的理论和路线方针政策，确保城乡社区治理始终保持正确政治方向，确保党的路线方针政策在城乡社区全面贯彻落实。③

把加强基层党的建设、巩固党的执政基础作为贯穿社会治理和基层建设的主线，以改革创新精神探索加强基层党的建设引领社会治理的路径。加强和改进街

---

① 颜金，王颖. 新时代城乡社区治理体系建设研究 [J]. 广西社会科学，2020（1）：61-66.
②③ 范如国. 加强新时代城乡社区治理体系建设 [J]. 国家治理，2018（35）：18-22.

道（乡镇）、城乡社区党组织对社区各类组织和各项工作的领导，确保党的路线方针政策在城乡社区全面贯彻落实。推动管理和服务力量下沉，引导基层党组织强化政治功能，聚焦主业主责，推动街道（乡镇）党（工）委把工作重心转移到基层党组织建设上来，转移到做好公共服务、公共管理、公共安全工作上来，转移到为经济社会发展提供良好公共环境上来。加强社区服务型党组织建设，着力提升服务能力和水平，更好地服务改革、服务发展、服务民生、服务群众、服务党员。继续推进街道（乡镇）、城乡社区与驻社区单位共建互补，深入拓展区域化党建。扩大城市新兴领域党建工作覆盖，推进商务楼宇、各类园区、商圈市场、网络媒体等的党建覆盖。健全社区党组织领导基层群众性自治组织开展工作的相关制度，依法组织居民开展自治，及时帮助解决基层群众自治中存在的困难和问题。加强城乡社区党风廉政建设，推动全面从严治党向城乡社区延伸，切实解决居民群众身边的腐败问题。

（二）有效发挥基层政府主导作用

各省（自治区、直辖市）按照条块结合、以块为主的原则，制定区县职能部门、街道办事处（乡镇政府）在社区治理方面的权责清单；依法厘清街道办事处（乡镇政府）和基层群众性自治组织权责边界，明确基层群众性自治组织承担的社区工作事项清单以及协助政府的社区工作事项清单；上述社区工作事项之外的其他事项，街道办事处（乡镇政府）可通过向基层群众性自治组织等购买服务方式提供。建立街道办事处（乡镇政府）和基层群众性自治组织履职履约双向评价机制。基层政府要切实履行城乡社区治理主导职责，加强对城乡社区治理的政策支持、财力物力保障和能力建设指导，加强对基层群众性自治组织建设的指导规范，不断提高依法指导城乡社区治理的能力和水平。

（三）注重发挥基层群众性自治组织基础作用

进一步加强基层群众性自治组织规范化建设，合理确定其管辖范围和规模。促进基层群众自治与网格化服务管理有效衔接。加快工矿企业所在地、国有农（林）场、城市新建住宅区、流动人口聚居地的社区居民委员会组建工作。完善城乡社区民主选举制度，进一步规范民主选举程序，通过依法选举稳步提高城市社区居民委员会成员中本社区居民比例，切实保障外出务工农民民主选举权利。进一步增强基层群众性自治组织开展社区协商、服务社区居民的能力。建立健全居务监督委员会，推进居务公开和民主管理。充分发挥自治章程、村规民约、居民公约在城乡社区治理中的积极作用，弘扬公序良俗，促进法治、德治、自治有机融合。

（四）统筹发挥社会力量协同作用

制定完善孵化培育、人才引进、资金支持等扶持政策，落实税费优惠政策，大力发展在城乡社区开展纠纷调解、健康养老、教育培训、公益慈善、防灾减灾、文体娱乐、邻里互助、居民融入及农村生产技术服务等活动的社区社会组织和其他社会组织。推进社区、社会组织、社会工作"三社联动"，完善社区组织发现居民需求、统筹设计服务项目、支持社会组织承接、引导专业社会工作团队参与的工作体系。鼓励和支持建立社区老年协会，搭建老年人参与社区治理的平台。增强农村集体经济组织支持农村社区建设能力。积极引导驻社区机关企事业单位、其他社会力量和市场主体参与社区治理。

（五）加强社区工作者队伍建设

将社区工作者队伍建设纳入国家和地方人才发展规划，地方要结合实际制定社区工作者队伍发展专项规划和社区工作者管理办法，把城乡社区党组织、基层群众性自治组织成员以及其他社区专职工作人员纳入社区工作者队伍统筹管理，建设一支素质优良的专业化社区工作者队伍。加强城乡社区党组织带头人队伍建设，选优配强社区党组织书记，加大从社区党组织书记中招录公务员和事业编制人员力度，注重把优秀社区党组织书记选拔到街道（乡镇）领导岗位，推动符合条件的社区党组织书记或班子成员通过依法选举担任基层群众性自治组织负责人或成员。社区专职工作人员由基层政府职能部门根据工作需要设岗招聘，街道办事处（乡镇政府）统一管理，社区组织统筹使用。加强对社区工作者的教育培训，提高其依法办事、执行政策和服务居民能力，支持其参加社会工作职业资格评价和学历教育等，对获得社会工作职业资格的给予职业津贴。加强社区工作者作风建设，建立群众满意度占主要权重的社区工作者评价机制，探索建立容错纠错机制和奖惩机制，调动社区工作者实干创业、改革创新热情。①

三、新时代城乡社区治理的能力建设

（一）增强社区居民参与能力

提高社区居民议事协商能力，凡涉及城乡社区公共利益的重大决策事项、关乎居民群众切身利益的实际困难问题和矛盾纠纷，原则上由社区党组织、基层群众性自治组织牵头，组织居民群众协商解决。支持和帮助居民群众养成协商意识、掌握协商方法、提高协商能力，推动形成既有民主又有集中；既尊重多数人意愿，又保护少数人合法权益的城乡社区协商机制。探索将居民群众参与社区治理、维护公共利益情况纳入社会信用体系。推动学校普及社区知识，参与社区治理。拓展流动人口有序参与居住地社区治理渠道，丰富流动人口社区生活，促进流动人口社区融入。

---

① 关于加强和完善城乡社区治理的意见［N］．人民日报，2017-06-13（01）．

（二）提高社区服务供给能力

加快城乡社区公共服务体系建设，健全城乡社区服务机构，编制城乡社区公共服务指导目录，做好与城乡社区居民利益密切相关的劳动就业、社会保障、卫生计生、教育事业、社会服务、住房保障、文化体育、公共安全、公共法律服务、调解仲裁等公共服务事项。着力增加农村社区公共服务供给，促进城乡社区服务项目、标准相衔接，逐步实现均等化。将城乡社区服务纳入政府购买服务指导性目录，完善政府购买服务政策措施，按照有关规定选择承接主体。创新城乡社区公共服务供给方式，推行首问负责、一窗受理、全程代办、服务承诺等制度。提升城乡社区医疗卫生服务能力和水平，更好满足居民群众基本医疗卫生服务需求。探索建立社区公共空间综合利用机制，合理规划建设文化、体育、商业、物流等自助服务设施。积极开展以生产互助、养老互助、救济互助等为主要形式的农村社区互助活动。鼓励和引导各类市场主体参与社区服务业，支持供销合作社经营服务网点向城乡社区延伸。

（三）强化社区文化引领能力

以培育和践行社会主义核心价值观为根本，大力弘扬中华优秀传统文化，培育心口相传的城乡社区精神，增强居民群众的社区认同感、归属感、责任感和荣誉感。将社会主义核心价值观融入居民公约、村规民约，内化为居民群众的道德情感，外化为服务社会的自觉行动。重视发挥道德教化作用，建立健全社区道德评议机制，发现和宣传社区道德模范、好人好事，大力褒奖善行义举，用身边事教育身边人，引导社区居民崇德向善。组织居民群众开展文明家庭创建活动，发展社区志愿服务，倡导移风易俗，形成与邻为善、以邻为伴、守望相助的良好社区氛围。不断加强民族团结，建立各民族相互嵌入式的社会结构和社区环境，创建民族团结进步示范社区。加强城乡社区公共文化服务体系建设，提升公共文化服务水平，因地制宜设置村史陈列、非物质文化遗产等特色文化展示设施，突出乡土特色、民族特色。积极发展社区教育，建立健全城乡一体的社区教育网络，推进学习型社区建设。

（四）增强社区依法办事能力

进一步加快城乡社区治理法治建设步伐，加快修订《中华人民共和国城市居民委员会组织法》，贯彻落实《中华人民共和国村民委员会组织法》，研究制定社区治理相关行政法规。有立法权的地方要结合当地实际，出台城乡社区治理地方性法规和地方政府规章。推进法治社区建设，发挥警官、法官、检察官、律师、公证员、基层法律服务工作者作用，深入开展法治宣传教育和法律进社区活动，推进覆盖城乡居民的公共法律服务体系建设。

（五）提升社区矛盾预防化解能力

完善利益表达机制，建立党代会代表、人大代表、政协委员联系社区制度，完善党员干部直接联系群众制度，引导群众理性合法表达利益诉求。完善心理疏导机制，依托社会工作服务机构等专业社会组织，加强对城乡社区社会救助对象、建档立卡贫困人口、困境儿童、精神障碍患者、社区服刑人员、刑满释放人员和留守儿童、妇女、老人等群体的人文关怀、精神慰藉和心理健康服务，重点加强老少边穷地区农村社区相关机制建设。完善矛盾纠纷调处机制，健全城乡社区人民调解组织网络，引导人民调解员、基层法律服务工作者、农村土地承包仲裁员、社会工作者、心理咨询师等专业队伍，在物业纠纷、农村土地承包经营纠纷、家事纠纷、邻里纠纷调解和信访化解等领域发挥积极作用。推进平安社区建设，依托社区综治中心，拓展网格化服务管理，加强城乡社区治安防控网建设，深化城乡社区警务战略，全面提高社区治安综合治理水平，防范打击黑恶势力扰乱基层治理。

（六）增强社区信息化应用能力

提高城乡社区信息基础设施和技术装备水平，加强一体化社区信息服务站、社区信息亭、社区信息服务自助终端等公益性信息服务设施建设。依托"互联网+政务服务"相关重点工程，加快城乡社区公共服务综合信息平台建设，实现一号申请、一窗受理、一网通办，强化"一门式"服务模式的社区应用。实施"互联网+社区"行动计划，加快互联网与社区治理和服务体系的深度融合，运用社区论坛、微博、微信、移动客户端等新媒体，引导社区居民密切日常交往、参与公共事务、开展协商活动、组织邻里互助，探索网络化社区治理和服务新模式。发展社区电子商务。按照分级分类推进新型智慧城市建设要求，务实推进智慧社区信息系统建设，积极开发智慧社区移动客户端，实现服务项目、资源和信息的多平台交互和多终端同步。加强农村社区信息化建设，结合信息进村入户和电子商务进农村综合示范，积极发展农产品销售等农民致富服务项目，积极实施"网络扶贫行动计划"，推动扶贫开发兜底政策落地。①

四、新时代城乡社区治理的短板建设

（一）改善社区人居环境

完善城乡社区基础设施，建立健全农村社区基础设施和公用设施的投资、建设、运行、管护和综合利用机制。加快城镇棚户区、城中村和危房改造。加强城乡社区环境综合治理，做好城市社区绿化美化净化、垃圾分类处理、噪声污染治理、水资源再生利用等工作，着力解决农村社区垃圾收集、污水排放、秸秆焚烧以及散埋乱葬等问题，广泛发动居民群众和驻社区机关企事业单位参与环保活

---

① 关于加强和完善城乡社区治理的意见［N］．人民日报，2017-06-13（01）．

动，建设资源节约型、环境友好型社区。推进健康城市和健康村镇建设。强化社区风险防范预案管理，加强社区应急避难场所建设，开展社区防灾减灾科普宣传教育，有序组织开展社区应对突发事件应急演练，提高对自然灾害、事故灾难、公共卫生事件、社会安全事件的预防和处置能力。加强消防宣传和消防治理，提高火灾事故防范和处置能力，推进消防安全社区建设。

（二）加快社区综合服务设施建设

将城乡社区综合服务设施建设纳入当地国民经济和社会发展规划、城乡规划、土地利用规划等，按照每百户居民拥有综合服务设施面积不低于30平方米的标准，以新建、改造、购买、项目配套和整合共享等形式，逐步实现城乡社区综合服务设施全覆盖。加快贫困地区农村社区综合服务设施建设，率先推动易地搬迁安置区综合服务设施建设全覆盖。落实不动产统一登记制度，做好政府投资建设的城乡社区综合服务设施不动产登记服务工作。除国家另有规定外，所有以社区居民为对象的公共服务、志愿服务、专业社会工作服务，原则上在城乡社区综合服务设施中提供。创新城乡社区综合服务设施运营机制，通过居民群众协商管理、委托社会组织运营等方式，提高城乡社区综合服务设施利用率。落实城乡社区综合服务设施供暖、水电、燃气价格优惠政策。

（三）优化社区资源配置

组织开展城乡社区规划编制试点，落实城市总体规划要求，加强与控制性详细规划、村庄规划衔接；发挥社区规划专业人才作用，广泛吸纳居民群众参与，科学确定社区发展项目、建设任务和资源需求。探索建立基层政府面向城乡社区的治理资源统筹机制，推动人财物和责权利对称下沉到城乡社区，增强城乡社区统筹使用人财物等资源的自主权。探索基层政府组织社区居民在社区资源配置公共政策决策和执行过程中，有序参与听证、开展民主评议的机制。建立机关企事业单位履行社区治理责任评价体系，推动机关企事业单位积极参与城乡社区服务、环境治理、社区治安综合治理等活动，面向城乡社区开放文化、教育、体育等活动设施。注重运用市场机制优化社区资源配置。

（四）推进社区减负增效

依据社区工作事项清单建立社区工作事项准入制度，应当由基层政府履行的法定职责，不得要求基层群众性自治组织承担，不得将基层群众性自治组织作为行政执法、拆迁拆违、环境整治、城市管理、招商引资等事项的责任主体；依法需要基层群众性自治组织协助的工作事项，应当为其提供经费和必要工作条件。进一步清理规范基层政府各职能部门在社区设立的工作机构和加挂的各种牌子，精简社区会议和工作台账，全面清理基层政府各职能部门要求基层群众性自治组织出具的各类证明。实行基层政府统一对社区工作进行综合考核评比，各职能部门不再单独组织考核评比活动，取消对社区工作的"一票否决"事项。

（五）改进社区物业服务管理

加强社区党组织、社区居民委员会对业主委员会和物业服务企业的指导和监督，建立健全社区党组织、社区居民委员会、业主委员会和物业服务企业议事协调机制。探索在社区居民委员会下设环境和物业管理委员会，督促业主委员会和物业服务企业履行职责。探索完善业主委员会的职能，依法保护业主的合法权益。探索符合条件的社区居民委员会成员通过法定程序兼任业主委员会成员。探索在无物业管理的老旧小区依托社区居民委员会实行自治管理。有条件的地方应规范农村社区物业管理，研究制定物业管理费管理办法；探索在农村社区选聘物业服务企业，提供社区物业服务。探索建立社区微型消防站或志愿消防队。①

复习思考题

1. 什么是城乡社区治理？
2. 城乡社区治理有哪些特征？
3. 城乡社区治理有哪些模式？
4. 简述城乡社区治理的发展历程。
5. 如何理解新时代城乡社区治理的建设路径？

案例分析

兰州城关安宁各街道社区推行"小兰帮办"便民服务平台获居民点赞
2021-11-22

"小兰帮办"便民服务平台，旨在践行共建共治共享理念，突出"四帮——帮您办、帮您约、帮您查、帮您缴"特色，整合数据资源，拓展应用场景，建设基层社会治理"城市大脑"。

1. 为基层防疫和居民办事拓展出新渠道

自"小兰帮办"微信小程序正式上线运行以来，城关区通过多项措施推广运用，扩大"小兰帮办"知晓率和使用率，以期快速实现全区居民全覆盖目标，为基层防疫和居民办事拓展新渠道。

"为尽快实现'小兰帮办'全区域覆盖，我们制定印发'小兰帮办'推广使用通知，明确各街道抓落实责任人，明晰任务。"城关区政府有关负责人介绍，

---

① 关于加强和完善城乡社区治理的意见［N］．人民日报，2017-06-13（01）．

同时通过社区书记带、社工委委员促等方式，对接小区楼院物业公司、卡口点点位长广泛张贴"小兰帮办"微信小程序推广二维码，动员多方力量广泛宣传、指导和帮助居民注册等，截至 2021 年 11 月 15 日，累计实名认证逾 85 万人，认证率达到 57% 以上。

2. 群众小事小情办理，用手机更方便

安宁区西路街道费家营社区，在疫情防控期间专门腾出来"课余"时间，对社工委成员进行培训，简单易学的"课程"，很容易抓住要领。该社区社工委成员一线执勤，迅速普及"小兰帮办"小程序，起到了事半功倍的效用。

记者了解到，安宁区运用"小兰帮办"，有效提高了疫情防控工作效率，实现了小区居民无纸化出入登记、一站式查询核酸检测记录、申领电子出入凭证、查看个人健康码"一码清"，同步方便了车辆出行。据介绍，截至目前，该区已累计注册使用"小兰帮办"38.6 万余人，基本实现了全覆盖。

3. 政务民生服务功能提升，更加便民利民

该平台的"小兰帮您"上门服务功能更加便民利民，目前已开发 12 项老年人公共卫生服务页面，完成小区场所码限制功能开发。政务服务板块则包含民政、教育、就业、社保、户籍、交管、健康、养老等模块以及"我的办件"和"我的 12345"两个功能模块。这个模块里的民政、社保、就业、养老四大类事项，都是市民最常跑、最常用和最关注的。

居民通过阅读办事指南，便可一目了然地清楚要准备的材料、清楚受理件进行步骤，引导办事人快速获取所需服务。居民后期"不来即享"，通过"小兰帮办"，办事不仅知道"到哪办"，也知道"怎么办"，实现"让数据多跑腿，让居民少跑路"。而社工委板块还设有"邻里助手""双报到""志愿服务"功能。"兰州学习"板块，目前主要发布民生类、历史类、文化类、科普类资讯，逐步融入了群众学习、生产生活，成为党政干部党史学习教育的好助手，居民生活的好帮手，关注度稳步上升。

资料来源：杨晟途. 兰州城关安宁各街道社区推行"小兰帮办"便民服务平台获居民点赞［EB/OL］. http：//gansu. gscn. com. cn/system/2021/11/22/012672635. shtml.

第十章　乡村振兴战略

党的十九大提出乡村振兴的重大战略，提出了实现"产业兴旺、生态宜居、乡风文明、治理有效、生活富裕"的总目标。习近平总书记强调，要深入理解乡村振兴重大战略，始终将解决好"三农"问题视为全党工作的重中之重①。乡村振兴战略不是凭空产生的，而是立足于中国乡村发展的历史基础，顺应新时代农村农民的现实诉求。实施乡村振兴战略是我们党在全面把握我国具体国情、发展阶段的基础上，顺应广大农村群众对美好生活的期待，以解决城乡发展不平衡、农村发展不充分问题，促进城乡融合发展，进而开启全面建设社会主义农业农村现代化、实现"两个一百年"奋斗目标的一项重大举措，是实现国家治理现代化的重要战略部署，是我国新时代"三农"工作的总抓手。

第一节　乡村振兴战略的历史条件和历史脉络

一、乡村振兴战略的历史条件和社会基础

无农不稳，无粮不安，粮食问题事关重大。新中国成立之初，我国粮食总产量仅2000多亿斤，人均粮食占有量低于联合国粮农组织公布的温饱线。为了增加耕地，提高粮食产量，我国兴修水利、大规模垦荒，还采取试办国营拖拉机站等办法以提高农业劳动生产率。由于农业生产力低下，食物供应不足，新中国成立以后很长一段时间，我国都实行基本食物的配给制，凭相关票证定额供应城镇居民粮食。1978年，安徽凤阳进行分田到户，创立家庭联产承包责任制，自下而上进行改革。自此，农业生产力得到巨大提升，农产品供应形势产生巨大变

---

① 国务院研究室编写组．十三届全国人大一次会议《政府工作报告》辅导读本［M］．北京：人民出版社，2018：298．

化，食物不再短缺。1993 年，粮食购销体制进行改革，粮食票证从此退出历史舞台。改革开放前，国家财政很少投入农业，国家政策奉行"以农养工"。随着经济的发展，为了进一步提升农业产量与农民的生产热情，国家财政开始持续支持农业和农村。1979~1993 年，财政支农政策奉行"多取少予"，农民赋税重，财政投入少；由于农民负担增速高于农业扩大再生产的速度，农业成了经济进一步迅猛增长的瓶颈，国家开始给农民减负，因此财政支农政策于 1994~2003 年奉行"少取多予"；2004 年以来，国家财力越来越强，为了缩小工农城乡差距，进一步减轻农民的负担，促进农业发展，财政支农政策开始奉行"只予不取"，并于 2006 年取消农业税，改变了对农业产品的补贴方式；财政支农政策从党的十八大以来的"多予、不取、放活"① 到党的十九大农业和农村的"优先发展"，国家相关资源不断向农业和农村倾斜，这一历程无疑是根本性的转变。

改革开放以来，随着社会主义市场经济体制的确立和完善，我国的农业取得显著的进展，农村焕发出崭新的面貌，农民生活有了很大的改善，都为乡村振兴战略在我国的实施打下了牢固的基础。同时，乡村振兴战略还是中国共产党的农村工作思路的具体体现，也是进入新时代党对农业发展思想所作的进一步创新性探索。我国社会的主要矛盾尤其体现在乡村，人民群众日益向往美好生活，而现阶段我国乡村发展尚不充分，城乡发展并不平衡。乡村振兴战略正是有针对性地解决基于社会主要矛盾所衍生出的农村和农业发展现实问题的有效举措。习近平总书记就"三农"工作和实施乡村振兴战略作出了一系列重要论述，提出了新的理念、形成了新的思想并进行了新的战略部署，构成了实施乡村振兴战略、做好新时代"三农"工作的科学理论指导和行动指南，同时，它们也是建设社会主义现代化强国、实现全面小康的必然实践要求。

综合研判我国经济社会和乡村的发展趋势，可以看到我国实施乡村振兴战略的社会历史条件已经较为成熟。这些历史条件和社会基础彰显出实施乡村振兴战略的背后有着深刻的历史和逻辑必然性②。

二、乡村振兴战略的历史脉络

党的十九大提出实施乡村振兴战略，是在认真总结新中国农业农村 70 年发展成就与经验，深刻认识现代化城乡发展规律基础上做出的重要决策。中国要

---

① 邓菊秋，王祯敏，尹志飞. 改革开放 40 年我国财政支农政策的成效、问题与展望 [J]. 贵州财经大学学报，2018（5）：11-16.

② 邓雁玲，雷博，陈树文. 实施乡村振兴战略的逻辑理路分析 [J]. 经济问题，2020（1）：20-26.

强，农业必须强；中国要美，农村必须美；中国要富，农民必须富①。解决"三农"问题，实现乡村振兴和城乡融合发展是实现百年国家崛起和民族复兴中国梦的必然历史逻辑。

在传统社会，农业、农村和农民具有很大的区域性、地域性和自然性。农业、农村和农民成为"三农"问题是工业社会的产物：与装备起来的现代工业相比，传统农业是一个弱势产业；与工业和商业聚集的城市相比，农村是落后区域；与知识群体和技术工人相比，农民缺乏先进的技术知识。因此，在工业社会中，要解决"三农"问题，需要国家作出战略部署和决策选择。所以，国家战略赋予了农业、农村和农民发展更多的建构性、国家性和社会性。为了更准确把握乡村振兴战略，需要站在中国历史发展的长河中，对乡村发展的历史进行梳理。新中国成立至今，乡村发展经历了三次变革，形成四个重要发展阶段。

（一）1949～1977 年人民公社为主体的城乡二元结构阶段

中华人民共和国成立初期，在错综复杂的国内外形势下，我国艰难地推进了农村社会主义改造和农业现代化建设，为消灭城乡对立、巩固工农联盟奠定了初步的制度与物质基础。但在优先发展重工业、建立先进工业国家的目标驱使下，国家在相当程度上实施了一整套以农促工、城乡隔离的政策措施。农业农村长期被统购统销、户籍制度、人民公社制度等因素限制，形成资本和物质生产要素由农到工、由乡及城的单向流动，为国家工业化、城市化提供资源与要素积累；受制于内、外部体制机制的多重约束，农民生产积极性遭到严重压制，农业农村长期处于生产水平很低，农民生活困难，扩大再生产能力很薄弱的境况②。据统计，1959～1978 年，农村居民人均纯收入年均增长仅 2.7 元左右；到 1978 年，我国近 8 亿农村居民的人均纯收入只有约 133.6 元③。

中华人民共和国成立之初，国家逐步确立了"农业支持工业，农村支持城市"的发展战略。这一战略奠定了我国工业化的基础，同时也给"三农"领域带来了许多问题。现代化是以工业化和城镇化为核心的，现代化带来的一个至关重要的政治后果便是城乡差距。现代化改变了城市的性质，打破了城乡之间的平衡④。而 1958 年实行的农业合作化运动，将农村经济组织和政治组织合二为一，形成高度集权的人民公社体制，从而对农村和农民实行严格的管理和控制。但总体来看，农业合作化最初是以提高粮食产量为出发点，但最终并没有大幅提高粮

① 本书编写组．十八大以来治国理政新成就（上册）［M］．北京：人民出版社，2017：427.

② 刘儒，刘江，王舒弘．乡村振兴战略：历史脉络、理论逻辑、推进路径［J］．西北农林科技大学学报（社会科学版），2020（2）：1-9.

③ 国家统计局相关年份的统计数据（http：//data. stats. gov. cn/）.

④ ［美］塞缪尔·P. 亨廷顿．变革社会中的政治秩序［M］．王冠华，刘为译．上海：上海人民出版，2008.

食产量。加之国家实行统购统销的政策，大量补贴工业和城市，从而导致农村和农民处于贫困状态，城乡二元结构进一步加剧。中华人民共和国成立后实行的计划经济具有高度集中的特点，生产资料由国家统一分配，这种极强的行政干预使农民个体丧失了生产经营的自主权，大大束缚了农民的生产积极性，导致农业生产力处于低水平状态，农村经济发展乏力。应客观看到，这一时期在加强农业基础设施建设，促进农业生产力发展，发展和壮大农村集体经济，推进农村基本制度建设和完善乡村治理体系等方面取得了巨大成就，积累了历史经验。我们党就如何在二元经济结构的国度实现农业现代化做了艰难探索。广大中国农民为巩固新生的社会主义制度和实现国家工业化做出了巨大牺牲和不朽贡献。有研究表明，1951~1978 年，农民为工业化提供净积累达 4340 亿元①。

（二）1978~2001 年小农经济为主体的家庭联产承包责任制阶段

1978 年 12 月，党的十一届三中全会拉开了中国改革开放的巨大序幕，农业农村成为中国改革开放的桥头堡。改革开放以来，国家试图解决计划经济体制的高度集权问题，因而逐步确立了改革发展战略。"家庭联产承包制""乡镇企业""村民自治"三大改革和创造在一定程度上缓解甚至解决了一些"三农"问题。计划经济时期农业农村普遍存在的管理过于集中、经营方式过于单一、分配方式过于平均的弊端被"责任最明确、利益最直接、方法最简便"② 的家庭联产承包责任制消解。面对粮食生产下降和农业发展的颓势，"到 20 世纪 80 年代初，中国决定返回到以家庭为主的农业，尽管公社还是继续存在并发挥某些职能，但小规模集体生产单位取代了大规模的公社，成了农业生产的基本管理单位"③。当时农村改革的核心就是给予农民以经济自主权，从而将农民从人民公社中解放出来，极大地调动了农民的生产积极性，使中国解决了困扰多年的吃饭问题，出现了中国农村和农民发展的"黄金十年"④。管理、分配和经营方式的改革使农村生产关系得到积极调整，个人积极性和集体优越性得到充分发挥，农民生活水平也得到逐步提高。1982 年，改革开放以来第一个中央一号文件《全国农村工作会议纪要》发布。此后，随着农村改革的逐步深入，农业结构的不断调整，粮食政策逐渐放宽，其他农副产品价格逐步放开，使农产品供给能力、供给量和多样性水平不断提高。据统计，1978~1984 年粮食产量就由 3.04 亿吨增至 4.07 亿

① 吴敬琏. 当代中国经济改革教程［M］. 上海：远东出版社，2018：105.

② 中共中央文献研究室. 新时期农业和农村工作重要文献选编［M］. 北京：中央文献出版社，1992：139.

③ ［美］德怀特·H. 波金斯，史蒂芬·拉德勒，马尔科姆·吉利斯等. 发展经济学（第五版）［M］. 黄卫平，彭刚，刘春生等译. 北京：中国人民大学出版社，2005：492.

④ 徐勇. 农民与现代化：平等参与和共同分享——国际比较与中国进程［J］. 河北学刊，2013（3）：86-91.

吨，棉花产量增长近 3 倍①。

同时，在城乡需求增长、价格双轨制和户籍制度等经济、制度因素综合作用的背景下，农村富余劳动力获得了在农村就地就近就业的契机。无数乡镇企业蓬勃发展，异军突起，为农村经济乃至整个国民经济的发展起到重要作用。乡镇企业改革极大地增强了农村集体经济的活力，使农村剩余劳动力从土地上转移出来，促进农村经济的快速发展以及农民生活水平的极大提高，为工业发展和实现现代化提供了重要助力。据统计，1979~1988 年，农村居民人均纯收入年均增长突破 11%，远超改革之前的增长速度，而且"城乡居民收入差距在 1978~1989 年出现了缩小的趋势"，② 村民自治也推动了基层民主和法制建设进程，为中国特色民主政治建设奠定了良好的基础，产生了良好的示范效应。可以说，20 世纪 80 年代，农业农村几乎领跑了整个中国经济体制改革，农村改革的成功为经济体制改革全面推进提供了巨大的示范效应，极大地消解了改革事业的阻力。

但是，在国家未全面实现城镇化和现代化之前，农业一直占据国民经济的较大比重，因此，在一定程度上，农业税也关乎一个国家的兴衰。改革开放以来，虽然有些地区实行了农业税减免政策，但个别地区农业税负依然很大，农民负担重。同时，市场经济需要完善的社会保障来抵御市场风险，农村社会保障体系还很薄弱，农民抵御风险的能力也很不足，这就引发了农村社会的一系列问题。

20 世纪 90 年代初邓小平南方谈话以后，伴随党的十四大召开，我国社会主义经济体制改革目标探索阶段完成，社会主义市场经济体制的基本框架逐步确立，国家经济发展进入加速期。在农业经营制度、产业结构和战略结构调整政策的推动下，农业农村获得持续发展。同时，随着改革开放和社会主义市场经济体制建设的持续推动，户籍制度和农民进城的限制出现松动，农民向外发展的空间大大拓宽，声势浩大的"民工潮"开始涌向城市和其他非农产业，农民收入水平获得极大提升，困扰多年的温饱问题基本得以解决。据统计，1988~1996 年，农村居民人均纯收入由 544.9 元升至近 2000 元，年均增长超过 17%。但值得注意的是，城市作为国家经济建设的重心则取得更为快速的发展，城乡之间的差距在波动中逐步拉大，城乡居民收入比由 1989 年的 2.2 提升至 1999 年的 2.8 左右③。此外，青壮年农民、农村精英向城市大规模的自由流动也造成农村空心化、老龄化现象，农业农村可持续发展面临一系列不可回避的问题，农业停滞、农村凋敝、农民贫困的"三农"问题进一步凸显。甚至有人认为，继 20 世纪 50 年代末农业农村的困境和危机之后，20 世纪 90 年代中后期农业农村发展再次陷

---

①③ 国家统计局统计数据（http://data.stats.gov.cn/）．

② 吴敬琏．当代中国经济改革教程［M］．上海：远东出版社，2018：105．

入困境和危机①。

（三）2002～2012年城市反哺农村的城乡统筹发展阶段

21世纪以来，伴随"中国奇迹"式的经济持续高速增长，我国综合国力显著提升，人民生活条件大幅改善，生活水平总体达到小康，农业农村也获得持续发展。但是，在工业化和城市化浪潮面前，农业农村的弱势并没有得到根本性扭转。加入WTO后，中国农业面临国内外市场的激烈竞争。由于历史和现实缘由，城乡差距趋于扩大，农村贫困人口规模依然庞大。据统计，2002年我国城乡居民收入差距比率突破3，且此后逐步升高②；2012年，农村贫困发生率仍超过10%，贫困人口规模超过9800万③。除此之外，农业产业发展滞后，农产品供给不足；农民生活水平提升缓慢；乡村文化凋敝，一些地方农村群众思想观念、道德素养、精神风貌较为落后；农村建设规划滞后，村容环境破败，卫生水平低下；基层干群关系疏远，党组织涣散等问题日益凸显。基于这一现实，党的十六届五中全会不失时机地提出"建设社会主义新农村"的历史任务，要求按照"生产发展、生活宽裕、乡风文明、村容整洁、管理民主"的目标扎实推进，并强调"统筹城乡经济社会发展"④。在党中央的统一部署下，国家持续加大对农业农村大量人力、物力、财力的投入，农村基础设施条件、公共服务、社会保障制度得到完善，农村人居环境整体改善。随着"工业反哺农业，城市支持农村"的体制机制逐步建立，城乡之间的差别和对立得到一定程度的缓解。延续几千年的农业税全面取消，进一步提高了农民收入⑤。一系列的惠农政策在一定程度上解决了农村社会的问题，但由于政策体系尚不健全，导致政策效果未能完全发挥。这些问题都归因于缺乏一个全局性的战略导向。

（四）2013年以来城乡融合发展与乡村振兴阶段

党的十八大以来，以习近平同志为核心的党中央高度重视"三农"问题，坚持把解决好农业、农村、农民问题作为党和政府工作的重中之重，举全党之力实施精准扶贫和精准脱贫攻坚，不断推进农业供给侧结构性改革和农村体制改革，不断推动城乡发展一体化和融合发展。我国农业综合生产能力明显增强，农业结构不断优化，农村新产业、新业态、新模式蓬勃发展。农业生产经营方式发生重大变化，农村土地制度、农村集体产权制度改革取得一定突破，农民收入和生活水平明显改善，城乡居民收入差距比率缩小。党中央提出，在未来国家现代

① 陆学艺."农民真苦，农村真穷"？[J].读书，2001（1）：3-8.

② 国家统计局统计数据（http：//data.stats.gov.cn/）.

③ 国家统计局统计数据（http：//www.stats.gov.cn/tjsj/zxfb/201802/t20180201_1579703.htm）.

④ 中共中央文献编辑委员会.胡锦涛文选（第二卷）[M].北京：人民出版社，2016：412.

⑤ 刘儒，刘江，王舒弘.乡村振兴战略：历史脉络、理论逻辑、推进路径[J].西北农林科技大学学报（社会科学版），2020（2）：1-9.

化进程中真正做到乡村振兴，必须要有改革创新的思想，牢牢把握农业农村优先发展和破除体制机制障碍这两大方面：一是国家在工业化和现代化过程中产生了城乡的巨大差距，造成了城乡的二元结构，而"三农"问题的产生以及农业农村的落后都是我国当前发展不充分不平衡的体现。对于农业农村来说，我国社会主要矛盾的变化为其提出了新的改革与发展要求。经过改革开放以来几十年的建设，乡村的公共资源配置已经显著提高，但现阶段城乡差距依然比较大。因此坚持农业农村优先发展就要推动公共资源向农村倾斜，这是消除城乡差距的必然举措①。二是破除体制机制障碍，走城乡融合发展之路。由于我国长期对农村领域的忽视，乡村发展受制于制度性因素。城乡人才流动制度、基本公共服务制度、农村社会保障制度、农村土地及宅基地制度都不同程度影响着现阶段乡村的发展②。国家现代化需要城市和乡村，缺一不可。农村地区的发展为城市现代化建设提供坚实的基础，而解决好"三农"问题更离不开城市的各方面支持，城乡之间应深度融合、双向互动、互为依存。立足于中国乡村发展的现实，乡村振兴在现阶段依然存在问题。具体地说，偏远乡村的基础设施建设和公共服务水平还有待提高，乡村发展水平不均衡，发展过程中区域性问题突出。相较于城市，乡村发展整体水平还比较低，这需要乡村的内外联动机制和产业融合机制加以改善和发展。同时阻碍乡村振兴的体制机制还应继续改革，破除体制机制障碍，形成一个系统的、全局的和长远的振兴战略。基于上述发展基础，面向中国特色社会主义新时代，党的十九大提出了"乡村振兴战略"，为乡村发展树立了绿色理念，确立了长远目标，指明了改革方向，注入了前进动力。而乡村在"振兴"的过程中必须立足于中国现实情况，分阶段、分区域地实现振兴目标③。

梳理历史脉络我们可以发现四点：①中华人民共和国成立以来，尤其是改革开放40多年来，我们党对"三农"问题和农业现代化问题十分重视，始终强调和不断加强农业的国民经济基础地位。1982～2021年，党中央共发布了23个以"三农"为主题的中央一号文件，对农村改革和发展作出具体筹划和部署，这在任何国家农业现代化和政党发展史上都是绝无仅有的。②从新中国成立初期的全国范围土地改革和农村社会主义改造，到改革开放后逐步打破人民公社体制、统购统销政策，放宽人口迁徙制度，确立以家庭承包经营为基础的双层经营体制并改革农产品流通体制，调整农村产业结构的农村改革，再到21世纪初的农业税取消，开展农村综合改革，我国农业农村的发展经历了不断理顺农业与工业、农

① 叶兴庆. 以改革创新促进乡村振兴［J］. 农村工作通讯，2018（2）：50.
② 朱启臻. 当前乡村振兴的障碍因素及对策分析［J］. 人民论坛·学术前沿，2018（3）：19-25.
③ 慕良泽，赵勇. 乡村振兴的历史基础和现实策略［J］. 广西大学学报（哲学社会科学版），2019（1）：121-126.

村与城市发展关系的历程，经历了不断进行体制改革、机制创新和政策优化的过程。③新中国成立72年来，特别是改革开放以来，工业化、城镇化成为国家发展的强大动力，但当今我国经济发展阶段已经转入中高速增长、经济结构优化升级的"新常态"，乡村人口规模依然庞大，"三农"问题依然严峻。实践证明，仅仅依靠城镇化和乡村自由发展难以有效解决"三农"问题，必须注重党和政府在推进农业农村现代化中的关键性作用①。④当前我国"三农"领域中，农业发展与竞争力水平、"三农"人才队伍建设、乡村生产生活环境与生态保护、乡村治理体系与治理能力等方面亟须加强②。农业农村的发展现状与新时代广大农民日益增长的美好生活需要和社会主义现代化建设的总体要求不相适应。

历史经验和现实要求都明确了新时代农业农村工作的重大使命和责任。党中央审时度势，在过去"三农"工作的一系列方针政策上，特别是社会主义新农村建设的基础上，把握新形势，凝聚新思想，结合新要求，提出了以农业农村现代化为总目标、以坚持农业农村优先发展为总方针、以"产业兴旺、生态宜居、乡风文明、治理有效、生活富裕"为总要求的乡村振兴战略，在国家战略层面对我国新时代"三农"工作进行全面部署③。

第二节　乡村振兴战略的理论逻辑和现实逻辑

一、乡村振兴战略的理论逻辑

新时代乡村振兴战略不仅是中国农业农村发展和现代化建设的历史必然，是解决"三农"问题的现实诉求，而且也依循了马克思主义城乡关系和乡村发展的思想，是马克思主义乡村发展、城乡融合思想中国化的最新成果，是习近平新时代中国特色社会主义经济思想的重要内容④。

马克思、恩格斯认为，农业在社会两大部类生产中肩负提供消费资料和部分原材料的重任，其在国民经济和社会发展中具有"基础性"和"决定性"的地

---

①④　刘儒，刘江，王舒弘.乡村振兴战略：历史脉络、理论逻辑、推进路径［J］.西北农林科技大学学报（社会科学版），2020（2）：1-9.

②　新华社.乡村振兴战略规划（2018—2022年）［EB/OL］.http：//www.gov.cn/xinwen/2018-09/26/content_ 5325534.htm.

③　新华网.习近平：决胜全面建成小康社会夺取新时代中国特色社会主义伟大胜利——在中国共产党第十九次全国代表大会上的报告［EB/OL］.http：//www.xinhuanet.com//2017-10/27/c_1121867529.htm.

位。他们指出："农业劳动是其他一切劳动得以独立存在的自然基础和前提。"①
马克思、恩格斯赞成重农学派的观点，认为："重农学派正确地认为，一切剩余
价值的生产，从而一切资本的发展，按自然基础来说，实际上都是建立在农业劳
动生产率的基础上的。……超过劳动者个人需要的农业劳动生产率，是一切社会
的基础。"②"只有农业劳动生产率发展到这样的程度，即除了满足农业劳动者生
活需要外，还能提供一定的剩余产品，才有可能使一部分人从农业中分离出来从
事其他劳动，从而为社会分工分业提供现实的基础。"③

马克思、恩格斯认为，在工业化、城市化进程中，乡村的发展对于解决城乡
对立的问题具有重要作用。他们指出，随着社会大分工的出现，农村劳动力、资
本不断流向城市，资本增值的本性和资本主义生产方式使得土地在资本家手里不
断集中。农村的发展受到削弱，由此产生城乡之间的对立。城乡对立将人变为
"城市动物"与"乡村动物"④，制约人的全面发展，这"同集体制的社会制度是
相抵触的"⑤。"城乡对立是随着野蛮向文明的过渡……而开始的，它贯穿着全部
文明的历史并一直延续到现在"⑥。《共产党宣言》指出，共产主义运动要求"把
农业和工业结合起来，促使城乡之间的对立逐步消灭"⑦。

马克思、恩格斯认为，推动乡村发展、消灭城乡对立需要从两个方面着手。
一方面，乡村振兴、城乡融合需要依靠生产力的进一步发展。乡村衰败、城乡对
立是生产力发展到一定阶段的产物，同时生产力进一步的发展也将奠定乡村振
兴、城乡融合的物质基础。"消灭城乡之间的对立……取决于许多物质前提"⑧。
这前提既包括城市发展，也包括乡村发展；既包括工业发展，也包括农业发展。
他们指出实现乡村振兴、城乡融合具有必然性，"消灭城乡对立并不是空想……

---

①　中共中央马克思恩格斯列宁斯大林著作编译局．马克思恩格斯全集（第三十三卷）［M］．北京：
人民出版社，2004：27.

②　中共中央马克思恩格斯列宁斯大林著作编译局．资本论（第三卷）［M］．北京：人民出版社，
2004：888.

③　全国干部培训教材编审委员会．马克思列宁主义基本问题［M］．北京：人民出版社，2002：
118.

④　中共中央马克思恩格斯列宁斯大林著作编译局．马克思恩格斯选集（第一卷）［M］．北京：人民
出版社，2012：184.

⑤　中共中央马克思恩格斯列宁斯大林著作编译局．列宁全集（第四卷）［M］．北京：人民出版社，
2013：137.

⑥　中共中央马克思恩格斯列宁斯大林著作编译局．马克思恩格斯选集（第二卷）［M］．北京：人民
出版社，2012：543.

⑦　中共中央马克思恩格斯列宁斯大林著作编译局．马克思恩格斯选集（第一卷）［M］．北京：人民
出版社，2012：273.

⑧　中共中央马克思恩格斯列宁斯大林著作编译局．马克思恩格斯选集（第一卷）［M］．北京：人民
出版社，2012：104.

日益成为工业生产和农业生产的实际要求"①。另一方面,乡村振兴、城乡融合需要依靠生产关系的变革。"城市之间的对立只有在私有制的范围内才能存在"②。只有让社会占有全部生产资料,并有计划地进行利用,才能改变这种人被生产资料奴役的关系③。

与马克思主义城乡关系思想不同,西方发展经济学认为,发展中国家经济发展的关键在于城市和工业经济的扩张。以刘易斯为代表的二元经济理论指出乡村衰败、城乡对立的原因在于国家资本主义(城市)部门过小,维持生计(传统农业)部门过大,致使用于扩大再生产的资本积累不足,因此破解乡村衰败、城乡对立的方式在于城市资本主义部门的扩大。他们指出随着城市资本主义部门的扩大,资本积累投入扩大再生产,农村剩余劳动力将不断向城市转移,当资本主义部门与非资本主义部门的边际产品趋于一致,城乡对立将随之消失④。在发展经济学二元经济理论的指导下,一些发展中国家城市化、工业化取得快速发展,但同时城市与乡村、工业与农业发展的不平衡加剧,致使城市中失业率上升,农产品供给减少、居民消费价格指数飙升,农村购买力受到抑制,经济发展内需不足等问题频发,最终使国家整体经济的发展受阻乃至停滞不前。

我国是社会主义国家,乡村建设是我国社会主义现代化建设的重要组成部分。自新中国成立之日起,我们党始终从全体人民的根本利益出发,谋求包括乡村、城镇在内的全社会的共同发展、共同富裕。早在 1949 年 3 月毛泽东就提出,在国家建设中,必须兼顾城乡,"使城市和乡村、工人和农民、工业和农业密切地联结起来"。他特别指出,"丢掉乡村"的想法是完全错误的⑤。改革开放之后,1984 年邓小平在回顾党的十一届三中全会以来的经验时指出,中国的具体国情要求我们优先解决农村问题。因为占总人口比率80%的农村群众对国家稳定意义重大,农村的发展和稳定是国家城镇化发展的基础⑥。21 世纪初,我们党总结先行工业化国家发展经验,指出了工业与农业、城市与农村发展关系变化的普

① 中共中央马克思恩格斯列宁斯大林著作编译局.马克思恩格斯全集(第十二卷)[M].北京:人民出版社,1998:313.

② 中共中央马克思恩格斯列宁斯大林著作编译局.马克思恩格斯选集(第一卷)[M].北京:人民出版社,2012:104.

③ 中共中央马克思恩格斯列宁斯大林著作编译局.马克思恩格斯选集(第一卷)[M].北京:人民出版社,2012:644.

④ 杨天宇.判断劳动力短缺的两种理论之区别——马克思产业后备军理论与刘易斯二元经济理论的比较[J].贵州社会科学,2018(10):109-113.

⑤ 中共中央文献研究室.建国以前重要文献选编(1921-1949)(第二十六册)[M].北京:中央文献出版社,2011:160.

⑥ 中共中央文献研究室.改革开放三十年重要文献选编(上)[M].北京:中央文献出版社,2008:336.

遍规律，做出"两个趋向"的科学论断，在处理城乡问题时强调统筹城乡发展①。

进入中国特色社会主义新时代，党中央对"三农"工作的认识更上升到了实现国家现代化和民族复兴的高度。习近平指出："西方发达国家已经实现了农业现代化，他们走的是一条让大量失去土地的农民进城，先实现工业化、城市化，后带动农业市场化发展并进而实现农业现代化的发展道路。……如果照搬西方发达国家的模式，不仅会进一步扩大工农差别、城乡差别，使现代化建设成为一个漫长的历史进程，而且还会出现大量农村剩余劳动力涌入城市沦为城市贫民的问题，而这些都是社会主义现代化建设目标和社会主义基本制度所不允许的"②。习近平进一步指出："没有农业现代化，没有农村繁荣富强，没有农民安居乐业，国家现代化是不完整、不全面、不牢固的"③。中华民族的伟大复兴离不开稳固强大的农业基础，离不开农村的繁荣发展，离不开农民生活水平的大幅提高。习近平还指出，必须从促进城乡融合、巩固和完善农村基本经营制度、深化农业供给侧结构性改革、人与自然和谐共生、传承发展提升农耕文明、创新乡村治理体系、打好精准脱贫攻坚战等角度推进我国"三农"工作，走出一条中国特色社会主义乡村振兴道路。这些重要论述给实施乡村振兴战略、做好新时代"三农"工作提供了行动指南。

"三农"内容蕴藏于习近平新时代中国特色社会主义思想中。2012 年 12 月，习近平总书记到河北省阜平县考察扶贫开发工作时，把农村贫困地区的脱贫任务置于全面建成小康社会的首位。2013 年中央农村工作会议上，习近平总书记提出："小康不小康，关键看老乡。"并提出"三个必须"重要论断，把"农业强、农村美、农民富"上升到关系中国特色社会主义事业发展的根本性问题和关系中国共产党巩固执政基础的全局性问题的高度。2014 年 12 月，习近平总书记在江苏省调研时强调农业现代化的重要性，认为只有实现了农业的现代化，国家现代化才能够完整、全面和牢固。2015 年 4 月，习近平总书记在中央政治局第二十二次集体学习时指出推进城乡发展一体化是国家现代化的重要标志，并对我国工农关系、城乡关系进行新的定位，认为我国已到了工业反哺农业、城市支持农村的发展阶段，工农城乡需互促互补、融合发展、共同繁荣。2015 年 7 月，习近平总书记在吉林调研时从历史维度审视"三农"发展规律，指出"任何时候都不能

① 习近平. 福建农村市场化发展探索：上册［M］. 福州：福建教育出版社，2002：247.
② 习近平. 福建农村市场化发展探索：上册［M］. 福州：福建教育出版社，2002：16.
③ 本书编写组. 十八大以来治国理政新成就（上册）［M］. 北京：人民出版社，2017：429.

忽视农业、不能忘记农民、不能淡漠农村"①。表明党中央全面推进农村小康社会建设的坚定决心。2016年4月，习近平总书记在安徽凤阳小岗村召开的农村改革座谈会上强调要长期坚持和不断完善农村改革实践和经验，表明农村的改革、发展和稳定是我们一直以来所追求的长效的政策目标。习近平总书记还指明了现阶段我国农业的主要矛盾，认为我国农业不再是总量不足，而是阶段性的供过于求与供不应求并存的结构性矛盾，提出了乡村振兴战略的总目标、总要求、总方针和制度保障的"三总一保障"。

在党的十九大报告中习近平总书记明确提出，实施乡村振兴战略是一项重大的决策部署。在2017年中央农村工作会议上习近平总书记系统阐释了实施乡村振兴战略的重大意义和深刻内涵，对如何贯彻落实乡村振兴战略提出了明确要求，明确指出要走中国特色社会主义乡村振兴道路；习近平总书记在2018年强调要推动乡村的产业、人才、文化、生态和组织五个方面的振兴，随后又进一步对振兴乡村提出了明确的要求，强调乡村的全面振兴和内生动力的激活，强调广大农民的获得感、幸福感和安全感。2018年9月，习近平总书记强调实施乡村振兴战略首先要按规律办事，要处理好长期目标和短期目标、顶层设计和基层探索、充分发挥市场决定性作用和更好发挥政府作用、增强群众获得感和适应发展阶段四个方面的关系。2019年3月习近平总书记参加河南代表团审议时强调，实施乡村振兴战略的首要任务是确保农产品特别是粮食供给。强调夯实乡村治理的根基，补齐农村基础设施建设的短板②。习近平总书记提出的关于"三农"工作和实施乡村振兴战略的一系列新理念、新思想和新战略，内涵丰富，博大精深，具有划时代的里程碑意义。

回顾历史，从城乡二元发展到统筹城乡发展，再到城乡融合发展；从以城市为中心到社会主义新农村建设，再到乡村振兴战略；从优先发展工业到农业现代化，再到农村农业现代化；我国农业农村发展的道路经历了由效仿发达国家发展方式，到正确走上具有中国特色社会主义乡村振兴道路的伟大转变。党的十九大以习近平为核心的党中央提出坚持农业农村优先发展，通过实施乡村振兴战略，统筹推进农村经济、政治、文化、社会、生态建设，促进农业全面升级、农村全面进步、农民全面发展，开启城乡融合发展和现代化建设新局面。这是我们党对新时代处理工农关系和城乡关系认识的深化，是我们党对社会主义现代化规律性认识的升华和实践的飞跃，是马克思主义发展乡村、城乡融合思想中国化的最新

① 《党的十九大报告辅导读本》编写组.党的十九大报告辅导读本 [M].北京：人民出版社，2017.

② 邓雁玲，雷博，陈树文.实施乡村振兴战略的逻辑理路分析 [J].经济问题，2020（1）：20-26.

成果①。

二、乡村振兴战略的现实逻辑

"三农"问题事关国家现代化的实现。对我国当前所处历史阶段进行判断的重要依据之一是农业、农民和农村,我国发展的不平衡和不充分问题也在乡村表现得最为突出,例如,农产品的供给质量与数量问题、农民市场适应能力与新型职业农民队伍建设问题、农村的基础设施和民生问题、农村基层党建问题、乡村治理体系和治理能力问题等。据此,可以得出我国仍然处于并将长期处于社会主义初级阶段的结论。

我国的社会基本矛盾在"三农"中突出体现为农民对美好生活与日俱增的向往与农村和农业的发展尚不匹配,为了促成城乡共同富裕,实现"两个一百年"的奋斗目标,必须实施乡村振兴战略。长期以来我国农业部门生产率较低,自身难以产生足够的积累,农业投资额大,投资以后产生的效益不易分割,外部效应的牵涉面广。我国正处于城乡二元结构向城乡融合发展的关键阶段,只有实现了这个阶段的飞跃,整个经济才可能长期稳定快速增长。但由于种种原因,实现难度较大。

我国农业、农村发展所存在的深层次结构性矛盾和乡村凋敝的客观事实,构成了推进农业、农村现代化发展的问题导向,也正是乡村振兴战略提出的现实逻辑。中国特色社会主义进入新时代,我国社会主要矛盾发生深刻变化的重大战略机遇期,正是乡村振兴战略提出的关键时间节点和机遇窗口。当前,面对世界经济增长乏力,国内经济发展下行压力持续加大的整体形势,我国农业、农村经济总体运行平稳,农业供给侧结构性改革取得新进展,农业现代化进程得到稳步推进,精准扶贫精准脱贫方略落地生效,这说明我国农业农村发展的基本面是持续总体向好的。另外,我国"三农"问题的突出性,城乡发展的不平衡性,农村、农业产业结构的落后和失衡等问题却是改革开放以来长期存在的涉农发展问题,而这些问题恰恰是我国社会主要矛盾在"三农"领域很长一段历史时期内的具体表现。

第一,提出并实施乡村振兴战略是中国共产党"三农"工作思路尤其是问题导向的进一步延展。从优化产业结构、加强农业基础地位到统筹城乡经济社会发展、加快城镇化进程;从推进社会主义新农村建设到推动城乡发展一体化,再到实施乡村振兴战略;从解决农业的物质技术基础薄弱、农民生产积极性不高、农村发展市场经济不完善问题到推进农业和农村经济结构战略性调整、实现农业

① 刘儒,刘江、王舒弘.乡村振兴战略:历史脉络、理论逻辑、推进路径〔J〕.西北农林科技大学学报(社会科学版),2020(2):1-9.

增长方式转变；从解决农民增收问题、保护和提高粮食生产能力到巩固完善强化强农惠农政策、努力保障主要农产品基本供给；从重点解决农业现代化滞后、城乡二元体制障碍明显、城乡发展和居民收入差距过大到围绕乡村领域的发展不平衡不充分问题实施乡村振兴战略。从党的十四大到党的十九大这段时期中国共产党"三农"工作思路中一脉相承地贯穿着一条主线，即以解决"三农"发展中的突出矛盾和关键性问题为导向。

第二，提出并实施乡村振兴战略是解决城乡发展不平衡和不充分问题的现实之道。我国发展过程中，城乡之间差距明显，公共资源配置不合理，农业发展相对滞后。如何正确处理工农关系和城乡关系，实际上关系到我国农业现代化这一短板的弥补，也影响着我国全面实现现代化的进程，从某种程度上来讲，工农城乡关系是决定我国全面现代化建设成败的关键因素。党的十九大首次提出"城乡融合发展"，2019年5月5日又公开发布了《中共中央 国务院关于建立健全城乡融合发展体制机制和政策体系的意见》，指出"到21世纪中叶，城乡融合发展体制机制成熟定型"。① 这其中的政策取向正是要从根本上扭转城乡差距过大、城市和农村居民生活水平相去甚远的状况，重塑以往的工农关系和城乡关系，改变过去的以工统农、以城统乡，逐步实现城乡之间发展的相辅相成和互惠共荣。因此乡村振兴战略提倡优先发展农业和农村，城乡融合发展，在人、财、物的配置上采取有力举措，建立、健全相关的体制、机制和政策体系，充分整合城市要素和乡村资源，形成助推乡村振兴的系统合力，从而加快补齐农业农村发展短板，不断缩小城乡差距。

第三，提出并实施乡村振兴战略是满足人民日益增长的美好生活需要的迫切要求。我国社会主要矛盾和农业、农村主要矛盾的变化，充分反映了广大农民群众对美好生活的需要和向往在与日俱增，这对农业、农村发展提出了新的更高层次的要求。就农业自身发展而言，市场机制需要进一步成熟和完善，结构性矛盾急需解决，农业可持续发展压力巨大；就广大农民而言，不仅要求提高生产能力、拓宽增收渠道，同时更加期待农村深入推进基础设施建设，改善人居环境和生态环境，打造美丽宜居乡村，进一步完善乡村治理体系和治理能力，享有与城市均等化的基本公共服务体系；相对于城镇需求而言，对农产品的需要从满足量的供应已经向产品提质升级转变，城镇对乡村不仅有提供优质安全农产品的物质需要，更有着对山青水美、宜居养生的生态环境和农耕习俗、乡风乡情的文化向往。

党的十九大报告中，从"产业兴旺、生态宜居、乡风文明、治理有效、生活

---

① 李铜山．论乡村振兴战略的政策底蕴［J］．中州学刊，2017（12）：1-6.

富裕"五个方面对乡村振兴战略提出要求，这五个方面正是有针对性地回应着围绕美好生活在各个方面所显现的新需要和新要求。其中，产业兴旺是根本，只有振兴乡村，交叉融合一二三产业，重拾农业的多功能性，发展农村经济，促进农户增收，才能留住人，农业现代化才有源源不断的内生动力。乡村振兴的主体和核心都是"人"，坚持和贯彻"以人为本"，改善农村人居环境，防治污染，建设一个生态宜居的环境是留住和吸引人才的保证。乡风文明是乡村振兴的灵魂，达到乡风文明，需振兴乡村文化，精神和物质两个文明一起抓，融入社会主义核心价值观，传承优秀文化，重塑乡村文化自信。治理有效是乡村振兴战略的重要内容，生活富裕是乡村振兴要达到的标准。

第四，提出并实施乡村振兴战略也充分借鉴了其他国家现代化进程中解决农村、农业问题的历史经验。从全球范围来看，乡村衰退现象已成为世界各国现代化进程中共同面临的发展困境，成为全球性的治理难题。自从工业革命以来现代城市开始崛起，西方社会的乡村就开始衰落。与中国相似，许多发展中国家如巴西、印度、南非、墨西哥等新兴发展中国家也都先后出现农村衰退甚至农村危机的现象，其中较为具有共性的问题就是大批农村劳动力向城市转移，普遍存在农村空心化、农业边缘化、农民老龄化等现象，城乡发展差距越拉越大，农村的教育、医疗、养老问题突出；不仅在发展中国家，连美国、德国、日本、法国、韩国这些发达国家也都经历过此类现象，现代化进程中乡村衰落现象似乎成为一条铁律。而我国乡村的衰落来势更为迅猛，改革开放以来我国城市全面高速发展，城乡产业分立，城市对乡村的人、财、物展现出巨大的"虹吸效应"，城乡资源呈"抽血式"逆向配置状态。

从世界发达国家来看，无论是农业具有比较优势的国家，还是农业缺乏竞争优势的国家，无论是农产品出口大国，还是农产品进口大国，现代化发展带来的结果都是农村人口稀少，并且出现老龄化，特别是劳动力人口高龄化，例如，美国和日本的农业经营者往往都在 70 岁左右，但这些国家均通过一定的综合性乡村发展振兴计划，让农村重现生机活力，如 20 世纪 60 年代德国乡村竞赛发展计划，2000~2006 年法国农村发展计划，从 20 世纪 70 年代开始，日本的"造村运动"和韩国的"新村运动"，均缩小了城乡差距。相反拉美、南亚的一些国家没有能力或意愿解决农村衰退问题，使得城乡发展差距极端化，导致社会问题加剧、矛盾重重。

在乡村振兴的国际实践中，来自发达国家抑或发展中国家在工业化和现代化进程中对乡村发展所积累的理论认识和经验教训，值得中国在科学认知乡村发展价值、实施乡村振兴战略中不断吸收借鉴①。

第三节　乡村振兴战略的总体布局与推进路径

一、乡村振兴战略的总体布局

（一）乡村振兴战略的总体要求

1. 指导思想

深入贯彻习近平新时代中国特色社会主义思想，深入贯彻党的十九大和党的十九届二中、三中全会精神，加强党对"三农"工作的全面领导，坚持稳中求进工作总基调，牢固树立新发展理念，落实高质量发展要求，紧紧围绕统筹推进"五位一体"总体布局和协调推进"四个全面"战略布局，坚持把解决好"三农"问题作为全党工作重中之重，坚持农业农村优先发展，按照产业兴旺、生态宜居、乡风文明、治理有效、生活富裕的总要求，建立健全城乡融合发展体制机制和政策体系，统筹推进农村经济建设、政治建设、文化建设、社会建设、生态文明建设和党的建设，加快推进乡村治理体系和治理能力现代化，加快推进农业农村现代化，走中国特色社会主义乡村振兴道路，让农业成为有奔头的产业，让农民成为有吸引力的职业，让农村成为安居乐业的美丽家园。

2. 基本原则

（1）坚持党管农村工作。毫不动摇地坚持和加强党对农村工作的领导，健全党管农村工作方面的领导体制机制和党内法规，确保党在农村工作中始终总揽全局、协调各方，为乡村振兴提供坚强有力的政治保障。

（2）坚持农业农村优先发展。把实现乡村振兴作为全党的共同意志、共同行动，做到认识统一、步调一致，在干部配备上优先考虑，在要素配置上优先满足，在资金投入上优先保障，在公共服务上优先安排，加快补齐农业农村短板。

（3）坚持农民主体地位。充分尊重农民意愿，切实发挥农民在乡村振兴中的主体作用，调动亿万农民的积极性、主动性、创造性，把维护农民群众根本利益、促进农民共同富裕作为出发点和落脚点，促进农民持续增收，不断提升农民的获得感、幸福感、安全感。

（4）坚持乡村全面振兴。准确把握乡村振兴的科学内涵，挖掘乡村多种功

① 邓雁玲，雷博，陈树文. 实施乡村振兴战略的逻辑理路分析［J］. 经济问题，2020（1）：20-26.

能和价值，统筹谋划农村经济建设、政治建设、文化建设、社会建设、生态文明建设和党的建设，注重协同性、关联性，整体部署，协调推进。

（5）坚持城乡融合发展。坚决破除体制机制弊端，使市场在资源配置中起决定性作用，更好地发挥政府作用，推动城乡要素自由流动、平等交换，推动新型工业化、信息化、城镇化、农业现代化同步发展，加快形成工农互促、城乡互补、全面融合、共同繁荣的新型工农城乡关系。

（6）坚持人与自然和谐共生。牢固树立和践行"绿水青山就是金山银山"的理念，落实节约优先、保护优先、自然恢复为主的方针，统筹山水林田湖草系统治理，严守生态保护红线，以绿色发展引领乡村振兴。

（7）坚持改革创新、激发活力。不断深化农村改革，扩大农业对外开放，激活主体、激活要素、激活市场，调动各方力量投身乡村振兴。以科技创新引领和支撑乡村振兴，以人才汇聚推动和保障乡村振兴，增强农业农村自我发展动力。

（8）坚持因地制宜、循序渐进。科学把握乡村的差异性和发展走势分化特征，做好顶层设计，注重规划先行、因势利导，分类施策、突出重点，体现特色、丰富多彩。既尽力而为，又量力而行，不搞层层加码、不搞"一刀切"、不搞形式主义和形象工程，久久为功，扎实推进[①]。

3. 发展目标

到2022年，乡村振兴的制度框架和政策体系初步健全。国家粮食安全保障水平进一步提高，现代农业体系初步构建，农业绿色发展全面推进；农村一二三产业融合发展格局初步形成，乡村产业加快发展，农民收入水平进一步提高，脱贫攻坚成果得到进一步巩固；农村基础设施条件持续改善，城乡统一的社会保障制度体系基本建立；农村人居环境显著改善，生态宜居的美丽乡村建设扎实推进；城乡融合发展体制机制初步建立，农村基本公共服务水平进一步提升；乡村优秀传统文化得以传承和发展，农民精神文化生活需求基本得到满足；以党组织为核心的农村基层组织建设明显加强，乡村治理能力进一步提升，现代乡村治理体系初步构建。探索形成一批各具特色的乡村振兴模式和经验，乡村振兴取得阶段性成果。

到2035年，乡村振兴取得决定性进展，农业农村现代化基本实现。农业结构得到根本性改善，农民就业质量显著提高，相对贫困进一步缓解，共同富裕迈出坚实步伐；城乡基本公共服务均等化基本实现，城乡融合发展体制机制更加完善；乡风文明达到新高度，乡村治理体系更加完善；农村生态环境根本好转，生

---

① 新华社. 乡村振兴战略规划（2018—2022年）［EB/OL］. http://www.gov.cn/xinwen/2018-09/26/content_ 5325534. htm.

态宜居的美丽乡村基本实现。

到 2050 年，乡村全面振兴，农业强、农村美、农民富全面实现。

（二）乡村振兴战略的实践布局

（1）在农业方面，既要加快推进农业农村现代化，又要努力将小农户生产与现代农业有机衔接起来。农业发展尤其要确保国家的粮食安全，要把中国人的饭碗牢牢端在自己手中。为此，需要在产业体系、生产体系、经营体系等方面加强社会化服务和政策支持。

（2）在农村方面，要实现生态宜居、乡风文明、治理有效，尤其强调加强农村基层的基础性工作，强调自治、法治和德治相结合的治理体系。此外，还要深化农村集体产权制度改革，壮大集体经济。

（3）在农民方面，要实现农民生活的富裕，尤其强调促进农村一二三产业的融合发展，支持和鼓励农民就业创业，拓宽增收渠道，并保障农民财产权益。

（4）在农地方面，要深化农村土地制度改革，完善承包地"三权"分置制度，保持土地承包关系稳定并长久不变，尤其是第二轮土地承包到期后再延长30 年，将保证小农农地权利作为农村土地制度改革的主线。

（5）在人员培养方面，要培养造就一支懂农业、爱农村、爱农民的"三农"工作队伍，从而为乡村振兴注入新鲜活力。

综合来说，乡村振兴战略的实践布局是综合农业、农村、农民、农地和人员培养的系统工程，也是乡村振兴内源动力和外源动力的双重结合。从乡村振兴战略所立基的理论变革、随时代转换的内容升级再到现实层面的具体布局，乡村振兴战略因此具备了综合性和先进性。民国时期的乡村建设运动、新中国成立后的社会主义新农村建设的目标价值都在乡村振兴战略中得以反思性地继承，乡村振兴战略实现的正是乡村的"新时代"①。

（三）乡村振兴战略的总体格局

1. 统筹城乡发展空间

（1）强化空间用途管制。强化国土空间规划对各专项规划的指导约束作用，统筹自然资源开发利用、保护和修复，按照不同主体功能定位和陆海统筹原则，开展资源环境承载能力和国土空间开发适宜性评价，科学划定生态、农业、城镇等空间和生态保护红线、永久基本农田、城镇开发边界及海洋生物资源保护线、围填海控制线等主要控制线，推动主体功能区战略格局在市县层面精准落地，健全不同主体功能区差异化协同发展长效机制，实现山水林田湖草整体保护、系统修复、综合治理。

---

① 叶敬忠. 乡村振兴战略：历史沿循、总体布局与路径省思［J］. 华南师范大学学报（社会科学版），2018（2）：64—69+191.

（2）完善城乡布局结构。以城市群为主体构建大中小城市和小城镇协调发展的城镇格局，增强城镇地区对乡村的带动能力。加快发展中小城市，完善县城综合服务功能，推动农业转移人口就地就近城镇化。因地制宜发展特色鲜明、产城融合、充满魅力的特色小镇和小城镇，加强以乡镇政府驻地为中心的农民生活圈建设，以镇带村、以村促镇，推动镇村联动发展。建设生态宜居的美丽乡村，发挥多重功能，提供优质产品，传承乡村文化，留住乡愁记忆，满足人民日益增长的美好生活需要。

（3）推进城乡统一规划。通盘考虑城镇和乡村发展，统筹谋划产业发展、基础设施、公共服务、资源能源、生态环境保护等主要布局，形成田园乡村与现代城镇各具特色、交相辉映的城乡发展形态。强化县域空间规划和各类专项规划引导约束作用，科学安排县域乡村布局、资源利用、设施配置和村庄整治，推动村庄规划管理全覆盖。综合考虑村庄演变规律、集聚特点和现状分布，结合农民生产生活半径，合理确定县域村庄布局和规模，避免随意撤并村庄搞大社区、违背农民意愿大拆大建。加强乡村风貌整体管控，注重农房单体个性设计，建设立足乡土社会、富有地域特色、承载田园乡愁、体现现代文明的升级版乡村，避免千村一面，防止乡村景观城市化。

2. 优化乡村发展布局

（1）统筹利用生产空间。乡村生产空间是以提供农产品为主体功能的国土空间，兼具生态功能。围绕保障国家粮食安全和重要农产品供给，充分发挥各地比较优势，重点建设以"七区二十三带"为主体的农产品主产区。落实农业功能区制度，科学合理划定粮食生产功能区、重要农产品生产保护区和特色农产品优势区，合理划定养殖业适养、限养、禁养区域，严格保护农业生产空间。适应农村现代产业发展需要，科学划分乡村经济发展片区，统筹推进农业产业园、科技园、创业园等各类园区建设。

（2）合理布局生活空间。乡村生活空间是以农村居民点为主体、为农民提供生产生活服务的国土空间。坚持节约集约用地，遵循乡村传统肌理和格局，划定空间管控边界，明确用地规模和管控要求，确定基础设施用地位置、规模和建设标准，合理配置公共服务设施，引导生活空间尺度适宜、布局协调、功能齐全。充分维护原生态村居风貌，保留乡村景观特色，保护自然和人文环境，注重融入时代感、现代性，强化空间利用的人性化、多样化，着力构建便捷的生活圈、完善的服务圈、繁荣的商业圈，让乡村居民过上更舒适的生活。

（3）严格保护生态空间。乡村生态空间是具有自然属性、以提供生态产品或生态服务为主体功能的国土空间。加快构建以"两屏三带"为骨架的国家生态安全屏障，全面加强国家重点生态功能区保护，建立以国家公园为主体的自然保护地体系。树立山水林田湖草是一个生命共同体的理念，加强对自然生态空间的整体保护，修复和改善乡村生态环境，提升生态功能和服务价值。全面实施产业准入负面清单制度，推动各地因地制宜制定禁止和限制发展产业目录，明确产业发展方向和开发强度，强化准入管理和底线约束。

3. 分类推进乡村发展

（1）集聚提升类村庄。现有规模较大的中心村和其他仍将存续的一般村庄，占乡村类型的大多数，是乡村振兴的重点。科学确定村庄发展方向，在原有规模基础上有序推进改造提升，激活产业、优化环境、提振人气、增添活力，保护保留乡村风貌，建设宜居宜业的美丽村庄。鼓励发挥自身比较优势，强化主导产业支撑，支持农业、工贸、休闲服务等专业化村庄发展。加强海岛村庄、国有农场及林场规划建设，改善生产生活条件。

（2）城郊融合类村庄。城市近郊区以及县城城关镇所在地的村庄，具备成为城市后花园的优势，也具有向城市转型的条件。综合考虑工业化、城镇化和村庄自身发展需要，加快城乡产业融合发展、基础设施互联互通、公共服务共建共享，在形态上保留乡村风貌，在治理上体现城市水平，逐步强化服务城市发展、承接城市功能外溢、满足城市消费需求能力，为城乡融合发展提供实践经验。

（3）特色保护类村庄。历史文化名村、传统村落、少数民族特色村寨、特色景观旅游名村等自然历史文化特色资源丰富的村庄，是彰显和传承中华优秀传统文化的重要载体。统筹保护、利用与发展的关系，努力保持村庄的完整性、真实性和延续性。切实保护村庄的传统选址、格局、风貌以及自然和田园景观等整体空间形态与环境，全面保护文物古迹、历史建筑、传统民居等传统建筑。尊重原住居民生活形态和传统习惯，加快改善村庄基础设施和公共环境，合理利用村庄特色资源，发展乡村旅游和特色产业，形成特色资源保护与村庄发展的良性互促机制。

（4）搬迁撤并类村庄。对位于生存条件恶劣、生态环境脆弱、自然灾害频发等地区的村庄，因重大项目建设需要搬迁的村庄以及人口流失特别严重的村庄，可通过易地扶贫搬迁、生态宜居搬迁、农村集聚发展搬迁等方式，实施村庄搬迁撤并，统筹解决村民生计、生态保护等问题。拟搬迁撤并的村庄，严格限制新建、扩建活动，统筹考虑拟迁入或新建村庄的基础设施和公共服务设施建设。坚持村庄搬迁撤并与新型城镇化、农业现代化相结合，依托适宜区域进行安置，避免新建孤立的村落式移民社区。搬迁撤并后的村庄原址，因地制宜复垦或还绿，增加乡村生产生态空间。农村居民点迁建和村庄撤并，必须尊重农民意愿并经村民会议同意，不得强制农民搬迁和集中上楼。

4. 实现巩固拓展脱贫攻坚成果同乡村振兴有效衔接

（1）设立衔接过渡期。脱贫攻坚目标任务完成后，对摆脱贫困的县，从脱贫之日起设立 5 年过渡期，做到扶上马送一程。过渡期内保持现有主要帮扶政策总体稳定，并逐项分类优化调整，合理把握节奏、力度和时限，逐步实现由集中资源支持脱贫攻坚向全面推进乡村振兴平稳过渡，推动"三农"工作重心历史性转移。抓紧出台各项政策完善优化的具体实施办法，确保工作不留空档、政策不留空白。

（2）持续巩固拓展脱贫攻坚成果。健全防止返贫动态监测和帮扶机制，对易返贫致贫人口及时发现、及时帮扶，守住防止规模性返贫底线。以大中型集中安置区为重点，扎实做好易地搬迁后续帮扶工作，持续加大就业和产业扶持力度，继续完善安置区配套基础设施、产业园区配套设施、公共服务设施，切实提升社区治理能力。加强扶贫项目资产管理和监督。

（3）接续推进脱贫地区乡村振兴。实施脱贫地区特色种养业提升行动，广泛开展农产品产销对接活动，深化拓展消费帮扶。持续做好有组织劳务输出工作。统筹用好公益性岗位，对符合条件的就业困难人员进行就业援助。在农业农村基础设施建设领域推广以工代赈方式，吸纳更多脱贫人口和低收入人口就地就近就业。在脱贫地区重点建设一批区域性和跨区域重大基础设施工程。加大对脱贫县乡村振兴支持力度。在西部地区脱贫县中确定一批国家乡村振兴重点帮扶县集中支持。支持各地自主选择部分脱贫县作为乡村振兴重点帮扶县。坚持和完善东西部协作和对口支援、社会力量参与帮扶等机制。

（4）加强农村低收入人口常态化帮扶。开展农村低收入人口动态监测，实行分层分类帮扶。对有劳动能力的农村低收入人口，坚持开发式帮扶，帮助其提高内生发展能力，发展产业、参与就业，依靠双手勤劳致富。对脱贫人口中丧失劳动能力且无法通过产业就业获得稳定收入的人口，以现有社会保障体系为基础，按规定纳入农村低保或特困人员救助供养范围，并按困难类型及时给予专项救助、临时救助[1]。

二、乡村振兴战略的推进路径

党的十九大站在国家战略高度吹响新时代乡村振兴的冲锋号。2018 年中央一号文件《关于实施乡村振兴战略的意见》《乡村振兴战略规划（2018—2022年）》、2021 年中央一号文件《中共中央 国务院关于全面推进乡村振兴加快农业农村现代化的意见》相继发布，对乡村振兴的总体要求、指导原则、目标任务和实施步骤等做出明确规定。

---

[1]　新华社. 乡村振兴战略规划（2018—2022 年）［EB/OL］. http：//www. gov. cn/xinwen/2018-09/26/content_ 5325534. htm.

（一）始终坚持党对农村工作的领导，筑牢乡村振兴的政治保障

党的领导是中国特色社会主义的本质特征和根本保证。新中国成立72年来乡村经历的深刻变革和长足发展离不开党的领导。实践证明，始终坚持和充分发挥党对农村工作的领导是促进农业农村优先发展、实现乡村振兴的内在规定和重要保障。因此，面对新时代"三农"问题应继续"坚持党对农村工作的全面领导"①。一是要坚定不移地在乡村振兴进程中贯彻党的领导。各级党组织不断增强政治领导能力，充分发挥政治优势，把党的领导贯彻到乡村振兴政策制定、工作部署、具体落实中，提升对乡村振兴事业的凝聚力、向心力。二是要继承和创新党管农村的优良传统。应以"四个意识"为指导，深刻认识实施乡村振兴战略的重大意义，将党的乡村振兴主张统一到各级党组织和全体党员的思想意识与工作行动中。在干部配备、要素配置、资金投入、公共服务等方面向农业农村倾斜，为乡村振兴提供物质和制度支撑。三是要强化五级书记抓乡村振兴的工作机制。要深入贯彻落实《中国共产党农村工作条例》，健全中央统筹、省负总责、市县乡抓落实的农村工作领导体制，将脱贫攻坚工作中形成的组织推动、要素保障、政策支持、协作帮扶、考核督导等工作机制，根据实际需要运用到推进乡村振兴，建立健全上下贯通、精准施策、一抓到底的乡村振兴工作体系。四是要发挥农村基层党组织领导作用。要明确农村基层党组织领导核心地位，充分发挥其在乡村振兴中的带头作用，持续抓党建促乡村振兴，改进和强化农村基层党组织的工作，提升基层党组织服务农村和治理基层的能力。

（二）全面深化农村改革，促进农业农村现代化

一是要深化农村土地制度改革，巩固和完善农村基本经营制度，提升农民的财产性收入，为农业现代化创造条件。早在1990年3月，邓小平就指出："中国社会主义农业的改革和发展，从长远的观点来看，要有两个飞跃。第一个飞跃是废除人民公社，实行家庭联产承包为主的责任制。这是一个很大的前进，要长期坚持不变。第二个飞跃是适应科学种田和生产社会化的需要，发展适度规模经营，发展集体经济。这是有一个很大的前进，当然这是很长的过程"②。习近平总书记也曾强调："我国农村改革是从调整农民和土地关系开启的。新形势下深化农村改革，主线仍然是处理好农民和土地的关系"③。因此，要在长期坚持土地集体所有制的基础上，稳定农户承包权，放活土地经营权。党的十九大明确指

① 中共中央印发《中国共产党农村工作条例》［EB/OL］. http://news.gmw.cn/2019-09/02/content_33126165.htm.

② 中共中央文献研究室. 邓小平思想年编（1975—1997）［M］. 北京：中央文献出版社，2011：689.

③ 中共中央党史和文献研究院. 论坚持全面深化改革［M］. 北京：中央文献出版社，2018：258.

出："深化农村土地制度改革，完善承包地三权分置制度"①。加强宅基地管理，稳慎推进农村宅基地制度改革试点，探索宅基地所有权、资格权、使用权分置有效实现形式，促进土地要素和资本要素有机结合，吸引城市资本下乡从事农业生产。二是要深入推进农业供给侧结构性改革，提高农业综合效益和竞争力。实现农产品质量化、品牌化的转型发展，不断提升农产品在市场中的竞争力，创造农民新的收入增长点。三是要大力发展农村集体经济。有效整合农村地区人、财、物资源，根据各地不同资源禀赋、产业优势，积极探索多元集体经济发展模式，多渠道、多途径发展壮大农村集体经济，为推动乡村产业振兴、人才振兴、文化振兴、生态振兴、组织振兴夯实根基。

（三）坚持以人民为中心的发展思想，实现城乡融合发展

党的十六大提出统筹城乡经济社会发展战略，并在此基础上实施"以工补农、以城带乡"政策；党的十七大提出"建立以工促农、以城带乡长效机制，形成城乡经济社会发展一体化新格局"；党的十八大提出"推动城乡发展一体化"，明确"解决好农业农村农民问题是全党工作重中之重，城乡发展一体化是解决'三农'问题的根本途径"；党的十九大提出"建立健全城乡融合发展体制机制和政策体系，加快推进农业农村现代化"。应该说，随着一系列政策的推进，城乡差距不断缩小。仅从城乡居民收入角度来看，在党的十六大（2002年）、党的十七大（2007年）、党的十八大（2012年）、党的十九大（2017年）四个时间节点上，城乡居民收入之比分别为3.03∶1、3.14∶1、2.88∶1以及2.71∶1。从连续的时间点上来看，2007年达到最高点后即呈下降趋势，2019年达到2.64∶1，但依然较高。此外，城乡之间在社会保障、基础设施建设等方面的差距也较大②。因此，必须进一步促进城乡融合体制机制创新，最终实现城乡融合发展。一是要推动新型工业化、信息化、城镇化、农业现代化"四化"同步发展。注重发挥工业化、信息化、城镇化进程对农业生产率、农业产业结构、农业信息化水平、农业资本积累、人力资源水平等方面的积极作用，引导工农之间、城乡之间相互促进、协同发展，打造互补能力更强、发展机制更全、融合程度更高的工农、城乡新格局，实现农业现代化水平的提升、乡村产业链条的延展和农民生活水平的改善。二是要推动公共服务向农村延伸，提升乡村基本公共服务水平。科学编制多规合一的村庄规划，以农村居民生产生活所需的交通、饮水、物流、电

① 新华网．习近平：决胜全面建成小康社会夺取新时代中国特色社会主义伟大胜利——在中国共产党第十九次全国代表大会上的报告［EB/OL］．http：//www.xinhuanet.com//2017－10－27/c_1121867529.htm.

② 孔祥智．乡村振兴："十三五"进展及"十四五"重点任务［J］．人民论坛，2020（31）：39-41.

信、医疗等为重点，鼓励社会各类资本以不同方式大力参与农村基础设施的投资与建设，着力补齐制约农村居民生产生活的"短板"。通过增加乡村教育资源、提升医疗服务水平、改善公共文化现状、健全乡村社会救助体系，让社会改革发展的"红利"惠及千万农民朋友，让广大农村群众对美好幸福生活更有祈盼、更有信心。

（四）健全"三治结合"的乡村治理体系，推动乡村治理体系和治理能力现代化

随着当前我国农村社会结构、城乡利益格局、农民思想观念的深刻变动和调整，乡村社会一方面积聚起了巨大的发展活力，另一方面也浮现出一系列治理障碍。党的十九大提出健全自治、法治、德治相结合的乡村治理体系，这既是实现乡村善治的有效之途，又是保证乡村振兴战略顺利推进的重要依托所在。建构"三治结合"的乡村治理体系，一是要深化村民自治实践，充分发挥群众参与治理的主体作用。通过对村民会议、村民代表大会等议事载体的优化整合，打造形成农村场域民事民议、民事民办、民事民管的长效协商议事格局，切实增强村民参与解决村庄公共事务的"主人翁"意识，消解乡村社会转型发展过程中大量治理主体外流带来的自治"撂荒"窘境。二是要推进乡村法治建设，肃清各类涉农安全隐患。要在提升干部群众法治素养的同时，加快对村民选举、征地补偿、打击农村黑恶势力等重点领域涉农法律法规的修改和完善，强化法律在支持"三农"发展、化解农村社会矛盾等方面的权威地位。三是要提升乡村德治水平，孕育良好的乡村社会风尚。要以社会主义核心价值观为引领，开展移风易俗行动，统筹使用正向激励与负面惩戒两种手段，在强烈对比中破立并举，实现乡村德治从传统的道德说教向可见可感的道德实践飞跃，促使广大乡村地区焕发出文明新气象。

（五）加大农村人力资本投入，加快新型职业农民队伍建设

习近平指出："农村经济社会发展，说到底，关键在人。要通过富裕农民、提高农民、扶持农民，让农业经营有效益，让农业成为有奔头的产业，让农民成为体面的职业。"① 培育新型职业农民队伍关乎农村土地谁来耕种、农业农村现代化谁来承载的大问题，是推进乡村振兴战略的必然要求与重要抓手。加大人力资本投入，加快建设新型职业农民队伍，一是要提升农民职业素养，培育"爱农业"的新型职业农民队伍。通过持续的思想教育引导，增强农民的农业发展主体观念，实现对农民身份的认同感、农业工作的亲近感和农村环境的归属感。二是要提高农民职业技能，建设"懂技术"的新型职业农民队伍。农民懂技术不仅

---

① 中共中央文献研究室．十八大以来重要文献选编（上册）［M］．北京：中央文献出版社，2014：660.

是实现农业农村现代化的必然要求，更是推进农民职业化发展的形势所需。要在加大农村教育经费投入力度的基础上，紧密联系农业农村发展实际，建立政府、农业学校、社会培训机构以及农场企业"四位一体"的职业培训体系，打通培育高素质、技能化劳动力的重要通道。三是要增强农民经营能力，发展"善经营"的新型职业农民队伍。农业规模化生产的大趋势强化了对农民经营能力的诉求。因此，应鼓励广大农业经营主体将其现有的经营管理知识与市场经营理论有机结合，增强其抵御风险、适应竞争、乐于经营的意识和能力①。

复习思考题

1. 简述乡村振兴战略的历史脉络。
2. 简述乡村振兴战略的理论逻辑。
3. 简述乡村振兴战略的现实逻辑。
4. 简述乡村振兴战略的总体布局。
5. 简述乡村振兴战略的实施路径有哪些。

案例分析

党建引领强产业　振兴乡村开新局
2021-04-25

南宁市西乡塘区着力加强基层党建，聚焦产业发展，延伸党建工作"触手"，将支部建在产业链上，把党员聚在产业发展上，突出党支部"领头羊"作用，抓班子、抓培养、抓发展，打造一支敢于担当、善于成事的党员干部队伍，为乡村振兴提供坚强组织保障、人才保障，绘就了一幅产业兴、农村美、农民富的美丽画卷。

一、支部建设在产业上，致富有保障

城区把党支部建在产业上、建在合作社、建在基地里，建立了双定产业联盟党支部、大兴养殖合作社党支部等基层党组织。为了锻造善战"红色尖兵"，增强基层党组织"战斗力"，城区积极打造"乡土人才—党员—村干部"人才培养链，在脱贫攻坚、创业带富一线培养42名优秀青年进入村"两委"班子，涌现出"全国农村致富带头人"梁春等青年党员创业带富的先进典型。

城区着力打造强村"红色引擎"，发展壮大村级集体经济，焕发乡村振兴

---

① 刘儒，刘江、王舒弘．乡村振兴战略：历史脉络、理论逻辑、推进路径［J］．西北农林科技大学学报（社会科学版），2020（2）：1-9.

"内生力"。狠抓重大项目，坚持以项目带动集体经济发展，着力抓好百亿元产值生猪全产业链项目建设。盘活物业经济，充分利用闲置土地、废弃房屋等资源，打造出富庶冷库、兴平村商业综合楼等物业经济项目建设，实现集体资产增值。通过支部引领，做强做优做大特色农业，积极打造一批可看可学、示范带动的村级集体经济先进典型，打造特色品牌，提高产业附加值，推动城区村级集体经济高质量发展。双定镇武陵村的顶哈鸽产业示范区，以"党组织＋村集体经济＋合作社＋农户"模式，实行"统一品种、统一喂料、统一防疫、统一销售"的养殖，提高了生产规模化和农民组织化进程。

二、党员凝聚在产业上，织密致富网

在发展产业过程中，城区将懂经营、善管理、致富带富能力强的培养为村级后备干部，在村级两委换届选举中，拓宽选人视野，从后备干部中"用"一批，从致富能手和退役军人中"选"一批，从外出务工经商人员、高校毕业生中"引"一批，着力优化提升配强"两委"班子；同时建立候选人县级联审机制，严把人选入口关。对新一届村（社区）"两委"班子初步意向人选进行任职资格联审，选举产生 962 名村（居）民委员会成员，其中，党员 674 名，占比70.1%。筑牢乡村振兴"红色堡垒"，凝聚乡村振兴红色力量，织密乡村振兴组织网络。各村党支部、党员干部在精准施策上出实招、在精准落地上见实效，形成了"一村一品、一镇一业"产业格局，让村级集体经济持续壮大。

三、"头羊"历练在产业上，打开新局面

群众富不富，关键看支部；村子强不强，关键看"头羊"。选好一人，带活一村；连成一线，带富一片。城区以抓好基层党建促进乡村振兴，在产业发展中发现人才，通过选、带、育、管，形成一大批"头羊"成阵示范，大力推进农村基层建设，大力发展农业产业，全面实施乡村振兴，为巩固拓展脱贫攻坚成果提供坚强保证。

为培育好"领头羊"，城区坚持严管厚爱、刚柔并济，在政治上关心、精神上激励、心理上关怀，组织起由包村领导、驻村工作队员、村党组织书记担任的镇村两级"培育导师"，以"到位不越位、参与不干预、帮办不包办"为原则，在政策理论、乡村治理、队伍建设等方面对后备干部进行全面培养，在带领群众发展产业脱贫致富中锤炼能力。

资料来源：黄以轮. 党建引领强产业振兴乡村开新局［EB/OL］. http：//gx. people. com. cn/n2/2021/0425/c390645-34694677. html.

第十一章 地方公共治理的中外比较

毛泽东曾说过："外国资产阶级的一切腐败制度和思想作风，我们要坚决抵制和批判。但是，这并不妨碍我们去学习资本主义国家的先进的科学技术和企业管理方法中符合科学的方面。工业发达国家的企业，用人少，效率高，会做生意，这些都应当有原则地好好学过来，以利改进我们的工作。"[①] 西方国家在新公共管理理论和治理理论的指导下在地方公共治理方面取得了有益经验和教训，科学分析国外地方公共治理实践，认真总结其成功经验，对提升我国地方公共治理能力具有一定的借鉴意义。

第一节 我国地方公共治理模式

经典公共行政理论将行政部门视为执行政治决策、实施公共政策的唯一主体，社会组织和个人作为相对方只能被动地接受公共行政的结果。然而，随着实践的发展，公共行政的主体已超越了公共机构，而扩展至企业、社会组织、社区和志愿者，它们在公共服务提供及项目运作中扮演的角色日益凸显。[②] 在地方公共治理层面，公共部门与私人部门之间更是形成了多样化的合作机制。在实践中，这些合作机制包括政府项目外包、政府购买服务、特许经营、政府提供补贴、提供优惠政策等多种形式。在不同的合作机制下，公私部门进行跨界协商的平等性存在差异，公共部门对私人部门的监管和约束也不相同。这里从政府与社会关系的视角，根据政府与社会的合作程度、跨界事务协商的平等性两个维度，

[①] 周作翰，吴儒忠. 中美地方治理比较研究 [J]. 湖南科技大学学报（社会科学版），2008（6）：80-84.

[②] G. Stoker. Public Value Management: A New Narrative for Networked Governance? [J]. American Review of Public Administration, 2006, 36（1）: 41-57.

我们可以区分出四种类型的地方公共治理模式：全能治理、自主治理、整合治理和协同治理。①

一、我国地方全能治理模式

全能治理由公共部门垄断提供社会服务，公共部门将触角伸入社会生活的每个角落，所有私人部门都依附于公共部门而存在，它们实际上成为公共部门的延伸体系。这意味着私人及公共生活都被强制纳入政治过程之中。在全能治理模式下，政府与社会之间的界限被取消，一切都被纳入政治体系之中，政治权力免予控制和监督，成为不受约束、任意使用的权力，所有组织都存在于政治权力的支配之下，私人空间被挤压到最小状态。于是，公共治理的所有决策和政策都由政治系统掌控，任何社会组织都不得分享决策权力，社会失去了自治能力和发展活力，大量的社会服务需求得不到满足。

从中华人民共和国成立到1978年党的十一届三中全会，国家全能是该阶段比较明显的特征。②

（一）全能治理的主要特征

我国改革开放以前的全能国家治理主要表现为以下两个特征：一是党政一体，一元治理。新中国成立以后，尤其是"三大改造"完成以后，形成了以党组织为核心，行政机构依附于党的组织的党政一体化结构，并在党的领导下建立各级群众性基层组织。党组织和国家政权机构为核心，群众性组织为辅的组织形式，实现了党对国家和社会的统一领导。初步形成全能主义国家治理。二是经济运行、社会生活的治理路径。中华人民共和国成立以后，建立了以公有为基础，集中指令性的计划经济体制。在资源配置上，以指令性计划为主，由中央用行政手段配置资源。在所有制结构上，以单一的公有制为基础。在参与主体上，企业归国家集中统一管理，是国家的附属机构。国家通过单位制、人民公社制和户籍制等获得全部资源的支配权，形成"国家—单位—个人"社会管理格局。

（二）全能治理的作用及其局限

全能国家治理对中华民族崛起和社会主义中国有着不可磨灭的历史贡献。

以毛泽东同志为核心的第一代领导集体在"一穷二白"的基础上，展开了大规模、全面的社会主义建设，人民生活水平得到较大提高，国家实力显著增强，社会主义中国开始脱离落后的农业社会，建立了较为完整的工业体系，并为改革开放以来国家现代化治理奠定了初具规模的物质与社会基础，充分体现了

---

① 杨宏山．整合治理：中国地方治理的一种理论模型［J］．新视野，2015（3）：28-35.
② 魏丽君．从全能到和谐：中国国家治理演进［J］．理论前沿，2014（9）：61-62.

"全能主义动员体制是一种相当有效的动员体制"。①

二、我国地方自主治理模式

自主治理由非政府组织自行提供规则，通过自主选择、自主组织和集体行动来治理公共事务。自主治理不依赖于政府提供资源和规则，政府对私人部门的管理能力较弱，缺少必要的干预手段。公共选择学者埃莉诺·奥斯特罗姆通过大量的实证案例研究，发现在政府与市场之外，公共事务还存在一种自主治理的制度安排。这种制度安排尽管不是"万能药"，在实际场景中还存在不少缺点和问题，但自主组织的案例到处存在，一些自愿组织已经持续了上百年。② 实践表明，相互依存的个体之间通过自主治理，也能够解决集体行动所需要的制度供给、可信承诺和相互监督问题。

公共事务治理的困境内源于其天然的非竞争性和非排他性，广泛存在"搭便车""机会主义"和"逃避责任"的问题，③ 因而很多人认为，除了彻底的国有化或私有化，无法可循。奥斯特罗姆独辟蹊径，提出了自主治理理论，为公共事务治理找到了第三条道路。所谓自主治理，就是指利益相关的群体在面对共同问题时，通过内部成员自主协调、自主组织而不依靠外在强制干预和委托代理寻找解决办法的一种集体行动。④

（一）自主治理适用性的局限

第一，自主治理适用性的局限体现在适用资源对象上。奥斯特罗姆立足于自身对制度供给问题的深刻理解，以规模较小的公共池塘资源（CPRs）为研究对象，专注于人类解决集体行动困境的能力，从而为解决公共物品供应问题与走出由集体行动所引致的诸多困境开辟了另一条路径，继而扬弃政府管制与产权私有的解决方案，并构建出一套自主治理的制度分析框架，以探索制度层面的解决方案来寻求自主治理的可能性。公共池塘资源拥有其自身较为特别的性质：①可再生资源；②稀缺性；③资源位于某一国家内部。⑤ 因此，面对这类资源对象运用自主治理，面临着两种挑战：一是继续剖析影响行动情境的其他因素；二是开发

① 魏丽君. 从全能到和谐：中国国家治理演进［J］. 理论前沿，2014（9）：61-62.

② ［美］埃莉诺·奥斯特罗姆. 公共事物的治理之道：集体行动制度的演进［M］. 余逊达、陈旭东译. 上海：上海三联书店，2000：144.

③ ［美］埃莉诺·奥斯特罗姆. 公共事物的治理之道：集体行动制度的演进［M］. 余逊达，陈旭东，译. 上海：上海三联书店，2000：275.

④ 许宝君，陈伟东. 自主治理与政府嵌入统合：公共事务治理之道［J］. 河南社会科学，2017，25（5）：104-111.

⑤ Elinor Ostrom. A Long Polycentric Journey［J］. Annual Review of Political Science，2010（13）.

适应于不同制度环境中的个体选择理论。①

第二，自主治理适用性的局限体现在适用组织类型上。自主治理亟须社会组织的相关支持。在奥斯特罗姆考察的较为成功的案例中，资源占用者自发组织的民间协会能够发挥十分重要的功效。一方面，民间协会可为公民（主要指资源占用者）之间的协商讨论提供平台，使利益相关者拥有进一步合作的可能性。另一方面，民间协会亦可为其提供较为便捷的技术研究成本分担机制。

第三，自主治理适用性的局限体现在适用政治体制上。自主治理思想的适用范围与条件均较为严苛，即要有相应的制度空间和组织载体，其中，国家与社会的分化，并以社会组织为主体组成的"公民社会"的成熟，是自主治理得以顺利运行的前提。正如拉尔夫·汤森（Ralph E. Townsend）等对美国、加拿大、新西兰和澳大利亚等32个国家或地区渔业资源进行实证研究，认为自主治理尽管是一种颇具前景的治理机制，但政府管理者是否将管理权限下放是渔业自主治理能否获取成功的关键。②

（二）自主治理局限的审视

第一，自主治理面临的最大问题，便是谁能够对治理负责。在官僚层级控制体系中，命令即意味着责任，不过在治理网络中，责任并不能像垂直的层级制那般明确，如果每个行动者都对结果负责，水平化的治理反而将导致责任分配的不明确。③

第二，公共资源的自主治理的实现，需要社群内部主体之间的平等合作、积极协调作为制度基础。但如若自主治理过程中，精英人物成为剩余利益的获得者或利益最大化的索取者，那么自主治理则存在异化的可能性，④这反映出自主治理过程中精英人物的角色问题。

第三，奥斯特罗姆自主治理思想建立于人类自治能力基础之上，不过人类的自治能力深受社群规模、属性特征等多方面因素的制约，后继研究者亦应对人类自治能力的局限性予以相应体察。同时，当政策分析家对社群自主治理进行制度设计时，既需要充分发挥人类的自治能力，同时也应采取措施以弥补人类自治能

①④　任恒. 自主治理何以可能——审视埃莉诺·奥斯特罗姆自主治理思想的局限［J］. 社会科学论坛，2021（3）：139-148.

②　Ralph E. Tow Send, Ross Shotton. Fisheries Selfgovernance：New directions in Fisheries Management［R］. FAOFisheries Technical Paper, 2008（504）；Ralph E. Townsend：Transactions Costs As An Obstacle to Fisheries Self-Governance in New Zealand［J］. Australian Journal of Agricultural and Resource Economics, 2010, 54（3）.

③　Mark Considine：The End of the Line? Accountable Governance in the Age of Networks, Parnerships, and Joined-up Services［J］. Governance, 2002, 15（1）.

力的不足。①

三、我国地方整合治理模式

为应对经济市场化、社会多元化带来的挑战，地方政府进行了一系列的创新实践，探索形成了一种整合治理模式，即地方政府依托自身的绝对主导地位，对社会中的多元主体及其掌握的资源进行整合，以实现地方发展和社会稳定。这一治理模式不同于计划经济时期的全能治理模式，也不同于西方国家政府与市场、社会组织之间的分立合作模式，它是在特定政治经济环境下探索形成的一种新型地方公共治理模式。

整合治理以承认市场机制和社会组织的存在为前提，在公共部门与私人部门的关系上，政府占据主导地位，并通过政策手段和工具对私人部门进行跨界整合，调动多方资源，以实现政府目标，更好地提供公共服务。在此模式下，市场机制和社会自治获得了正当性和合法性，政府注重发挥市场机制和社会力量的作用，但政府与市场、社会之间的界限尚不明晰，跨界事务由政府主导，多元主体在协商决策中的话语权差异较大。政府利用自身权威，对企业和社会组织进行跨界整合。在实际运作中，政府不仅是跨界整合的发起者，也是跨界整合的策划者、参与者和主导者，其他行动主体只是作为整合的对象而存在。② 整合治理模式把公共资源和社会资源结合起来，发挥了多元行动主体和多元机制的作用，有利于完成政府无法独自完成的任务。

（一）整合治理的运作方式

1. 资格认定

资格认定通过对从事某些业务活动或职业应当具备的基本要求进行审核并颁发证书，以增进社会组织的社会责任感和配合政府工作的意识。在我国地方公共治理中，资格认定包括法人登记管理和个人从业职业认证两个方面。地方政府对社会组织实行双重许可制度，申请成立社会组织既要获得业务主管单位的批准文件，又要获得民政部门的登记许可，才能获得法人资格和组织机构代码。这一制度安排在一定程度上限制了社会组织的发展，也促使社会组织具有较强的政治敏锐性，能够配合政府部门提供社会服务。2013 年国务院实施"简政放权"改革以来，地方政府对社会组织的登记管理有所放松，但资格认定制度仍继续发挥作用。除法人登记管理之外，政府部门还对一些社会职业的从业资格进行认证，颁

---

① ［美］文森特·奥斯特罗姆. 复合共和制的政治理论 ［M］. 毛寿龙译. 上海：上海三联书店，1999：6.

② 康晓光，许文文. 权威式整合——以杭州市政府公共管理创新实践为例 ［J］. 中国人民大学学报，2014，28（3）：90-97.

发职业（执业）资格证书。

2. 资源支持

社会组织的生存和发展需要从外部获取必要的经济资源。在实践中，地方政府通过提供活动场所、财政补贴、优惠政策等手段，对企业和社会组织开展活动给予一定支持，促使私人部门积极响应政府动员，主动承担社会责任。以北京市F区推进枢纽型社会组织建设为例。根据 2012 年 8 月的调查结果，F 区共有登记和备案的社区社会组织 1931 个，其中社团类 1917 个，民办非企业 14 个；在民政部门正式登记注册的 3 个，占 1.6%，在街道备案的 920 个，占 47.6%，在社区备案的 980 个，占 50.8%。为加强社会管理，F 区社会工作委员会于 2012 年认定区总工会、区委、妇联、科协、残联、侨联、红十字会 7 家人民团体为枢纽型社会组织，负责对不具备登记条件的相关社会组织进行业务联系和管理。通过推进枢纽型社会组织建设，地方政府对枢纽型社会组织提供资金支持，由其负责联系一般社会组织，并在组织运作、活动经费、活动场地等方面提供支持和帮助。这样，地方政府通过购买社会服务，增强了对社区社会组织的隐性控制。

3. 精英吸纳

精英吸纳机制通过提供体制内的职位来吸纳社会精英，包括企业精英、文化精英、社会活动家等。社会精英依靠自身努力和资源运作获得成功，在各自领域内产生一定的社会影响力。为了维护社会稳定，避免体制外精英出现过激行为，就要建立一定的精英吸纳机制，为体制外精英提供必要的活动平台，也将他们纳入管理和控制之中。在地方公共治理实践中，地方党委和政府通过吸纳社会精英进入人大、政协、工商联、人民团体等体制内组织，既提供参政议政机会，也通过体制内协商化解和消除分歧。在基层治理中，政府还通过招聘社会工作者、大学生"村官"等途径，由财政保障提供就业机会，吸纳受过良好教育的年轻人进入城乡社区工作，提升社区治理的组织和服务能力（见图 11-1）。

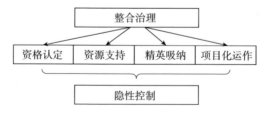

图 11-1　整合治理的运作方式

（二）项目化运作

项目化运作是由政府掌舵并提供一定的财政资金，企业、社会组织负责具体运作。近十年来，地方公共治理出现了一种自上而下的"项目制"运作模式，政府通过专项转移支付等项目手段，将社会各领域统合起来。[①] 折晓叶发现，地方政府借助"土地项目平台"，形成"行政—政治—公司"三位一体统合机制，有效提升了地方政府的行动能力。[②]

项目化运作有效解决了城市化所需的资金、资源等问题，为地方发展提供了有力支撑。急速推进的城市化也成为引发社会问题的源头，加剧了社会矛盾和冲突。项目制本来坚持"专项专办"的原则，但由于单个项目实施的实际效果有限，所以还需要后续项目输入予以弥补和配套。这样，地方政府通过专项资金的分配权和管理权，集资本、信息和权力垄断于一身，将村庄、社区、企业和各种公共事业统合起来。

（三）整合治理的潜在风险及应对

整合治理立基于威权体制之下，地方政府会依托其绝对主导地位，对非公性的多元主体、机制和资源进行整合，以实现经济社会发展，维护社会稳定。在此过程中，地方政府占据主导地位，亲自发起、策划和组织跨界整合行动，其他社会主体只是作为政府的整合对象而存在。在这一过程中，也随着社会参与行动，但跨界整合不完全以其他主体的同意为基础。这种整合治理机制把政府擅长的垂直运作与私人部门、社会组织擅长的协作运作结合起来，实现了不同主体、不同运作机制的优势互补，有利于完成单一主体无法独自完成的任务。

不可否认，整合治理模式也存在着四个问题：一是民间组织发展受到的限制较多。整合治理对民间组织成立登记实行双重许可制度，门槛过高在一定程度上限制了民间组织发展。有研究发现，我国每万人平均拥有民间组织数量远低于发达国家，也低于巴西、印度、埃及等发展中国家。[③] 二是社会组织对政府资源的依赖度较高。在社区治理层次，多数社会组织在人员、经费、办公场所等基本资源方面对政府部门的依赖程度较高。三是社会组织运行行政化。地方政府通过资格认定、资金支持、精英吸纳、项目化运作等手段，对私人部门进行隐性控制，结果是，社会组织运行逐渐偏离了志愿性、自主性和非政府性的组织特征，越来越明显地呈现出官僚化、行政化特征。四是农村社区组织的债务问题突出。有案例研究详细剖析了农村集体债务的形成和处理机制：由于项目经费具有财政缺口，村庄不得不筹集资金加以配套，项目热情最高的村庄不仅消耗了多年积累的

① 渠敬东. 项目制：一种新的国家治理体制［J］. 中国社会科学，2012（5）：113-130+207.

② 折晓叶. 县域政府治理模式的新变化［J］. 中国社会科学，2014（1）：121-139+207.

③ 王名，刘国翰，何建宇. 中国社团改革——从政府选择到社会选择［M］. 北京：社会科学文献出版社，2001：105.

集体资产，反而背上了巨额债务。①

鉴于此，地方公共治理需要分离公共部门和私人部门，让两者遵循各自的逻辑进行运作。对于涉及多元主体的公共事务，则要在多元主体之间发展对话式民主。彼此在平等对话中增进理解，在承诺、信任和共识的基础上采取协同行动。这一运作机制至少涉及四个方面的制度需求：

第一，推进政府向社会赋权，让社会自治运转起来。协同治理以社会自治为前提条件，只有在社会失灵的情况下，才会依靠政府部门。社会自治需要有自主权利、可支配的资源作为保障。为此，需要改革社会组织登记制度，放松准入管理，降低登记门槛，强化过程监管，引入竞争机制，培育壮大社会力量。

第二，建立多层次的协商机制，保障利益相关者的参与权利。由于政府失灵和市场失灵，地方公共治理需要引入社会力量，通过公私合作来解决问题。不同主体之间的利益诉求和意见存在不一致，为促成集体行动，需要建立听证会、座谈会、讨论会、理事会等协商机制，倾听各方意见和诉求，在对话中协调立场。

第三，合理应用政府权威，为集体协商提供互惠性规则。在公私合作过程中，各种相互矛盾的利益诉求，往往会使利益相关者之间陷入无休止的争议之中。为化解集体行动的困境，需要合理应用政府权威，发挥领导和说服的作用，提供互惠性规则。在互惠性规则的引导下，利益相关者将更容易认识到不采取合作行动会损害自身利益，从而修正立场，采取合作态度。

第四，建立监督和制裁制度，对违约者给予相应惩罚。通过集体商讨制定了行动规则之后，并不能保证参与方一定会遵守这些规则。为确保利益相关者遵守规则，就要建立监督和制裁机制，检查有关各方履行约定的情况，对违约者给予相应的制裁。

四、我国地方协同治理模式

协同治理建立于政府、市场、社会组织相互分立的基础上，通过建立开放性的公共论坛，依托制度化的沟通渠道和对话平台，将公共治理涉及的利益相关者囊括进来，彼此在信任和互惠的基础上增进共识，形成集体决策，组织集体行动，协调各方采取一致行动。在价值偏好上，协同治理凸显了公众参与的价值，强调公共治理不能侵犯公民权利，它通过"对话式民主"的形式倾听和回应利益相关者的诉求，及时改进制度规则，提升跨界事务的善治性。基于成本、时效

---

① Zhou Xueguang. The Road to Collective Debts: Government Bureaucracies and Public Goods Provision in Rural China [J]. Modern China, 2012 (38): 271-307.

和可操作化考虑，公共论坛的参加者一般以利益相关者为主。① 这种多方参与和民主协商机制，既能保障利益相关者的权利和利益诉求，也可分享知识、信息和资源，更好地实现各方目标。

地方治理的协同机制是指政府基于善治的需要，在尊重市场、社会的主体地位以及运行规律的前提下，充分发挥主导作用，为市场主体、社会主体开展自主治理、参与公共服务供给、协同社会管理而构建的沟通渠道、参与平台和程序方法。②

（一）协同机制的运作逻辑

就我国地方治理中的协同机制而言，则是指政府基于善治的需要，在尊重市场和社会的主体地位以及运行规律的前提下，充分发挥主导作用，为市场主体、社会主体开展自主治理、参与提供公共服务、协同社会管理，所构建的制度化的沟通渠道、参与平台和程序方法。这实质上是一种在公共权力制度化条件下，对地方公共事务治理主体之间的关系与结构的安排。它的作用机理是：首先，地方治理是行为者基于共同目标而采取的协同行动。地方政府、市场主体、社会主体的利益虽然有所差别，但却拥有共同的目标，即提升经济竞争力、提供优质公共服务、维护社会和谐稳定以及实现可持续发展。显然，单一主体无法实现这一综合性目标，需要经由协同机制实现政府与社会、市场的合作。其次，协同机制的重要作用是促进合作。协同机制有助于跨越组织边界，整合独立的组织资源，协助建立协调性框架，促进治理主体以互利的方式调适行为、开展合作，共同完成地方治理目标。作为治理手段，协同机制可以降低组织交易成本、提高公共服务绩效、提供原则性协调、消解冲突以及增进政府合法性。最后，构建协同机制是多方互动的过程。政府治理能力较强而市场体系不完善、社会发育程度低，是我国地方治理的突出特点。与此相应，构建协同机制既需地方政府主动培育市场机制、社会机制，也要吸纳市场和社会主体的意见建议、信息反馈。从这个意义上，我国地方治理的协同机制既非传统"中心—边缘"结构的管控机制，也不是市场领域以抑制机会主义行为为目标的合约机制，也有别于西方政府与其他治理主体完整意义上的平等合作机制，而是基于公共利益目标的政府主导、市场调节、社会协同、共建共享的协作机制。

（二）协同治理的范围

对于哪些领域可适用"协同治理"这一问题，学界也存在争议。有学者主

---

① Chris Ansell and Alison Gash Collaborative Governance in Theory and Practice ［J］. Journal of Public Administration Research and Theory，2007（18）：543-571.

② 郁建兴，张利萍. 地方治理体系中的协同机制及其整合 ［J］. 思想战线，2013，39（6）：95-100.

张协同治理仅适用于公共服务领域，认为合作治理就是对"以公私合作为基础提供公共服务与秩序的治理过程与形态的概括"。有学者从"协议保护"的角度提出了生态保护合作治理的创新机制，主张公私合作治理生态问题。^① 有学者提出，协同治理也可以适用于部分社会事务管理领域，如危机管理和环境治理。^② 危机管理本身就是一个复杂、开放的系统，有学者根据协同理论的科学原理，提出了构建公共危机协同治理模式的主张。如有学者呼吁以协同治理改变行政体系"条块分割"的现状，并构建了一个政府、社区、企业、环保 NGO 和社会公众全面参与的节能减排协同治理模式。^③ 大部分学者认为在公共管理范畴内，协同治理可以广泛适用，既可适用于公共服务和公共物品的提供，也可适用于社会事务的治理。

通过区分以上地方公共治理的四种类型发现，自改革开放以来，在实践中，中国地方公共治理逐渐形成了一种新形态——整合治理模式。它发端于地方政府"能力有限""责任无限"的内外部约束下，它依托于公共部门及其组织体系，通过资格认定、资源支持、精英吸纳、项目化运作等方式，对市场和社会主体进行跨界整合，形成一种隐性控制机制。

从一元管制走向多元共治是中国改革开放的基本趋势，如何应对多元化的挑战是地方公共治理必须回答的现实课题。地方政府在实践中形成的整合治理模式，提供了一种富有成效的问题解决方案。它在一元化领导与多元化趋势之间寻求一种平衡，在推动和利用多元化的同时尽可能地维护自身的主导地位。整合治理不同于中国改革之前的全能治理模式，也不同于西方国家政府、市场与社会之间的分立合作模式。总的来看，这一治理模式既回应了多元化的需求，也有效地维护了党政系统的权威性。

在整合治理模式下，公共部门与其他社会主体是不平等的，公共部门处于主导地位，其他社会组织属于配角，政府能够对他们施加有力的影响。这一治理模式显著提升了地方政府的治理能力，也存在社会组织行政化的问题。矫正整合治理的负面效应，需要推进政府向社会赋权，发展协同治理的制度安排。

五、我国现代地方公共治理的互联逻辑

党的十九大报告明确指出，"中国特色社会主义进入新时代，我国社会主要

① 俞可平. 治理与善治 [M]. 北京：社会科学文献出版社，2000.

② Robert Axelrod. The Evolution of Cooperation [Z]. Basic Books, 1984；K. G. Provan and H. B. Milward, A Preliminary Theory of Interorganizational Network Effectiveness: A Comparative Study of Four Community Mental Health Systems [J]. Administrative Science Quarterly, 1995 (1).

③ [法] 辛西娅·休伊特·德·阿尔坎塔拉. "治理"概念的运用与滥用 [A] //俞可平. 治理与善治 [M]. 北京：社会科学文献出版社，2000.

矛盾已经转化为人民日益增长的美好生活需要和不平衡不充分的发展之间的矛盾"。① 面对新的历史定位，报告中强调，"加强和创新社会管理，打造共建共治共享的社会治理格局"。②"共治"一词首次被纳入社会治理格局的战略蓝本。在新时代社会治理主旋律下，统筹推进"五位一体"总体布局，构建新的社会主义公共治理体制，实现政府、市场与社会的良性互动，对重构现代新型社会意义重大。推进地方公共治理，从根本上保障着政治和谐、社会稳定以及地域内各项事业的发展，也是解决新时代社会主要矛盾的可循之径。

（一）现代地方公共治理范式下的"中国发现"

当代公共行政正处于现代公共治理的理论范式之中，政策工具选择运用理性思维，通过工具理性、价值理性、制度理性三维向度之间对立、竞争、互动和融合而达致有效互联。这是一个强调理性的多维性和综合性的过程，也是一个具有博弈性的理性过程。

1. 现代地方公共治理的"理论范式"。

公共行政学经历了传统公共行政、新公共管理和现代公共治理的范式变迁，现代公共治理范式的兴起源于传统公共行政范式与新公共管理范式的缺陷，前者强调通过官僚制来实现对公共事务的治理，后者则更加偏好市场机制。然而，公共管理的实践证明，政府和市场任何单一主体都难以实现对公共事务的有效治理，社会力量却在弥补政府失灵和市场失灵方面发挥着独特功能。沃尔多早在20 世纪 40 年代就曾指出，公共行政是"现代政府的核心"，行政固然要追求效率，但这不是行政的核心价值，也不是终极目标，好的公共行政应通过沟通对话来促进政府与公众真诚互动。③ 20 世纪后期，公民的自主意识和参与意识不断增强，应民主或效率价值追求而生的现代公共治理范式逐渐成为公共行政学的主流，政社之间已经开始走向"对话式"体制，主张把企业运作、社会组织或公众参与引入公共行政，运用多种政策工具，从而实现善治的终极目标。

公共治理是在继承和超越传统公共行政以及新公共管理的基础之上兴起与发展，被认为是在新时代条件下对治理机制的"重新发现"。④ 这是为了实现和增进公共利益，政府部门和非政府部门（私营部门、第三部门或公民个人）等众多公共管理主体彼此合作，在互相依存的环境中分享公共权力，共同管理公共事务的过程。这种范式的目标是"善治"，即"公共利益最大化的治理过程"，其

① 党的十九大文件汇编［M］.北京：党建读物出版社，2017：8.
② 党的十九大文件汇编［M］.北京：党建读物出版社，2017：33.
③ D. Waldo. The Administrative State：The Study of the Political Theory of American Public Administration［M］. New York：The Ronald Press Company，1948：203.
④ ［英］鲍勃·杰索普，漆蕪. 治理的兴起及其失败的风险：以经济发展为例的论述［J］. 国际社会科学杂志（中文版），1999（1）：31-48.

本质特征在于它是政府与公民对公共生活的合作管理。新古典自由主义是现代公共治理的核心价值体系,它重申了(消极)自由,诉求多元主义文化和公共性价值,确认了政府的有限理性。从严格意义上来讲,现代公共治理直接用于讨论中国地方社会的公共治理是不合逻辑的,但中国与发达国家面临的许多问题却是共时的。中国语境下的公共治理必须注意其背后隐藏的价值预设,确保折射出的价值最大限度地集中和体现公众意志。

2. 现代地方公共治理的"中国发现"

推进国家治理体系和治理能力现代化是党的十八届三中全会提出的全面深化改革的总目标,这是我国政府为应对社会转型对作为"舶来品"的公共治理理论的本土化应用,即当代的"中国发现",国家治理进程为公共治理提供了理论增长空间。地方社会公共治理本质上是一种多元合作治理,强调治理主体和治理对象之间的"互主体性"关系,也是国家治理中政府、市场和社会三重失灵的逻辑进路。地方政府在这个过程中扮演着"元治理"角色,通过多元共治实现公共利益最大化。党的十九大报告再次强调,"必须坚持和完善中国特色社会主义制度,不断推进国家治理体系和治理能力现代化,坚决破除一切不合时宜的思想观念和体制机制弊端"。[1] 地方社会公共治理以处理地方公共事务的有效性为根本目的,把发展民主政治的有序化作为核心价值,构造国家治理进程中现代化的地方操作终端,是新时代全面深化改革的根本要求。

地方社会公共治理实质上是善治目标"靶向下"政策工具的重新选择,它具备多元权力主体、组织扁平化、共治工具和多元资源供给的特征。地方社会公共治理中必须十分重视对政策工具选择理性逻辑的挖掘,实现国家、市场、社会三者协调动态发展,最终服从于并服务于国家治理现代化的总目标。任何一种政策工具都是公共治理情境下不同于他者的政策安排,地方社会公共治理旨在探索多元主体对社会公共事务的合作共治,强调挖掘政府以外各种管理和政策工具的潜力,发挥政府、市场和社会的共同作用,是一种"治理"式的地方行政。在社会政治生活中,"治理"是一种偏重于工具性的政治行为,也是一种价值性的政治理念。[2] 这是一个工具理性和价值理性相互对抗与融合、制度理性调试两者之间张力的动态过程,作为一种理性选择,它是决策主体有自觉、有目的地对行为方向的把握,选择标准是现代化标尺下实现工具理性、价值理性和制度理性的有效互联。

① 党的十九大文件汇编 [M]. 北京:党建读物出版社,2017:15.
② 唐天伟,曹清华,郑争文. 地方政府治理现代化的内涵、特征及其测度指标体系 [J]. 中国行政管理,2014(10):46-50.

（二）现代地方公共治理中政策工具的选择趋势和互联逻辑检视

地方公共治理的逻辑起点从政策工具的选择出发，以人类理性主义为路径依赖，地方社会要走向治理现代化必须树立现代化的政治理念，革除传统管理模式弊端，工具理性、价值理性和制度理性为中国情景下互联逻辑的检视提供了政策标尺。

1. 地方公共治理中政策工具的选择趋势

我国政策工具的选择过程是一个从传统政策工具时期向新型政策工具时期转变的过程。在传统政策工具时期，全能型政府在制定公共政策时主要采取经济手段、行政手段、法律手段、宣传教育手段等管制性、权威性的工具。自改革开放以来，我国全方位改革的不断探索，改变了传统的以自上而下管控为特点的单一行政管控手段。依赖政府强制力的管制性政策工具渐趋收缩，依托社会和市场力量的"新政策工具"大行其道，后者具有明显的市场化和社会化特征。公共服务的市场化机制得到重视和广泛应用，其重视非营利组织的作用，强调自愿机制和自我服务机制；进行规制改革，放松规制，变命令—控制式的规制为以绩效为基础的规制；① 在社会事务的治理过程中，强化信息沟通机制和行政指导等。②鉴于此，当前可资利用的政策工具（工具箱），宏观上可以分为管制型工具、市场化工具和社会化工具，治理过程中围绕这三类政策工具展开组合协调。

政策工具强调的重点"已经不是单向的治理"，而呈现"超越管制"并寻求"新政策工具"的发展趋势。在新政策工具的发展趋势下，推动政府治理和社会治理的深刻变迁，地方社会开始从同质性较强向异质性较强演变。尤其是 20 世纪 90 年代以来，随着经济市场化程度的不断提高和现代治理精神的逐渐引入，政府治理不再寻求整齐划一的传统模式，而是以"问题干预"作为分析政策问题的基础，权变观念作为理念创新的常量，不断追求制度创新的思维定向，越来越多地采用市场化和社会化工具。政策工具是影响地方社会公共治理的技术因素，其设计和执行的优劣直接关系到政策目标的实现。从治理共同体的解释范式来看，强调政府、市场与社会之间的良性互动、沟通与协调，实质在于公共利益和认同之上的合作。近年来，绩效管理、标杆管理、合同外包、生态标签和政府采购等一批理性、放权、互动的新政策工具获得长足发展，在经济调节、市场监管、社会管理和公共服务等领域都有广阔应用前景。

2. 现代地方公共治理过程中的"三效合一"

（1）工具理性。工具理性是"通过对外界事物的情况和其他人的举止的期

---

① 毛飞. 绩效基础管制：一种新型政府治理工具［J］. 新视野，2003（5）：33-35.

② 邓蓉敬. 信息社会政府治理工具的选择与行政公开的深化［J］. 中国行政管理，2008（s1）：56-58.

待，并利用这种期待作为'条件'或者'手段'，以期实现自己合乎理性所争取和考虑的作为成果的目的"。① 工具理性是一种重视定量化、规范化和精确化的技术主义，作为不同事实之间因果关系的判断，追求效用最大化，它把手段的有效性置于首位。这种理性是人类认识自然、改造自然能力的体现，更是人本质力量的体现。从利益计算的理性层面来看，工具理性是主体对思维客体客观规律性驾驭的体现，它以真理和认知为导向，是推动人类进步与发展的"文明之源"。它强调功能关系和数量，它的行动标准是效率和最佳标准。政策工具选择中的工具理性，针对既定目的有效地使用工具体现出的合理性。在单纯的工具理性驱使下，追求"功利"、崇尚"效用"的倾向，严重挤压着价值理性的空间，最终可能会导致政策工具选择偏离公共性，如果放任工具理性的过度膨胀，可能导致人性的破碎甚至完全丧失。

（2）价值理性。"政策工具不是单纯的技术手段，它们不是价值中立的，而是负荷或承载价值的。"② 政策工具的价值理性是政策工具实践中对固有价值纯粹的、无条件的信仰，政策合理性在于决策动机的端正，它强调程序的正当而不是结果的优劣。价值理性注重信仰和理念，要求所追求的目标必须符合某种伦理道德或者内心深处的某些信念。③ 价值理性不仅是价值意识的端正和理想化，也是在强调价值基础的同时，启发理性的觉醒，确保程序正义，在合理区间内实现价值目标，它是不同价值之间逻辑关系的认识和判断，也是体现人文关怀的"为人之本"。人的最终归宿和终极关怀成为重心，凝结着历史反思的结晶。价值理性是一种不同于工具理性的独特理性，并且扮演着工具理性精神支撑的角色，作为人的价值智慧和价值良知，它是"合目的"形式存在的意义世界。总之，价值理性以决断和行动为导向，具有自身的"质"的规定，它并不以功利为最高目标，强调"人本质上是目的而不是手段"，追求行为的合目的性。

（3）制度理性。"制度是一个社会的游戏规则，更规范地说，它们是决定人们的相互关系而人为设定的一些契约。"④ 换言之，制度是由一系列规范构成的秩序，它是社会资源配置的根本性动因。制度理性通过制度安排，使制度具有较强的理性空间和色彩。政策工具选择在以公共利益最大化为根本目标，工具理性和价值理性交相辉映的同时，离不开第三种理性——制度理性的调试。制度理性是预防人的理性畸形发展的调和剂，其以主宰者的身份把工具理性与价值理性有

---

① [德] 马克斯·韦伯. 新教伦理与资本主义精神 [M]. 于晓，陈维纲等译. 北京：生活·读书·新知三联书店，1987：151.

② 董妍，杨凡. 中国社会公共治理的变革逻辑与创新向度 [J]. 求索，2015（3）：9-13.

③ 董礼胜. 工具—价值理性分野下西方公共行政理论的变迁 [J]. 政治学研究，2010（1）：65-71.

④ [美] 道格拉斯·诺斯. 制度、制度变迁与经济绩效 [M]. 刘守英译. 上海：三联书店，1994：3.

机糅合在一起。制度理性改变是受自利推动的理性个人和社会行为，使得工具理性不偏离公共性，是确保互联逻辑的关键变量。优良的制度理性能调节工具理性和价值理性之间的张力，促进二者的良性竞争、互动和融合，确保政策工具选择在共同、稳定的秩序状态下进行，这是形式合理性和目的合理性的一致性，实现工具理性和价值理性的辩证统一，从而确保政策产出符合政策目标。

3. 政府体制的耦合性

民主集中制的政府体制是我国最核心的制度，也是中国模式的最好表述。民主集中制不是有些学者解释的两种制度即民主制和集中制的组合，而是一种制度形式的表述，即民主的集中制。① 这既能保证政府真正代表民意，又能促进政策的有效执行。民主和集中是可以融通的两个结构性变量，符合地方社会治理通过公共参与凸显治理价值，集中侧重于工具理性，民主侧重于价值理性。"没有民主，就没有集中；而这个集中，总是要在民主的基础上，才能真正地正确地实现。"② 从理性层面来看，民主集中制既体现了价值理性层面的民主本质与理念，又凸显了工具理性层面的科学性、有效性，这种制度设计兼具价值理性和工具理性两重功用，并且保证了两者的均衡。

民主集中制不但要注重民主的制度化，实现制度化的民主，更要注重集中的制度化，实现制度化的集中，将制度性的集中置于制度性的民主框架之内，符合科学的规范决策与高效执行的要求，实现合目的性与合规律性的高度统一。党的十八届三中全会指出："创新社会治理体制，必须着眼于维护最广大人民根本利益，最大限度增加和谐因素，增强社会发展活力。"③ 这种创新是要实现治理主体多元化，方式法治化，强化服务民生职能，促进社会公平正义。社会治理方式的改革和创新需要在方法、手段上科学、理性地进行选择，地方政府按照市场经济的本质特征和民主政治价值追求的方向要求，朝着有限政府的职能定位，通过全面深化改革实现范式转换，创造市场经济适应民主政治的地方社会治理模式，奠定地方社会公共治理的体制架构。在经济全球化、后工业化进程所带来的挑战面前，地方社会利益背景日益多元，结构变量也在不断变化。

4. 结构变量的互联性

长期以来，政策工具的选择常常是基于惯性思维，基于传统或基于经验的猜测。为适应变化着的环境，政策工具选择日趋走向理性。地方社会公共治理与国家治理现代化之间具有"主体多层化和多元化、结构分权化和网络化、制度理性

---

① 杨光斌，乔哲青. 论作为"中国模式"的民主集中制政体［J］. 政治学研究，2015（6）：3-19.

② 邓小平文选（第一卷）［M］. 北京：人民出版社，1994：304.

③ 新华社. 授权发布：中共中央关于全面深化改革若干重大问题的决定［EB/OL］.（2013-11-16）［2018-01-06］. http：//www. sn. xinhuanet. com.

化、方式民主化和手段文明化"① 的内在特征。"一个社会的健全必须建立在工具理性与价值理性的统一之上，或者说，工具理性应当从属于价值理性，在价值理性所提供的目标和前提下发挥作用，才是积极的。"② 政策工具选择是一个均衡具有博弈性的公共价值的过程。情境、角色和利益的不同使得公共价值呈现出差异与冲突。工具理性和价值理性之间是一种此消彼长的关系，寻找政策工具选择的工具理性与价值理性的整合途径也逐渐进入人们视野，地方社会公共治理中的有效制度供给就是把新理念、新政策和新工作体裁，引入原有的制度、政策和工作体系，实现新的发展组合。通过不断完善的制度规则，重点解决经济和社会发展中存在的结构性、体制性和素质性问题。工具理性和价值理性之间的张力由制度理性来调试，它包含着工具理性、价值理性与制度理性融合统一的内在诉求，任何片面强调与追求工具理性或者价值理性的行为都会导致地方社会的病态发展。

改革开放 40 多年的实践促进了一系列思维方式的巨大"解构"，带来了我国地方社会的长足发展。在现代化进程中，一些地方政府曾长期推行"唯 GDP 论"，在使经济快速增长、财富迅速增加的同时，也打开了"潘多拉的盒子"，带来"GDP 神话""恶的增长、无效增长""资源无节制掠夺""道德观念异化""物化经济""经济增长－环境优化"的乌托邦发展模式等异化现象。继而一定程度上导致地方保护主义盛行、生态环境受损、贫富差距拉大以及拜金主义、物本主义和消费享乐主义盛行等经济和社会问题，价值理性式微，工具理性的异化成为套在人类身上"铁的牢笼"。与此同时，受原有计划经济体制惯性和绩效考核制度不完善等因素的影响，中国传统社会管理体制政府治理目标的错位表明了制度理性的不足，对互联逻辑框架下的"三效合一"提出了挑战。

第二节　国外地方公共治理评价

一、英国地方公共治理评价

地方公共服务质量一直为英国政府所重视。1980 年，保守党推行由中央政府主导的评价制度，以改善地方公共服务效率；1992 年，梅杰首相进一步制定

① 唐皇凤. 中国国家治理现代化路径选择的若干思考［J］. 华中科技大学学报（社会科学版），2014（3）：14-15.

② 张康之. 公共行政：超越工具理性［J］. 浙江社会科学，2002（7）：3-8.

地方宪章，每年由审计委员会以绩效指标对地方公共服务绩效表现进行评价；1997 年工党推行"最佳价值"评价方案，将原有的绩效指标改由价值指标取代。但随着实践的深入，"最佳价值"实践逐渐受到质疑，比如评价指标数量太多，许多指标的评价结果难以进行横向比较，只能进行纵向比较。① 2002 年，英国国家审计办公室为了弥补上述缺陷，同时回应各方质疑，正式推行一个新的绩效评价体系——全面绩效评价。该体系在保留和改进最佳价值指标的基础上，引入了改进能力、战略使命等绩效评价的软指标，由审计委员会每年对各地方公共治理绩效进行评价。② 全面绩效评价包括三种模式：地方公共治理与县议会评价、区议会评价、消防与救助部门评价。三种评价模式的评价维度相同，只是评价架构及做法稍有不同，如地方公共治理与县议会评价的维度包括服务、方向性、资源使用和组织评价。其中，组织评价用以评价地方公共治理机关在使命、内部绩效管理、能力、优先发展策略及成就五部分表现。资源使用评价则评价地方公共治理机关财务管理、财务内部控制、财务信用、财务报告、经费效益的效能。服务评价则评价地方公共治理机关的施政表现，包含与儿童、青年相关业务、成人社会服务、住宅、环境、文化、福利、消防等。方向性评价则由审计委员会评价地方公共治理机关一年以来的改善结果，评价内容包括地方公共治理机关改进工作的具体证据以及投资效益与服务品质是否同时改进。

在全面绩效评价体系中，英国采用全国共同性指标与地方个别性指标并存运行的做法。为便于地方选定个别性指标，英国已发展出地方绩效指标资料库，各地方可在服务评价维度中自行选取合适的指标。该资料库已发展出艺术、生物多样性、社区参与、社会安全、文化服务、民主服务、教育、环境服务、交通运输、住宅、计划与发展、采购、生活品质、老年服务、社会服务、街道景观等类别的 275 项指标。全面绩效评价的评价结果包括强弱度、方向性两种，其中组织评价、资源使用评价、服务评价以强弱度方式呈现，方向性评价则以方向性方式呈现。为使评价内容更能符合社会环境与地方施政需求，2009 年以来英国实施了全面地区评价（Comprehensive Area Assessment，CAA）体系，主要关注地方政府单独或者合作提供公共服务的水平。该体系以国家指标体系为基础，建立了由组织评价和地区评价两个层面构成的新框架，两者间有明确的职责划分，互相支持而不重叠。③ 其中，组织评价对地区内单个公共组织的资源使用和管理绩效进

① 包国宪，周云飞. 英国全面绩效评价体系：实践及启示 ［J］. 北京行政学院学报，2010（5）：32-37.

② Audit Commission. CPA-The Harder Test: Scores and Analysis of Performance in Single Tier and County Councils 2007 ［R］. UK: Local Government National Report, 2008.

③ 包国宪，周云飞. 英国政府绩效评价实践的最新进展 ［J］. 新视野，2011（1）：88-90.

行评价；地区评价主要关注整个地区公共服务的供给状况，聚焦于卫生、经济前景和社区安全等达成一致的优先事项，以及它们改进的前景。

二、美国地方公共治理评价

美国早期地方公共治理的主体为地方政府。1986年，为提高项目绩效和强化监督提供有用的工具，佛罗里达州通过法案，要求儿童、青少年和家庭服务中心评估由275个子项目组成的34个州政府项目的执行情况；通过评估也使政府工作人员以及其他人士养成了注重服务实际效果的思维和行动方式。[①] 1993年美国政府颁布了《政府绩效与结果法案》，旨在指导联邦及州政府开展绩效管理活动；1996年推行《政府绩效专案》，该专案由美国知名公共行政期刊《治理》与费城大学公共事务研究所合作，针对美国地方政府治理能力进行为期6年的评价。美国地方政府在许多公共事务上具有独立性和自主性，因此，美国未出现全国性的与地方公共治理能力评价活动相关的法律法规，也未建立全国性的相关机构。

在过去的二三十年中，有一类组织深刻地影响了美国的地方治理事务。它们是一些以社区为基础的代理机构，譬如业主协会、公寓协会以及合作社等社区组织。麦凯布等美国学者将它们称为私人性政府。从现有的研究来看，学者们并没有从理论上给出一个明确的关于私人性政府的定义。一般来说，私人性政府指的是这样一类私人性的社区组织：它属于一定社区范围内居民共同所有，其权力来源于社区居民个人的让渡，并由社区居民实行共同管理。它以维护与发展社区为目标，对所在社区范围内的共同事务实施治理。

随着治理范围的不断扩展，私人性政府这类社区组织逐渐参与到美国地方公共治理当中，并开始进入公共行政学者的研究视野。以公私边界模糊的组织体制与机制为基础的业主协会，通过发挥代理机构民主决策和管理的功能，运用私营化、市场化的执行手段，在提供私人性服务的同时，有效地回应了地方公共治理与社会服务的需求。

私人性政府有两大作用：一是显著提升公共治理及公共服务的效率性。诸多对私人性政府的研究侧重于从理论层面探讨其管理和服务应该如何运作的问题，并通过案例分析来充实论证。从治理社区与服务提供的经济性和效率性目标来看，大多数论者将业主协会这类私人性政府描述为"成功"的，"因为就像门窗、基础设施一样，它们需要付费，会员们可以对此做出自主选择"。并且，企业型的管理方式也给私人性政府的内部运作带来了更高的灵活性与效率。正如一

---

① U.S. Goverment Printing Office. Government Performance and Results Act of 1993 ［R］. Washington：The U.S. Goverment Printing Office, 1993.

些经济学家所认为的，经得起市场检验的制度需要为社区内的居民创造最大化的价值。在私人性政府提供服务的过程中，市场化的运作方式逐渐形成了一套回应居民偏好的制度供给模式。从理论上来讲，建立一套制度的初衷，在于稳定性的或集体行动的方式将有助于人们在为未来做出决策时减少不确定性，并能通过结构和程序的建立，以合作的方式解决具体的治理问题。就私人性政府而言，其制度体系由社区范围内的相应主体共同制定和形成。这些制度规定了组织的基本结构、职责和程序。独特的制度形式不但塑造了私人性政府所特有的组织形态与运作规范，而且成为私人性政府在管理与服务实践中取得成功的坚实保障。二是有利于满足地方公共治理中的民主性要求。有很多学者认为，私人性政府有望促成在社区范围内的更为广泛和直接的民主参与。依据一定的经验研究，卡塞尔等指出，拥有相似偏好的个人在社区的聚集有助于提升地方选举过程中的参与率，而私人性政府的体制结构减少了这种"集体行动"的成本。麦凯布进一步指出，私人性政府为在社区治理中加强居民的政治参与开辟了新的道路，这至少有两点理由：一是从总体上看，私人性政府并不过多地受到来自州立法的限制，这与政府选举的实践是不同的，因而给了它更多的用以尝试发展民主参与的自由空间；二是社会资本的形成与社区居民间联系的建立为它提供了更为显著的优势。通过与以往的城市政府治理形式的比较，尼尔森总结了以业主协会为代表的私人性政府的八种优势：更全面的控制；街区的自主决策；权利的私人性"出售"；更有效地提供公共服务；街区的社会资本；地方宪政的"实验"；真正的分权；市场经济的调节。他认为，私人性政府的实践或许能够证明，在一个相对狭小的社区范围内，形式多样而灵活的组织结构和选举程序是如何运作的。①

　　美国地方公共治理能力评价核心理念是"顾客至上"。在克林顿政府时期，美国绩效评价委员会颁布《从繁文缛节到结果导向——创造一个少花钱多办事的政府》，明确提出把"顾客放在首要位置"作为重要改革目标。随后，该委员会又陆续出版《顾客至上：服务美国公众的标准》和《顾客至上：1995年服务美国民众的标准》，更加凸显了美国"顾客至上"的评价理念。美国地方公共治理能力的评价机构包括四类：② 一是由基金会出资的专业评价机构。这类机构独立于政府之外开展治理能力评价活动，其活动经费由各类基金会资助，在财务上与政府机构并无关联。二是由地方政府作为成员组成联盟团体。各地方政府对共同面对的问题和挑战常常通过各种途径进行讨论，成员之间的交流与学习活动十分频繁。三是高等院校的研究机构。高等院校是美国主要科学研究机构之一，许多

　　① 胡重明. 私人性政府与美国地方公共治理——以业主协会为例［J］. 湖北社会科学，2013（3）：31-37.

　　② 马佳铮，包国宪. 美国地方政府绩效评价实践进展评述［J］. 理论与改革，2010（4）：20-25.

高校都设置有公共管理或公共政策等专业，以这些专业为基础开展与地方公共治理能力评价有关的项目研究，从理论与实践层面对地方公共治理能力评价活动予以总结和指导。四是地方政府内部机构。审计工作在美国地方政府机构运转过程中十分重要，几乎涵盖了地方公共事务的方方面面。美国最具有代表性的评价模型是由美国费城大学公共事务研究所与知名公共行政期刊《治理》合作设计的GPP模型。该评价模型由5项管理子系统组成，包括财政管理、资本管理、信息科技管理、人力资源管理、结果管理。其中，财政管理子系统主要评价预算分配、计划、预算执行、会计、财政报告、债务管理和投资等。人力资源管理子系统主要评价人力规划、用人、留任、奖惩和训练等。信息科技管理子系统主要评价硬件与软件使用绩效、各管理系统之间的整合程度、训练、成本和回报能力等。资本管理子系统主要评价长期规划、初期规划、资本与预算运用的相互影响、维护费用等。结果管理子系统主要评价策略性规划、绩效测量、执行绩效信息等。

三、日本地方公共治理评价

在行政改革与地方公共治理过程中，日本重视地方的自主性和独立性。在中央政府积极推行治理能力评价情况下，依据总务省自治行政局行政体制整备室的规划，各都道府县、市町村等地方政府以自愿方式推行地方公共治理能力评价。日本并未立法规范地方政府必须推行治理能力评价，各地方可依据自身需求，自行颁布条例、规则、纲要或其他相关规定，以作为地方施行治理能力评价的依据。为提升地方公共治理能力评价的意愿，中央政府在财政内部报告与全国都道府县首长会议上，会提出地方施行治理能力评价的建议和要求。总务省则组成评价研究会，提供地方推行所需的各种相关知识和技术协助。日本地方公共治理能力评价模式大致包括三种类型：一是推动型，地方政府以评价作为推行地方综合施政计划的方法，通过评价结果管理施政计划的进度。二是改善型，评价以地方政府机关、重大业务等为范围，以结果导向方式，让机关经费、人力资源能够合理分配或改善。三是业务缩减型，为应对财经窘迫情况，通过治理能力评价结果，对不具有效益的机关、业务进行经费、人员缩编。

日本地方公共治理能力评价指标大多依据评价目的和类型进行设计。如推动型评价的地方政府会依据地方愿景与施政计划拟定指标，强调环境保护的地方政府会以当地与环境相关的指标进行评价，重视社会福利的地方政府则会以当地指定医院患者平均看诊时间、残障者能顺利搭乘公车的比率、无障碍空间设置情况等为指标。强调改善型的评价则多以人力使用状况、经费执行率、重大业务的执行进度等为指标。日本地方公共治理能力评价采用的评价方式包括机关自身的内部评价、跨机关的准内部评价和由机关以外第三方担任评价主体的外部评价。各地所使用的评价方式有相当大的弹性，基本上是综合使用内部评价、准内部评价和外部评价等多种方式。

四、国外地方公共治理的特征和启示

西方国家地方公共治理变革是在新公共管理理论和治理理论的指导下推进的，具有以下特征：一是地方政府结构调整与关系整合相结合。20世纪70年代以后，西方国家的改革视角从地方政府管理转向了地方政府治理。地方政府治理理念要求地方公共事务的有效治理不能仅限于地方政府自身的结构调整，还取决于地方政府间横向和纵向关系、地方政府与私人部门的关系以及志愿部门和公民的关系上，只有将地方政府职能的转变放在与自身相关的关系网络中，才能实现职能的有效发挥。二是地方政府服务职能与管理职能相平衡。在地方政府治理中，可以借鉴商业部门的经营之道去解决公共问题。但在政府角色定位中，过分强调商业运行思维和民营化等而忽视政府代表的公共利益和承担的公共责任是很危险的。地方政府应该把自己首先定位为承担着公共任务选择的供应者，将自身的职能定位在代表公众利益诉求的基础上，以公平为原则，决定服务内容、服务质量和服务数量。同时，建立监督机制，对公共产品和服务的生产进行监督，使得公共服务生产者能够更好地履行责任，保持公共性。三是地方政府自上而下改革与自下而上改革相结合。在对西方主要国家的改革战略考察中，会明显发现，大多数的地方政府采取的是一种自上而下的改革战略，由中央政府或者各州政府发起和推行，改革效率较高，但这样也会忽视地方政府和地方社区的多样性诉求，整齐划一的组织规模的建立往往不能满足地方的特殊性要求。在北欧四国，地方政府的改革采取的是一种自上而下与自下而上相结合的战略。改革充分考虑到了地方的意见和要求，地方政府被赋予了相应的权力，社区和地方民众在改革中充分表达意愿，最终的改革平稳地进行。四是重视地方政府立法，推进地方政府改革。通过我们对西方主要国家地方政府改革的梳理发现，法律在推动地方政府改革的过程中发挥了重要的作用。这主要表现在：制定和修改地方政府法律，来推动地方政府改革的进程；通过立法将地方政府改革的成果制度化。

西方国家地方公共治理变革对我国经济、政治、文化、社会发展等方面有着重要的启示。

（一）创造有利于地方公共治理能力评价的制度环境

英美日地方治理能力评价取得成功的关键在于其良好的制度环境。英国在《地方政府法》制定中，就高度重视地方公共服务质量，并将其作为评价地方的

主要依据。① 美国政府颁布旨在指导联邦及州政府开展绩效管理活动的《政府绩效与结果法案》，以及由美国知名公共行政期刊《治理》与费城大学公共事务研究所合作推行的《政府绩效专案》，对美国地方政府治理能力进行定期的评价。虽然日本未立法规范地方政府必须推行治理能力评价，但日本重视地方的自主性和独立性，鼓励各地方可依据自身需求，自行颁布条例、规则、纲要或其他相关规定，以作为地方施行治理能力评价的依据。对于我国而言，推进国家治理体系和治理能力现代化尚处于起步阶段，治理能力评价的理论与实践尚不成熟，若要推行地方治理能力评价必须创造相应的实施环境、建立有效的制度保障；必须把治理能力评价纳入推进国家治理体系和治理能力现代化的总体方案中，作为全面深化改革的重要内容。

（二）构建科学的地方治理能力评价组织体系

地方治理属于多元主体治理，地方治理能力评价属于社会性评价，国外地方治理能力评价的通行做法和实践经验，主要是由独立于治理主体以外的组织和治理主体来共同负责实施，主体多元化。② 如美国地方治理能力的评价机构就包括由基金会出资的专业评价机构、以地方政府为成员的联盟团体、高等院校的研究机构和地方政府内部机构。日本地方治理能力评价采用的评价方式包括机关自身的内部评价、跨机关的准内部评价和由机关以外第二方担任评价主体的外部评价。借鉴国外经验，建立科学的评价组织体系势在必行。其一，独立于治理主体以外的外部组织评价。主要对地方治理的效果、治理主体的职能履行、廉政建设、执法状况等整体表现方面的内容进行评价。由独立于治理主体以外的外部组织负责地方治理能力评价，可以在一定程度上确保评价主体表达出真实的评价结果，避免出现心理防御，使评价结果的准确度和公信力更高。此外，外部组织在人才、理论和实践等方面具有一定的优势，能运用所拥有的专业化技术与方法，科学制定评价指标、全面收集与处理评价数据、准确计算与判断评价结果，能提高评价的科学化水平。其二，由治理主体进行的内部评价。主要评价治理效益、治理成本、治理主体工作人员的德能勤绩等方面的表现等。通过外部评价与内部评价的结合，不仅能得出地方治理能力的水平，还能得出地方治理能力水平高低的原因。

（三）设计符合地方特点的治理能力评价指标体系

评价指标是用来反映和概括地方治理能力水平的概念和具体标示，是构成治

① 周伟，练磊. 地方治理能力评价：英美日的实践与启示 [J]. 安徽工程大学学报，2015，30（3）：18-22.

② 郭春霞，潘忠宇. 我国民族地区地方治理研究综述 [J]. 吉首大学学报（社会科学版），2013，34（5）：91-98.

理能力评价系统的核心环节。评价指标具有航标性的战略导向作用，可引导着地方治理的未来方向，直接反映地方治理能力的状况，因此科学设定评价指标体系意义重大。但各地的资源禀赋、发展阶段、发展路径和战略任务等各不相同，使用整齐划一的评价指标体系对各地治理能力进行评价是不科学的。例如，英国已发展出地方绩效指标资料库，各地方可在绩效指标资料库中选取适合的指标；①美国设计了政府绩效指示器模型、成果投资模型和政府绩效项目评价模型等，供地方根据实际情况选择。对于我国而言，设计符合地方特点的治理能力评价指标体系是地方治理能力评价的一项重要工程，也是地方治理能力评价的一个难点和焦点。其一，评价指标体系要体现地方治理的最终目标——善治。善治是公共利益最大化的社会治理过程，它体现了社会权利的含义和对人的全面发展的重视，本质在于政府与公民对公共生活的合作治理，是地方治理的终极追求。其二，指标的设定要具有针对性。我国各地的经济社会发展极不平衡，东部、中部与西部，城市与乡村之间差距巨大；且行政层级众多，每个层级的职责权限不同，治理过程各有侧重和特点。因此，应根据区域的发展阶段和治理的实际需要，制定切合实际的目标，并按评价内容确定轻重缓急，按有效性和可行性设计地方治理能力评价指标体系。

（四）合理地运用地方治理能力评价结果

地方治理能力评价的主要目的就是合理运用地方治理能力评价结果，这是地方治理能力评价程序中最重要的一环，也是地方治理能力评价动力之源。② 日本将地方治理能力评价的结果，作为各地方预算审定、编制管理、下年度重点施政方针拟定的直接依据。要切实提升地方治理能力评价的实效性，实现地方治理能力评价的目标，就必须合理地运用地方治理能力评价结果。英国地方治理能力评价能取得良好效果的关键在于，其地方治理能力评价结果得到了合理运用。合理运用评价结果，需要把评价的结果与评价对象的利益挂钩，才能充分调动评价主体和客体参与评价过程的自觉性和主动性。其一，地方治理行为实现治理目标的程度，需要运用地方治理能力评价结果进行检验。地方治理能力评价最基本的目的就是评价地方治理的目标实现程度，并总结地方治理行为成功的经验、存在的差距及其原因，应采取的具体对策和措施。其二，地方治理过程的预算管理需要运用评价结果进行优化。编制地方治理预算的重要依据和基础便是地方治理能力评价的结果，离开了评价，治理预算也就无从谈起。运用治理能力评价结果优化基本支出预算、优化项目支出预算、增强预算执行的刚性。其三，地方治理能力

① 李佳源.公共部门绩效评估中的博弈行为：分类框架、识别策略与研究进路［J］.公共行政评论，2021，14（3）：176-195+200.

② 周伟，练磊.地方治理能力评价的价值取向［J］.学术界，2014（11）：180-187+311-312.

评价的激励和约束机制的实施需要依据评价结果。利用评价结果，有效实施地方治理能力评价的激励机制、监督机制、申诉机制、责任机制以及资源调适机制等，以督促各相关主体在地方治理能力评价过程中扮演积极角色，而不是一评了事。

复习思考题

1. 如何理解我国地方公共治理模式？
2. 如何评价英国、美国、日本的地方公共治理？
3. 国外地方公共治理的特征和启示有哪些？

案例分析

推进国际抗疫合作　共建人类卫生健康共同体
2021-08-08

新冠疫苗合作国际论坛首次会议日前以视频方式举行，国家主席习近平向会议发表书面致辞。海外专家学者表示，习近平主席在致辞中就进一步推进国际抗疫合作阐述了重要主张，将进一步加强国际社会团结协作，共同应对疫情挑战。中国履行将疫苗作为全球公共产品的承诺，以实际行动践行人类卫生健康共同体理念。

阿根廷阿中研究中心主任帕特里西奥·朱斯托表示，习近平主席在书面致辞中的承诺，再次表明了中国倡导的抗击疫情方案坚持的是全球合作和多边主义。自疫情暴发以来，中国就一直在全球抗疫中发挥引领作用，为国际抗疫合作作出了突出贡献。面对疫情带来的挑战，中国正在践行人类命运共同体理念。

巴西中国问题研究中心主任罗尼·林斯表示，中国秉持人类卫生健康共同体理念、积极推进疫苗国际合作，为世界上其他国家作出了表率。中国履行将疫苗作为全球公共产品承诺的重大举措，为全球抗疫合作作出了重要贡献。

法国中国问题专家索尼娅·布雷斯莱称赞中国的承诺和决定，认为中国以开放的态度推进疫苗国际合作进程，为推动疫苗国际合作作出巨大努力，以实际行动践行人类卫生健康共同体理念。

泰国暹罗智库主席、泰国正大管理学院副校长洪风认为，中国秉持人类命运共同体理念，提供了大量疫苗用于发展中国家接种，这样的义举无疑是雪中送炭。

摩洛哥非洲中国合作与发展协会主席纳赛尔·布希巴说，全球新冠疫情进入复杂阶段，中国一如既往地将疫苗作为全球公共产品，与其他国家积极开展合作生产，体现了大国风范和担当。

约旦中国问题专家、作家萨米尔·艾哈迈德说，习近平主席的书面致辞再次展现了中国对于全球抗疫合作高度负责的态度，站在全人类的角度推动国际合作，展现出中国一以贯之的人道主义精神。自疫情暴发以来，中国积极帮助发展中国家抗疫，现在中国提出将继续为发展中国家提供疫苗等实实在在的帮助，生动展现了中国对发展中国家的支持，这与"一带一路"合作一脉相承，体现了中国正在不断推进世界各国之间惠及全人类的团结协作。

资料来源：推进国际抗疫合作共建人类卫生健康共同体——海外专家学者高度评价习近平主席向新冠疫苗合作国际论坛首次会议发表书面致辞［EB/OL］. http：//www.ce.cn/xwzx/gnsz/szyw/202108/08/t20210808_ 36786822. shtml.

第十二章　地方公共治理创新

党的十八届三中全会明确提出，"全面深化改革的总目标是完善和发展中国特色社会主义制度、推进国家治理体系和治理能力现代化"。党的十九大和十九届四中、五中、六中全会又重申了这一时代命题，并在"两个一百年"奋斗目标中设定了实现这一目标的时间点。要完成这一历史使命，需要各级地方政府在治理中巩固已有成果，继续深化改革、锐意创新。因此，地方公共治理创新成为首先要思考的问题，意义显得尤为重要。

第一节　地方公共治理创新的历史发展

一、1949～1978 年：计划执行型创新阶段

这一阶段的地方政府所推进的创新是被动地接受中央政府的计划、指令刺激而做出的机械反应，地方政府创新缺乏能动性，创新过程也缺乏与政治系统以外的其他复杂系统的互动与交流。从 1949 年新中国成立并接受《共同纲领》为政府施政纲领，到 1978 年第五届全国人大一次会议通过《中华人民共和国宪法》并规定新时期的总任务，以中央政府集权管制模式推进的地方政府计划执行型创新路径持续了将近三十年。在此期间，百废待兴、百业待举，快速推进经济发展成为广大公众的共同期盼，但仅仅依靠人民群众和社会群体自发参与和推动，很难实现各地经济和社会的跨越式发展。受苏联的影响，中央政府为加快巩固和发展人民政权，有效化解敌我矛盾和人民内部矛盾，在日趋复杂的国际环境中实现富国强民，克服新中国成立初期资金稀缺、外汇短缺、经济剩余少而分散的发展弱势，逐步实现过渡时期"一化三改"（即国家工业化，对农业、手工业和资本主义工商业的改造）的总路线发展要求，实施高度集权的计划经济体制和统收统

支的管理模式，并逐渐构建起"全能型"政府职能，不仅制定了赶超型发展战略以保证经济建设的计划性，还通过"统购统销、统分统配、统进统出"等一元统摄的计划经济管理体制，在事无巨细的管理模式下，中央政府通过各项计划指令直接对地方政府进行行政调节。从央地政府关系来看，此阶段的地方政府作为中央政府的代理人，其角色定位除了延续全能政府的管理理念，还突出地表现为中央政府在全国范围内进行政治统治的工具功能，坚决执行中央政府各项政策是该阶段地方政府创新的目标和任务。可以说，集权式的计划体制是为了适应社会主体计划经济体制的发展要求而建立起来的，但同时，这种集权化、行政化的权力划分直接框定地方政府的改革路径，总体而言，此阶段的地方政府大多只是简单复制上级政府的管理模式和行政指令，缺乏创新思维、创新能力和可以创新的职权空间。就这一时期地方政府改革创新的基本特征而言，强化中央政府权威和调节功能，推行普适性和统一的改革计划，维持各级地方政府整体创新秩序是该阶段创新的首要特点。地方治理的创新理念是外嵌的、被动的，管理创新的推动主要依靠中央政府全能主义的意识形态教育和广泛的组织动员体系为实施基础，创新工具则以集中反映中央政府对整个社会"总体性支配"的权威性政策工具和声势浩大的群众运动为主，地方政府的所有职能和治理行为从属、服务于社会政治化的政治职能，虽然中央政府通过增量配置的方式扩充了地方政府的管理权限，但地方政府自主支配、独立投资和调剂使用的财政资金仍十分有限。从地方官场文化的角度来讲，人治特点比较明显，同时，地方官员比较保守，创新意识比较薄弱、积极性不强，坚决贯彻中央政府决策的执行型创新思想根深蒂固，在此价值取向下，地方政府为追求社会稳定也存在故意规避创新及创新风险的行为。从政府与社会的关系来讲，全能型政府的角色定位有其存在的合理性，社会公众对地方政府创新的参与和监督功能也被忽视。[①]

二、1978~1994 年：赋权试验型创新阶段

这一阶段的地方政府依赖于中央政府的发展规划，依托于上级政府的创新准入条件和限制性创新优惠政策来推进创新，地方政府创新在对中央政府改革发展战略及试点政策的增量适应性反应中获得了自主发展的外部条件，但创新的动因仍源自中央政府。从1978年中共中央十一届三中全会将全党工作重心转移到社会主义现代化建设到1994年分税制改革，以中央政府赋权试验和地方政府积极探索相结合的依附式增量治理创新成为该阶段地方政府管理创新的典型特点。1978年以后，我国政府确定了将经济建设作为各级政府的首要任务，随着计划

---

① 戴祥玉. 地方政府治理创新自我推进机制研究——基于复杂适应系统理论视角［D］. 南京农业大学博士学位论文，2017.

经济体制弊病逐渐显现，我国政府在党的十一届三中全会后提出分级管理以调动地方政府积极性的发展理念，开始积极稳妥地推进经济体制改革和政治体制改革，行政性分权的范围逐渐扩大，地方政府在此过程中获得了一定的经济发展自主权。邓小平在党的十一届三中全会后曾说过，"我们对经济建设的方针、规划要进行一些调整，先搞那些容易搞、见效快、能赚钱、创外汇多的项目"，以具体创新项目为突破口开展增量改革是此阶段我国改革发展的具体路径。随着社会主义现代化建设目标的确定，中央政府为解决人民日益增长的物质文化需要同落后的生产力之间的矛盾，在此阶段不仅调整了国家建设的总方针，确立了四项基本原则的思想，还通过财政、税收等渐进式改革调整了府际关系和社会权力结构，由此开启了中央政府对地方政府分权让利的制度性改革之路。在中央政府深化改革开放、全面推进经济体制改革的过程中，中央政府坚持"大的方面管住管好、小的方面放开放活"的原则，将权力集中、以政代企、抓试点改革、促经济发展作为该阶段改革的重点内容。

就此阶段地方政府创新的基本特征而言，首先，地方政府自主创新的能力和积极性日渐增强，具体表现在以下三个方面：其一，中央政府在这一阶段采取先从东部沿海地区设立改革试点，继而逐渐推进全国范围内其他地区学习跟进的渐进式改革策略，部分地方在逐渐形成的多层次对外开放格局中获得较多的自主发展的物质基础和自主权限。例如，1979~1983 年，批准广东、福建采取特殊政策和灵活措施来扩大其对外贸易权限；1980 年提出在深圳市、珠海市、汕头市、厦门市试办经济特区，实行特殊的经济政策和管理体制，并赋予计划、财政、外贸等方面自主权；1984 年开放大连、秦皇岛、天津等 14 个沿海港口城市，扩大了其对外经济联系、优化投资环境的自主权；1985 年将长江三角洲、珠江三角洲和闽南三角洲开辟为沿海经济开发区，1988 年又将辽东半岛、山东半岛、环渤海地区的一些市县和沿海开放城市的所辖县列为沿海经济开放区，扩大了其对外经济活动的自主权和创新资源等。其二，宪法改革和财政体制改革为地方政府行使自主创新权限提供了法律依据和财力保障。1982 年宪法确立了发挥地方政府主动性、积极性的原则，赋予省级人大及其常委会地方性法规的制定权和行政立法权，通过财政体制改革调动其创新自主性。1980 年"划分收支、分级包干"、1985 年"划分税种、核定收支、分级包干"、1988 年将城乡工商户所得税、营业税等 13 种税种化作地方固定收入到 1994 年分税制改革前，财政体制最典型的特点是"分灶吃饭"的财政包干体制，其特点是结余自留、超支不补、自求平衡。总体而言，财政包干制下，地方政府享有财政资源增量的剩余控制权，而经济发展成为地方政府合法性基础和地方官员职位晋升依据，这也有助于提升地方政府的自主创新的积极性和独立发展的创新偏好。其三，政府机构改革和干部人事制度的完善，为地方政府推进创新提供了坚实的人力资源基础和智力支持，而且在政绩考核制度方面，由于 GDP 指标具有可量化和通用性的特点，GDP 和财政收入就成为这一阶段衡量地方政府政绩的主要方式，为政府官员创新提供内驱动力。在此阶段，地方政府创新权限突破了上一阶段财权高度集中的僵化体制和自上而下的单项突破式改革路径的限制，极大调动起地方政府改善地方发展环境，促进地方经济发展、优化经济发展环境的积极性，"政府搭台，企业唱戏"成为地方政府为企业寻求发展项目、为本地提升经济增长速度的主要形式，这在特定的历史时期，对提高市场经济的发展速度、扶持企业发展发挥了积极作用。其次，与激增的财政分权相比，政府的行政体制改革迟缓。尤其是 1992 年确立全面建设社会主义市场经济体制之后，地方政府既要履行中央政府的发展要求和决策部署，又要推进各地社会经济的繁荣发展，原有的地方政府行政管理体制亟须改革和调整来不断适应市场经济的发展要求。这一时期，央地关系也陷入"一放就乱，一收就死"的怪圈，提升社会参与经济建设的积极性迫切需要地方政府转变政府职能，调整行政管理体制。[①]

三、1994 年至今：项目自选型创新阶段

这一阶段的地方政府所推进的创新受自身价值偏好和利益取向的影响，在不对称的治理信息、激烈的府际竞争、政绩导向的官员考核制度等因素的综合作用下，导致地方政府在回应社会治理创新需求中偏向于追求自身利益最大化，地方官员在推进治理创新过程中更加注重创新的数量和形式。自 1994 年分税制改革在全国范围内普遍实施以来，中央政府成功扭转了其在财政体制中的不利地位，集中了工商税务、环境治理等权力，并取消了地方政府的减免税权，以促进分级财政体制的规范性。由此开始，我国财政体制逐渐从财政包干过渡到"事权下放、财权上收"的局面，地方政府可支配的财权相对减少。在事权与财权不对称的背景下，地方政府拥有了更多地方建设和发展方面的自主权限和管理责任，在公共治理中发挥着越来越重要的主体作用，但随着城市化推进和社会的发展，企业在市场经济发展过程中已经逐渐获得了相对独立的经济地位，公共治理的领域不断扩展，地方政府在有限的财权下既要承担繁重的治理职责、规范市场主体的经济行为，同时还要回应各种治理问题，地方政府的治理难度和自筹资金逐年提高，地方政府的"吃饭财政"难以应对与日俱增的服务职能，加之体制转轨、社会转型深入发展的现实阻力以及地方政府财政自身的机会主义，进一步强化了地方政府利用非合作博弈来争取府际竞争优势的动机，驱使地方政府积极需求融

---

① 戴祥玉. 地方政府治理创新自我推进机制研究——基于复杂适应系统理论视角［D］. 南京农业大学博士学位论文，2017.

资渠道和创新路径，自发地开始寻求创新项目，积极引入市场机制，并扶持多元治理主体，以弥补资金缺口、履行兜底职责、化解财政收支不平衡。在此过程中，增加预算外收入、增强本地竞争优势、降低政府开支需求日趋高涨，地方政府的自主创新的能动性空前提高，从原来过度依赖中央政府、上级政府的财政和资源支持，逐渐转向为扩充独立竞争优势而自主创新的新阶段，各地种类繁多的治理创新项目竞相上马，这也为地方公共治理创新项目的发展提供了契机。就地方政府与社会的关系而言，随着社会的发展和单位制社会的解体，利益群体深度分化、社会结构也日趋复杂，社区也获得了一定的财权、人权及具体事务的处理权，复杂性社会中各类社会问题也强化了外部环境对地方公共治理创新和治理创新效能的诉求。市场经济和网络社会的发展也赋予了地方政府自主创新的多样化的工具选择，由此开始，地方政府所推进的治理创新带有明显的地方政府"内生性"特征。就此阶段地方公共治理创新的形式而言，首先，为适应构建法治政府、服务型政府和社会自治发展的需要，各地政府积极推进行政体制、公共服务和社会治理等多方面的治理创新，地方公共治理创新呈现出项目化、具体化的发展特征，诞生了许多差异化、精细化、多样性、高效化的创新项目。近年来，地方政府以项目的形式来开展的治理创新，或在宽松的政策环境中促进治理流程的多样化实验，或在对话沟通中为多元治理主体合作共治搭建开放式平台，抑或是在社会赋权中实现社会公众的参与式治理，在增强地方公共治理创新回应性、续航地方政府治理创新动力、降低地方公共治理创新成本中发挥积极作用。其次，合作治理、参与治理、协同治理、多中心治理、整体性治理等新型治理理念的兴起，不断为拓展地方公共治理创新的内容和形式提供理论指导，而多元治理主体参与治理意识的提升也为地方公共治理创新提供了更多的物力、财力和人力支持。①

第二节　地方公共治理创新的类型、原则与动力

一、地方公共治理创新的类型

依据不同的划分标准，地方公共治理创新活动可划分为不同的类型。

第一，根据创新的手段不同，可以将我国地方公共治理创新分为制度创新、

---

① 戴祥玉. 地方政府治理创新自我推进机制研究——基于复杂适应系统理论视角［D］. 南京农业大学博士学位论文，2017.

技术创新和政策创新。制度创新主要是针对政府现存的一些制度进行局部或全部的变革，以满足政府自身的建设发展和公众的需求。如针对行政审批制度进行的一系列变革，针对社区管理制度进行的变革等都属于制度创新范畴。技术创新是在政府创新过程中，充分利用科技工具、先进的管理技术与方法来为政府工作的开展服务，如实施电子政务或数字政府等。决策创新的侧重点主要在政府通过推出一系列的鼓励政策，促进社会和企业的良性发展，为企业发展提供良好的外部环境。

第二，根据创新的领域不同，有学者将地方公共治理创新行为分为理论层面的创新、体制层面的创新、人员层面的创新和操作层面的创新。① 理论层面的创新主要是指关于政府起源、性质、结构功能等方面的理念与知识的创新，近年来尤其集中于治理理论和善治理论的探讨；体制层面的创新主要关注于包括民主制度、法律制度、经济制度在内的政府整个管理体制的创新；人员层面的创新主要把人作为改革创新的对象，不断提升和发展政府工作人员的行政能力；操作层面的创新从政府如何处理行政事务的角度来研究治理创新，主要集中于政府工作的信息化或电子化政府的建设。

第三，按内容分类，根据我国地方公共治理创新项目所涉及的不同内容，将我国地方公共治理创新划分为四类：政治改革类、行政改革类、公共服务类、地方公共治理类。政治改革类地方治理创新又可以进一步细分为七个子类：民主选举类、民主决策类、民主管理类、民主监督类、政务公开类、提高立法质量类、司法改革类。行政改革类地方治理创新也可以进一步细分为七个子类：改善监管类、节约成本类、提高效率类、绩效管理类、行政问责类、依法行政类、专业行政类。公共服务类地方治理创新可以进一步细分为七个子类：服务特殊人群类、保护弱势群体类、扶贫济困类、社区服务类、社会保障与社会救助类、服务方式创新类、基本公共服务均等化类。地方公共治理类地方治理创新也可以进一步细分为七个子类：社会组织管理类、社区管理类、流动人口管理类、信访体制改革类、利益协调与纠纷调处类、社会治安管理类、社会应急管理类。②

二、地方公共治理创新的原则

随着地方政府改革逐渐驶入深水区，地方政府在公共治理中不仅要坚决贯彻党和国家的各项发展规划，更要提升自身创新的积极能动作用，以广大人民群众的需求为导向，及时回应地方公共治理创新需求，主动应对治理短板问题和治理

---

① 谢庆奎. 论政府创新 ［J］. 吉林大学社会科学学报，2005（1）：136-143.
② 何增科. 中国政府创新的趋势分析——基于五届"中国地方政府创新奖"获奖项目的量化研究 ［J］. 北京行政学院学报，2011（1）：1-8.

发展瓶颈。结合地方公共治理创新的实践特点和发展趋势，更持久地增进地方公共治理创新"痛点思维"，需要地方政府在推动公共治理形成创新的过程中坚持以下创新原则。

（一）地方公共治理创新的依法创新原则

法治化创新是优化治理体制、构建责任型政府的前提条件。意大利政治学家马基雅维利曾在《君主论》一书中指出，法律是治国之本，好的法律能够维护国家长治久安及社会秩序的稳定。党的十八大以来，我国政府特别强调依法治理，构建法治政府，用法律的方式来固定地方政府的行政权力和行为规范，党的十八届四中全会进一步指明了深入推进依法行政，加快建设法治政府的发展方向。加强地方公共治理创新实施过程的"法治性嵌入"，树立公正法治的创新理念，依法创新、违法必究，是实现治理创新实施过程规范化、程序化的前提条件，也是保障公共治理的权限，减少地方政府推进治理创新中的自利性和随意性，维护社会公正和公共治理的制度性权威的有效方式，有助于引导地方公共治理创新沿着规范化、常态化的方向发展。所以，随着公共治理环境日趋复杂化，亟须法制化来提升动态创新过程的合法性和稳定性，切实保障治理创新以依法创新为准绳，以法制规范为方式，不断完善多元治理主体与社会民主自治的体制保障。

（二）地方公共治理创新的合作治理原则

多元、合作是现代治理理论的主要特点，合作治理有助于发挥多元治理主体在公共治理方面的资源优势和专业优势。2016 年，《中共中央关于全面深化改革若干重大问题的决定》指出，政府在公共治理过程中，应"坚持系统治理，加强党委领导，发挥政府主导作用，鼓励和支持社会各方面参与，实现政府治理和社会自我调节、居民自治的良性互动"。现阶段，主辅式和参与式是合作治理的两种主要形式，其中，主辅式合作是指以政府主导的合作治理关系，是我国多元合作治理的主要形式，而参与式则是多元治理主体在自主、平等和诚信基础上所缔结的合作关系，[①] 虽然更有利于合作治理潜能的发挥，但受传统治理路径和治理结构的影响，发展尚缓。在合作治理格局中，从主辅式合作向参与式合作发展，从形式合作向功能性合作过渡，需要地方政府通过法规制定、平台搭建和矛盾协调等方式引导社会组织自治发展，不断深化与多元治理主体一道构建平等、互动的合作治理关系。

（三）地方公共治理创新的整体性创新原则

"政府发展的根本途径在于全方位地深化改革"，[②] 党的十八届三中全会提出

---

① 杨述明.现代公共治理：地方政府职能转变的历史使命［J］.江汉论坛，2014（2）：17.

② 谢庆奎.论政府发展的目标与途径［J］.新视野，2002（4）：38-41.

的"综合治理"也为地方公共治理创新的整体性创新指明了方向。地方公共治理创新的适应性实施过程依赖于地方政府与治理创新系统的互动,除了治理制度、治理主体之外,还与治理文化、治理技术等因素密切相关。可现阶段,地方政府所推进的创新项目大多以单项突破为主,地方公共治理创新持存性发展还面临地方政府的有限理性、有限资源和选择性创新等问题,缺乏制度融合和整体配套,抑或故意简化复杂的治理问题常常造成治理创新的停滞不前。因此,构建有效的地方公共治理创新自我推进机制需要将地方政府的治理创新决策、创新项目与多样化的治理主体和治理资源,动态化的治理创新环境及碎片化的治理创新制度相整合,在充分发挥地方政府能动性的基础上,从政府职能、组织结构和干部培训等方面着力完善政府治理体制。

(四)地方公共治理创新的创新效能原则

现阶段,推进地方政府由全能型政府向效能型政府转变,强化政府治理效能,已成为构建现代化的地方公共治理体系和治理能力的价值依归。一方面,面对动态的治理环境、复杂的治理问题,不存在一成不变的创新套路,固有的治理创新模式在变化频繁的治理环境中往往是脆弱的,"锁定"的治理路径不利于提升公共治理的灵活应变能力和创新活力,无论何种创新路径,都需要以创新效能作为衡量创新质量和效果的标识,地方官员也应该树立"功成不必在我"的改革理念。另一方面,在改革深化发展阶段,地方公共治理创新应作为一种长期性的任务去看待,持续创新,久久为功。此外,增强地方公共治理创新的效能,还需要为推进治理创新预留发展空间,彰显本地治理创新特色,积极寻求本地差异化、错位化的创新发展路径,有步骤、有计划地探索与本地治理环境相契合的治理模式。①

三、地方公共治理创新的动力

随着中国改革开放的力度逐步增强,国家治理层面的体制性变革呼之欲出,公共治理模式在中国的建立和创新已是时代发展的必然趋势。作为执政党的中共决策高层审时度势,适时提出了建构国家治理体系和治理能力现代化的国家方略。客观而论,国家治理的现代化是一个系统化工程,自然离不开地方治理层面的现代化,而现代化意义上的地方公共治理创新直接关乎社会民众的福祉。地方公共治理创新要能够顺利推开、普遍推行和持续推进,就需要建构一种有利于激发地方政府竞进、持续创新的长效实施机制来加以保障。

第一,地方公共治理创新的动力来源于市场经济发展和社会发展的需要。从

---

① 戴祥玉.地方政府治理创新自我推进机制研究——基于复杂适应系统理论视角[D].南京农业大学博士学位论文,2017.

市场经济发展角度来看,一方面,市场经济的发展需要政府管理体制进行适应性的调整。自改革开放以来,中国经济的开放程度不断加深,市场在资源配置中的作用日益加强。在地方政府致力于发挥"市场增进"作用的同时,市场体系的率先发育,反过来,也为政府角色的转型和政府管理模式的创新提供了新动力机制和压力机制。① 在当今全球化的背景下,如何制定政策和制度框架从而有效合理地利用全球化带来的发展机遇是地方政府面临的重要挑战。地方政府的创新契合了中央政府和微观企业主体在中国社会转型期的现实需要,不仅有利于制度资源的优化配置,也有利于制度体系的协调更新。另一方面,市场经济的发展也使地方政府拥有更多的可支配财政资源,从而为地方政府进行创新提供重要物质保障。有学者在对 5 届(2000~2010 年)申请中国地方公共治理创新奖的项目进行研究的过程中发现,申请项目最多的 10 个省份中来自经济发达的东部地区的省市有 7 个,中西部省市有 3 个。② 可见,地方公共治理创新与当地的经济发展水平有一定的相关性。而经济发展水平间接反映出的是一个地方政府的可支配财政资源的大小。地方政府可支配的财政资源的大小和地方政府的结构与管理水平共同决定着地方公共治理创新的范围、程度和效果。③ 从社会需求角度来看,公民日益增长的多元化公共需求使地方政府面临巨大的压力和挑战。社会结构的分层加速,催生出了大量自主性不断增强的社会组织,这些组织给传统的以政府为中心的单一治理模式带来诸多挑战,对政府改革形成一种倒逼的力量。陈剩勇在对政府创新的浙江模式研究中发现,民间组织在浙江的大量涌现和社会的自组织化程度的提高使其成为一种自下而上的组织力量对地方社会经济、政府的决策和目标都产生了重要的影响,有效地促进了浙江地方治理的转型。④ 同时,市场体系的发育以及社会利益的分化也为政府整合资源、创新治理模式提供了一个相当大的自主性空间。在既有的政治与行政体制所赋予地方政府体制内资源日益稀薄,传统的治理模式效果越来越差的情况下,地方政府寻求体制外的资源支持,创新治理模式,从而提高地方公共治理的有效性。

第二,技术进步是地方公共治理创新不可忽视的动力来源之一。诺斯认为,国家的局限性是技术存量的局限性决定的。⑤ 技术对于政府管理能力的提高和管理范围的拓展具有重要的作用。对于政府来说,技术变革既可以带来治理手段的

① 何显明. 浙江地方政府创新实践的生成机制与演进逻辑 [J]. 中共宁波市委党校学报,2008(5):15-22.
② 杨雪冬. 简论中国地方政府创新研究的十个问题 [J]. 公共管理学报,2008(1):16-26.
③ 佳圳. 中国地方政府管理创新的动力机制 [J]. 企业导报,2011(3):49-50.
④ 陈剩勇. 政府创新、治理转型与浙江模式 [J]. 浙江社会科学,2009(4):35-42+50+126.
⑤ Lumpkin G. T. , Dess G. Clarifying the Entrepreneurial Orientation Construct and Linking it to Performance [J]. Academy of Management Review, 1996, 21 (1):150-165.

创新，也可能推动治理机制组织和制度层次的创新。信息技术的引入和应用通常被认为是推动政府创新的重要的驱动力。信息技术的引入不仅只是技术层面上的创新，而且会促使政府在组织结构、业务流程和组织间关系的重塑等方面展开创造性活动。

第三，中央上层的推动可以为地方公共治理创新提供制度空间和强大的激励。在中国中央集权单一制的背景下，地方公共治理创新需要有中央的授权、认同或激励。一方面，中央政府下放权力给地方政府在一定程度上可以给地方政府的制度创新提供制度空间。分权化改革是释放地方政府与地方治理能量的制度基础。中国是一个集中体制，制度的创制全由中央掌握，但地方和下级享有一定的自主性。这是中国地方政府进行创新的基本制度前提。有学者对广东顺德容桂街道的改革进行案例研究后发现，中央政府深化乡镇改革意见为容桂街道改革提供了制度环境。① 另一方面，中央政府可以对地方政府的创新起到一定程度的激励作用。有学者在研究中表明，美国联邦政府在鼓励地方政府的技术创新中扮演了重要的角色。② 类似地，在中国，许多地方公共治理创新的驱动力来自中央和上级政府。政绩的可预见性和自上而下的干部任用制、考核体系决定了地方政府领导必须准确领悟中央政府、地方高层政府的文件精神及战略部署，扎扎实实地进行地方政府改革创新的实践。③

第四，地方政府开展公共治理创新活动是地方政府为了实现自身的组织目标的结果。地方政府的主要目标包含三个方面：一是地方政府的执政能力和合法性；二是提升自身的治理能力，满足公共利益；三是促进地方经济增长，增加地方财政收入。三个目标是相辅相成的关系，而地方公共治理创新是地方政府实现自身组织目标的一种途径。国内学者研究发现，问题驱动型的地方公共治理创新在中国地方政府创新中占有重要的比例。换言之，地方公共治理创新在一些情况下是为解决某些特定的社会问题，从而增强自身执政的合法性。地方公共治理创新是为了解决实际的问题，从而满足公共利益，增强自身的合法性。此外，有学者从制度经济学的角度认为，地方公共治理创新动力是出于对新制度安排带来的潜在巨大收益的期待。新制度经济学的研究普遍认为，"如果组织或操作一个新制度安排的成本小于其潜在制度收益，就可以发生制度创新"。因此，地方政府实施创新是为了发展地方经济，从而可以获取创新带来的预期净收益。对于许多

① 郭明.地方政府改革的动力机制分析——以广东省顺德区容桂街道为例 [J] .社会主义研究, 2014（6）: 7-84.

② Roessner David. Federal Technology Policy: Innovation and Problem Solving in State and Local Governments [J] . Policy Analysis, 1979: 181-191.

③ 陈家喜，汪永成.政绩驱动：地方政府创新的动力分析 [J] .政治学研究, 2013（4）: 50-56.

地方政府来说，创新可以带来地方经济的发展从而增加地方政府税基。

第五，地方政府间的竞争关系也在地方公共治理创新中起到推动作用。地方政府间竞争是指市场经济各区域体中的地方政府围绕吸引具有流动性的要素展开竞争，以增强各区域的竞争优势。在竞争压力和利益驱动下，地方政府之间会形成横向的政绩对比，① 因此，地方政府纷纷以创新的方式来参与激烈的竞争，例如，通过出台各种优惠政策来吸引更多投资和企业落地，推动地方经济和社会发展，谋求社会公共福利最大化等。

第六，创新的激励制度和文化是地方公共治理创新重要驱动力。有学者在针对杭州市政府创新实践的研究中发现，杭州市针对政府创新构建的创新创优目标绩效考核机制有力地推动了杭州市下辖区县和市直单位的创新行为。② 同时，官员的评价考核和提拔任用制度是激励地方政府领导者进行创新的动力之一。③ 此外，支持变革的群体态度和政治文化也是政府创新的动力来源。

第七，地方政府主要领导对推动公共治理创新起着重要的作用。具体体现在两个方面：一是主要领导的理性个体利益，二是创新精神和能力。地方政府主要领导作为地方政府创新的主要推动者对于政府创新的发起、维持具有重要的作用。有研究表明，领导干部的精英驱动作用在我国地方公共治理创新中的作用尤为突出。④ 一方面，中国地方官员晋升锦标赛模式和公务员考核机制的激励下，地方政府领导有强烈的动机去推动创新。地方政府可以通过政府创新提高政府行政效率和公共服务供给水平，完善社会管理等。这些政绩对于地方官员的晋升起着一定的作用。但在这种考核机制下，地方政府官员也可能借着创新的名义，搞"形象工程"和"政绩工程"等。虽然这些与地方公共治理创新的初衷格格不入，但却是事实。另一方面，政府官员的创新精神和能力通常被作为推动组织创新的重要因素。政府官员的创新精神与能力又与教育程度、社会地位、专业化程度、变革态度、思想和动员能力相关。⑤ 政治领导人对于创新政策的接受程度是政策被采纳并全面发展的先决条件。更有学者提出主要官员对于创新重要性的评估是与政府创新采纳唯一持续相关的因素。⑥ 对于主要政府官员创新态度和意识

① 王国红. 地方政府创新动力与条件 [J]. 学术论坛，2010（5）：59-62.

② 曹伟. 政府创新管理的制度建构：基于杭州实践的研究 [J]. 中国行政管理，2014（10）：29-32.

③ 陈雪莲. 地方政府与公共管理创新：经验与趋势 [M]. 长春：吉林大学出版社，2009.

④ 陈雪莲，杨雪冬. 地方政府创新的驱动模式——地方政府干部视角的考察 [J]. 公共管理学报，2009（3）：1-11.

⑤ Mohr. Lawrence. Explaining Organizational Behavior [M]. San Francisco：Jossey Bass，1982.

⑥ Bingham, Richard P., Hawkins, Brett W., Frendreis, John R., Le Banc, Mary P. Professional Associations and Municipal Innovation [M]. Madison：University of Wisconsin Press，1981.

的强调似乎是独特的并且只存在理论上成立，然而也许在现实生活中也成立。当然，更有可能是主要政府官员的特征与更广泛的环境和组织特征联系起来才构成了政府创新的原因，而主要官员的特征在这个中间只是一个中间变量。

第三节　新时代地方公共治理创新的挑战与路径

一、新时代地方公共治理创新的进展

地方治理是国家治理的重要组成部分，也是一个国家、一个民族得以繁荣昌盛的基石。党的十八届三中全会以来，围绕国家治理体系和治理能力现代化的总目标，当代中国地方治理发生了显著且深刻的变化。主要体现在五个方面。[①]

（一）以人民为中心的发展思想不断深入

党的十九届四中全会提出，坚持以人民为中心的发展思想是我国国家制度和国家治理体系的显著优势之一。在党的集中统一领导下，以人民为中心的发展思想迅即在全国各地得到贯彻。在地方公共治理实践中，"只进一扇门""最多跑一次"等改革从方案的命名即改变了过去以政府为中心的特征，将人民作为改革的主体。在实施过程中，这些项目着力从民众视角理解服务需求、设计服务内容、优化服务供给，提高人民群众的满意度。不少地方将以人民为中心的发展思想融入政府考核评价体系之中，从群众需求满足的视角评价政府部门的工作成效，引导政府行为逻辑的转变。在社会治理领域，继承和发展新时代"枫桥经验"、信访"最多跑一地"等改革，也都体现了以人民为中心的发展思想。可以说，以人民为中心已经成为当代中国地方治理行为的最终指向，从而较为有效地改变了以往政府作为单一主体的治理逻辑。

（二）多元治理主体之间更加协同

地方公共治理有别于地方政府管理。地方治理的一个重要特征是治理的主体包括政府、社会组织、民众个人，甚至市场主体。党的十八大以来，面对日益复杂的地方治理情境，政府以外的治理主体开始更多地融入地方公共治理实践中，成为地方治理中不可或缺的力量，进一步推动了"共建共治共享"治理格局的建设。源自浙江省桐乡市的自治、法治、德治"三治融合"改革或类似改革，如重庆市开展的"乡贤评理堂"、兰州市开展的"市民城管"等，将地方治理中

---

① 郁建兴. 新时代我国地方治理的新进展［N］. 学习时报，2019-12-23（005）.

的各方主体融合到了一个正式制度平台，让来自政府以外的治理智慧更充分地发挥作用，从而致力于实现社会有效治理。在生态环境领域，"民间河长制"等改革项目让许多热心环保事业的民众实质性地参与到环境治理工作之中，成为监督污染排放、规制企业行为的共同主体。在行政改革领域，政府通过优化线上服务平台、开发移动客户端、推广微信公众号等方式，有效拓宽了政府与企业、社会组织、民众个人的交流沟通渠道，使政府以外的公共治理主体能够共同设计、共同评估、共同改进行政服务。

（三）地方政府内部更具整体性

近几年来，"放管服"改革的深入推进，倒逼着地方政府开展流程再造，减少不必要的行政环节，发现并解决部门协调中的"堵点"，使政府内部运行更加有序，整体性政府的特征逐渐显现。以"最多跑一次"改革为例，浙江省通过开展这一改革，将行政服务大厅的办事窗口改为"无差别受理窗口"，企业和群众到任何一个窗口都可以办理所有行政服务事项。这些事项所涉及的各个部门职能，都由政府内部协调完成。对于办事企业和群众而言，他们只需要与一个"政府"打交道，而不需要像过去一样，挨个"拜访"政府部门。这种内部协调性的提升，也体现在城市治理和公共健康等其他领域。例如，北京市开展的"街乡吹哨、部门报到"改革，通过更多地向乡镇、街道赋权和更系统的权力与责任划分机制，纵向联动不同层级政府、横向联动不同管理职权的部门，较为有效地解决了"看得见的管不了，管得了的看不见"的问题。又如，各地都在开展的县域医共体建设，通过推进整合型医疗卫生服务体系建设，进一步减小需求与供给之间的不对称，降低了医疗服务成本，提高了基层医疗卫生服务质量。

（四）地方创新更加有序

允许地方根据属地治理需求开展创新，是中国改革开放得以成功的重要机制。党的十八大以来，高层级政府通过部分上收改革创新权限，同时允许地方政府通过事前请示的方式申请创新，增加了对创新方案的外部监督和把关环节，规范了地方政府的创新行为，也更好地统筹了地方创新的方向和任务。而且，高层级政府通过鼓励"请示授权"式的创新，也让创新方案能够获得更多、更充分的讨论，在一定程度上提高了创新方案的科学性，减少了创新失败的风险。高层级政府通过将上下互动开展地方治理创新的形式制度化，进一步保证了地方公共治理创新的合规性。与此同时，为了消除地方政府或其他治理主体为规避风险而停止创新的顾虑，多地政府出台了改革创新的容错免责机制或类似制度，鼓励地方治理主体有序开展地方创新。

（五）数字技术成为地方公共治理的重要工具

这是当代中国地方公共治理中最具显示度的变化，也是中国经验引领全球地方公共治理实践的关键领域。2016 年的《政府工作报告》首次提出了"互联网+政务服务"的新要求，开启了数字技术与公共治理深度融合的序幕。2016 年 9 月发布的《国务院关于加快推进"互联网+政务服务"工作的指导意见》明确提出："2020 年底前，实现互联网与政务服务深度融合，建成覆盖全国的整体联动、部门协同、省级统筹、一网办理的'互联网+政务服务'体系，大幅提升政务服务智慧化水平，让政府服务更聪明，让企业和群众办事更方便、更快捷、更有效率。"在此后数年中，信息通信技术、大数据、互联网等成为地方治理中的关键词。各地开展的"放管服"改革纷纷提出让"数据跑"代替"群众跑"，打破"信息孤岛"推动政府信息的互联互通，运用大数据技术实现民众需求的实时反馈和各类治理问题的有效识别。2016 年以来，全国多地成立了大数据管理局或类似机构，以统筹公共数据，推进技术与治理的融合。部分地区还借助第三方机构的技术支持，成立了"城市大脑"等智慧治理平台，辅助政府和其他主体开展公共治理。以杭州市"城市大脑"为例，通过引入城市交通大数据，"城市大脑"实现了对交通信号系统的智慧控制，城市道路通行效率得到了显著提升。事实上，前文讨论的诸多变化，如政府治理逻辑的转变、治理主体之间的协同、地方政府内部的协调等，都在很大程度上依赖于数字技术带来的新机遇。

纵观新时代的地方改革实践，当代中国地方公共治理正在从政府主导、碎片化的单兵突进式改革向多元主体相互协同、依托数字技术、系统全面推进的共同治理格局转变。上述变迁，主要得益于两方面的举措：一是坚持党的集中统一领导，二是充分发挥中央和地方的两个积极性。前者保证了自上而下的原则、方针、政策可以在地方治理实践中得到有效贯彻和体现；后者则让源自地方、源自社会的治理智慧和治理经验在地方治理实践中得到有效运用，并且使那些行之有效且具有普遍意义的做法进而上升为更广区域内的政策文件，得到扩散和推广。

二、新时代地方公共治理创新的挑战

当然，我们也应该认识到，新时代地方治理同样面临着许多新的挑战，例如，社会组织、公民个人参与共同治理的意愿不足，地方治理主体的能力还不足以支撑大规模和快速的数字化治理转型等问题。

（一）各主体在地方公共治理创新中的位置存在偏差

地方公共治理创新的主体应该包括政府、市场、社会和专家主体四个方面。其中，党委政府主要扮演组织者和问题载体角色，市场和社会属于地方公共治理秩序和价值重构者角色，专家主体则主要提供理论和技术支持，指导创新实践，纠正创新偏差。在地方公共治理创新中，各主体在治理创新过程中的位置有以下三个：一是党委政府主位。当前的地方公共治理创新在很大程度上是党委政府的

"独角戏",市场、公众和专家主体在治理创新中依附于政治主体。社会主体的缺位与错位使地方公共治理创新有名无实或者收效甚微。二是公众参与缺位。在很多地方治理创新中,公众参与仅仅停留在创新实践初期,形式主要是群众座谈会,而以"听证会"形式考察公众对地方治理创新所持态度的实践非常少。在诸如环评等非地方公共治理创新领域中,即使公众参与具有制度化规定,参与缺位依然经常发生。在群众座谈会这类单向参与模式中,公众参与仍然是被动式的,其持续性和有效性都是有限的。① 其结果是,多数旨在提高公众参与的地方公共治理创新却不为公众所知,在创新机制出台后公众也很少有较高的参与意愿。三是专家主体错位。专家主体在治理创新中应该发挥理论指导、技术支持和实践纠偏的功能,尤其要在创新初期的框架设计和论证阶段发挥作用。但当下公共治理创新实践都先于专家主体的理论和技术论证,专家主体在治理创新过程中主要扮演"理论总结"的角色。正如陈雪莲和杨雪冬所言,专家主体在"政策设计领域的参与少,在宣传和论证创新绩效领域的参与较多"。② 此外,当前"大多数我国地方政府制度创新的发生和发展,都与当地的尖锐矛盾和危机密切相关"。③ 例如,温岭的民主恳谈会、巴中的民主评议干部、杭州的开放式决策,在开始阶段都是由地方党委发起,目的在于建构一种干群交流机制,缓和决策矛盾和社会矛盾。学者基本上都是在中期以后加入,通过展开研讨会进行理论把脉,对地方公共治理创新发挥总结和宣传作用。由此可以看到,在地方公共治理创新中,市场和社会主体对政治主体的依赖性并没有得到充分消解,创新依然处于等级型治理结构之中。

（二）地方公共治理体系的民主性和抗风险能力较低

市场和社会主体在治理创新中对政治主体的依附性决定了创新后的地方公共治理仍然属于等级型治理范畴。等级型治理的逻辑仍然是自上而下运转的,因此整个治理体系的竞争性并不高。例如,在城市公共产品民营化的治理创新中,非竞争性购买现象严重,购买行为内部化已经成为普遍性问题,④ 提供公共产品的市场主体都是政府所属企业或政府培育的社会组织,市场竞争逻辑并没有有效嵌入公共产品的供给机制中。自上而下的科层制逻辑决定了地方公共治理过程在很大程度上仍然是封闭的,社会主体和市场主体并未有效嵌入治理过程中。因此,在公共政策过程中,社会主体和市场主体无法对政策议程产生有效影响,"凝闭

①② 陈雪莲,杨雪冬.地方政府创新的驱动模式——地方政府干部视角的考察［J］.公共管理学报,2009（3）：1-11.

③ 高新军.地方政府创新缘何难持续——以重庆市开县麻柳乡为例［J］.中国改革,2008（5）：29-32.

④ ［美］莱斯特·M.萨拉蒙.政府向社会组织购买公共服务研究——中国与全球经验分析［M］.北京：北京大学出版社,2010.

型公共政策"继续存在。在此背景下，整个地方公共治理体系在面对公共利益纠纷和公共危机事件时往往会陷入高度集权状态，问题的解决最终需要科层组织的顶端出面化解，基层政权只能借由暴力提升自己的抗风险能力，地方公共治理的逻辑也因此由"维稳"思维所主导。

（三）地方公共治理体系的合法性不足

可以看到，经历创新后的治理体系的民主性和抗风险能力并未得到有效提升，这意味着地方公共治理创新的有效性是严重不足的。有效性不足表现为四个方面：一是"脱实务虚，文字创新"，二是"不求实效，形式创新"，三是"难获推广，孤独创新"，四是"难以持续，短命创新"。[①] 在有效性不足的情况下广泛动员公众参与地方公共治理创新实践反而会削弱其效能感，从而损害地方治理创新的合法性。认同合法性危机又进一步会引发社会公众对创新的有效参与认同危机，动员式的参与模式可能随之而起，从而形成了一种"创新低效—认同危机—实践萎缩"的创新怪圈。[②]

三、新时代地方公共治理创新的路径

近年来仔细梳理地方公共治理创新模式，我们也要清醒地认识到，随着经济全球化和信息技术革命的迅猛发展，我国经济社会转型进入深水区，地方治理必将迎来更加深刻的变革。在这个过程中，能否顺应社会和历史发展潮流、准确把握地方公共治理创新的未来发展趋势，将是决定未来我国地方公共治理成败的关键所在。由此，我国接下来的地方公共治理创新实践，必须既能有效回应当前实践中面临的问题和挑战，又能顺应地方公共治理与社会发展的潮流。[③]

（一）从单兵到协作，走向整体性治理

在地方治理过程中，不同区域、不同层级政府之间的关联性越来越复杂和多元化。同时，社会信息化、市场无界化、区域一体化的迅速发展，使很多地方政府内部的社会公共问题和公共事务变得越来越外部化，要解决这些问题无疑需跨越地方政府传统的权力边界。一些地方治理创新实践无论是在实效上还是可持续性上都存在明显的瓶颈，其中一个重要原因就是缺乏相应的顶层设计与整体推动，不同地域、不同政府及不同部门间的协作不够，呈现出明显的碎片化特征。例如，基于分享经济理念的共享单车在全国各个城市迅猛发展，尽管在优化资源配置、减少交易成本等方面具有创新价值，但因缺乏与地方规划、城市管理、运

---

① 林冠平. 地方政府创新中的现存障碍与推动机制 [J]. 中国行政管理，2014 (2)：79-81.

② 付建军，张春满. 从悬浮到协商：我国地方社会治理创新的模式转型 [J]. 中国行政管理，2017 (1)：44-50.

③ 吴兴智. 地方治理创新的五大发展趋势 [N]. 学习时报，2017-09-04 (006).

管交通等部门的整体协同，其负面效应已逐步显现出来。

地方治理进一步的创新，首要在于强化创新实践的整体性，着眼于横向和纵向的协调与联动，对治理层级、功能、公私部门关系及信息系统等碎片化问题进行有机协调与整合，不断从分散走向集中、从部分走向整体、从破碎走向整合，避免不同政策相互削弱的情况，更好地利用社会资源，以协调、整合、责任为原则，促进特定区域内不同利益相关者的共同行动，这也是地方治理体系现代化的重要标志。

（二）从参与到协商，走向复合式治理

与科层制不同，治理是"各种公共的或私人的个人和机构管理其共同事务的诸多方式的总和"①，具有多元权力主体、组织扁平化、共治工具和多元资源供给的特征。这是现代社会复杂性结构发展出的必然结果。近年来在地方公共治理创新实践中，着眼于促进公民参与的案例无疑是最多的，推动地方治理不断向培育社会多元参与和基层自治的方向发展。但自身亦处于转型中的地方政府，为了确保社会有序而不得不在转型过程中发挥主导作用，由此所带来的问题是，地方政府往往难以在回应公民日益迫切的参与愿望与维护社会秩序防止"参与爆炸"之间找到平衡点。这种多元参与的治理创新虽然在一定程度上激发了社会多元主体的活力，但对于不同主体之间如何互动和地方公共事务如何在多元主体间的合作共治中得以有效解决的问题，却无法给出更好的答案。

在多元利益背景下，有效治理必然是多元主体协商共识的产物。从这个角度来讲，协商治理是现代公共治理的阶段性发展目标。协商治理在两个层面上可以突破悬浮型治理创新模式：在主体层面，协商治理通过协商民主引入多主体参与，增强公众参与的有效性和关联性，建立平等自由的主体合作关系，从而颠覆了悬浮模式中的一元主体主导格局；在方法层面，协商治理更侧重于柔性治理技术如对话、讨论和共识，从而超越了悬浮模式的强制性和指令性逻辑。② 因此，地方公共治理创新需在多元主体参与的基础上进一步深化协商治理，在各个要素间形成一种结构稳定与动态均衡的状态，厘清和规范不同社会主体在不同公共事务、不同公共决策阶段的不同互动机制，有效解决多元主体间有效分享公共治理职能与权责的问题。这是一种基于分层参与、网状决策、规范协商等一系列体制机制设计的复合治理模式，能够有效应对社会多元化发展所带来的各种挑战。

（三）从网络到智慧，走向技术性治理

大数据时代的来临、现代信息技术的发展为地方治理带来了挑战，也为优化

---

① 俞可平. 治理与善治 [M]. 北京：社会科学文献出版社，2000：8-9.

② 彭勃. 从行政逻辑到治理逻辑：城市社会治理的逆行政化改革 [J]. 社会科学，2015（5）：18-26.

地方治理结构和绩效开辟了广阔的空间。疫情防控过程中，大数据平台、信息监测系统等信息化工具，为疫情防控、民生服务提供有力支撑。当前，地方治理中的网络论坛、电子问政等创新形式，就较好地利用了现代网络和电子信息技术来拓展政府与社会的交流渠道，为公民参与地方治理提供了新的载体。与此同时，大数据技术的快速发展，政府传统的治理模式和治理理念与大数据时代的治理环境"脱域"，对政府治理能力提出了诸多挑战。随着数字时代的来临以及地方治理的复杂化与精细化趋势越发明显，海量的数据、高度复杂化的社会结构都远远超出了传统人工治理的能力范畴，技术手段的运用将成为决定地方公共治理水平的一个重要因素，基于信息共享、物联网、移动互联、人工智能、大数据和云计算等新型技术的地方公共治理将更加智慧化和精准化。在这个过程中，既需要打破不同部门、不同政府间的"信息孤岛"，利用现代信息技术广域性、快捷性等优势，实现信息高效整合和互联互通，又需要确保数据的一致性和海量数据的深度挖掘与利用，激发数据的活力，从而真正推进地方政府管理和社会治理有效性、公共服务高效化。为此，我们应直面大数据技术的挑战，从意识层面、管理层面、制度层面、技术层面和法律层面，科学合理地运用大数据技术，促进公共治理能力的现代化建设，推动地方公共治理从"权威治理"向"科学治理"转变。①

（四）从制度到功能，走向理性化治理

当前，我国地方治理正逐步进入由重点领域变革向全面深化改革拓展的阶段，在这个过程中，既需要健全各方面制度、完善各方面体制机制，又需要强化制度的实践有效性，为推动地方发展提供持续动力。制度创新，是近年来地方治理创新的重要内容，为优化地方治理提供了良好的制度支撑。但法规制度的生命力在于执行，制度的建立只是万里长征第一步，使制度在治理实践中发挥规则理性的应有功能才是最终目的，这也是地方政府维护社会基本秩序能力的根本体现，以及地方政府治理能力现代化的必然要求。

制度创新作用的发挥程度，关键在于"于法周延、于事有效"，确保制度规则得到多元社会主体的共同遵守。理性化治理，意味着未来的地方治理须以公共理性为基础，从制度之治走向规则之治，更加注重制度建设内含的价值基础、基本准则及实践条件等。因此，包括诸如强镇扩权、省直管县、流动人口管理等的治理变革，都需要实现从结构变革到功能变迁，着眼于地方治理环境的改善和治理目标的需要，不断推进政务流程和政社关系的再造，逐步形成新的基于规则理性的地方治理格局。

---

① 王山. 大数据时代中国政府治理能力建设与公共治理创新［J］. 求实，2017（1）：51-57.

（五）从宏观到微观，走向生活化治理

改革开放之所以取得成功，其中一个重要因素就在于它深深植根于民众的生活之中，改变着社会成员日常生活的基本逻辑。地方治理绩效的改善，首要目的也在于通过把所有的决策对象纳入决策考量中，使地方治理体系对社会利益矛盾与冲突更加敏感、更加以规则为导向、更加尊重公民的权利救济和利益实现。走向生活化的地方治理实践，意味着我国地方治理既需要关注宏观政治制度框架的优化，更需要关注微观政治运作的机制，有效解决与居民生活密切相关的各种问题，以使诸如多中心治理、民主治理等现代治理创新模式作为一种公共生活方式的价值得以凸显。更进一步说，通过生活政治的微观民主的经验实践与体验，一种基于民主和法治的现代国家认同才会具备本土的经验根基。因此，在地方治理创新实践中，必须更加注重创新的实践功能和可持续性，将民众日常化的、生活化的经验感受作为地方治理尤其是基层治理创新是否具有价值的重要评判标准。当地方治理创新能够成为民众处理与他们切身利益相关的各种私人或公共事务的基本原则和方式时，这种治理模式就真正具有了持续发展的生命力，并为整个地方治理体系和治理能力现代化奠定坚实的社会基础。

复习思考题

1. 简述地方公共治理创新的发展历程。
2. 简述地方公共治理创新的类型、原则与动力。
3. 新时代地方公共治理创新取得哪些进展？
4. 新时代地方公共治理创新面临哪些挑战？
5. 新时代地方公共治理创新有哪些路径？

案例分析

"八闽健康码"将升级为"福建码"一部手机可全省就医
2021-06-06

近日，省政府办公厅印发《2021年数字福建工作要点》（以下简称"工作要点"），明确将"八闽健康码"升级为"福建码"，统筹电子身份证、电子健康卡、医保电子凭证、电子社保卡等技术标准，实现一部手机全省就医。

工作要点提出将现有政务信息网、政务外网、无线政务专网、政务内网整合为政务信息网和政务内网，建设全省一体化协同办公和移动办公平台，实现全流程无纸化办公和移动办公；依托"中国福建"门户网站，建设政务服务"一张网"总门户，实现"对外好办事，对内好办公"；推动各级各部门已建 APP 和第三方平台公众号、小程序等以"政务小程序"入驻闽政通 APP。

我省将深入实施"上云用数赋智"行动，建设 5 个以上中小企业数字化转型促进中心，新增 5000 家企业"上云上平台"；实施数字经济闽商回归工程和优质创新企业培育行动，培育形成 2000 家以上数字经济领域高新技术企业、科技小巨人、单项冠军、"专精特新"等创新企业；实施数字经济园区提升行动，重点打造 10 个以上省级数字经济园区。

我省将建设疫情防控信息平台、省级疫情防控统一数据库和省级通信大数据平台，推进疫情防控数据与社会治理数据高效便捷共享；建设"互联网+医疗健康"示范省，启动省统筹全民健康信息平台建设，推进省属公立医院健康医疗数据汇聚和医院间诊疗信息互通互认。

我省将加快新型基础设施建设，新建 3 万个以上 5G 基站，扩容异地灾难备份中心。还将制定省市公共数据资源开放目录清单，依法有序向社会开放重点领域公共数据资源。

资料来源："八闽健康码"将升级为"福建码"一部手机可全省就医［EB/OL］. http：//www. taihainet. com/news/fujian/gcdt/2021-06-06/2517758. html.

参考文献

一、外文类

［1］Commission on Global Governance. Our Global Neighborhood ［M］. New York：Oxford University Press，1995.

［2］Jan Kooiman. Modern Governance：New Government－Society Interactions ［M］. London：Sage，1993.

［3］Bruno Turnheim, Mehmet Y. Tezca. Complex Governance to Cope with Global Environmental Risk：An Assessment of the United Nations Framework Convention on Climate Change ［Z］. Science and Engineering Ethics, Published Online：22 October 2009.

［4］Ostrome E，Schroeder L，Wynnes S. Institutional Incentives and Sustainable Development：Infrastructure Policies in Perspective ［M］. Boulder：Westview Press，1993.

［5］John R. Parkins. De－centering Environmental Governance：A Short History and Analysis of Democratic Processes in The Forest Sector of Alberta，Canada ［J］. Policy Sic，2006（39）：183－203.

［6］Mulford C. L.，Rogers D. L. Definitions and Models. in Rogers D. L.，Whetten Iowa：D. A. eds. Interorgani－zational Coordination：Theory，Research，and Im ple－mentation ［M］. Iowa：Iowa State University Press，1982.

［7］OECD. The OECD Report on Regulatory Reform Synthesis ［R］. Paris：OECD Publishing，1997.

［8］See Gilbert，Barbara，The Enabling State：Modern Welfare Capitalism in America ［M］. New York：Oxford University Press，1989.

［9］Bennett T. Culture：A Reformer's Science ［M］ London：Sage，1998.

［10］Bennett T. Putting Policy into Cultural Studies ［A］//Grossberg L. et al.

Cultural Studies［M］. New York and London：Routledge，1992.

［11］Dubos R. Mirage of Health：Utopias，Progress，and Biological Change［M］. New York：Harper & Row，1960.

［12］Robert Axelrod. The Evolution of Cooperation［Z］. Basic Books，1984.

［13］K. G. Provan，H. B. Milward. A Preliminary Theory of Interorganizational Network Effectiveness：A Comparative Study of Four Community Mental Health Systems［J］. Administrative Science Quarterly，1995（1）.

［14］U. S. Goverment Printing Office. Government Performance and Results Act of 1993［R］. Washington：the U. S. Goverment Printing Office，1993.

［15］Mohr，Lawrence. Explaining Organizational Behavior［M］. San Francisco：Jossey Bass，1982.

［16］Bingham，Richard P.，Hawkins，Brett W.，Frendreis，John R. and Le Banc，Mary P. Professional Associations and Municipal Innovation［M］. Madison：University of Wisconsin Press，1981.

二、著作类

［1］［日］山口重克. 市场经济：历史·思想·现在［M］. 张季风等译. 北京：社会科学文献出版社，2007.

［2］［瑞典］理查德·斯威德伯格. 经济社会学原理［M］. 周长城等译，北京：中国人民大学出版社，2005.

［3］［美］詹姆斯·罗西瑙. 没有政府的治理［M］. 张胜军，刘小林等译. 南昌：江西人民出版社，2001.

［4］［瑞典］恩·皮埃尔，［美］盖伊·彼得斯. 治理、政治与国家［M］. 唐贤兴，马婷译. 上海：格致出版社，上海人民出版社，2019.

［5］［法］福柯. 性经验史［M］. 佘碧平译. 上海：上海人民出版社，2002.

［6］［法］米歇尔·福柯. 规训与惩罚［M］. 刘北成，杨远婴译. 北京：三联书店，2007.

［7］［英］托尼·本尼特. 文化与社会［M］. 王杰，强东红译. 桂林：广西师范大学出版社，2007.

［8］［美］兰德尔·柯林斯. 互动仪式链［M］. 林聚任，王鹏，宋丽君译. 北京：商务印书馆，2018.

［9］［美］麦克尔·麦金尼斯. 多中心体制与地方公共经济［M］. 毛寿龙译. 上海：上海三联书店，2000.

［10］［美］埃莉诺·奥斯特罗姆．公共事物的治理之道［M］．上海：上海三联书店，2000.

［11］［美］萨瓦斯·E.S. 民营化与公私部门的伙伴关系（中文修订版）［M］．北京：中国人民大学出版社，2017.

［12］［日］加藤一郎．公害法の生成と展開［M］．岩波：岩波书店，1970.

［13］［美］埃莉诺·奥斯特罗姆．公共事物的治理之道——集体行动制度的演进［M］．上海：上海三联书店，1999.

［14］王诗宗．治理理论及其中国适用性［M］．杭州：浙江大学出版社，2009.

［15］俞可平．论国家治理现代化［M］．北京：社会科学文献出版社，2014.

［16］尹冬华．从管理到治理：中国地方治理现状［M］．北京：中央编译出版社，2006.

［17］黄健荣．公共管理新论［M］．北京：社会科学文献出版社，2005.

［18］吴爱明．地方政府学［M］．武汉：武汉大学出版社，2009.

［19］蔡立辉，王乐夫．公共管理学［M］．北京：中国人民大学出版社，2018.

［20］荣敬本．从压力型体制向民主合作体制的转变［M］．北京：中央编译出版社，1998.

［21］杨继文．环境、伦理与诉讼——从技术到制度的环境司法学［M］．北京：中国政法大学出版社，2015.

［22］王刚．从治理走向秩序——经济转型中的市场治理研究［M］．北京：经济管理出版社，2010.

［23］应松年．当代中国行政法（第4卷）［M］．北京：人民出版社，2018.

［24］俞可平．敬畏民意［M］．北京：中央编译出版社，2013.

［25］李山．社区文化治理的理论逻辑与行动路径［M］．北京：高等教育出版社，2017.

［26］颜桂堤．文化研究：理论旅行与本土化实践［M］．北京：人民出版社，2020.

［27］陈振明等．公共服务导论［M］．北京：北京大学出版社，2011.

［28］刘吉发，金栋昌，陈怀平．文化管理学导论［M］．北京：中国人民大学出版社，2013.

［29］马中良，袁晓君，孙强玲．当代生命伦理学生命科技发展与伦理学的

碰撞［M］．上海：上海大学出版社，2015.

［30］董维真．公共健康学［M］．北京：中国人民大学出版社，2009.

［31］高燕．健康浙江：社会健康治理方法与实践［M］．杭州：浙江工商大学出版社，2018.

［32］饶会林．中国城市管理新论［M］．北京：经济科学出版社，2003.

［33］朱启臻．农村社会学［M］．北京：中国农业出版社，2002.

［34］李里峰．土地改革与华北乡村权力变迁：一项政治史的考察［M］．南京：江苏人民出版社，2018.

［35］张卫波．实现耕者有其田——解放战争时期的土地改革［M］．石家庄：河北人民出版社，2014.

［36］陈益元．建国初期农村基层政权建设研究：1949—1957——以湖南省临澧县为个案［M］．上海：上海社会科学院出版社，2006.

［37］张晓山，李周．新中国农村60年的发展与变迁［M］．北京：人民出版社，2009.

［38］张厚安，徐勇．中国农村政治稳定与发展［M］．武汉：武汉大学出版社，1995.

［39］周红文．社会资本与中国农村治理改革［M］．北京：中央编译出版社，2007.

［40］吴志华，程桂萍，注丹．大都市社区治理研究［M］．上海：复旦大学出版社，2008.

［41］丁茂战．我国城市社区管理体制改革研究［M］．北京：中国经济出版社，2009.

［42］本书编写组．党的十八大以来治国理政新成就（上册）［M］．北京：人民出版社，2017.

［43］中共中央文献研究室．建国以前重要文献选编（1921—1949）［M］．北京：中央文献出版社，2011.

［44］王名，刘国翰，何建宇．中国社团改革——从政府选择到社会选择［M］．北京：社会科学文献出版社，2001.

［45］马春霞．中国共产党抗疫之路的历史诠释［M］．北京：中国出版社，2021（7）：71.

［46］吴志华，程桂萍，注丹．大都市社区治理研究［M］．上海：复旦大学出版社，2008.

三、论文类

［1］邓雁玲，雷博，陈树文．实施乡村振兴战略的逻辑理路分析［J］．经

济问题，2020（1）：20-26.

　　［2］刘儒，刘江，王舒弘．乡村振兴战略：历史脉络、理论逻辑、推进路径［J］．西北农林科技大学学报（社会科学版），2020（2）：1-9.

　　［3］慕良泽，赵勇．乡村振兴的历史基础和现实策略［J］．广西大学学报（哲学社会科学版），2019（1）：121-126.

　　［4］叶敬忠．乡村振兴战略：历史沿循、总体布局与路径省思［J］．华南师范大学学报（社会科学版），2018（2）：64-69+191.

　　［5］王绍光．治理研究：正本清源［J］．开放时代，2018（2）：9+153-176.

　　［6］曾正滋．公共行政中的治理——公共治理的概念厘析［J］．重庆社会科学，2006（8）：81-86.

　　［7］余军华，袁文艺．公共治理：概念与内涵［J］．中国行政管理，2013（12）：52-55+115.

　　［8］韩兆柱，翟文康．西方公共治理前沿理论述评［J］．甘肃行政学院学报，2016（4）：23-39+126-127.

　　［9］李雪松．地方社会公共治理的互联逻辑与创新向度［J］．广西社会科学，2018（4）：156-161.

　　［10］方世南．区域生态合作治理是生态文明建设的重要途径［J］．学习论坛，2009（4）：40-43.

　　［11］黄玲．新时期生态环境治理中的政府职能探讨［J］．人民论坛，2012（35）：48-49.

　　［12］龚天平，刘潜．我国生态治理中的国内环境正义问题［J］．湖北大学学报（哲学社会科学版），2019（6）：14-21+172.

　　［13］刘旭东．农村环境治理的中国语境与中国道路［J］．西南民族大学学报（人文社会科学版），2020（4）：201-210.

　　［14］周军，刘冲．新时代中国共产党绿色发展理念的基本逻辑及实践价值［J］．理论探讨，2019（5）：155-159.

　　［15］曲婧．全球生态环境治理的目标与合作倡议［J］．行政论坛，2019（1）：110-115.

　　［16］唐代兴．环境治理的社会目标及实施道路［J］．西南民族大学学报（人文社会科学版），2014（7）：65-71.

　　［17］刘敏．城乡融合视野下农村人居环境治理的目标与措施研究［J］．农业经济，2020（3）：33-35.

　　［18］俞海山．从参与治理到合作治理：我国环境治理模式的转型［J］．江

汉论坛，2017（4）：58-62.

　　［19］王蔚．改革开放以来中国环境治理的理念、体制和政策［J］．当代世界与社会主义，2011（4）：178-180.

　　［20］王芳，曹方源．迈向社区环境治理体系现代化：理念、实践与转型路径［J］．学习与实践，2021（8）：106-116.

　　［21］索费恩·萨哈拉维．环境可持续性的全球治理：公共管理作为关键载体［J］．莫尧译．中国机构改革与管理，2018（11）：7-8.

　　［22］周伟．合作型环境治理：跨域生态环境治理中的地方政府合作［J］．青海社会科学，2020（2）：76-83.

　　［23］颜德如，张玉强．中国环境治理研究（1998—2020）：理论、主题与演进趋势［J］．公共管理与政策评论，2021（3）：144-157.

　　［24］朱锡平．论生态环境治理的特征［J］．生态经济，2002（9）：48-50+58.

　　［25］吕建华，林琪．我国农村人居环境治理：构念、特征及路径［J］．环境保护，2019（9）：42-46.

　　［26］史耀波，任勇．收入差距、流动成本与地区环境治理［J］．生态经济，2007（9）：145-148+157.

　　［27］李胜．两型社会环境治理的政策设计——基于参与人联盟与对抗的博弈分析［J］．财经理论与实践，2009（5）：92-96.

　　［28］洪璐，彭川宇．城市环境治理投入中地方政府与中央政府的博弈分析［J］．城市发展研究，2009（1）：70-74.

　　［29］杨妍．环境公民社会与环境治理体制的发展［J］．新视野，2009（4）：42-44.

　　［30］李雪松，高鑫．基于外部性理论的城市水环境治理机制创新研究——以武汉水专项为例［J］．中国软科学，2009（4）：87-91+97.

　　［31］秦鹏，唐道鸿，田亦尧．环境治理公众参与的主体困境与制度回应［J］．重庆大学学报（社会科学版），2016（4）：126-132.

　　［32］张继兰，虞崇胜．环境治理：权威主义还是民主主义？［J］．学习与实践，2015（9）：62-68.

　　［33］赵晶．生态文明视角下环境治理特征的研究综述［J］．经济研究参考，2017（16）：62-68.

　　［34］胡佳．区域环境治理中地方政府协作的碎片化困境与整体性策略［J］．广西社会科学，2015（5）：134-138.

　　［35］王树义，蔡文灿．论我国环境治理的权力结构［J］．法制与社会发

展，2016（3）：155-166.

　　［36］王勇．从"指标下压"到"利益协调"：大气治污的公共环境管理检讨与模式转换［J］．政治学研究，2014（2）：104-115.

　　［37］苑春荟，燕阳．中央环保督察：压力型环境治理模式的自我调适——一项基于内容分析法的案例研究［J］．治理研究，2020（1）：57-68.

　　［38］关斌．地方政府环境治理中绩效压力是把双刃剑吗？——基于公共价值冲突视角的实证分析［J］．公共管理学报，2020（2）：53-69+168.

　　［39］夏光．论社会制衡型环境治理模式［J］．环境保护，2014（14）：10-12.

　　［40］吴惟予，肖萍．契约管理：中国农村环境治理的有效模式［J］．农村经济，2015（4）：98-103.

　　［41］田毅鹏．"村落终结"与农民的再组织化［J］．人文杂志，2012（1）：155-160.

　　［42］李庆瑞．新常态下环境法规政策的思考与展望［J］．环境保护，2015（3）：12-15.

　　［43］杨继文．中国环境治理的两种模式：政策协调与制度优化［J］．重庆大学学报（社会科学版），2018（5）：108-116.

　　［44］赵新峰，袁宗威．京津冀区域政府间大气污染治理政策协调问题研究［J］．中国行政管理，2014（11）：18-23.

　　［45］杨继文．基于生态整体主义的环境治理进路研究：理论化、社会化与司法化［J］．环境污染与防治，2015（8）：90-95.

　　［46］詹国彬，陈健鹏．走向环境治理的多元共治模式：现实挑战与路径选择［J］．政治学研究，2020（2）：65-75+127.

　　［47］何寿奎．长江经济带环境治理与绿色发展协同机制及政策体系研究［J］．当代经济管理，2019（8）：57-63.

　　［48］温暖．多元共治：乡村振兴背景下的农村生态环境治理［J］．云南民族大学学报（哲学社会科学版），2021（3）：115-120.

　　［49］彭文斌，吴伟平，王冲．基于公众参与的污染产业转移演化博弈分析［J］．湖南科技大学学报（社会科学版），2013（1）：100-104.

　　［50］朱艳丽．论环境治理中的政府责任［J］．西安交通大学学报（社会科学版），2017（3）：51-56.

　　［51］孙玉中．论我国区域环境治理中的共同但有区别责任原则［J］．云南行政学院学报，2017（4）：103-108.

　　［52］范和，唐慧敏．农村环境治理结构的变迁与城乡生态共同体的构建

［J］．内蒙古社会科学（汉文版），2016（4）：149-155.

［53］丁国军．我国环保民间组织的发展路径探析［J］．环境保护，2015（21）：52-54.

［54］赵新峰，李春．政府购买环境治理服务的实践模式与创新路径［J］．南京师范大学学报（社会科学版），2016（5）：30-37.

［55］姚瑶．农村生态环境治理的现实困境分析［J］．农业经济，2021（4）：51-52.

［56］汪蕾，冯晓菲．我国农村生态环境治理存在问题及优化——基于产权配置视角［J］．理论探讨，2018（4）：106-111.

［57］褚添有．地方政府生态环境治理失灵的体制性根源及其矫治［J］．社会科学，2020（8）：64-75.

［58］陈海嵩．环保督察制度法治化：定位、困境及其出路［J］．法学评论，2017（3）：176-187.

［59］常纪文，王鑫．由督企、督政到督地方党委：环境监督模式转变的历史逻辑［J］．环境保护，2016（7）：18-23.

［60］高桂林，陈云俊．论生态环境损害责任终身追究制的法制构建［J］．广西社会科学，2015（5）：93-97.

［61］崔弘树．中国行政垄断的经济分析［J］．浙江社会科学，2003（2）：63-65.

［62］刘启川．权责清单优化营商环境的法治建构［J］．江苏社会科学，2021（6）：1-9.

［63］何大安．市场治理变动与会计准则重塑［J］．浙江社会科学，2008（2）．

［64］王蕾，王芳霞．政府监管政策绩效评估分析——以经济合作与发展组织国家为例［J］．甘肃行政学院学报，2009（5）：80-86+127.

［65］张秉福．论社会性管制政策工具的选用与创新［J］．华南农业大学学报（社会科学版），2010（2）：74-80.

［66］杜应恒，米爱娟，颜晶晶．食品生产企业质量控制体系研究［J］．中国集体经济，2010（16）：116-117.

［67］应飞虎，涂永前．公共规制中的信息工具［J］．中国社会科学，2010（4）：116-131.

［68］孙晋．新时代确立竞争政策基础性地位的现实意义及其法律实现——兼议《反垄断法》的修改［J］．政法论坛，2019（2）：3-12.

［69］席涛．市场监管的理论基础、内在逻辑和整体思路［J］．政法论坛，

2021（4）：71-85.

　　［70］胡建淼．"其他行政处罚"若干问题研究［J］．法学研究，2005（1）：70-81.

　　［71］李友梅．中国社会治理的新内涵与新作为［J］．社会研究，2017（6）：27-34+242.

　　［72］田毅鹏，都俊竹．社区工作法的"治理禀赋"与基层社会治理升级［J］．东岳论丛，2021（11）：2-13.

　　［73］陈光裕．精准扶贫背景下农村基层社会治理的困境及路径创新［J］．农业经济，2021（11）：87-89.

　　［74］毛高杰．基层党组织嵌入的乡村社会治理分析［J］．领导科学，2021（20）：106-109.

　　［75］陈秀红．从"嵌入"到"整合"：基层党组织推进基层社会治理的行动逻辑［J］．中共中央党校（国家行政学院）学报，2021（5）：64-72.

　　［76］周爱民．利益相关者视域下城市基层社会治理研究［J］．城市发展研究，2021（9）：22-25.

　　［77］陶希东．新时代中国社会治理创新的5大历史性成就［J］．领导科学论坛，2019（4）：2.

　　［78］张宏树．群体传播视阈下民族地区基层社会治理机制创新［J］．民族学刊，2021（7）：56-67+108.

　　［79］刘红波，林彬．"群"以"类"聚：基层社会治理中的直联式吸纳——基于G省L镇"微信动员"的个案考察［J］．华南师范大学学报（社会科学版），2021（4）：101-114+207.

　　［80］卢福营，徐璐．街乡共治：城乡融合背景下的基层治理创新——基于浙江省云和县的调查［J］．杭州师范大学学报（社会科学版），2021（4）：122-127.

　　［81］张磊．社会治理共同体的重大意义、基本内涵及其构建可行性研究［J］．重庆社会科学，2019（8）：39-50.

　　［82］徐顽强，于周旭，徐新盛．社会组织参与乡村文化振兴：价值、困境及对策［J］．行政管理改革，2019（1）：51-57.

　　［83］吴青熹．基层社会治理中的政社关系构建与演化逻辑——从网格化管理到网络化服务［J］．南京大学学报（哲学·人文科学·社会科学版），2018（6）：117-125.

　　［84］张文显，徐勇，何显明，姜晓萍，景跃进，郁建兴．推进自治法治德治融合建设，创新基层社会治理［J］．治理研究，2018（6）：5-16.

［85］张树旺，李伟，王郅强．论中国情境下基层社会多元协同治理的实现路径——基于广东佛山市三水区白坭案例的研究［J］．公共管理学报，2016（2）：119-127+158-159.

［86］何欣峰．社区社会组织有效参与基层社会治理的途径分析［J］．中国行政管理，2014（12）：68-70.

［87］顾昕．协作治理与发展主义：产业政策中的国家、市场与社会［J］．学习与探索，2017（10）：86-95.

［88］黄浩明．建立自治法治德治的基层社会治理模式［J］．行政管理改革，2018（3）：39-44.

［89］魏礼群．提高社会治理水平决胜全面小康社会——全面建成小康社会之时中国社会的景象特征及实现目标任务与路径选择［J］．社会治理，2016（5）：10-20.

［90］徐勇．社会服务购买推进城郊社会治理共同体建设研究［J］．中共天津市委党校学报，2021（4）：77-85.

［91］沈永东，陈天慧．多元主体参与基层社会治理的共治模式——以宁波市鄞州区为例［J］．治理研究，2021（4）：82-89.

［92］温丙存．我国基层纠纷治理的制度转型与创新发展——基于2019—2020年全国创新社会治理典型案例分析［J］．求实，2021（4）：53-63+111.

［93］郑建炳．乡村治理的有效实践样态及运行逻辑——以黔东南丹寨县寨管委为例［J］．社会科学家，2021（7）：140-144.

［94］高丙中．公共文化的概念及服务体系建设的双元主体问题［J］．广西民族大学学报（哲学社会科学版），2016（6）：74-80.

［95］荣跃明．公共文化的概念、形态和特征［J］．毛泽东邓小平理论研究，2011（3）：38-45+84.

［96］陈嫒，刘鑫淼．民间文化社团的意识形态功能探析［J］．学术论坛，2012（12）：62-66.

［97］王涛，郑建明．公共数字文化治理能力概念辨析［J］．图书馆，2019（6）：54-58.

［98］王学琴，李文文，陈雅．公共文化服务标准化治理机制研究［J］．图书馆理论与实践，2019（10）：29-33.

［99］周彦每．公共文化治理的价值旨归与建构逻辑［J］．湖北社会科学，2016（7）：40-45.

［100］柯尊清．公共文化治理的理论维度、过程逻辑与实现路径［J］．理论月刊，2021（1）：105-112.

［101］陈怀平，吴绒，刘吉发．权力边界与职责担当：文化治理的"三元"主体格局建构——基于协商民主的视角［J］．社会主义研究，2015（3）：89-94.

［102］赵旭东，孙笑非．中国乡村文化的再生产——基于一种文化转型观念的再思考［J］．南京农业大学学报（社会科学版），2017（1）：119-127+148.

［103］刘小新．文化研究与当代"中国经验"的阐释实践［J］．学术评论，2020（5）：5.

［104］吴理财．文化治理的三张面孔［J］．华中师范大学学报（人文社会科学版），2014（1）：58-68.

［105］李少惠．反弹琵琶：甘南藏区公共文化服务优先发展战略构想［J］．兰州学刊，2016（6）：170-178.

［106］张良．乡村公共空间的衰败与重建——兼论乡村社会整合［J］．学习与实践，2013（10）：91-100.

［107］杜鹏．转型期乡村文化治理的行动逻辑［J］．求实，2021（2）：79-97+112.

［108］邓智平．文化育和谐：传统文化在基层社会治理现代化中的作用［J］．中国矿业大学学报（社会科学版），2019（1）：30-40.

［109］张康之，向玉琼．政策问题建构：从追求共识到尊重差异［J］．社会科学研究，2015（5）：1-11.

［110］王进文．主体性取向的乡村老龄社会治理：实践逻辑与路径建构［J］．云南民族大学学报（哲学社会科学版），2021（4）：74-85.

［111］刘俊生．公共文化服务组织体系及其变迁研究——从旧思维到新思维的转变［J］．中国行政管理，2010（1）：39-42.

［112］王锡锌，章永乐．我国行政决策模式之转型——从管理主义模式到参与式治理模式［J］．法商研究，2010（5）：3-12.

［113］俞可平，徐秀丽．中国农村治理的历史与现状（续）——以定县、邹平和江宁为例的比较分析［J］．经济社会体制比较，2004（3）：22-42.

［114］张良．政府主导、社会参与、市场配置：基层公共文化服务体系建设的理想模式［J］．理论与现代化，2012（4）：25-30.

［115］陈剩勇，赵光勇．"参与式治理"研究述评［J］．教学与研究，2009（8）：75-82.

［116］王易萍．农村公共文化建设的内源式发展模式分析——以广西牛哥戏为个案［J］．广西社会科学，2010（10）：143-146.

［117］聂辰席．新农村文化建设的新模式——河北省发展"民资文化"的

调查［J］．党建，2007（8）：38-39．

［118］吴理财，张良．乡村治理转型视域下的文化体制改革［J］．社会主义研究，2012（5）：72-76．

［119］刘建．嵌入式治理：乡村文化治理的运作机制及实践困境——基于Y县"十星级文明户"的案例分析［J］．中共宁波市委党校学报，2020（3）：87-96．

［120］王慧娟．农民文化主体意识与农村文化建设基点［J］．甘肃社会科学，2017（6）：117-121．

［121］吴理财，夏国锋．农民的文化生活：兴衰与重建——以安徽省为例［J］．中国农村观察，2007（2）：62-69+81．

［122］李三辉，范和生．乡村文化衰落与当代乡村社会治理［J］．长白学刊，2017（4）：134-141．

［123］陈庚，邱晶钰．乡村振兴战略下的文化治理进路：理论向度与实践路径［J］．文化软实力研究，2021（1）：34-42．

［124］卢思搏，胡钦钦．乡村振兴视域下文化治理现代化的问题与解决思路研究［J］．农村经济与科技，2021（14）：241-243．

［125］朱素蓉，王娟娟，卢伟．再谈健康定义的演变及认识［J］．中国卫生资源，2018（2）：180-184．

［126］肖巍．论公共健康的伦理本质［J］．中国人民大学学报，2004（3）：100-105．

［127］史军，赵海燕．公平与健康：罗尔斯正义原则的健康伦理意蕴［J］．自然辩证法研究，2010（9）：84-89．

［128］翟绍果，王昭茜．公共健康治理的历史逻辑、机制框架与实现策略［J］．山东社会科学，2018（7）：95-101．

［129］仇雨临，张忠朝．贵州少数民族地区医疗保障反贫困研究［J］．国家行政学院学报，2016（3）：69-75．

［130］祁毓，卢洪友．污染、健康与不平等——跨越"环境健康贫困"陷阱［J］．管理世界，2015（9）：32-51．

［131］陈兴怡，翟绍果．中国共产党百年卫生健康治理的历史变迁、政策逻辑与路径方向［J］．西北大学学报（哲学社会科学版），2021（4）：86-94．

［132］肖飞．从《长冈乡调查》看党的群众路线在乡苏社会动员中的作用［J］．毛泽东思想研究，2015（6）：36-40．

［133］宋学勤，李晋珩．新中国成立17年间农村医疗卫生事业研究［J］．中国高校社会科学，2021（1）：82-90+159．

[134] 王玥．新中国成立以来爱国卫生运动的演进轨迹［J］．人民论坛，2020（25）：108-111.

　　[135] 李海红．计划经济时期的农村合作医疗［J］．河南师范大学学报（哲学社会科学版），2020（6）：100-106.

　　[136] 姚力．从卫生与健康事业发展看新中国70年的成就与经验［J］．毛泽东邓小平理论研究，2019（11）：52-57+107.

　　[137] 武晋，张雨薇．中国公共卫生治理：范式演进、转换逻辑与效能提升［J］．求索，2020（4）：171-180.

　　[138] 杨磊．中国医改进程中健康不平等的演变趋势与反思［J］．学习与探索，2020（9）：38-45.

　　[139] 吕国营．新时代中国医疗保障制度如何定型［J］．社会保障评论，2020（3）：39-46.

　　[140] 徐汉明．"习近平公共卫生与健康治理理论"的核心要义及时代价值［J］．法学，2020（9）：100-116.

　　[141] 仇雨临．医保与"三医"联动：纽带、杠杆和调控阀［J］．探索，2017（5）：65-71+2.

　　[142] 刘丽杭．国际社会健康治理的理念与实践［J］．中国卫生政策研究，2015（8）：69-75.

　　[143] 孙涵，聂飞飞，申俊．空气污染、空间外溢与公共健康——以中国珠江三角洲9个城市为例［J］．中国人口·资源与环境，2017（9）：35-45.

　　[144] 袁媛，何灝宇，陈玉洁．面向突发公共卫生事件的健康社区治理［J］．规划师，2020（6）：90-93.

　　[145] 林枫．推进卫生健康治理体系和能力现代化［J］．中国卫生，2020（5）：90-91.

　　[146] 王佃利．城市管理转型与城市治理分析框架［J］．中国行政管理，2006（12）：97-101.

　　[147] 张小娟，贾海薇，张振刚．智慧城市背景下城市治理的创新发展模式研究［J］．中国科技论坛，2017（10）：105-111.

　　[148] 俞可平．国家治理体系的内涵本质［J］．理论导报，2014（4）：15-16.

　　[149] 夏志强，谭毅．城市治理体系和治理能力建设的基本逻辑［J］．上海行政学院学报，2017（5）：11-20.

　　[150] 黄江松．城市治理如何科学化、精细化、智能化［N］．经济日报，2018-22-22（01）.

［151］颜玉凡，叶南客．新时代城市公共文化治理的宗旨和逻辑［J］．江苏行政学院学报，2019（6）：66-72.

［152］赵继强．城市文化治理的方法论寻索［J］．人民论坛，2020（21）：105-107.

［153］姜晓萍，董家鸣．城市社会治理的三维理论认知：底色、特色与亮色［J］．中国行政管理，2019（5）：60-66.

［154］张建伟，谈珊．我国城市环境治理中的多元共治模式研究［J］．学习论坛，2018（6）：83-90.

［155］王华．治理中的伙伴关系：政府与非政府组织间的合作［J］．云南社会科学，2003（3）：25-28.

［156］郝铁川．从统治到治理：论强政党、小政府与大社会［J］．马克思主义与现实，2003（6）：56-69.

［157］陶希东．公私合作伙伴：城市治理的新模式［J］．城市发展研究，2005（5）：82-84.

［158］付金存，王岭．跨界治理视域下中国城市公用事业公私合作制的主体性质探析［J］．经济与管理，2016（4）：61-67.

［159］张文礼．多中心治理：我国城市治理的新模式［J］．开发研究，2008（1）：47-50.

［160］魏源，赵晖．社会管理创新视角下的网格化治理模式研究［J］．湖北民族学院学报（哲学社会科学版），2013（6）：64-66.

［161］陈柏峰，吕健俊．城市基层的网格化管理及其制度逻辑［J］．山东大学学报（哲学社会科学版），2018（4）：44-54.

［162］徐晓林，刘勇．数字治理对城市政府善治的影响研究［J］．公共管理学报，2006（1）：13-20.

［163］陈水生．我国城市精细化治理的运行逻辑及其实现策略［J］．电子政务，2019（10）：99-107.

［164］陈水生．迈向数字时代的城市智慧治理：内在理路与转型路径［J］．上海行政学院学报，2021（5）：48-57.

［165］中共北京市委．北京市人民政府关于加强城市精细化管理工作的意见［J］．北京市人民政府公报，2019（12）：5-17.

［166］陈潭，罗晓俊．中国乡村公共治理研究报告（1998—2008）——以CSSCI检索论文与主要著作为研究对象［J］．公共管理学报，2008（4）：9-18+122-123.

［167］刘华，王观杰．农村基层党组织的治理逻辑及能力建设：基于治理主

体多元化视角的分析［J］. 江苏社会科学，2018（6）：68-75.

　　［168］杜智民，康芳. 乡村多元主体协同共治的路径构建［J］. 西北农林科技大学学报（社会科学版），2021（4）：63-70.

　　［169］邓大才. 中国农村村民自治基本单元的选择：历史经验与理论建构［J］. 学习与探索，2016（4）：47-59.

　　［170］刘佩芝. 闽浙赣苏区党内政治生活的特色及时代启示［J］. 广西社会科学，2021（2）：151-155.

　　［171］许耀桐. 中国共产党建立的党政体制百年来的发展［J］. 行政管理改革，2021（3）：17-26.

　　［172］吴理财. 中国农村治理变迁及其逻辑：1949-2019［J］. 湖北民族学院学报（哲学社会科学版），2019（3）：1-10+177.

　　［173］杜智民，康芳. 乡村多元主体协同共治的路径构建［J］. 西北农林科技大学学报（社会科学版），2021（4）：63-70.

　　［174］肖平，周明星. 新时代乡村社会治理创新：基础、困境与路向［J］. 云南民族大学学报（哲学社会科学版），2021（4）：110-117.

　　［175］李怀瑞，邓国胜. 社会力量参与乡村振兴的新内源发展路径研究——基于四个个案的比较［J］. 中国行政管理，2021（5）：15-22.

　　［176］李三辉. 乡村治理现代化：基本内涵、发展困境与推进路径［J］. 中州学刊，2021（3）：75-81.

　　［177］刘涛. 中国共产党百年乡村治理的功能定位、实践逻辑及时代任务［J］. 人文杂志，2021（8）：10-18.

　　［178］李辉. 迈向党委统领的乡村善治：中国乡村治理范式的新飞跃［J］. 探索，2021（5）：92-102+189.

　　［179］蒋永甫，周磊. 改革开放40年来农村社会治理结构的演进与发展［J］. 中州学刊，2018（10）：19-24.

　　［180］黄宗智. 国家与村社的二元合一治理：华北与江南地区的百年回顾与展望［J］. 开放时代，2019（2）：77.

　　［181］廖业扬，李丽萍. 整体性治理视域下的乡村治理变革［J］. 吉首大学学报（社会科学版），2015（1）：60-65.

　　［182］冯朝睿，徐宏宇. 当前数字乡村建设的实践困境与突破路径［J］. 云南师范大学学报（哲学社会科学版），2021（5）：93-102.

　　［183］颜金，王颖，李想. 新时代城乡社区治理体系的深刻内涵——基于连云港市"一委三会"城乡社区治理的创新实践［J］. 江苏海洋大学学报（人文社会科学版），2020（5）：63-70.

［184］何绍辉．政策演进与城市社区治理70年（1949-2019）［J］．求索，2019（3）：79-87.

［185］文丰安．我国农村社区治理的发展与启示：基于乡村振兴战略的视角［J］．湖北大学学报（哲学社会科学版），2020（2）：148-156+168.

［186］刘务勇，金一兰．我国城市社区民主建设的现状及对策思考［J］．贵州大学学报（社会科学版），2011（3）：127-131.

［187］李强．中国城市社会社区治理的四种模式［J］．中国民政，2017（1）：52.

［188］葛天任，李强．我国城市社区治理创新的四种模式［J］．西北师范大学学报（社会科学版），2016（6）：5-13.

［189］周雪光．运动型治理机制：中国国家治理的制度逻辑再思考［J］．开放时代，2012（9）：105-125.

［190］李强，黄旭宏．"被动社会"如何变为"能动社会"［J］．人民论坛，2011（10）：50-51.

［191］李强，葛天任．社区的碎片化——Y市社区建设与城市社会治理的实证研究［J］．学术界，2014（1）：40-50+306.

［192］肖林．"社区"研究与"社区研究"——近年来我国城市社区研究述评［J］．社会学研究，2011（4）：185-208+246.

［193］李华．城乡社区治理中法治、德治、自治"三治"融合的制度分析［J］．领导科学，2019（4）：42-45.

［194］颜金，王颖．新时代城乡社区治理体系建设研究［J］．广西社会科学，2020（1）：61-66.

［195］范如国．加强新时代城乡社区治理体系建设［J］．国家治理，2018（35）：18-22.

［196］邓菊秋，王祯敏，尹志飞．改革开放40年我国财政支农政策的成效、问题与展望［J］．贵州财经大学学报，2018（5）：11-16.

［197］邓雁玲，雷博，陈树文．实施乡村振兴战略的逻辑理路分析［J］．经济问题，2020（1）：20-26.

［198］刘儒，刘江，王舒弘．乡村振兴战略：历史脉络、理论逻辑、推进路径［J］．西北农林科技大学学报（社会科学版），2020（2）：1-9.

［199］叶兴庆．以改革创新促进乡村振兴［J］．农村工作通讯，2018（2）：50.

［200］朱启臻．当前乡村振兴的障碍因素及对策分析［J］．人民论坛·学术前沿，2018（3）：19-25.

［201］慕良泽，赵勇．乡村振兴的历史基础和现实策略［J］．广西大学学报（哲学社会科学版），2019（1）：121-126.

［202］李铜山．论乡村振兴战略的政策底蕴［J］．中州学刊，2017（12）：1-6.

［203］叶敬忠．乡村振兴战略：历史沿循、总体布局与路径省思［J］．华南师范大学学报（社会科学版），2018（2）：64-69+191.

［204］孔祥智．乡村振兴：“十三五”进展及“十四五”重点任务［J］．人民论坛，2020（31）：39-41.

［205］周作翰，吴儒忠．中美地方治理比较研究［J］．湖南科技大学学报（社会科学版），2008（6）：80-84.

［206］杨宏山．整合治理：中国地方治理的一种理论模型［J］．新视野，2015（3）：28-35.

［207］魏丽君．从全能到和谐：中国国家治理演进［J］．理论前沿，2014（9）：61-62.

［208］许宝君，陈伟东．自主治理与政府嵌入统合：公共事务治理之道［J］．河南社会科学，2017（5）：104-111.

［209］任恒．自主治理何以可能——审视埃莉诺·奥斯特罗姆自主治理思想的局限［J］．社会科学论坛，2021（3）：139-148.

［210］渠敬东．项目制：一种新的国家治理体制［J］．中国社会科学，2012（5）：113-130+207.

［211］折晓叶．县域政府治理模式的新变化［J］．中国社会科学，2014（1）：121-139+207.

［212］郁建兴，张利萍．地方治理体系中的协同机制及其整合［J］．思想战线，2013（6）：95-100.

［213］唐天伟，曹清华，郑争文．地方政府治理现代化的内涵、特征及其测度指标体系［J］．中国行政管理，2014（10）：46-50.

［214］杨光斌，乔哲青．论作为“中国模式”的民主集中制政体［J］．政治学研究，2015（6）：3-19.

［215］包国宪，周云飞．英国全面绩效评价体系：实践及启示［J］．北京行政学院学报，2010（5）32-37.

［216］李佳源．公共部门绩效评估中的博弈行为：分类框架、识别策略与研究进路［J］．公共行政评论，2021（3）：176-195+200.

［217］杨述明．现代公共治理：地方政府职能转变的历史使命［J］．江汉论坛，2014（2）：17.

［218］杨雪冬．简论中国地方政府创新研究的十个问题［J］．公共管理学报，2008（1）：16-26.

［219］郭明．地方政府改革的动力机制分析——以广东省顺德区容桂街道为例［J］．社会主义研究，2014（6）：78-84.

［220］陈家喜，汪永成．政绩驱动：地方政府创新的动力分析［J］．政治学研究，2013（4）：50-56.

［221］曹伟．政府创新管理的制度建构：基于杭州实践的研究［J］．中国行政管理，2014（10）：29-32.

［222］陈雪莲，杨雪冬．地方政府创新的驱动模式——地方政府干部视角的考察［J］．公共管理学报，2009（3）：1-11.

［223］林冠平．地方政府创新中的现存障碍与推动机制［J］．中国行政管理，2014（2）：79-81.

［224］彭勃．从行政逻辑到治理逻辑：城市社会治理的逆行政化改革［J］．社会科学，2015（5）：18-26.

［225］王山．大数据时代中国政府治理能力建设与公共治理创新［J］．求实，2017（1）：51-57.

［226］方伟华．城市社区管理体制改革研究——以铜陵模式为例［D］．西南交通大学硕士学位论文，2013.

［227］丁丁．我国城市社区管理体制改革研究——以街道办事处存废为分析视角［D］．中共浙江省委党校，2012.

［228］戴祥玉．地方政府治理创新自我推进机制研究［D］．南京农业大学博士学位论文，2017.

［229］俞可平．走向中国特色的治理和善治［N］．文汇报，2002-08-09.

［230］胡薇．理解地方治理现代化的五个维度［N］．学习时报，2018-11-30.

［231］郁建兴．新时代我国地方治理的新进展［N］．学习时报，2019-12-23.

［232］生态环境部党组．以习近平生态文明思想引领美丽中国建设［N］．人民日报，2020-08-14.

［233］市场监管演进 70 年——从政府工作报告和国民经济管理（1949—2019）看市场治理变迁［N］．中国市场监管报，2019-09-29.

［234］向曙光．大力推进市场治理体系和治理能力现代化［N］．湖南日报，2019-12-17.

［235］韩永生．大力推进市场治理体系和治理能力现代化［N］．中国市场

监管报，2019-12-24.

[236] 陈荣卓，李振家．把握社会治理"善治"的三个价值维度 ［N］．中国社会科学报，2021-01-12.

[237] 祁文博．党建嵌入基层社会治理路径创新 ［N］．中国社会科学报，2019-09-18.

[238] 丁晋清．党建引领基层社会治理的创新探索 ［N］．光明日报，2019-08-08.

[239] 刘法杞．信息技术赋能基层社会治理 ［N］．中国社会科学报，2020-06-10.

[240] 余敏江．以智慧政府建设推进社会治理现代化 ［N］．中国社会科学报，2020-04-24.

[241] 吴新星．智能互联时代的基层社会治理共同体建设路径 ［N］．中国社会科学报，2020-06-17.

[242] 徐浩然．提高大数据时代社会治理智能化水平 ［N］．中国社会科学报，2020-08-25.

[243] 胡惠林．国家需要文化治理 ［N］．学习时报，2012-06-18.

[244] 金民卿．构建多种文化发展模式 ［N］．中国社会科学报，2011-11-08.

[245] 马钰良．临泽逐步完善公共文化服务体系 ［N］．张掖日报，2012-06-19.

[246] 谭臻，侣保军．积极鼓励社会力量参与文化建设 ［N］．中国文化报，2009-09-25.

[247] 马艳军．九原区基层文化大院很红火 ［N］．内蒙古日报，2011-06-14.

[248] 黄永林．要重视民间文化在新基层文化建设中的作用 ［N］．光明日报，2006-05-15.

[249] 吴理财．应注意农村基层的选择性治理 ［N］．学习时报，2009-01-12.

[250] 邢娜．提高城市治理现代化水平 ［N］．人民日报，2021-04-13.

[251] 陈文．全面推进城市治理体系和治理能力现代化 ［N］．深圳特区报，2020-05-26.

[252] 陈家刚．从社会管理走向社会治理 ［N］．学习时报，2012-12-22.

[253] 关于加强和完善城乡社区治理的意见 ［N］．人民日报，2017-06-13.

［254］郁建兴. 新时代我国地方治理的新进展［N］. 学习时报，2019-12-23.

［255］吴兴智. 地方治理创新的五大发展趋势［N］. 学习时报，2017-09-04.

附　录

附录一：《中华人民共和国乡村振兴促进法》

（2021 年 4 月 29 日第十三届全国人民代表大会常务委员会第二十八次会议通过）

第一章　总则

第一条　为了全面实施乡村振兴战略，促进农业全面升级、农村全面进步、农民全面发展，加快农业农村现代化，全面建设社会主义现代化国家，制定本法。

第二条　全面实施乡村振兴战略，开展促进乡村产业振兴、人才振兴、文化振兴、生态振兴、组织振兴，推进城乡融合发展等活动，适用本法。

本法所称乡村，是指城市建成区以外具有自然、社会、经济特征和生产、生活、生态、文化等多重功能的地域综合体，包括乡镇和村庄等。

第三条　促进乡村振兴应当按照产业兴旺、生态宜居、乡风文明、治理有效、生活富裕的总要求，统筹推进农村经济建设、政治建设、文化建设、社会建设、生态文明建设和党的建设，充分发挥乡村在保障农产品供给和粮食安全、保护生态环境、传承发展中华民族优秀传统文化等方面的特有功能。

第四条　全面实施乡村振兴战略，应当坚持中国共产党的领导，贯彻创新、协调、绿色、开放、共享的新发展理念，走中国特色社会主义乡村振兴道路，促进共同富裕，遵循以下原则：

（一）坚持农业农村优先发展，在干部配备上优先考虑，在要素配置上优先满足，在资金投入上优先保障，在公共服务上优先安排；

（二）坚持农民主体地位，充分尊重农民意愿，保障农民民主权利和其他合法权益，调动农民的积极性、主动性、创造性，维护农民根本利益；

（三）坚持人与自然和谐共生，统筹山水林田湖草沙系统治理，推动绿色发展，推进生态文明建设；

（四）坚持改革创新，充分发挥市场在资源配置中的决定性作用，更好发挥政府作用，推进农业供给侧结构性改革和高质量发展，不断解放和发展乡村社会生产力，激发农村发展活力；

（五）坚持因地制宜、规划先行、循序渐进，顺应村庄发展规律，根据乡村的历史文化、发展现状、区位条件、资源禀赋、产业基础分类推进。

第五条　国家巩固和完善以家庭承包经营为基础、统分结合的双层经营体制，发展壮大农村集体所有制经济。

第六条　国家建立健全城乡融合发展的体制机制和政策体系，推动城乡要素有序流动、平等交换和公共资源均衡配置，坚持以工补农、以城带乡，推动形成工农互促、城乡互补、协调发展、共同繁荣的新型工农城乡关系。

第七条　国家坚持以社会主义核心价值观为引领，大力弘扬民族精神和时代精神，加强乡村优秀传统文化保护和公共文化服务体系建设，繁荣发展乡村文化。

每年农历秋分日为中国农民丰收节。

第八条　国家实施以我为主、立足国内、确保产能、适度进口、科技支撑的粮食安全战略，坚持藏粮于地、藏粮于技，采取措施不断提高粮食综合生产能力，建设国家粮食安全产业带，完善粮食加工、流通、储备体系，确保谷物基本自给、口粮绝对安全，保障国家粮食安全。

国家完善粮食加工、储存、运输标准，提高粮食加工出品率和利用率，推动节粮减损。

第九条　国家建立健全中央统筹、省负总责、市县乡抓落实的乡村振兴工作机制。

各级人民政府应当将乡村振兴促进工作纳入国民经济和社会发展规划，并建立乡村振兴考核评价制度、工作年度报告制度和监督检查制度。

第十条　国务院农业农村主管部门负责全国乡村振兴促进工作的统筹协调、宏观指导和监督检查；国务院其他有关部门在各自职责范围内负责有关的乡村振兴促进工作。

县级以上地方人民政府农业农村主管部门负责本行政区域内乡村振兴促进工作的统筹协调、指导和监督检查；县级以上地方人民政府其他有关部门在各自职责范围内负责有关的乡村振兴促进工作。

第十一条　各级人民政府及其有关部门应当采取多种形式，广泛宣传乡村振兴促进相关法律法规和政策，鼓励、支持人民团体、社会组织、企事业单位等社会各方面参与乡村振兴促进相关活动。

对在乡村振兴促进工作中作出显著成绩的单位和个人，按照国家有关规定给予表彰和奖励。

第二章　产业发展

第十二条　国家完善农村集体产权制度，增强农村集体所有制经济发展活力，促进集体资产保值增值，确保农民受益。

各级人民政府应当坚持以农民为主体，以乡村优势特色资源为依托，支持、促进农村一二三产业融合发展，推动建立现代农业产业体系、生产体系和经营体系，推进数字乡村建设，培育新产业、新业态、新模式和新型农业经营主体，促进小农户和现代农业发展有机衔接。

第十三条　国家采取措施优化农业生产力布局，推进农业结构调整，发展优势特色产业，保障粮食和重要农产品有效供给和质量安全，推动品种培优、品质提升、品牌打造和标准化生产，推动农业对外开放，提高农业质量、效益和竞争力。

国家实行重要农产品保障战略，分品种明确保障目标，构建科学合理、安全高效的重要农产品供给保障体系。

第十四条　国家建立农用地分类管理制度，严格保护耕地，严格控制农用地转为建设用地，严格控制耕地转为林地、园地等其他类型农用地。省、自治区、直辖市人民政府应当采取措施确保耕地总量不减少、质量有提高。

国家实行永久基本农田保护制度，建设粮食生产功能区、重要农产品生产保护区，建设并保护高标准农田。

地方各级人民政府应当推进农村土地整理和农用地科学安全利用，加强农田水利等基础设施建设，改善农业生产条件。

第十五条　国家加强农业种质资源保护利用和种质资源库建设，支持育种基础性、前沿性和应用技术研究，实施农作物和畜禽等良种培育、育种关键技术攻关，鼓励种业科技成果转化和优良品种推广，建立并实施种业国家安全审查机制，促进种业高质量发展。

第十六条　国家采取措施加强农业科技创新，培育创新主体，构建以企业为主体、产学研协同的创新机制，强化高等学校、科研机构、农业企业创新能力，建立创新平台，加强新品种、新技术、新装备、新产品研发，加强农业知识产权保护，推进生物种业、智慧农业、设施农业、农产品加工、绿色农业投入品等领域创新，建设现代农业产业技术体系，推动农业农村创新驱动发展。

国家健全农业科研项目评审、人才评价、成果产权保护制度，保障对农业科技基础性、公益性研究的投入，调动农业科技人员创新积极性。

第十七条　国家加强农业技术推广体系建设，促进建立有利于农业科技成果转化推广的激励机制和利益分享机制，鼓励企业、高等学校、职业学校、科研机构、科学技术社会团体、农民专业合作社、农业专业化社会化服务组织、农业科技人员等创新推广方式，开展农业技术推广服务。

第十八条　国家鼓励农业机械生产研发和推广应用，推进主要农作物生产全程机械化，提高设施农业、林草业、畜牧业、渔业和农产品初加工的装备水平，推动农机农艺融合、机械化信息化融合，促进机械化生产与农田建设相适应、服务模式与农业适度规模经营相适应。

国家鼓励农业信息化建设，加强农业信息监测预警和综合服务，推进农业生产经营信息化。

第十九条　各级人民政府应当发挥农村资源和生态优势，支持特色农业、休闲农业、现代农产品加工业、乡村手工业、绿色建材、红色旅游、乡村旅游、康养和乡村物流、电子商务等乡村产业的发展；引导新型经营主体通过特色化、专业化经营，合理配置生产要素，促进乡村产业深度融合；支持特色农产品优势区、现代农业产业园、农业科技园、农村创业园、休闲农业和乡村旅游重点村镇等的建设；统筹农产品生产地、集散地、销售地市场建设，加强农产品流通骨干网络和冷链物流体系建设；鼓励企业获得国际通行的农产品认证，增强乡村产业竞争力。

发展乡村产业应当符合国土空间规划和产业政策、环境保护的要求。

第二十条　各级人民政府应当完善扶持政策，加强指导服务，支持农民、返乡入乡人员在乡村创业创新，促进乡村产业发展和农民就业。

第二十一条　各级人民政府应当建立健全有利于农民收入稳定增长的机制，鼓励支持农民拓宽增收渠道，促进农民增加收入。

国家采取措施支持农村集体经济组织发展，为本集体成员提供生产生活服务，保障成员从集体经营收入中获得收益分配的权利。

国家支持农民专业合作社、家庭农场和涉农企业、电子商务企业、农业专业化社会化服务组织等以多种方式与农民建立紧密型利益联结机制，让农民共享全产业链增值收益。

第二十二条　各级人民政府应当加强国有农（林、牧、渔）场规划建设，推进国有农（林、牧、渔）场现代农业发展，鼓励国有农（林、牧、渔）场在农业农村现代化建设中发挥示范引领作用。

第二十三条　各级人民政府应当深化供销合作社综合改革，鼓励供销合作社加强与农民利益联结，完善市场运作机制，强化为农服务功能，发挥其为农服务综合性合作经济组织的作用。

第三章　人才支撑

第二十四条　国家健全乡村人才工作体制机制，采取措施鼓励和支持社会各方面提供教育培训、技术支持、创业指导等服务，培养本土人才，引导城市人才下乡，推动专业人才服务乡村，促进农业农村人才队伍建设。

第二十五条　各级人民政府应当加强农村教育工作统筹，持续改善农村学校办学条件，支持开展网络远程教育，提高农村基础教育质量，加大乡村教师培养力度，采取公费师范教育等方式吸引高等学校毕业生到乡村任教，对长期在乡村任教的教师在职称评定等方面给予优待，保障和改善乡村教师待遇，提高乡村教师学历水平、整体素质和乡村教育现代化水平。

各级人民政府应当采取措施加强乡村医疗卫生队伍建设，支持县乡村医疗卫生人员参加培训、进修，建立县乡村上下贯通的职业发展机制，对在乡村工作的医疗卫生人员实行优惠待遇，鼓励医学院校毕业生到乡村工作，支持医师到乡村医疗卫生机构执业、开办乡村诊所、普及医疗卫生知识，提高乡村医疗卫生服务能力。

各级人民政府应当采取措施培育农业科技人才、经营管理人才、法律服务人才、社会工作人才，加强乡村文化人才队伍建设，培育乡村文化骨干力量。

第二十六条　各级人民政府应当采取措施，加强职业教育和继续教育，组织开展农业技能培训、返乡创业就业培训和职业技能培训，培养有文化、懂技术、善经营、会管理的高素质农民和农村实用人才、创新创业带头人。

第二十七条　县级以上人民政府及其教育行政部门应当指导、支持高等学校、职业学校设置涉农相关专业，加大农村专业人才培养力度，鼓励高等学校、职业学校毕业生到农村就业创业。

第二十八条　国家鼓励城市人才向乡村流动，建立健全城乡、区域、校地之间人才培养合作与交流机制。

县级以上人民政府应当建立鼓励各类人才参与乡村建设的激励机制，搭建社会工作和乡村建设志愿服务平台，支持和引导各类人才通过多种方式服务乡村振兴。

乡镇人民政府和村民委员会、农村集体经济组织应当为返乡入乡人员和各类人才提供必要的生产生活服务。农村集体经济组织可以根据实际情况提供相关的福利待遇。

第四章 文化繁荣

第二十九条 各级人民政府应当组织开展新时代文明实践活动，加强农村精神文明建设，不断提高乡村社会文明程度。

第三十条 各级人民政府应当采取措施丰富农民文化体育生活，倡导科学健康的生产生活方式，发挥村规民约积极作用，普及科学知识，推进移风易俗，破除大操大办、铺张浪费等陈规陋习，提倡孝老爱亲、勤俭节约、诚实守信，促进男女平等，创建文明村镇、文明家庭，培育文明乡风、良好家风、淳朴民风，建设文明乡村。

第三十一条 各级人民政府应当健全完善乡村公共文化体育设施网络和服务运行机制，鼓励开展形式多样的农民群众性文化体育、节日民俗等活动，充分利用广播电视、视听网络和书籍报刊，拓展乡村文化服务渠道，提供便利可及的公共文化服务。

各级人民政府应当支持农业农村农民题材文艺创作，鼓励制作反映农民生产生活和乡村振兴实践的优秀文艺作品。

第三十二条 各级人民政府应当采取措施保护农业文化遗产和非物质文化遗产，挖掘优秀农业文化深厚内涵，弘扬红色文化，传承和发展优秀传统文化。

县级以上地方人民政府应当加强对历史文化名镇名村、传统村落和乡村风貌、少数民族特色村寨的保护，开展保护状况监测和评估，采取措施防御和减轻火灾、洪水、地震等灾害。

第三十三条 县级以上地方人民政府应当坚持规划引导、典型示范，有计划地建设特色鲜明、优势突出的农业文化展示区、文化产业特色村落，发展乡村特色文化体育产业，推动乡村地区传统工艺振兴，积极推动智慧广电乡村建设，活跃繁荣农村文化市场。

第五章 生态保护

第三十四条 国家健全重要生态系统保护制度和生态保护补偿机制，实施重要生态系统保护和修复工程，加强乡村生态保护和环境治理，绿化美化乡村环境，建设美丽乡村。

第三十五条 国家鼓励和支持农业生产者采用节水、节肥、节药、节能等先进的种植养殖技术，推动种养结合、农业资源综合开发，优先发展生态循环农业。

各级人民政府应当采取措施加强农业面源污染防治，推进农业投入品减量化、生产清洁化、废弃物资源化、产业模式生态化，引导全社会形成节约适度、绿色低碳、文明健康的生产生活和消费方式。

第三十六条 各级人民政府应当实施国土综合整治和生态修复，加强森林、草原、湿地等保护修复，开展荒漠化、石漠化、水土流失综合治理，改善乡村生态环境。

第三十七条 各级人民政府应当建立政府、村级组织、企业、农民等各方面参与的共建共管共享机制，综合整治农村水系，因地制宜推广卫生厕所和简便易行的垃圾分类，治理农村垃圾和污水，加强乡村无障碍设施建设，鼓励和支持使用清洁能源、可再生能源，持续改善农村人居环境。

第三十八条 国家建立健全农村住房建设质量安全管理制度和相关技术标准体系，建立农村低收入群体安全住房保障机制。建设农村住房应当避让灾害易发区域，符合抗震、防洪等基本安全要求。

县级以上地方人民政府应当加强农村住房建设管理和服务，强化新建农村住房规划管控，严格禁止违法占用耕地建房；鼓励农村住房设计体现地域、民族和乡土特色，鼓励农村住房建设采用新型建造技术和绿色建材，引导农民建设功能现代、结构安全、成本经济、绿色环保、与乡村环境相协调的宜居住房。

第三十九条 国家对农业投入品实行严格管理，对剧毒、高毒、高残留的农药、兽药采取禁用限用措施。农产品生产经营者不得使用国家禁用的农药、兽药或者其他有毒有害物质，不得违反农产品质量安全标准和国家有关规定超剂量、超范围使用农药、兽药、肥料、饲料添加剂等农业投入品。

第四十条 国家实行耕地养护、修复、休耕和草原森林河流湖泊休养生息制度。县级以上人民政府及其有关部门依法划定江河湖海限捕、禁捕的时间和区域，并可以根据地下水超采情况，划定禁止、限制开采地下水区域。

禁止违法将污染环境、破坏生态的产业、企业向农村转移。禁止违法将城镇垃圾、工业固体废物、未经达标处理的城镇污水等向农业农村转移。禁止向农用地排放重金属或者其他有毒有害物质含量超标的污水、污泥，以及可能造成土壤污染的清淤底泥、尾矿、矿渣等；禁止将有毒有害废物用作肥料或者用于造田和土地复垦。

地方各级人民政府及其有关部门应当采取措施，推进废旧农膜和农药等农业投入品包装废弃物回收处理，推进农作物秸秆、畜禽粪污的资源化利用，严格控制河流湖库、近岸海域投饵网箱养殖。

第六章 组织建设

第四十一条 建立健全党委领导、政府负责、民主协商、社会协同、公众参与、法治保障、科技支撑的现代乡村社会治理体制和自治、法治、德治相结合的乡村社会治理体系，建设充满活力、和谐有序的善治乡村。

地方各级人民政府应当加强乡镇人民政府社会管理和服务能力建设，把乡镇建成乡村治理中心、农村服务中心、乡村经济中心。

第四十二条　中国共产党农村基层组织，按照中国共产党章程和有关规定发挥全面领导作用。村民委员会、农村集体经济组织等应当在乡镇党委和村党组织的领导下，实行村民自治，发展集体所有制经济，维护农民合法权益，并应当接受村民监督。

第四十三条　国家建立健全农业农村工作干部队伍的培养、配备、使用、管理机制，选拔优秀干部充实到农业农村工作干部队伍，采取措施提高农业农村工作干部队伍的能力和水平，落实农村基层干部相关待遇保障，建设懂农业、爱农村、爱农民的农业农村工作干部队伍。

第四十四条　地方各级人民政府应当构建简约高效的基层管理体制，科学设置乡镇机构，加强乡村干部培训，健全农村基层服务体系，夯实乡村治理基础。

第四十五条　乡镇人民政府应当指导和支持农村基层群众性自治组织规范化、制度化建设，健全村民委员会民主决策机制和村务公开制度，增强村民自我管理、自我教育、自我服务、自我监督能力。

第四十六条　各级人民政府应当引导和支持农村集体经济组织发挥依法管理集体资产、合理开发集体资源、服务集体成员等方面的作用，保障农村集体经济组织的独立运营。

县级以上地方人民政府应当支持发展农民专业合作社、家庭农场、农业企业等多种经营主体，健全农业农村社会化服务体系。

第四十七条　县级以上地方人民政府应当采取措施加强基层群团组织建设，支持、规范和引导农村社会组织发展，发挥基层群团组织、农村社会组织团结群众、联系群众、服务群众等方面的作用。

第四十八条　地方各级人民政府应当加强基层执法队伍建设，鼓励乡镇人民政府根据需要设立法律顾问和公职律师，鼓励有条件的地方在村民委员会建立公共法律服务工作室，深入开展法治宣传教育和人民调解工作，健全乡村矛盾纠纷调处化解机制，推进法治乡村建设。

第四十九条　地方各级人民政府应当健全农村社会治安防控体系，加强农村警务工作，推动平安乡村建设；健全农村公共安全体系，强化农村公共卫生、安全生产、防灾减灾救灾、应急救援、应急广播、食品、药品、交通、消防等安全管理责任。

第七章　城乡融合

第五十条　各级人民政府应当协同推进乡村振兴战略和新型城镇化战略的实

施，整体筹划城镇和乡村发展，科学有序统筹安排生态、农业、城镇等功能空间，优化城乡产业发展、基础设施、公共服务设施等布局，逐步健全全民覆盖、普惠共享、城乡一体的基本公共服务体系，加快县域城乡融合发展，促进农业高质高效、乡村宜居宜业、农民富裕富足。

第五十一条　县级人民政府和乡镇人民政府应当优化本行政区域内乡村发展布局，按照尊重农民意愿、方便群众生产生活、保持乡村功能和特色的原则，因地制宜安排村庄布局，依法编制村庄规划，分类有序推进村庄建设，严格规范村庄撤并，严禁违背农民意愿、违反法定程序撤并村庄。

第五十二条　县级以上地方人民政府应当统筹规划、建设、管护城乡道路以及垃圾污水处理、供水供电供气、物流、客运、信息通信、广播电视、消防、防灾减灾等公共基础设施和新型基础设施，推动城乡基础设施互联互通，保障乡村发展能源需求，保障农村饮用水安全，满足农民生产生活需要。

第五十三条　国家发展农村社会事业，促进公共教育、医疗卫生、社会保障等资源向农村倾斜，提升乡村基本公共服务水平，推进城乡基本公共服务均等化。

国家健全乡村便民服务体系，提升乡村公共服务数字化智能化水平，支持完善村级综合服务设施和综合信息平台，培育服务机构和服务类社会组织，完善服务运行机制，促进公共服务与自我服务有效衔接，增强生产生活服务功能。

第五十四条　国家完善城乡统筹的社会保障制度，建立健全保障机制，支持乡村提高社会保障管理服务水平；建立健全城乡居民基本养老保险待遇确定和基础养老金标准正常调整机制，确保城乡居民基本养老保险待遇随经济社会发展逐步提高。

国家支持农民按照规定参加城乡居民基本养老保险、基本医疗保险，鼓励具备条件的灵活就业人员和农业产业化从业人员参加职工基本养老保险、职工基本医疗保险等社会保险。

国家推进城乡最低生活保障制度统筹发展，提高农村特困人员供养等社会救助水平，加强对农村留守儿童、妇女和老年人以及残疾人、困境儿童的关爱服务，支持发展农村普惠型养老服务和互助性养老。

第五十五条　国家推动形成平等竞争、规范有序、城乡统一的人力资源市场，健全城乡均等的公共就业创业服务制度。

县级以上地方人民政府应当采取措施促进在城镇稳定就业和生活的农民自愿有序进城落户，不得以退出土地承包经营权、宅基地使用权、集体收益分配权等作为农民进城落户的条件；推进取得居住证的农民及其随迁家属享受城镇基本公共服务。

国家鼓励社会资本到乡村发展与农民利益联结型项目，鼓励城市居民到乡村旅游、休闲度假、养生养老等，但不得破坏乡村生态环境，不得损害农村集体经济组织及其成员的合法权益。

第五十六条　县级以上人民政府应当采取措施促进城乡产业协同发展，在保障农民主体地位的基础上健全联农带农激励机制，实现乡村经济多元化和农业全产业链发展。

第五十七条　各级人民政府及其有关部门应当采取措施鼓励农民进城务工，全面落实城乡劳动者平等就业、同工同酬，依法保障农民工工资支付和社会保障权益。

第八章　扶持措施

第五十八条　国家建立健全农业支持保护体系和实施乡村振兴战略财政投入保障制度。县级以上人民政府应当优先保障用于乡村振兴的财政投入，确保投入力度不断增强、总量持续增加、与乡村振兴目标任务相适应。

省、自治区、直辖市人民政府可以依法发行政府债券，用于现代农业设施建设和乡村建设。

各级人民政府应当完善涉农资金统筹整合长效机制，强化财政资金监督管理，全面实施预算绩效管理，提高财政资金使用效益。

第五十九条　各级人民政府应当采取措施增强脱贫地区内生发展能力，建立农村低收入人口、欠发达地区帮扶长效机制，持续推进脱贫地区发展；建立健全易返贫致贫人口动态监测预警和帮扶机制，实现巩固拓展脱贫攻坚成果同乡村振兴有效衔接。

国家加大对革命老区、民族地区、边疆地区实施乡村振兴战略的支持力度。

第六十条　国家按照增加总量、优化存量、提高效能的原则，构建以高质量绿色发展为导向的新型农业补贴政策体系。

第六十一条　各级人民政府应当坚持取之于农、主要用之于农的原则，按照国家有关规定调整完善土地使用权出让收入使用范围，提高农业农村投入比例，重点用于高标准农田建设、农田水利建设、现代种业提升、农村供水保障、农村人居环境整治、农村土地综合整治、耕地及永久基本农田保护、村庄公共设施建设和管护、农村教育、农村文化和精神文明建设支出，以及与农业农村直接相关的山水林田湖草沙生态保护修复、以工代赈工程建设等。

第六十二条　县级以上人民政府设立的相关专项资金、基金应当按照规定加强对乡村振兴的支持。

国家支持以市场化方式设立乡村振兴基金，重点支持乡村产业发展和公共基础设施建设。

县级以上地方人民政府应当优化乡村营商环境，鼓励创新投融资方式，引导社会资本投向乡村。

第六十三条 国家综合运用财政、金融等政策措施，完善政府性融资担保机制，依法完善乡村资产抵押担保权能，改进、加强乡村振兴的金融支持和服务。

财政出资设立的农业信贷担保机构应当主要为从事农业生产和与农业生产直接相关的经营主体服务。

第六十四条 国家健全多层次资本市场，多渠道推动涉农企业股权融资，发展并规范债券市场，促进涉农企业利用多种方式融资；丰富农产品期货品种，发挥期货市场价格发现和风险分散功能。

第六十五条 国家建立健全多层次、广覆盖、可持续的农村金融服务体系，完善金融支持乡村振兴考核评估机制，促进农村普惠金融发展，鼓励金融机构依法将更多资源配置到乡村发展的重点领域和薄弱环节。

政策性金融机构应当在业务范围内为乡村振兴提供信贷支持和其他金融服务，加大对乡村振兴的支持力度。

商业银行应当结合自身职能定位和业务优势，创新金融产品和服务模式，扩大基础金融服务覆盖面，增加对农民和农业经营主体的信贷规模，为乡村振兴提供金融服务。

农村商业银行、农村合作银行、农村信用社等农村中小金融机构应当主要为本地农业农村农民服务，当年新增可贷资金主要用于当地农业农村发展。

第六十六条 国家建立健全多层次农业保险体系，完善政策性农业保险制度，鼓励商业性保险公司开展农业保险业务，支持农民和农业经营主体依法开展互助合作保险。

县级以上人民政府应当采取保费补贴等措施，支持保险机构适当增加保险品种，扩大农业保险覆盖面，促进农业保险发展。

第六十七条 县级以上地方人民政府应当推进节约集约用地，提高土地使用效率，依法采取措施盘活农村存量建设用地，激活农村土地资源，完善农村新增建设用地保障机制，满足乡村产业、公共服务设施和农民住宅用地合理需求。

县级以上地方人民政府应当保障乡村产业用地，建设用地指标应当向乡村发展倾斜，县域内新增耕地指标应当优先用于折抵乡村产业发展所需建设用地指标，探索灵活多样的供地新方式。

经国土空间规划确定为工业、商业等经营性用途并依法登记的集体经营性建设用地，土地所有权人可以依法通过出让、出租等方式交由单位或者个人使用，优先用于发展集体所有制经济和乡村产业。

第九章　监督检查

第六十八条　国家实行乡村振兴战略实施目标责任制和考核评价制度。上级人民政府应当对下级人民政府实施乡村振兴战略的目标完成情况等进行考核，考核结果作为地方人民政府及其负责人综合考核评价的重要内容。

第六十九条　国务院和省、自治区、直辖市人民政府有关部门建立客观反映乡村振兴进展的指标和统计体系。县级以上地方人民政府应当对本行政区域内乡村振兴战略实施情况进行评估。

第七十条　县级以上各级人民政府应当向本级人民代表大会或者其常务委员会报告乡村振兴促进工作情况。乡镇人民政府应当向本级人民代表大会报告乡村振兴促进工作情况。

第七十一条　地方各级人民政府应当每年向上一级人民政府报告乡村振兴促进工作情况。

县级以上人民政府定期对下一级人民政府乡村振兴促进工作情况开展监督检查。

第七十二条　县级以上人民政府发展改革、财政、农业农村、审计等部门按照各自职责对农业农村投入优先保障机制落实情况、乡村振兴资金使用情况和绩效等实施监督。

第七十三条　各级人民政府及其有关部门在乡村振兴促进工作中不履行或者不正确履行职责的，依照法律法规和国家有关规定追究责任，对直接负责的主管人员和其他直接责任人员依法给予处分。

违反有关农产品质量安全、生态环境保护、土地管理等法律法规的，由有关主管部门依法予以处罚；构成犯罪的，依法追究刑事责任。

第十章　附则

第七十四条　本法自 2021 年 6 月 1 日起施行。

附录二：《中共中央 国务院关于加强基层治理体系和治理能力现代化建设的意见》

（2021 年 4 月 28 日）

基层治理是国家治理的基石，统筹推进乡镇（街道）和城乡社区治理，是实现国家治理体系和治理能力现代化的基础工程。为深入贯彻党的十九大和十九届二中、三中、四中、五中全会精神，夯实国家治理根基，现就加强基层治理体系和治理能力现代化建设提出如下意见。

一、总体要求

（一）指导思想。以习近平新时代中国特色社会主义思想为指导，坚持和加强党的全面领导，坚持以人民为中心，以增进人民福祉为出发点和落脚点，以加强基层党组织建设、增强基层党组织政治功能和组织力为关键，以加强基层政权建设和健全基层群众自治制度为重点，以改革创新和制度建设、能力建设为抓手，建立健全基层治理体制机制，推动政府治理同社会调节、居民自治良性互动，提高基层治理社会化、法治化、智能化、专业化水平。

（二）工作原则。坚持党对基层治理的全面领导，把党的领导贯穿基层治理全过程、各方面。坚持全周期管理理念，强化系统治理、依法治理、综合治理、源头治理。坚持因地制宜，分类指导、分层推进、分步实施，向基层放权赋能，减轻基层负担。坚持共建共治共享，建设人人有责、人人尽责、人人享有的基层治理共同体。

（三）主要目标。力争用5年左右时间，建立起党组织统一领导、政府依法履责、各类组织积极协同、群众广泛参与，自治、法治、德治相结合的基层治理体系，健全常态化管理和应急管理动态衔接的基层治理机制，构建网格化管理、精细化服务、信息化支撑、开放共享的基层管理服务平台；党建引领基层治理机制全面完善，基层政权坚强有力，基层群众自治充满活力，基层公共服务精准高效，党的执政基础更加坚实，基层治理体系和治理能力现代化水平明显提高。在此基础上力争再用10年时间，基本实现基层治理体系和治理能力现代化，中国特色基层治理制度优势充分展现。

二、完善党全面领导基层治理制度

（一）加强党的基层组织建设，健全基层治理党的领导体制。把抓基层、打基础作为长远之计和固本之举，把基层党组织建设成为领导基层治理的坚强战斗堡垒，使党建引领基层治理的作用得到强化和巩固。加强乡镇（街道）、村（社区）党组织对基层各类组织和各项工作的统一领导，以提升组织力为重点，健全在基层治理中坚持和加强党的领导的有关制度，涉及基层治理重要事项、重大问题都要由党组织研究讨论后按程序决定。积极推行村（社区）党组织书记通过法定程序担任村（居）民委员会主任、村（社区）"两委"班子成员交叉任职。注重把党组织推荐的优秀人选通过一定程序明确为各类组织负责人，确保依法把党的领导和党的建设有关要求写入各类组织章程。创新党组织设置和活动方式，不断扩大党的组织覆盖和工作覆盖，持续整顿软弱涣散基层党组织。推动全面从严治党向基层延伸，加强日常监督，持续整治群众身边的不正之风和腐败问题。

（二）构建党委领导、党政统筹、简约高效的乡镇（街道）管理体制。深化基层机构改革，统筹党政机构设置、职能配置和编制资源，设置综合性内设机构。除党中央明确要求实行派驻体制的机构外，县直部门设在乡镇（街道）的机构原则上实行属地管理。继续实行派驻体制的，要纳入乡镇（街道）统一指挥协调。

（三）完善党建引领的社会参与制度。坚持党建带群建，更好履行组织、宣传、凝聚、服务群众职责。统筹基层党组织和群团组织资源配置，支持群团组织承担公共服务职能。培育扶持基层公益性、服务性、互助性社会组织。支持党组织健全、管理规范的社会组织优先承接政府转移职能和服务项目。搭建区域化党建平台，推行机关企事业单位与乡镇（街道）、村（社区）党组织联建共建，组织党员、干部下沉参与基层治理、有效服务群众。

三、加强基层政权治理能力建设

（一）增强乡镇（街道）行政执行能力。加强乡镇（街道）党（工）委对基层政权建设的领导。依法赋予乡镇（街道）综合管理权、统筹协调权和应急处置权，强化其对涉及本区域重大决策、重大规划、重大项目的参与权和建议权。根据本地实际情况，依法赋予乡镇（街道）行政执法权，整合现有执法力量和资源。推行乡镇（街道）行政执法公示制度，实行"双随机、一公开"监管模式。优化乡镇（街道）行政区划设置，确保管理服务有效覆盖常住人口。

（二）增强乡镇（街道）为民服务能力。市、县级政府要规范乡镇（街道）政务服务、公共服务、公共安全等事项，将直接面向群众、乡镇（街道）能够承接的服务事项依法下放。乡镇要围绕全面推进乡村振兴、巩固拓展脱贫攻坚成果等任务，做好农业产业发展、人居环境建设及留守儿童、留守妇女、留守老人关爱服务等工作。街道要做好市政市容管理、物业管理、流动人口服务管理、社会组织培育引导等工作。加强基层医疗卫生机构和乡村卫生健康人才队伍建设。优化乡镇（街道）政务服务流程，全面推进一窗式受理、一站式办理，加快推行市域通办，逐步推行跨区域办理。

（三）增强乡镇（街道）议事协商能力。完善基层民主协商制度，县级党委和政府围绕涉及群众切身利益的事项确定乡镇（街道）协商重点，由乡镇（街道）党（工）委主导开展议事协商，完善座谈会、听证会等协商方式，注重发挥人大代表、政协委员作用。探索建立社会公众列席乡镇（街道）有关会议制度。

（四）增强乡镇（街道）应急管理能力。强化乡镇（街道）属地责任和相应职权，构建多方参与的社会动员响应体系。健全基层应急管理组织体系，细化乡镇（街道）应急预案，做好风险研判、预警、应对等工作。建立统一指挥的应急管理队伍，加强应急物资储备保障。每年组织开展综合应急演练。市、县级政府要指导乡镇（街道）做好应急准备工作，强化应急状态下对乡镇（街道）人、财、物支持。

（五）增强乡镇（街道）平安建设能力。坚持和发展新时代"枫桥经验"，加强乡镇（街道）综治中心规范化建设，发挥其整合社会治理资源、创新社会治理方式的平台作用。完善基层社会治安防控体系，健全防范涉黑涉恶长效机制。健全乡镇（街道）矛盾纠纷一站式、多元化解决机制和心理疏导服务机制。

四、健全基层群众自治制度

（一）加强村（居）民委员会规范化建设。坚持党组织领导基层群众性自治组织的制度，建立基层群众性自治组织法人备案制度，加强集体资产管理。规范撤销村民委员会改设社区居民委员会的条件和程序，合理确定村（社区）规模，不盲目求大。发挥村（居）民委员会下设的人民调解、治安保卫、公共卫生等委员会作用，村民委员会应设妇女和儿童工作等委员会，社区居民委员会可增设环境和物业管理等委员会，并做好相关工作。完善村（居）民委员会成员履职承诺和述职制度。

（二）健全村（居）民自治机制。强化党组织领导把关作用，规范村（居）民委员会换届选举，全面落实村（社区）"两委"班子成员资格联审机制，坚决防止政治上的两面人，受过刑事处罚、存在"村霸"和涉黑涉恶及涉及宗族恶势力等问题人员，非法宗教与邪教的组织者、实施者、参与者等进入村（社区）"两委"班子。在基层公共事务和公益事业中广泛实行群众自我管理、自我服务、自我教育、自我监督，拓宽群众反映意见和建议的渠道。聚焦群众关心的民生实事和重要事项，定期开展民主协商。完善党务、村（居）务、财务公开制度，及时公开权力事项，接受群众监督。强化基层纪检监察组织与村（居）务监督委员会的沟通协作、有效衔接，形成监督合力。

（三）增强村（社区）组织动员能力。健全村（社区）"两委"班子成员联系群众机制，经常性开展入户走访。加强群防群治、联防联治机制建设，完善应急预案。在应急状态下，由村（社区）"两委"统筹调配本区域各类资源和力量，组织开展应急工作。改进网格化管理服务，依托村（社区）统一划分综合网格，明确网格管理服务事项。

（四）优化村（社区）服务格局。市、县级政府要规范村（社区）公共服务和代办政务服务事项，由基层党组织主导整合资源为群众提供服务。推进城乡社区综合服务设施建设，依托其开展就业、养老、医疗、托幼等服务，加强对困难群体和特殊人群关爱照护，做好传染病、慢性病防控等工作。加强综合服务、兜底服务能力建设。完善支持社区服务业发展政策，采取项目示范等方式，实施政府购买社区服务，鼓励社区服务机构与市场主体、社会力量合作。开展"新时代新社区新生活"服务质量提升活动，推进社区服务标准化。

五、推进基层法治和德治建设

（一）推进基层治理法治建设。提升基层党员、干部法治素养，引导群众积极参与、依法支持和配合基层治理。完善基层公共法律服务体系，加强和规范村（居）法律顾问工作。乡镇（街道）指导村（社区）依法制定村规民约、居民公约，健全备案和履行机制，确保符合法律法规和公序良俗。

（二）加强思想道德建设。培育践行社会主义核心价值观，推动习近平新时代中国特色社会主义思想进社区、进农村、进家庭。健全村（社区）道德评议机制，开展道德模范评选表彰活动，注重发挥家庭家教家风在基层治理中的重要作用。组织开展科学常识、卫生防疫知识、应急知识普及和诚信宣传教育，深入开展爱国卫生运动，遏制各类陈规陋习，抵制封建迷信活动。

（三）发展公益慈善事业。完善社会力量参与基层治理激励政策，创新社区与社会组织、社会工作者、社区志愿者、社会慈善资源的联动机制，支持建立乡镇（街道）购买社会工作服务机制和设立社区基金会等协作载体，吸纳社会力量参加基层应急救援。完善基层志愿服务制度，大力开展邻里互助服务和互动交流活动，更好满足群众需求。

六、加强基层智慧治理能力建设

（一）做好规划建设。市、县级政府要将乡镇（街道）、村（社区）纳入信息化建设规划，统筹推进智慧城市、智慧社区基础设施、系统平台和应用终端建设，强化系统集成、数据融合和网络安全保障。健全基层智慧治理标准体系，推广智能感知等技术。

（二）整合数据资源。实施"互联网+基层治理"行动，完善乡镇（街道）、村（社区）地理信息等基础数据，共建全国基层治理数据库，推动基层治理数据资源共享，根据需要向基层开放使用。完善乡镇（街道）与部门政务信息系统数据资源共享交换机制。推进村（社区）数据资源建设，实行村（社区）数据综合采集，实现一次采集、多方利用。

（三）拓展应用场景。加快全国一体化政务服务平台建设，推动各地政务服务平台向乡镇（街道）延伸，建设开发智慧社区信息系统和简便应用软件，提高基层治理数字化智能化水平，提升政策宣传、民情沟通、便民服务效能，让数据多跑路、群众少跑腿。充分考虑老年人习惯，推行适老化和无障碍信息服务，保留必要的线下办事服务渠道。

七、加强组织保障

（一）压实各级党委和政府责任。各级党委和政府要加强对基层治理的组织领导，完善议事协调机制，强化统筹协调，定期研究基层治理工作，整体谋划城乡社区建设、治理和服务，及时帮助基层解决困难和问题。加强对基层治理工作成效的评估，评估结果作为市、县级党政领导班子和领导干部考核，以及党委书记抓基层党建述职评议考核的重要内容。市、县级党委和政府要发挥一线指挥部作用，乡镇（街道）要提高抓落实能力。组织、政法、民政等部门要及时向党委和政府提出政策建议。

（二）改进基层考核评价。市、县级党委和政府要规范乡镇（街道）、村（社区）权责事项，并为权责事项以外委托工作提供相应支持。未经党委和政府统一部署，各职能部门不得将自身权责事项派交乡镇（街道）、村（社区）承担。完善考核评价体系和激励办法，加强对乡镇（街道）、村（社区）的综合考核，严格控制考核总量和频次。统筹规范面向基层的督查检查，清理规范工作台账、报表以及"一票否决"、签订责任状、出具证明事项、创建示范等项目，切实减轻基层负担。做好容错纠错工作，保护基层干部干事创业的积极性。

（三）保障基层治理投入。完善乡镇（街道）经费保障机制，进一步深化乡镇（街道）国库集中支付制度改革。编制城乡社区服务体系建设规划，将综合服务设施建设纳入国土空间规划，优化以党群服务中心为基本阵地的城乡社区综合服务设施布局。各省（自治区、直辖市）要明确乡镇（街道）、村（社区）的办公、服务、活动、应急等功能面积标准，按照有关规定采取盘活现有资源或新建等方式，支持建设完善基层阵地。

（四）加强基层治理队伍建设。充实基层治理骨干力量，加强基层党务工作者队伍建设。各级党委要专门制定培养规划，探索建立基层干部分级培训制度，建好用好城乡基层干部培训基地和在线培训平台，加强对基层治理人才的培养使用。推进编制资源向乡镇（街道）倾斜，鼓励从上往下跨层级调剂使用行政和事业编制。严格执行乡镇（街道）干部任期调整、最低服务年限等规定，落实乡镇机关事业单位工作人员乡镇工作补贴政策。建立健全村（社区）党组织书记后备人才库，实行村（社区）党组织书记县级党委组织部门备案管理。研究制定加强城乡社区工作者队伍建设政策措施，市、县级政府要综合考虑服务居民数量等因素制定社区工作者配备标准；健全社区工作者职业体系，建立岗位薪酬制度并完善动态调整机制，落实社会保险待遇，探索将专职网格员纳入社区工作者管理。加强城乡社区服务人才队伍建设，引导高校毕业生等从事社区工作。

（五）推进基层治理创新。加快基层治理研究基地和智库建设，加强中国特色社会主义基层治理理论研究。以市（地、州、盟）为单位开展基层治理示范工作，加强基层治理平台建设，鼓励基层治理改革创新。认真总结新冠肺炎疫情防控经验，补齐补足社区防控短板，切实巩固社区防控阵地。完善基层治理法律法规，适时修订《中华人民共和国城市居民委员会组织法》、《中华人民共和国村民委员会组织法》，研究制定社区服务条例。

（六）营造基层治理良好氛围。选树表彰基层治理先进典型，推动创建全国和谐社区。做好基层治理调查统计工作，建立基层治理群众满意度调查制度。组织开展基层治理专题宣传。

后　记

从硕士研究生学习阶段开始到现在，我都一直围绕地方公共治理问题进行研究，博士所学专业也是地方政府学，因此，在编写本书时，既结合了公共管理学科的基本教学要求，也结合了我国新时代地方公共治理的实际，同时结合了平时的一些研究成果和教学心得体会。

本书的出版不仅浸透着自己的汗水，也承载着很多人的期望和支持。在此，我要感谢我的家人，是家人的默默奉献使我有时间和精力进行创作；也要感谢桂林理工大学公共管理与传媒学院2020级和2021级学术型硕士研究生为我提供大量素材；还要感谢桂林理工大学公共管理与传媒学院的领导和老师们的关心和帮助，如果没有桂林理工大学培育一流学科——公共管理学科专项建设基金的资助，就没有本书的付梓。本书出版还得到桂林理工大学教材建设基金资助。经济管理出版社的诸位编辑为本书的出版付出了辛勤的劳动，在此一并表示由衷的感谢。

由于水平有限，书中难免有错误和引用注释不周严之处，敬请同行专家学者和广大读者批评指正。

卢智增
2021年12月于桂林